Uni-Taschenbücher 1566

Eine Arbeitsgemeinschaft der Verlage

Wilhelm Fink Verlag München
Gustav Fischer Verlag Stuttgart
Francke Verlag Tübingen
Paul Haupt Verlag Bern und Stuttgart
Dr. Alfred Hüthig Verlag Heidelberg
Leske Verlag + Budrich GmbH Opladen
J. C. B. Mohr (Paul Siebeck) Tübingen
R. v. Decker & C. F. Müller Verlagsgesellschaft m. b. H. Heidelberg
Quelle & Meyer Heidelberg · Wiesbaden
Ernst Reinhardt Verlag München und Basel
F. K. Schattauer Verlag Stuttgart · New York
Ferdinand Schöningh Verlag Paderborn · München · Wien · Zürich
Eugen Ulmer Verlag Stuttgart
Vandenhoeck & Ruprecht in Göttingen und Zürich

Erika Fischer-Lichte

Geschichte des Dramas

Epochen der Identität auf dem Theater
von der Antike bis zur Gegenwart

Band 2:
Von der Romantik bis zur Gegenwart

Francke Verlag Tübingen

Erika Fischer-Lichte ist Professorin für Allgemeine und
Vergleichende Literaturwissenschaft an der Universität Bayreuth.

CIP-Titelaufnahme der Deutschen Bibliothek

Fischer-Lichte, Erika:
Geschichte des Dramas : Epochen der Identität auf dem Theater
von der Antike bis zur Gegenwart / Erika Fischer-Lichte. –
Tübingen : Francke.

Bd. 2. Von der Romantik bis zur Gegenwart. – 1990
   (UTB für Wissenschaft : Uni-Taschenbücher ; 1566)
   ISBN 3–7720–1760–6

NE: UTB für Wissenschaft / Uni-Taschenbücher

© 1990 · A. Francke Verlag GmbH Tübingen
Dischingerweg 5 · D-7400 Tübingen 5

Einbandgestaltung: Alfred Krugmann, Stuttgart
Satz: CompArt, Mössingen
Druck und Bindung: Presse-Druck, Augsburg
Printed in Germany

ISBN 3–7720–1760–6

Inhaltsverzeichnis

Drama der Identitätskrise

Theater des »neuen« Menschen

Drama der Identitätskrise

4.1 Das Rätsel der großen Persönlichkeit

4.1.1 Persönlichkeit als gesellschaftliche Kategorie im 19. Jahrhundert

Der Begriff der Persönlichkeit, wie er sich im 18. Jahrhundert als Vorstellung vom autonomen Individuum herausgebildet und das bürgerliche Theater – vor allem des Sturm und Drang und der deutschen Klassik – bestimmt hat, meint eine dem Menschen eingeborene, von Natur aus gegebene Möglichkeit. In diesem Sinne definiert Herder »Genie« als Inbegriff der Persönlichkeit: »Das Genie schläft im Menschen wie der Baum im Keime«, und beklagt Goethe mit Wilhelm Meister die ungeheuren Schwierigkeiten, welche sich dem Bürger, der zum Broterwerb gezwungen ist, bei der Ausbildung seiner Persönlichkeit in den Weg stellen.

Persönlichkeit als natürlicher Charakter des Menschen, als eine von seiner Natur gesetzte und garantierte Möglichkeit stellte eine der Kernvorstellungen aufklärerischen Denkens dar. Ihre Realisierung in der in dieser Hinsicht besonders obstruktiven und beklagenswerten gesellschaftlichen Wirklichkeit sollte in Frankreich die Revolution herbeiführen, in Deutschland dagegen der durch das klassische Drama und den Bildungsroman initiierte Prozeß einer allmählichen ästhetischen Erziehung und Bildung des Menschen. Die nach der Revolution einsetzende allgemeine Desillusionierung ebenso wie die Auswirkungen der industriellen Revolution, vor allem der mit der Entwicklung des Industriekapitalismus zu Beginn des 19. Jahrhunderts eingeleitete gesellschaftliche Wandel führten zu einer wesentlichen und nachhaltigen Veränderung des Persönlichkeitsbegriffs. In seiner für das Verständnis der öffentlichen Kultur des 19. Jahrhunderts grundlegenden Schrift *Verfall und Ende des öffentlichen Lebens. Die Tyrannei der Intimität* erläutert Richard Sennett diese Veränderung folgendermaßen:

> Die Persönlichkeitsauffassung des 19. Jahrhunderts unterschied sich von der Idee des natürlichen Charakters [...] in drei wesentlichen Punkten. Erstens galt Persönlichkeit für etwas, das von Person zu Person differiert, während der natürliche Charakter als gemeinsamer Besitz der gesamten Menschheit angesehen wurde. Die Persönlichkeit variiert, weil es

keine Differenz zwischen dem äußeren Erscheinungsbild der Gefühle und dem inneren Wesen des Menschen, der sie empfindet, gibt. Man ist der, als der man erscheint; Menschen, die unterschiedliche Erscheinungsbilder hinterlassen, sind deshalb unterschiedliche Menschen. Wo sich die eigene Erscheinung wandelt, da wandelt sich auch das Selbst. In dem Maße, wie der Glaube der Aufklärung an ein allen Menschen Gemeinsames untergeht, wird ein Zusammenhang zwischen dem Wechsel der äußeren Erscheinung und der Instabilität der Persönlichkeit selbst hergestellt. Zweitens ist die Selbstkontrolle der Persönlichkeit, anders als die des natürlichen Charakters, eine Sache des Bewußtseins und nicht des Handelns. Seinen natürlichen Charakter kontrollierte das Individuum, indem es seinen Gelüsten Mäßigung auferlegte; wenn es auf eine bestimmte Weise, nämlich maßvoll, *handelte*, brachte es sich in Übereinstimmung mit dem natürlichen Charakter. Die Persönlichkeit dagegen kann durch Handeln nicht kontrolliert werden; die Umstände machen es vielleicht erforderlich, daß das Individuum verschiedene Erscheinungen annimmt und dadurch sein Selbst destabilisiert. Die einzige Form der Kontrolle besteht darin, daß es ständig bestrebt ist, die eigenen Empfindungen zu formulieren. Das aber geschieht weitgehend retrospektiv [...] Sein Bewußtsein bestimmt sich nicht so sehr aus dem Versuch, das eigene Empfinden von dem anderer abzugrenzen, als vielmehr daraus, bekannte, ein für allemal abgeschlossene Empfindungen zu einer Definition seiner selbst zu erheben.
Und schließlich unterscheidet sich die moderne Persönlichkeitsauffassung von der Idee des natürlichen Charakters darin, daß ein spontanes, freies Empfinden nun wie ein Verstoß gegen das »normale«, konventionelle Empfinden erscheint. [...] Das Bewußtsein von der eigenen Verschiedenheit hemmte die Spontaneität des Ausdrucks.[1]

Aus dieser Vorstellung von Persönlichkeit ergaben sich zwei grundsätzlich verschiedene, einander komplementäre Möglichkeiten, in der Öffentlichkeit aufzutreten: als Akteur oder als Zuschauer. Der Akteur stellte kunstvoll seine Besonderheit zur Schau, indem er öffentlich seinen Gefühlen Ausdruck verlieh. Damit vermochte er wohl vorübergehend im Zuschauer intensive Empfindungen zu erwecken, isolierte sich jedoch auf Dauer von ihm. Der Zuschauer nahm umgekehrt nur durch Beobachtung am öffentlichen Leben teil. Denn er war sich seiner eigenen Empfindungen nicht sicher und lebte in der angstvollen Überzeugung, daß die Empfindungen, welcher Art auch immer sie sein mögen, unabhängig von seinem Wollen Ausdruck finden würden. Aus dieser Art der Aufspaltung

---

[1] Richard Sennett, *Verfall und Ende des öffentlichen Lebens*. Die Tyrannei der Intimität, Frankfurt 1983, S. 178/179.

des »Öffentlichkeitsmenschen« ergibt sich unmittelbar, daß darstellende Künstler wie Paganini und später Liszt als Inbegriff der Persönlichkeit gelten konnten. Der darstellende Künstler wurde nahezu zum einzigen öffentlichen Akteur. Erst in den Tagen der Revolution von 1848 wurde ihm dieser Part vom Politiker streitig gemacht.

Eine solche Entwicklung konnte natürlich nicht ohne tiefgreifende Folgen für eine öffentliche Institution wie das Theater bleiben. Der Schauspieler, der noch im ausgehenden 18. Jahrhundert kaum mit gesellschaftlicher Anerkennung und bürgerlicher Reputation rechnen konnte, wurde nun zum allgemein bewunderten, enthusiastisch gefeierten Star. Dies gilt in besonderem Maße für so herausragende Darsteller wie Ludwig Devrient (1784–1832) in Berlin, Edmund Kean (1787–1833) in London und Frédérick Lemaître (1800 bis 1876) in Paris.

Diese Darsteller machten Sensation – d.h. schockierten und begeisterten zugleich ihr Publikum –, indem sie sich auf inszenatorische Details konzentrierten und entsprechende gängige Bühnenklischees durch »natürliche« und daher unvermutete Elemente ersetzten. Während es seit der Uraufführung der Schillerschen *Räuber* auf deutschen Bühnen Sitte war, Franz Moor mit rotem Mantel, roter Perücke und roter Hahnenfeder auftreten zu lassen, mit Höcker und schielenden Augen, »kreierte« Ludwig Devrient 1824 diese Rolle, indem er Franz als feinen Kavalier in der schwarzsamtenen, reich gestickten Adelstracht des 18. Jahrhunderts präsentierte, mit Spitzenkragen und Spitzenmanschetten, mit dem Galanteriedegen an der Seite und den eleganten, noblen Manieren des Ancien Régime. Der »Schurke« wurde ausschließlich durch mimische und gestische Mittel ausgedrückt wie durch ein »unheimlich süßes, boshaftes Lächeln, das fieberhaft bewegte, unsichere Mienenspiel, die falschen schönen schwarzen Augen, den schleichenden Gang, die heuchlerischen Gebärden, die schmeichelnde Stimme«[2]. Die Wirkung auf das Publikum war ungeheuer. Einen ähnlichen Effekt erzielte eine Dekade später Frédérick Lemaître, als er in bekannten Melodramen die Rolle des Bösewichts übernahm.

---

[2] Karoline Bauer, *Aus meinem Bühnenleben*, hg. von Arnold Wellmer, Berlin 1876/77, zitiert nach Rolf Kabel (Hrsg.), *Solch ein Volk nennt sich nun Künstler ...*, Berlin (DDR) 1983, S. 258–299, S. 282.

Der Bösewicht hatte die Bühne bisher immer mit kleinen, trippeln-
den Schritten betreten, als fürchte er, vom Publikum gesehen zu
werden. Lemaître trat nun mit ganz natürlichen Schritten auf, was
beim Publikum als Sensation gefeiert wurde, als ein *grand geste*, in
dem sich wirkungsvoll die schöpferische Persönlichkeit des Dar-
stellers äußerte.

Schauspieler wie Devrient, Kean oder Lemaître übten durchaus
eine gewisse »Macht« über ihr Publikum aus, weil sie die Kühn-
heit besaßen, die Theaterkonventionen des Ausdrucks zu mißach-
ten und so im Zuschauer die Überzeugung zu wecken verstanden,
daß er den unmittelbaren und unverfälschten Ausdruck echter,
wahrer Gefühle erlebe. Karoline Bauer, die als junge Schauspielerin zusammen mit Ludwig Devrient auf der Bühne stand, beschreibt
einen solchen Vorgang in ihren Erinnerungen:

> Ich hatte schon bedeutende Künstler als König Lear bewundert, aber mit
> Devrient konnte sich keiner auch nur annähernd vergleichen. Seine wun-
> derbare Physiognomie drückte die wechselnden Empfindungen in er-
> schütternder Weise aus. Wenn er im Wahnsinn in der Heide umherirr-
> te, so schien seine Gestalt wie vom Sturm der Elemente kraftlos hin- und
> hergetrieben zu werden, aber wenn er sich dann noch einmal aufraffte,
> zum Bewußtsein seiner königlichen Gewalt, so wuchs er plötzlich um
> einen Kopf in die Höhe, seine Brust weitete sich, seine Glieder stählten
> sich zu einer letzten energischen und imponierenden Großartigkeit, das
> Auge blitzte. Ja: »Jeder Zoll ein König!« Man staunte über die grausige
> und erschütternde Tragik der ganzen Erscheinung. [...] Im großen Opern-
> haus war es grabesstill, nur hin und wieder hörte man ein unterdrück-
> tes Schluchzen der erschütterten Zuschauer, bis am Ende der Szene ein
> wahrer Sturm von Applaus losbrach.[3]

Devrient hatte das Publikum in seiner Gewalt, weil er ihm das
Gefühl vermittelte, authentischem Emotionsausdruck ausgesetzt zu
sein, und damit intensive Empfindungen in ihm auszulösen vermochte.

Der Schauspieler brachte seine »unvergleichliche Persönlichkeit«
jedoch nicht nur in der Verkörperung klassischer Rollen (häufig
Shakespearescher oder bei Devrient auch Schillerscher Helden) wirkungsvoll zum Ausdruck, sondern ebenso in der Darstellung der
standardisierten Charaktertypen aus der Trivialdramatik. Der Text
konnte dabei durch die »Persönlichkeit« des Schauspielers eine der-

---

[3] Bauer, a.a.O., S. 284f.

artige Aufwertung erfahren, daß auch von kritischen Geistern seine geringe Qualität nicht mehr bemerkt wurde. So schreibt Théophile Gautier über *Robert Macaire*, das populärste Theaterstück der dreißiger Jahre in Paris, als geschicktere Fortsetzung eines der zusammengestoppeltsten Machwerke, die man sich denken kann (*L'Auberge des Adrets*), geschrieben:

> »Robert Macaire« war der große Triumph der revolutionären Kunst, die auf die Juli-Revolution folgte. [...] Dieses Stück hat etwas Besonderes, ich meine den scharfen, verzweifelten Angriff, den es gegen die Gesellschaftsordnung und die Menschheit insgesamt führt. Aus der Gestalt des Robert Macaire schuf Frédérick Lemaître eine Figur von echt shakespearescher Komik – schauerliche Lustigkeit, finsteres Gelächter, bitterer Hohn [...] und über alle dem eine verblüffende Eleganz, Leichtigkeit und eine Grazie, wie sie der Aristokratie des Bösen eigen ist.[4]

Weil es Frédérick Lemaître gelungen war, kraft seiner »außerordentlichen Persönlichkeit« das Machwerk in einen bedeutungsvollen Text zu verwandeln, konnten Gautier die Mängel entgehen, die er bei einer Lektüre des Stücks schwerlich übersehen haben dürfte.

In diesem Zusammenhang gilt es, ein merkwürdiges Paradoxon zu konstatieren, das dem Theater dieser Epoche innerhalb der europäischen Theatergeschichte eine keineswegs ruhmreiche Sonderstellung zuweist. Während der herausragende Schauspieler die »Dämonie« seiner »einzigartigen Persönlichkeit« an den stereotypen Standardcharakteren der Trivialdramatik ebenso wie an den Helden der klassischen Literatur uneingeschränkt zur Schau stellen durfte, blieben ihm die großen Rollen des zeitgenössischen Dramas versagt. Auf den Bühnen Europas waren weder ein Prinz von Homburg noch ein Manfred, weder ein Lorenzaccio noch ein Danton zu Lebzeiten ihrer Dichter zu sehen.

Zwischen der öffentlichen Institution des Theaters und dem ästhetisch avancierten Drama schien sich eine Kluft aufgetan zu haben. Das Drama wurde – meist gegen den Willen seiner Dichter – zum Lesedrama. Obwohl das Theater über ausgezeichnete Darsteller für die schwierigsten Rollen verfügte, blieb die Bühne den bedeutendsten Dramatikern der Epoche verschlossen.

---

4 Zitiert nach: Sennett, a.a.O., S. 235.

Im Falle Byrons mutet dieser Sachverhalt besonders seltsam an. Denn seine Leserschaft in ganz Europa neigte dazu, ihn nicht nur mit den Helden seiner Verserzählungen – wie Childe Harold, The Corsair, Don Juan –, sondern auch mit seinen dramatischen Helden – wie Manfred, Cain, Sardanapalus – zu identifizieren, und erhob den solcherart mystifizierten und zum Inbegriff der romantischen Persönlichkeit stilisierten Dichter zum vergötterten und vielfach nachgeahmten Idol. Seine Dramen wurden dennoch zu seinen Lebzeiten nicht aufgeführt.

Statt dessen brachte man serienweise Melodramen (in England und Frankreich) und Schicksals- und Schauerdramen (in Deutschland) auf die Bühne, deren Personal sich aus immer wiederkehrenden Charakterstereotypen zusammensetzte, auf die der Begriff der Persönlichkeit nicht einmal annäherungsweise Anwendung finden konnte – es sei denn, ein Frédérick Lemaître nahm sich ihrer an. Auch wenn diese Stücke nicht das neue Leitbild der Persönlichkeit zum Ausdruck zu bringen vermochten, artikulierten sich in ihnen doch – wie auch immer trivial, pathetisch und inadäquat – Erfahrungen und Gefühle, die für die Menschen des frühen 19. Jahrhunderts von großer Bedeutung waren und zu ihrem Kult der Persönlichkeit in einer engen Beziehung standen. In ihnen fand der Bürger seine Angst ausgedrückt, gegen seinen Willen und ohne sein Wissen decouvrierende Handlungen begehen zu können, die ihn in den Augen der Öffentlichkeit herabsetzen und in »Schande« versinken lassen mußten, sowie seine nicht geringere Angst, von anderen durch Zudringlichkeit belästigt, verfolgt und ins Unglück gestürzt zu werden. Diese Trivialdramen erfüllten die wichtige Funktion, den quälenden Ängsten des Bürgers vor einer Destabilisierung seines Selbst ein beruhigendes Ventil zur Verfügung zu stellen.

So begehen die Helden der Schicksals- und Schauerdramen die furchtbarsten Verbrechen: Vater- oder Brudermord und Inzest. Da sie jedoch ohne Wissen und Willen gehandelt haben, werden sie der Verantwortung für ihre Taten enthoben. Nicht sie selbst, sondern die fatale Zeit (wie der *24. Februar* von Zacharias Werner [1810] oder der *29. Februar* von Adolph Müllner [1812]), der fatale Raum (Friedhof, Gebirgsschlucht o.ä.) oder das fatale Requisit (Dolch, Gewehr) haben die Handlung ausgelöst. Auf diese Weise wird das »Unheimliche« auf der Bühne eingeführt. In ihm drückt sich die Erfahrung aus, daß das Ich nicht Herr im eigenen Hause ist, sondern von dunklen, unbekannten Mächten getrieben wird. Durch sie werden die Figuren der Schicksalsdramen sich selbst fremd und zum Rätsel: »Selbst ein Rätsel – schwer zu lösen – bin ich mir.« (Hugo aus Müllners *Die Schuld*, 1812, II,1). Die dunklen Mächte können durchaus als vage Chiffre einer einsetzenden Identitätskrise begriffen werden. Die Gefahr einer Destabilisierung des Selbst steht immerhin drohend im Raum.

Im Melodram, das eine ähnlich wechselvolle, auf starke emotionale Effekte zielende Handlung aufweist, rückt das Motiv der Verfolgung in den Vordergrund. Es wird am in übersteigertem Kontrast gezeigten Gegensatz von Gut und Böse, Schurkerei und Unschuld, Opfer und Peiniger durchgespielt. Zentrale Kategorie des Melodrams stellt »das Böse« dar, welches die Unschuld zu vernichten sucht. Der in beiden Gattungen garantiert glückliche Ausgang ließ die vom Verlauf der Handlung beim Publikum hervorgerufenen Ängste verfliegen oder milderte sie zumindest zu einem wohligen Schauer des Gruselns. Der Zuschauer wurde mit der tröstlichen Gewißheit entlassen, daß seine Ängste letztlich unbegründet seien – sein Selbst würde aus den Bedrohungen unbeschädigt hervorgehen, seine Persönlichkeit in der Öffentlichkeit stabil bleiben.

Die schroffe Ablehnung der Theaterleiter, die Werke Kleists, Byrons, Shelleys, de Mussets, Grabbes und Büchners zu Lebzeiten ihrer Dichter auf die Bühne zu bringen, legt den Verdacht nahe, daß die Dramen sich zu den geltenden Werten der Gesellschaft in einem grundlegenden Widerspruch befanden oder gar gegen ein für das Selbstverständnis der Gesellschaft lebenswichtiges Tabu verstießen. Da die Persönlichkeit (im eingangs beschriebenen Sinn) eine zentrale Kategorie des öffentlichen Lebens in England, Deutschland und Frankreich – ungeachtet sonstiger gravierender Unterschiede in den drei Ländern – darstellte, erscheint die Annahme plausibel, daß die Auffassung von Persönlichkeit, wie sie sich im ästhetisch avancierten Drama der Epoche niedergeschlagen und artikuliert hat, zum allgemein akzeptierten und propagierten Begriff von Persönlichkeit in wesentlichen Punkten quer stand. Sollte diese Auffassung von Persönlichkeit nicht imstande sein, der – latenten oder offen zugegebenen – Angst des Bürgers vor einer Destabilisierung seines Selbst wirkungsvoll zu begegnen, d.h. sie nachhaltig zu entkräften und gegenstandslos zu machen, so war mit einer

Aufführung des Dramas wohl kaum zu rechnen. Denn die für die
bürgerliche Gesellschaft dieser Zeit wichtigste Funktion des Theaters, ihren Mitgliedern Selbstbestätigung zu ermöglichen, konnten
sie dann kaum erfüllen.

4.1.2 Die Entdeckung des Unbewußten

Obwohl Kleist sich der Eigenart seiner Dramen und ihrer antiklas-
sischen Stoßrichtung durchaus bewußt war, versuchte er immer
wieder, die Anerkennung, wenn nicht gar die Bewunderung des
Olympiers Goethe zu erringen. Während dieser sich über Kleists
Novellen verschiedentlich wohlwollend geäußert hat, lehnte er seine
Dramen schroff ab. Zwar hatte er 1807 den *Zerbrochenen Krug* in
Weimar auf die Bühne gebracht, die Aufführung wurde jedoch ein
eklatanter Mißerfolg. Goethe führte die verständnislos zurückwei-
sende Haltung der Zuschauer, die sich in für die damalige Zeit
ausgesprochen flegelhaftem Benehmen wie Pfeifen in Gegenwart
des Herzogs und seiner Gattin Luft machte, darauf zurück, daß
»das Stück auch wieder dem unsichtbaren Theater angehört« (Brief
an Adam Müller vom 28. August 1807). Über *Penthesilea* schrieb
Goethe an Kleist, der ihm das *Phöbus*-Heft mit dem Fragment auf
den »Knien meines Herzens« (Brief an Goethe vom 24. Januar 1808)
übersandt hatte: »Mit der Penthesilea kann ich mich noch nicht be-
freunden. Sie ist aus einem so wunderbaren Geschlecht und bewegt
sich in einer so fremden Region daß ich mir Zeit nehmen muß mich
in beide zu finden.« (Brief an Kleist vom 1. Februar 1808). Das
Exemplar des (1808 beendeten und 1810 gedruckten) *Käthchen von
Heilbronn* soll Goethe nach der Lektüre gar mit den ärgerlichen
Worten in den Ofen geworfen haben, daß hier wieder »die verfluchte Unnatur« walte. Für ihn stand fest: »Der gegenwärtige
Dichter Kleist geht auf Gefühlsverwirrung aus«. Ihm konnte nicht
verborgen bleiben, daß Kleist in seinen Dramen ein Bild vom Menschen entwarf, welches mit dem des klassischen Dramas nichts
mehr gemein hatte.

In seinem letzten Werk, dem *Prinzen von Homburg*, den Kleist
1811 – wenige Monate vor seinem Selbstmord am Wannsee – voll-
endete, setzt sich der Dichter in geradezu programmatischer Weise
vom Menschenbild der deutschen Klassik ab. Er übernimmt das
formale Schema des Aufbaus, wie Gliederung in fünf Akte, sym-

metrische Komposition, Spiel und Gegenspiel in Held und Antagonist, und führt es in einer vorher nie erreichten Vollendung durch. Der *Prinz von Homburg* ist in formaler Hinsicht mit einem Höchstmaß an Präzision nach den Prinzipien der deutschen Klassik durchkonstruiert und weist eine nahezu perfekte, bis aufs Detail der Metaphern ausgedehnte symmetrische Komposition auf. Als sollte der Hinweis auf das Drama der deutschen Klassik noch verstärkt werden, sind vielfältige, teilweise ganz direkte Anspielungen und Bezüge auf Goethes *Egmont* und vor allem immer wieder auf seinen *Tasso* eingearbeitet. Nicht zuletzt ist das Verhältnis zwischen Protagonist (Prinz) und Antagonist (Kurfürst) so gestaltet, daß es auf Kleists Verhältnis zu Goethe zurückverweist.

In dieser ganz direkten Bezugnahme auf das Drama der deutschen Klassik entfaltet Kleist nun seine eigene, die Prinzipien der deutschen Klassik negierende Figurenkonzeption. Sie bestimmt alle dramatischen Personen, findet sich jedoch vor allem im wechselvollen Verhältnis zwischen Prinz und Kurfürst gestaltet.

Eine solche tiefgreifende, alle Personen betreffende Veränderung stellt ihre Verrätselung dar. Während Iphigenie und Tasso, Wallenstein und Maria Stuart ihren Mitspielern, zumindest aber – in ihren Monologen – dem Zuschauer / Leser mit ausgedehnten Reflexionen und Argumentationen Einblick in die Gründe und Motive verschaffen, die sie zu einer bestimmten Entscheidung veranlaßt haben, schweigen sich Kleists Helden darüber aus: wir erfahren lediglich, *daß* sie eine Entscheidung getroffen haben, die Gründe und Motive dagegen bleiben im dunkeln.

Wenn Homburg sich (IV,4) entschließt, den folgenschweren, die Situation grundlegend verändernden Brief an den Kurfürsten zu schreiben, erfahren weder Natalie noch der Zuschauer / Leser, wie er zu seiner Entscheidung gelangt ist. Während sich aus seinem gestischen Verhalten – »*Er läßt sich mit verschränkten Armen wieder an den Tisch nieder und sieht in den Brief*« (V. 1358); »*Er sinnt*« (V. 1360); »*nimmt die Feder*« (V. 1362); »*schreibend*« (V. 1373); »*schließt*« (V. 1376); »*Er kuvertiert und siegelt den Brief*« (V. 1378); »*steht auf*« (V. 1379) – schließen läßt, daß in ihm ein Prozeß abläuft, der zu einer Entscheidung führt, werden auf der sprachlichen Ebene weder Argumente abgewogen noch das Für und Wider erörtert. Auch die Worte weisen lediglich darauf hin, daß ein solcher Prozeß im Gange ist, ohne ihn auch nur andeutungsweise in irgendeiner Weise sprach-

lich zu gestalten: »Laß, einen Augenblick! Mir scheint –« (V. 1360);
»Gleich werd ich wissen, wie ich schreiben soll« (V. 1361); »Ich hör!
Was gibts?« (V. 1362); »Gleichviel.« (V. 1374). Die Entscheidung
selbst hat sich derweil jenseits der Sprache vollzogen.

Auch beim Kurfürsten verlaufen die wesentlichen Entscheidungsprozesse stumm. So entschließt er sich IV,1 auf Natalies Bericht hin,
dem Prinzen eine Möglichkeit zur Begnadigung zu eröffnen, ohne
diese seine Entscheidung für Natalie oder, etwa in einem späteren
Monolog, für die Zuschauer transparent zu machen. Die Entscheidung erfolgt nicht als Konsequenz eines argumentativen Prozesses,
sondern anscheinend aus einer spontanen Regung heraus (»*betroffen*«
[V. 1147]; »*im äußersten Erstaunen*« [V. 1156]; »*verwirrt*«
[V. 1175]), die auch im nachhinein nicht sprachlich rationalisiert
oder begründet wird. Ganz ähnlich folgt auf die Lektüre von Homburgs Brief ganz unmittelbar der Befehl »Prittwitz! – Das Todesurteil bring mir her! / – Und auch den Paß, für Gustav Graf von
Horn, / Den schwedischen Gesandten, will ich haben!« (V,4,
V. 1479–81), in dem sich die Entscheidung des Kurfürsten ausdrückt, den Prinzen zu begnadigen. Die in der nächsten Szene vor-
getragenen Argumente der Offiziere Kottwitz und Hohenzollern
haben auf diese Entscheidung keinen Einfluß mehr. Sie ist längst
– ohne Angabe von Gründen – getroffen.

Wenn die Entscheidungsprozesse nicht mehr sprachlich vollzogen werden, lassen sich über ihre Begründungen und Motive nur
noch Vermutungen anstellen, wie es auch IV,1 Natalie tut:

> Was deine Huld, o Herr, so rasch erweckt,
> Ich weiß es nicht und untersuch es nicht.
> Das aber, sieh, das fühl ich in der Brust,
> Unedel meiner spotten wirst du nicht:
> Der Brief enthalte, was es immer sei,
> Ich glaube Rettung – und ich danke dir!
> (V. 1200–1205)

Je nach Haltung und Perspektive lassen sich nun die gegensätzlichsten Motive unterstellen. Ob der Kurfürst den Prinzen hinrichten
lassen will, weil es ihm um die Erfüllung des Gesetzes geht oder
weil er sich eines gefährlichen jugendlichen Rivalen, der ihm Macht
und »Tochter« streitig zu machen sucht, entledigen will, ist nicht
mit Sicherheit zu entscheiden. Ebensowenig läßt sich die Frage
klären, ob er den Prinzen am Ende begnadigt, weil er ihm seinen

Traum erfüllen und ihn erhöhen möchte oder, im Gegenteil, weil er darauf abzielt, ihn mit dem Entzug des »freien Todes« zu erniedrigen und wieder von sich abhängig zu machen. Da die Gründe für diese Entscheidungen im dunkeln bleiben, kann die Figur auch nicht mehr nach ihren Handlungen beurteilt werden. Ob diese auf ihre Großmut zurückgehen oder auf kleinliche Gehässigkeit, auf bewährte Prinzipien oder Gefühlsaufwallungen, ist an ihnen selbst nicht ablesbar. Bezogen auf seine Handlungen muß der Mensch dem anderen ein Rätsel bleiben. Mißlingen der Kommunikation, permanentes Mißverstehen und die Einsamkeit der Kleistschen Figuren finden in diesem Sachverhalt ihren Grund.

An die Stelle der Handlungen tritt nun das Erscheinungsbild, das der einzelne seinen Mitmenschen zeigt. Der Kurfürst bietet den anderen ein Erscheinungsbild von hoher Stabilität. Er behält stets die Kontrolle über die Situation, auch als V,3 eine Revolution ausgebrochen zu sein scheint – »Verwünscht! – Er ist jedwedem Pfeil gepanzert« (V. 1473); die Initiative geht wesentlich von ihm aus. Er versteht die anderen durch seine Handlungen immer wieder zu überraschen (I,1), zu schockieren (III,10) und zu beeindrucken (IV,9), ohne daß er seine eigenen Wünsche und Gefühle preisgeben würde. Nur als er erfährt, daß der Prinz die Reiterei geführt hat (II,10, V. 742) – und daher dem Kriegsgesetz verfallen ist –, und als Natalie ihm von Homburg berichtet: »Der denkt jetzt nichts, als nur dies eine: Rettung« (V. 1148), zeigt er eine Gefühlsregung. Die Szenenanweisungen lauten: »betroffen« (V. 743, 1147), »Im äußersten Erstaunen« (V. 1156) und »verwirrt« (V. 1175). Ein stärkerer Gefühlsausdruck kommt nicht vor. Der Kurfürst hat nicht nur die Situation, sondern vor allem auch sich selbst soweit unter Kontrolle, daß sein Erscheinungsbild in der Öffentlichkeit stets stabil bleibt.

Dagegen wechselt das Erscheinungsbild, welches der Prinz seiner Umwelt präsentiert, ständig. Gleich in der ersten Szene wird die Hofgesellschaft mit einem Bild des Prinzen konfrontiert, das ganz und gar nicht zu ihrer Vorstellung von einem »Helden« (V. 23) passen will, am allerwenigsten zu dem vom »Prinz von Homburg, unser tapfrer Vetter, / Der an der Reuter Spitze, seit drei Tagen / Den flüchtgen Schweden munter nachgesetzt, / Und sich erst heute wieder atemlos, / Im Hauptquartier zu Fehrbellin gezeigt« (V. 1 bis 5). Anstelle eines waffenklirrenden Draufgängers findet sie einen »Nachtwandler« (V. 24), »mit bloßem Haupt und offner Brust, halb *wachend halb schlafend«* (V. 1) vor, »beschäftiget, / Sich träumend, seiner eignen Nachwelt gleich, / Den prächtgen Kranz des Ruhmes einzuwinden« (V. 26–28). Im Zustand des Somnambulismus offenbart der Prinz seiner Umwelt seine geheimsten Wünsche, die nicht nur auf den »Ruhm« in der »Schlacht von morgen« (V. 56) gerichtet sind. Diesen Wunsch vermag die Gesellschaft durchaus noch zu tolerieren, auch wenn es sie befremdet, daß Homburg ihn träumend offen entdeckt und sich den Kranz als Lohn für seinen Sieg vorwegnehmend selbst flicht. Die stumme Szene, mit welcher der Kurfürst erproben will, »wie weit ers treibt« (V. 64), zeigt dann allerdings, daß die geheimen Wünsche des Prinzen weit über das hinausgehen, was der Kurfürst und die Gesellschaft ihm zu konzedieren und nachzusehen bereit sind: Homburg träumt von der Hand Natalies – »Natalie! Mein Mädchen! Meine Braut!« (V. 65) –, von Ebenbürtigkeit mit dem Kurfürsten – »Friedrich! Mein Fürst! Mein Vater!« (V. 67) – und von Aufnahme in die kurfürstliche Familie – »O meine Mutter!« (V. 68). Auf diese Entdeckung hin zieht sich die Hofgesellschaft geradezu in Panik zurück.

Der Prinz schockiert in dieser Szene seine Umwelt gleich zweifach. Zum einen zeigt er sich ihr, die sich ihn als »Helden« denkt, als Schlafwandler und Träumer, und zum anderen entwirft und offenbart er ihr ein Selbstbild, das ihn weit über das von der Gesellschaft Sanktionierte hinaus erhebt.

Dieser im Traum enthüllten, durch Ruhm, die Hand Natalies und Ebenbürtigkeit mit dem Kurfürsten konstituierten und beglaubigten Identität ist sich Homburg allerdings selbst nicht bewußt. Dies zeigt sich, wenn er, von Hohenzollern durch Anrufung mit seinem zweiten Namen »Arthur« aus seinem somnambulen Zustand geweckt, sich an den vom Kurfürsten inszenierten Vorfall erinnert und ihn sich selbst vergegenwärtigend Hohenzollern als seinen eigenen »sonderbaren Traum« (V. 140) erzählt. Die Traumerzählung weicht in wesentlichen Punkten signifikant vom tatsächlich Vorgefallenen ab. Diese Abweichungen betreffen vor allem Verhalten und Person des Kurfürsten sowie Natalies. Während der Kurfürst Homburg den Kranz aus der Hand genommen und ihn Natalie nur gegeben hat, damit sie ihn dem Prinzen zeigt, dann aber mit ihr zurückgewichen ist, erinnert sich der Prinz, daß der Kurfürst ihn Natalie reicht, ihn »auf die Locken mir zu drücken« (V. 163); auch hebt Natalie den Kranz nicht im Entweichen, sondern »Als ob sie einen Helden krönen wollte« (V. 174). Dabei erscheinen ihm der Kurfürst »mit der Stirn des Zeus« (V. 158) und Natalie »gleich einem Genius des Ruhms« (V. 172). Dieser Vergöttlichung der beiden für ihn wichtigsten Personen entspricht seine Fassung des Schlusses: «Die Rampe dehnt sich [...] / Endlos, bis an das Tor des Himmels aus« (V. 181/2). Diese vergöttlichten Gestalten, die offensichtlich den Wunsch haben, ihn zu belohnen und zu sich zu erhöhen, werden ins Schloß gleichsam wie in den Himmel entrückt. Neben diesen Veränderungen fällt besonders auf, daß der Prinz sich beim besten Willen nicht mehr an den Namen der »holden Traumgestalt« erinnern, sich nicht mehr auf Natalies Namen besinnen kann.

Der erinnerte »Traum« enthält so nur noch die Elemente, die Homburgs allgemein akzeptierte Rolle als Führer der Reiterei, als »Helden« (V. 174) betreffen: den Wunsch nach Ruhm, der durch den von der Erzählung geschaffenen Rahmen mit Vergöttlichung, mit Aufnahme in den Kreis der Himmlischen gleichgesetzt wird. Alles, woran die Gesellschaft Anstoß nehmen könnte, der Wunsch nach Natalies Hand und nach Ebenbürtigkeit mit dem Kurfürsten, ist sorgfältig getilgt. Der Prinz ist sich seiner von ihm selbst entworfenen Identität nicht bewußt. Sein Bedürfnis, sich seiner Umwelt, vor allem aber dem Kurfürsten anzupassen und dem Bild, das sie sich von ihm gemacht haben, zu entsprechen, hat zu einer vollständigen Verdrängung seiner Wünsche ins Unbewußte geführt. In die Wirklichkeit und in das Bewußtsein zurückgekehrt, weiß der Prinz nichts mehr von ihnen – sich selbst auf den Part des Helden beschränkend, bleibt er sich selbst ein Rätsel.

Erst mit dem angeblichen Tod des Kurfürsten wird das Hindernis, das sich trennend zwischen seine Wünsche und sein Bewußtsein stellt, beseitigt. Ein Konflikt mit dem Kurfürsten scheint jetzt ausgeschlossen. Homburgs geheime Wünsche, die sich auf die Verwirklichung seines Selbst beziehen, können die Schwelle zum Bewußtsein überschreiten und auf Erfüllung drängen. Nach dem Sieg setzt der Prinz sich auch in der Tat sofort an die Stelle des Kurfürsten:

> Der Kurfürst wollte, eh das Jahr noch wechselt,
> Befreit die Marken sehn; wohlan! ich will der
> Vollstrecker solchen letzten Willens sein!
> (V. 584–86)

Er verlobt sich mit Natalie und hält bei der Kurfürstin um ihre Hand an. Alle Wünsche haben sich erfüllt. Als Sieger in der Schlacht, Nachfolger des Kurfürsten und Verlobter Natalies hat der Prinz das Bild, das er unbewußt von sich entworfen hatte, scheinbar in der Realität verwirklicht; seiner Aufnahme in den Kreis jener göttlichen Gestalten, die seine Traumerzählung beschrieben hat, steht aus seiner subjektiven Sicht nun nichts mehr im Wege: «O Cäsar Divus! / Die Leiter setz ich an, an deinen Stern!« (V. 713/4).

Aus dieser Höhe einer vermeintlich gelungenen Selbstverwirklichung wird Homburg durch die Gefangennahme und das wegen Insubordination ergehende Todesurteil jäh heruntergestürzt. Da er nun ausschließlich von der Gnade des Kurfürsten abhängt (»Das Kriegsrecht mußte auf den Tod erkennen; / So lautet das Gesetz, nach dem es richtet«, V. 870/1), entlarvt sich ihm die postulierte Ebenbürtigkeit mit dem Kurfürsten als pures Wunschdenken. Auch die Verlobung mit Natalie erscheint nun statt als Garant seiner Selbstverwirklichung als Ursache für seine Vernichtung:»Es stürzt der Antrag ins Verderben mich« (V. 926). Der Kurfürst schränkt Homburgs Selbst wieder auf das Bild des Helden ein:»Und auf des Herrn ausdrücklichem Befehl, / Ward deines, als des Siegers Namen – / Erwähnung von der Kanzel her getan« (V. 810–12). Da der Prinz sich offensichtlich nicht nur in seinem»Gefühl« vom Kurfürsten (V. 868), sondern auch in seinem Gefühl von sich selbst so vollkommen und furchtbar getäuscht hat, läßt ihn die direkte Konfrontation mit dem Tod jedoch diese Möglichkeit einer Identität völlig nichtig erscheinen. Weil Kurfürst und Wirklichkeit ihm entfremdet sind, wird er auch sich selber fremd. Und so bricht Homburg im Angesicht seines Grabes zusammen, sieht sich auf das bloße nackte Leben, seine physische Existenz zurückgeworfen.»Diese Augen« (V. 984) und»dieser Busen« (V. 985) werden zu den einzigen Faktoren, die seine Person noch zu beglaubigen vermögen. In seiner kreatürlichen Todesangst verleugnet der Prinz alles, was bisher seine Identität ausgemacht hat:

> Seit ich mein Grab sah, will ich nichts, als leben,
> Und frage nichts mehr, ob es rühmlich sei!
> [...]
> Nataliens, das vergiß nicht, ihm zu melden,
> Begehr ich gar nicht mehr, in meinem Busen
> Ist alle Zärtlichkeit für sie verlöscht.
>   (V. 1003/4; 1023–25)

Das Erscheinungsbild des Prinzen in der Todesfurchtszene (III,5) verweist dergestalt auf eine totale Selbstentfremdung, die bis zur völligen Selbstaufgabe um des physischen Überlebens willen geht. Der Brief des Kurfürsten eröffnet Homburg eine neue Möglichkeit der Selbstdefinition:»Mich selber ruft er zur Entscheidung auf!« (V. 1342). Er macht ihn unabhängig von des Kurfürsten weiteren Plänen und Überlegungen:»Er handle, wie er darf; / Mir ziemts hier zu verfahren, wie ich soll!« (V. 1374/5) und stellt so beide auf eine Stufe:»Ich will ihm, der so würdig vor mir steht, / Nicht, ein Unwürdger, gegenüber stehn!« (V. 1380/1). Auf der Basis der Ebenbürtigkeit mit dem Kurfürsten vermag der Prinz nun eine neue Identität für sich zu entwerfen. Er entscheidet sich für vollkommene Selbstbestimmung»Durch einen freien Tod« (V. 1752). Mit diesem Akt gelangt er in einem ganz neuen Sinn nun auch wieder in den Besitz der beiden anderen Faktoren, von denen in der Traumszene seine Selbstverwirklichung abhing: des Sieges und der Hand Nataliens:

> Blüht doch aus jedem Wort, das du gesprochen,
> Jetzt mir ein Sieg auf, der zu Staub ihn (Gustav Karl e.A.)
> malmt!
> Prinz Homburgs Braut sei sie, werd ich ihm schreiben,
> Der Fehrbellins halb, dem Gesetz verfiel, [...].
>   (V. 1788–91)

Durch seine Einsicht, daß Selbstverwirklichung nur in vollkommener Autonomie möglich ist, auch wenn sie als Preis das Leben fordert, gewinnt der Prinz letztlich auch über den Kurfürsten Überlegenheit. Denn während er auf ihn den »Segen« der »Seraphin« (V. 1795/6), der Himmlischen herabfleht, steigt er selbst zu den Himmlischen als einer der ihren auf:

> Nun, o Unsterblichkeit, bist du ganz mein!
> Du strahlst mir, durch die Binde meiner Augen,
> Mir Glanz der tausendfachen Sonne zu!
> Es wachsen Flügel mir an beiden Schultern,
> Durch stille Ätherräume schwingt mein Geist;
> Und wie ein Schiff, vom Hauch des Winds entführt,
> Die muntre Hafenstadt versinken sieht,
> So geht mir dämmernd alles Leben unter:
> Jetzt unterscheid ich Farben noch und Formen,
> Und jetzt liegt Nebel alles unter mir.
>   (V. 1830–39)

Die vollkommene Selbstverwirklichung ist bei der »gebrechlichen Einrichtung der Welt« (*Marquise von O...*) nur im Tode möglich. Die wechselnden Erscheinungsbilder des Prinzen verweisen dergestalt nicht auf eine tatsächliche Destabilisierung des Selbst, sondern auf einen Wandel des Bewußtseins, über den das Selbst überhaupt erst endgültig definiert und wahrhaft verwirklicht werden kann.

Das Erscheinungsbild wird von Sprache und Körper als Ausdruck des Bewußtseinszustandes jeweils anders konstituiert. Im Zustand des Unbewußten, im »Traum« drücken sich Wünsche und Gefühle des Prinzen in Körper und Sprache spontan und direkt aus: »Natalie! Mein Mädchen! Meine Braut!« (V. 65); »Friedrich! Mein Fürst! Mein Vater!« (V. 67); »O meine Mutter!« (V. 68); »O! Liebste! Was entweichst du mir? Natalie!« (»V. 70) Die Szenenanweisung lautet: »*der Prinz errötet* [...] *der Prinz steht lebhaft auf* [...] *der Prinz mit ausgestreckten Armen, folgt ihr* [...]; *nach dem Kranz greifend.*« (V. 64; 70).

Nach dem Übertritt ins Bewußtsein fallen Sprache und Körper auseinander; nur noch der Körper vermag die Wünsche und Gefühle des Prinzen spontan und direkt auszudrücken: I,4: »*Der Prinz fällt um.* [...] *Er betrachtet den Handschuh, den er in der Hand hält.* [...] *der Prinz stutzt* [...]*«*; I,5: »*Der Prinz von Homburg* [...] *fixiert die Damen.* [...] *fährt zusammen* [...] *nimmt den Handschuh aus dem Kollett.* [...] *steht einen Augenblick, wie vom Blitz getroffen da; dann wendet er sich mit triumphierenden Schritten wieder in den Kreis der Offiziere zurück.* [...] *steht und träumt vor sich nieder.* [...]*«* usf. Die Sprache dagegen ist in diesem Zustand zu einem spontanen und direkten Ausdruck nicht mehr fähig, sie wird zur Pose. Ihre rollenhafte Verwendung kann geradezu als ein Gradmesser für die Identitätskrise angesehen werden. Homburg benutzt nacheinander, um sich der jeweiligen Situation anzupassen, die Sprache der Verklärung (I,6), den Jargon des Täters (II,2, 492/3, 497), konventionelle Rhetorik (II,6, 581–86), ein emotionales und argumentativ kritisches Sprechen (III,1), ehe in der Todesfurchtszene (III,5) alle seine bisherigen Sprachgesten zusammenbrechen und er, ausgehend von der Briefszene (IV,4), allmählich zu einem neuen Sprechen findet. Erst im Zustand der vollkommenen Selbstverwirklichung, im Unsterblichkeitsmonolog (V,10), gelingt es dem Prinzen wieder, sich auch in der Sprache »rein« auszusprechen und in ihr sein Selbst direkt und unverstellt zu offenbaren.

Der Wechsel des Erscheinungsbildes wird so zum dramatisch-theatralischen Zeichen für »die Reise um die Welt« (*Über das Marionettentheater*), welche der Protagonist auf der Suche nach sich selbst zurückzulegen hat. Es kann kein Zweifel darüber bestehen, daß für Kleist die Persönlichkeit, die sich in einem solchen Wechsel der Erscheinungsbilder ausdrückt, größer ist als diejenige, welche ihrer Umwelt ein immer gleiches, stabiles Erscheinungsbild präsentiert. Der apotheotische Schluß des Dramas entspringt in diesem Sinne dem

> Traum des armen Heinrich Kleist vom glücklichen Prinzen Homburg, der, zart und mächtig, unter der Gefahr des Todes, seine großen Sehnsüchte und Wunschbilder gegen die herrschenden engen Lebensbedingungen durchsetzt und schließlich, wie im Wunder, ihre paradiesische Erfüllung erlebt. Und gleichzeitig verwandelt sich die kalte, schwache, weil nurmehr formal funktionierende Staatsordnung in eine lebenskräftige, menschenwürdige politische Gemeinschaft, in der der Außenseiter, Verurteilte, gesellschaftlich 'Kranke' zum ersten Helden aufsteigt.[5]

Kleists Zeitgenossen allerdings dachten anders hierüber. Seit der *Prinz von Homburg* im Druck vorlag (1821 in den von Tieck herausgegebenen *Hinterlassenen Schriften*), wurde die Figur des Prinzen als »krank« (so Hegel bereits 1828 und Fontane noch 1872!) und »feige« kritisiert und schärfstens abgelehnt. Für das Publikum waren mit dem Bild des »Helden« Somnambulismus, spontaner Gefühlsausdruck und Todesfurcht unvereinbar. Ein solcher Wechsel der Erscheinungsbilder konnte nichts anderes als eine totale Destabilisierung des Selbst bedeuten. Auf der Bühne durfte das Stück daher nur erscheinen, wenn die betreffenden Szenen (I,1; III,5) gestrichen wurden – zumindest aber die Angst vor dem Tode in Angst vor dem schmählichen Tod durch Hinrichtung abgeändert wurde. Entsprechend trübe lautet das Resümee, das Heinrich Laube 1875 über die ersten fünfzig Bühnenjahre des Dramas zieht:

> Der 'Prinz von Homburg' hat trotz großer poetischer Reize nie volle Verbreitung gefunden, weil der Charakter des Prinzen als eines Soldaten,

---

5 Botho Strauß, Traum. In: *Kleists Traum vom Prinzen Homburg*, Programmheft, Schaubühne am Halleschen Ufer, Berlin 1972.

welcher der Todesfurcht bis zur Kläglichkeit erliegt, einen gar zu pein-
lichen Eindruck macht, und weil die Krankhaftigkeit, auch wenn sie noch
so poetisch behandelt wird, von der Bühne herab ungünstig anmutet.[6]

Erst 1878 wagten die Meininger, einen ungekürzten *Prinzen von
Homburg* mit Josef Kainz in der Titelrolle auf die Bühne zu bringen.
Sie leiteten damit einen Prozeß ein, der im 20. Jahrhundert zu einer
grundlegenden Neubewertung des Stückes und seines Helden
führen sollte. Spätestens seit der bahnbrechenden Inszenierung des
Werkes durch Jean Vilar am »Théâtre nationale populaire« (1951)
mit Gérard Philippe in der Titelrolle gilt der Kleistsche Held als
geradezu prototypische Verkörperung »modernen« Bewußtseins.

4.1.3 Zerfall der Werte

Die Erfahrung des »Unheimlichen« und »Bösen«, die sich auf den
europäischen Bühnen des ausgehenden 18., beginnenden 19. Jahrhunderts auf trivialste Weise in den serienmäßig produzierten
Schicksals-, Schauer- und Melodramen artikulierte, hatte in England
bereits um die Mitte des 18. Jahrhunderts zur Konstituierung einer
neuen literarischen Gattung geführt: der *gothic novel*. 1765 veröffentlichte Horace Walpole seinen Roman *The Castle of Otranto*, mit
dem schlagartig die neue Gattung begründet war. Der Roman hatte
sofort einen ungeheuren Erfolg beim Lesepublikum; er wurde bis
1800 zwanzigmal neu aufgelegt und in unzähligen Variationen
nachgeahmt. *The Castle of Otranto* enthielt bereits alle Elemente,
welche auch in der Folgezeit die Eigenart dieser Gattung ausma-
chen sollten: ein mittelalterliches Schloß, das mit seinen geheimen
Korridoren und einem labyrinthischen Netz von unterirdischen
Gängen den unheimlichen Hintergrund abgibt; ein geheimnisvolles Verbrechen, häufig ein unwissentlich begangener Verwandten-
mord (Vater-, Bruder-, Kindesmord); damit gekoppelt gewöhnlich
eine verbotene und, wie sich meist erst später herausstellt, inze-
stuöse Liebe; einen aristokratischen Schurken und Erzbösewicht,
der mit seinen frevelhaften Begierden einem schönen, unschuldi-
gen, engelhaften jungen Mädchen nachstellt; einen liebenswürdi-
gen jungen Mann, der den Verbrecher zu entlarven und die verfolgte Unschuld seinen Klauen zu entreißen sucht. Am Schluß des

---

6 Zitiert nach: Helmut Sembdner (Hrsg.), *Heinrich von Kleists Nachruhm.
Eine Wirkungsgeschichte in Dokumenten*, München 1977, S. 342.

Romans ist ihm dies in der Regel auch gelungen, so daß er mit dem befreiten Mädchen glückliche Hochzeit halten kann, während der Bösewicht entweder im Kloster reumütig seine Verbrechen sühnt oder, was bedeutend häufiger der Fall ist, vom Teufel geholt wird, mit dem er paktiert hatte, und elendig zugrundegeht. Nach Walpole haben vor allem William Beckford (*Vathek*, 1786), Anne Radcliffe (*The Mysteries of Udolpho*, 1794; *The Italian*, 1792) und Matthew Gregory Lewis (*The Monk*, 1796) die Gattung in diesen ihren Grundzügen wesentlich weiter entwickelt.

Hauptthema des gotischen Romans in allen seinen Spielarten ist »ausweglose Angst«[7]. Es ist die Ahnung von der »Nachtseite« des menschlichen Seelenlebens, die hier ihren Ausdruck und Niederschlag gefunden hat. Obwohl man annehmen könnte, daß die Existenz einer derartigen Nachtseite mit dem Bild des Menschen, wie die Aufklärung es entworfen hat, nicht in Einklang zu bringen sei, treten die gotischen Romane keineswegs zu den geltenden Werten in Widerspruch, welche die aufklärerisch-bürgerliche Gesellschaft des 18. Jahrhunderts prägten.

Dies ist vor allem auf drei Faktoren zurückzuführen. Erstens gehört der Erzschurke dem Adel an. Das in ihm inkarnierte Böse weist daher – ähnlich wie die Bosheit des aristokratischen Verführers im bürgerlichen Trauerspiel – eher auf die Verderbtheit und Lasterhaftigkeit seiner Klasse zurück als auf eine dem Menschen angeborene Neigung zum Bösen. Der Mensch kann weiterhin als von Natur aus gut angesehen werden. Dafür spricht auch, daß zweitens die verfolgte Unschuld ähnlich wie die tugendhafte Tochter im bürgerlichen Trauerspiel selbst unter den bedrohlichsten Umständen standhaft bleibt. Sie erliegt nicht den Versuchungen, sondern vermag stets ihre engelgleiche Tugend zu bewahren, auch in den Fällen, in denen ihr ihre Unschuld gewaltsam geraubt wird. Das Böse in der Gestalt des aristokratischen Schurken erweist sich als unfähig, die natürliche eingeborene Güte des Menschen anzutasten, zu beflecken oder gar zu verderben. Drittens endlich wirkte die Handlungsführung auf das Gefühl (im Sinne des Gemüts) ein und erzeugte so beim Leser eine Intensivierung seines Empfindungsvermögens. Der gotische Roman überschreitet insofern kei-

---

7 Mario Praz, Der »gotische Roman« von Matthew Gregory Lewis. Nachwort zur deutschen Ausgabe, *Der Mönch*, München 1971, S. 566.

neswegs den Horizont, der mit dem Wertekanon der bürgerlichen Gesellschaft des 18. Jahrhunderts gesetzt ist, auch wenn er im Einzelfall durch detaillierte Schilderungen von Greuelszenen und Ausschweifungen durchaus gegen ihren »guten Geschmack« verstoßen mag (wie *Vathek* und vor allem *The Monk*).

Die ungeheure Popularität des gotischen Romans legt die Vermutung nahe, daß er innerhalb der puritanisch-bürgerlichen Gesellschaft eine besonders wichtige Funktion erfüllt hat. Leistungsethik und Triebverzicht prägten in England weit stärker noch als anderswo die bürgerliche Lebensform. Auch hatte hier die Industrialisierung wesentlich früher als im übrigen Europa begonnen (bereits um 1770). Es kann daher kaum wundernehmen, daß gerade hier der zunehmende Druck des fortschreitenden Zivilisationsprozesses unkontrollierte Ängste erzeugte. Ihr destruktives Potential konnte sich bei der Lektüre gotischer Romane in der Innenwelt des Lesers gefahrlos entladen, der darüberhinaus durch den Romanschluß wirkungsvoll zur Affirmation der geltenden Werte zurückgeführt wurde. Das öffentliche Leben der bürgerlichen Gesellschaft wurde auf diese Weise nicht ernsthaft von den Ängsten ihrer Mitglieder tangiert oder gar in seinem reibungslosen Funktionieren beeinträchtigt.

Auf die Gattung der *gothic novel* geht nun nicht nur das *gothic drama* bzw. das Melodram der Jahrhundertwende zurück, das hier seinen wichtigsten Stofflieferanten fand, auf sie ist auch das ästhetisch avancierte Drama der englischen Romantik in fast programmatischer Weise bezogen.

In seinem 'dramatic poem' *Manfred* (1817) verarbeitet Byron mit geradezu demonstrativer Geste Elemente aus bekannten gotischen Romanen. Sein Held trägt den Namen des *gothic villain* aus *The Castle of Otranto*. Auf diesen Roman verweist auch der Abt, der im letzten Akt Manfred zu bekehren sucht, und nicht zuletzt der Handlungsort gleich der ersten Szene: »a *Gothic gallery*«. Die Szene II,4, die in »*The Hall of Arimanes*« spielt, zitiert in ihrer Szenenanweisung eine der wichtigsten Stellen am Schluß des *Vathek*, die Apotheose Satans. Wie Eblis sitzt Arimanes, »the evil principle« (Brief an Thomas Moore vom 25. März 1817) »upon a Globe of Fire«. Byron übernimmt gezielt konstitutive Elemente des gotischen Romans, die sich auf den aristokratischen Schurken und sein Schicksal beziehen, und verändert sie auf bezeichnende Weise. Der *gothic villain* wird so zum Inbegriff des Byronischen Helden umgestaltet.

Für Manfred – wie generell für den Byronischen Helden – wird das klare Bewußtsein seiner prinzipiellen Verschiedenheit von anderen Menschen zur Grunderfahrung:

> [...] From my youth upwards
> My spirit walk'd not with the souls of men,
> Nor look'd upon the earth with human eyes;
> The thirst of their ambition was not mine,
> The aim of their existence was not mine;
> My joys, my griefs, my passions, and my powers,
> Made me a stranger; though I wore the form,
> I had no sympathy with breathing flesh,
> [...]
> I said, with men, and with the thoughts of men,
> I held but slight communion; [...]
>
> (II,2, 50–57; 60/1)

Aus dem Bewußtsein um seine Besonderheit resultiert Manfreds mangelndes Interesse an menschlicher Gesellschaft. Auf die Frage des Abtes: »And why not live and act with other men?« entgegnet er:

> [...] I disdained to mingle with
> A herd, though to be leader – and of wolves.
> The lion is alone, and so am I.
>
> (III,1, 121–23)

Die Annäherung eines »brute of burthen« weist der stolze »bird of prey« mit den Worten zurück: »I am not of thine order.« (II,1, 36/7). Manfred ist jeglicher menschlicher Gesellschaft durch seinen unstillbaren »thirst of knowledge« (II,2, 95) entfremdet, der ihn zu »Conclusions most forbidden« (V. 83) geführt und ihm die verschiedensten Geister untertan gemacht hat, so daß diese selbst bekennen müssen:

> [...] This man
> Is of no common order [...]
> [...] his sufferings
> Have been of an immortal nature, like
> Our own; his knowledge and his powers and will,
> As far as is compatible with clay,
> Which clogs the etherial essence, have been such
> As clay has seldom borne; his aspirations
> Have been beyond the dwellers of the earth, [...].
>
> (II,4, 51–59)

Trotz dieser seiner Besonderheit war Manfred ursprünglich nicht völlig einsam. In Lady Astarte, die wir wohl als seine Schwester ansehen können, besaß er ein weibliches alter ego:

> She was like me in lineaments – her eyes,
> Her hair, her features, all, to the very tone
> Even of her voice, they said were like to mine;
> But soften'd all, and temper'd into beauty;
> She had the same lone thoughts and wanderings,
> The quest of hidden knowledge, and a mind
> To comprehend the universe: nor these
> Alone, but with them gentler powers than mine,
> Pity, and smiles, and tears – which I had not;
> And tenderness – but that I had for her;
> Humility – and that I never had.
> Her faults were mine – her virtues were her own –
> I loved her, and destroy'd her!
>
> (II,2, 105–17)

Die Liebe zur Schwester, zum weiblichen alter ego, hat Manfred das Glück vollkommener Selbstverwirklichung empfinden lassen. Byron benutzt hier den bewußten und gewollten Inzest als Metapher für eine gelungene Selbstverwirklichung und tritt damit in provozierenden Gegensatz zur *gothic novel*.

Die Liebe zu Astarte schafft Manfred das Paradies des vollkommenen Bei-sich-Seins, aus dem ihn eigene geheimnisvolle Schuld vertreibt, welche Astartes Tod verursacht und ihn so seines zweiten Selbst beraubt:

> I loved her, and destroy'd her!
> *Witch* : With thy hand?
> *Manfred*: Not with my hand, but heart – which broke her heart –
> It gazed on mine, and withered. I have shed
> Blood, but not hers – and yet her blood was shed –
> I saw – and could not staunch it.
>
> (II,2, 117–21)

Im Verlust des geliebten alter ego findet das zentrale Erlebnis eines jeden Byronischen Helden seinen Ausdruck: die Erfahrung der plötzlich aufbrechenden Selbstentfremdung. Zugleich verweist die Verknüpfung mit einer geheimnisvollen Schuld auf die paradoxe existentielle Situation des Helden. Selbstverwirklichung kann er nur in der Liebe zu Astarte finden. Mit dieser Liebe ist jedoch unmittelbar und unablöslich jene Schuld gesetzt, die zur Selbstentfremdung führt. Entweder also verzichtet der Held auf Selbstverwirklichung oder aber aus der Selbstverwirklichung folgt unumgänglich, selbstverschuldet und selbst herbeigeführt, die Selbstentfremdung:

> If I had never lived, that which I love
> Had still been living; had I never loved,
> That which I love would still be beautiful –
> Happy and giving happiness. [...]
> (II,2, 193–96)

Seit jener »all-nameless hour« (I,1, 24) ist Manfred sich selbst entfremdet: »My solitude is solitude no more, / But peopled with the Furies« (II,2, 130/1).

Anders als beim Prinzen von Homburg ist dieser Prozeß irreversibel und auch durch eine »Reise um die Welt« nicht wieder aufzuheben. Das Paradies der geglückten Selbstverwirklichung ist Manfred für immer verschlossen. Von nun an ist es für ihn unmöglich zu »restore thee to thyself« (Gemsenjäger II,1, 89) oder »To reconcile thyself with thy own soul« (Abt III,1, 99). Darin besteht Manfreds »brotherhood of Cain« (I,1, 249), daß er in dem Bewußtsein seiner wohl selbstverschuldeten, doch für ihn unumgänglichen, unaufhebbaren Selbstentfremdung seine »eigene Hölle« (I,1, 251) sein muß.

Manfred unternimmt zwar verschiedene Versuche, sich von diesem Bewußtsein zu befreien. Von den Geistern verlangt er, ihm »Forgetfulness« (I,1, 136) zu verschaffen, »Oblivion, self-oblivion« (V. 144), wozu diese jedoch nicht imstande sind. Dann wünscht er, sein Ich durch Einfühlung in die Natur aufzulösen:

> How beautiful is all this visible world!
> How glorious in its action and itself;
> [...] Oh, that I were
> The viewless spirit of a lovely sound,
> A living voice, a breathing harmony,
> A bodiless enjoyment – born and dying
> With the blest tone that made me!
> (I,2, 37/8; 52–56)

Manfred erkennt jedoch die Unerfüllbarkeit seiner Sehnsucht:

> But we, who name ourselves its sovereigns, we,
> Half dust, half deity, alike unfit
> To sink or soar, with our mix'd essence make
> A conflict of its elements, [...]
> (I,2, 39–42)

Die »mixed essence« läßt es unmöglich erscheinen, entweder im Materiellen oder im Geistigen ganz aufzugehen – das Bewußtsein der Selbstentfremdung bleibt. Manfred versucht zuletzt, ihm durch Selbstmord zu entgehen: »Earth! take these atoms!« (I,2, 109), was jedoch vom Gemsenjäger vereitelt wird.

Wenn Manfred auch mit dem Bewußtsein seiner selbstverschuldeten und irreversiblen Selbstentfremdung leben muß (»I dwell in my despair – / And live – and live for ever«, II,2, 149/50), ihm Selbstverwirklichung für immer versagt bleibt, erwächst ihm doch aus eben diesem Bewußtsein die Möglichkeit einer uneingeschränkten Selbstbestimmung. Unter Berufung auf den »Promethean spark« (I,1, 154) in sich lehnt er jegliche Unterwerfung ab. Den Geistern verweigert er Gehorsam (II,2, 158–69), den sie als Vorbedingung für eine mögliche Befreiung von seiner »Verzweiflung« verlangen. Anders als Vathek, der sich vor dem Satan Eblis niederwirft, weist Manfred es stolz von sich, vor Arimanes »[to] Bow down and worship« (II,4, 30).

> Bid *him* bow down to that which is above him,
> The overruling Infinite – the Maker
> Who made him not for worship – let him kneel,
> And we will kneel together.
>
> (II,4, 46–49)

Anders auch als der *gothic villain* Manfred aus *The Castle of Otranto*, der sich vom Abt zu einem Sühneleben im Kloster bekehren läßt, lehnt Byrons Manfred eine Vermittlung des Abtes »between / Heaven and myself« (III,1, 53/4) ab:

> [...] there is no power in holy men,
> Nor charm in prayer [...]
> The innate tortures of that deep despair,
> Which is remorse without the fear of hell,
> But all in all sufficient to itself
> Would make a hell of heaven [...]
> [...] there is no future pang
> Can deal that justice on the self-condemn'd
> He deals on his own soul.
>
> (III,1, 66/7; 70–73; 76–78)

Manfred hält kompromißlos zu sich selbst, zu dem, was er ist (»that I / Am what I am«, III,1, 151/2), und zu dem, was er getan hat (»What I have done is done«, III,4, 127). Er bleibt sich selbst, seiner eigenen Natur treu: »I could not tame my nature down; [...] / And be a living lie –« (III,1, 116; 119). Und so trotzt er auch dem Dämon, der ihn am Ende holen will (wie der Teufel Ambrosio in *The Monk*):

> The mind which is immortal makes itself
> Requital for its good or evil thoughts –
> Is its own origin of ill and end –
> [...]
> *Thou* didst not tempt me, and thou couldst not tempt me;
> I have not been thy dupe, nor am thy prey –
> But was my own destroyer, and will be
> My own hereafter [...].
>
> (III,4, 129–31; 137–40)

Bis zum Schluß beansprucht Manfred radikale Autonomie: Das Glück der Selbstverwirklichung ist ihm versagt, seiner Schuld und seinem Leiden an der aus ihr entsprungenen Selbstentfremdung vermögen weder Menschen noch Geister, weder das Böse noch der Himmel einen Sinn zu verleihen. So bleibt Manfred nur, in konsequenter Selbstbestimmung auch seine eigene »Verdammnis«, sein eigener »Zerstörer« zu sein. Keiner Ordnung, keiner Instanz außerhalb seines Ich ist er bereit, einen Wert zuzuerkennen. Der einzige Wert, an dem er festhält, ist seine Autonomie: Ihn realisiert er mit der rebellischen Geste der Auflehnung gegen jeden, der ihm sein Recht auf Selbstbestimmung streitig machen will. Aus dem aristokratischen Schurken des gotischen Romans, der am Ende die Existenz übergeordneter Werte anerkennen muß, ist ein metaphysischer Rebell geworden, dem alle Werte außer seiner eigenen Autonomie irreparabel zerfallen sind.

Mit *Manfred* tritt Byron zur bürgerlichen Gesellschaft seiner Zeit in einen offenen Widerspruch, den sein *Cain* (1821) noch erheblich verschärfen sollte. Die neue Qualität dieses Widerspruches wird im Vergleich mit der Sturm-und-Drang-Bewegung deutlich. In den großen Rebellen der Sturm-und-Drang-Dramatik wie Götz von Berlichingen oder Karl Moor führen die Dichter eindringlich ihrer Gesellschaft vor Augen, daß sie die Werte, die sie offiziell als ihre Grundlagen proklamiert und für sich in Anspruch nimmt, de facto in der gesellschaftlichen Wirklichkeit täglich verrät. Die Kritik an der Gesellschaft erfolgt insofern auf der Basis eines Grundkonsens und kann bzw. muß geradezu öffentlich verhandelt werden. Byrons *Manfred* dagegen stellt eine radikale Negation der Werte und Überzeugungen dar, die für die bürgerliche Gesellschaft seiner Zeit verbindlich waren und ihren Mitgliedern als Moral und Religion das notwendige Gefühl von Sicherheit und Ordnung gaben. Obwohl Manfred – wie die anderen Helden Byrons – dem Lebensgefühl einer ganzen Generation junger Intellektueller überall in Europa Ausdruck verlieh, war eine Vermittlung mit der bürgerlichen Gesellschaft ausgeschlossen.

Byron war sich dieses Gegensatzes vollkommen – und vielleicht sogar mit einem gewissen Vergnügen – bewußt. Er hat *Manfred* auch kaum mit Blick auf eine mögliche Aufführung geschrieben (»I have at least rendered it quite impossible for the stage ...«, *Letters and Journals,* IV), obwohl sein Enthusiasmus für Edmund Keans Schauspielkunst der großen Momente in den Posen Manfreds deutlich seine Spuren hinterlassen hat. Das Drama ist für das »mental theatre« konzipiert – auch wenn Byron den Begriff erst für seine späteren Dramen eingeführt hat.

Nach Byrons Tod wurde es dennoch auf die Bühne gebracht, als Ausstattungsstück und selbstverständlich in entschärfter Form. Die Inszenierung in Covent Garden (1834) strich – ebenso wie die beiden nachfolgenden Inszenierungen des Stückes (1863 in Drury Lane, 1873 im Princess' Theatre) – die Anspielung auf den Inzest, präsentierte Manfred als geheimnisumwitterte »große Persönlichkeit« und ließ das Drama mit einem apokalyptischen Kampf der Kräfte des Guten mit denen des Bösen enden: »The Glaciers of the upper Alps! / partly / Borne down by a violent Thunderstorm, / And exhibiting in their Ruins, the Evidences of / Crime and Punishment, with the moral of the drama«.[8] Natürlich siegten die Kräfte des Guten und brachten so Moral des Stücks und Moral des Publikums in harmonische Übereinstimmung. Der *Cain* dagegen blieb das ganze 19. Jahrhundert über von der Bühne verbannt. Erst 1925 erlebte das Drama in New York seine Uraufführung.

Ähnlich erging es Shelleys *The Cenci* (1819). Obwohl Shelley sich im allgemeinen nicht allzu sehr für das Theater interessierte, schrieb er dies Drama ausdrücklich für die Bühne, ja geradezu mit Blick auf eine bestimmte Schauspielerin, die er sehr bewunderte. Er bat

---

8 Zitiert nach: Martin Meisel, The material sublime. Byron, Turner and the theatre, in: Karl Krocher, William Walling (eds.), *Images of Romanticism: Verbal and Visual Affinities,* New Haven/London 1978, S. 211–232, S. 224.

daher Peacock, es an Covent Garden zu vermitteln. »What I want you to do is, to procure for me its presentation at Covent Garden. The principal character, Beatrice, is precisely fitted for Miss O'Neill, and it might even seem written for her (God forbid that I should ever see her play it – it would tear my nerves to pieces), and, in all respects, it is fitted only for Covent Garden. The chief male character, I confess, I should be very unwilling that any one but Kean should play – that is impossible, and I must be contented with an inferior actor« (July 1819). Das Stück wurde nicht nur von Covent Garden abgelehnt, sondern man weigerte sich sogar, es Miss O'Neill überhaupt zu zeigen, um sie nicht zu schockieren. Erst 1886 wurde *The Cenci* unter der Schirmherrschaft der Shelley Society in einer Privatvorstellung im Grand Theatre, Islington, endlich uraufgeführt. Trotz des Erfolges der Inszenierung kam eine Wiederholung nicht zustande.

Shelley geht bei *The Cenci* von zwei besonders beliebten literarischen Gattungen aus, dem *domestic play* und der *gothic novel*. Dem *domestic play* entnimmt er das Verhältnis des Vaters zu seinen Kindern, vor allem zu seiner Tochter, und der *gothic novel* die Beziehung zwischen dem aristokratischen Schurken und der von ihm verfolgten Unschuld. Er verknüpft beide miteinander und kehrt sie dadurch in bezeichnender Weise um: aus dem zärtlichen Vater, der die Tugend seiner Tochter vor dem Verführer schützt, wird der Unhold, der selbst die Tugend seiner Tochter bedroht; aus der verfolgten Unschuld, die ihre Tugend auch unter den gräßlichsten Umständen bewährt und bewahrt, wird eine Vatermörderin.

Über diese Umkehrung hinaus nimmt Shelley eine weitere wichtige Veränderung vor. Von Anfang an erhält der Gegensatz zwischen Count Cenci und seiner Tochter Beatrice eine kosmische Dimension. So wird Cenci nicht einfach nur als Bösewicht und unnatürlicher Vater eingeführt, der Gott um den Tod seiner Söhne bittet und seine Familie grundlos und grausam quält, sondern durch die ihm zugeordnete Bildlichkeit dem Bereich der Dunkelheit zugewiesen. Er wird als »dark and bloody« (II,1, 55) beschrieben und als ein Mann, der in seiner Jugend »dark and fiery« (I,1, 49) war. Beatrice dagegen erscheint nicht nur als verfolgte Unschuld, sondern wird ausdrücklich dem Bereich des Lichts zugeteilt. Sie ist eine »bright form« mit einem »awe-inspiring gaze, / Whose beams anatomize [Orsino] nerve by nerve, / And lay [him] bare.« (I,2, 84 bis 86). Der Versuch Cencis, durch eine Vergewaltigung seiner Tochter »To poison and corrupt her soul«, erscheint so letztlich als Kampf der Finsternis gegen das Licht im Sinne des Manichäismus.

In der Figur Cencis wird die für die bürgerliche Gesellschaft grundlegende Vorstellung, daß »von Anbeginn der Welt [...] dem Hausvater gewisse häusliche Gewalt zugestanden« ist (*Deutsche Enzyklopädie*, 1784), ad absurdum geführt. Denn Cenci mißbraucht seine väterliche Gewalt zur sadistischen Quälerei der von ihm Abhängigen.

> [...] I the rather
> Look on such pangs as terror ill conceals,
> The dry fixed eyeball; the pale quivering lip,
> Which tell me that the spirit weeps within
> Tears bitterer than the bloody sweat of Christ.
> I rarely kill the body, which preserves,
> Like a strong prison, the soul within my power,
> Wherein I feed it with the breath of fear
> For hourly pain.
>   (I,1, 109–17)

Cenci gewinnt die perverse Lust eines übersteigerten Selbstgefühls aus dem Bewußtsein der schrankenlosen Macht, die er über andere besitzt. Nachdem Gott offensichtlich sein Gebet um den Tod seiner Söhne prompt erhört hat, erreicht sein Allmachtsgefühl seinen Höhepunkt. Er kann nicht ertragen, daß seine Tochter, die bisher immer schon mit ihrem »firm mind« »Like a protecting presence« zwischen ihm und seinen Opfern als »only refuge and defence« (II,1, 48/9) gestanden hat, vor den geladenen Gästen ihre Stimme gegen ihn erhebt. Sein Selbstbewußtsein als das Bewußtsein seiner unangreifbaren Omnipotenz ist aufs äußerste verletzt. Cenci meint es nur dadurch wiederherstellen zu können, daß er seinen einzigen Antagonisten, seine Tochter, in ein Abbild seiner selbst verwandelt. Dazu bedarf es einer »deed which shall confound both night and day« (II,2, 183), einer Tat, die dazu imstande ist, »To poison and corrupt her soul« (IV,1, 45).

Mit der Vergewaltigung seiner Tochter sucht Cenci sie, die mit »Licht«, »Wärme«, »Helligkeit« identifiziert wird, diesem ihrem Element und damit sich selbst zu entfremden:

> 'Tis she shall grope through a bewildering mist
> Of horror: if there be a sun in heaven

> She shall not dare to look upon its beams;
> Nor feel its warmth. Let her then wish for night;
> (II,1, 184–87)

Im Gefühl seiner wiedergewonnenen Allmacht verflucht Cenci nach der vollzogenen Vergewaltigung Beatrice, um sicherzustellen, daß er auch nach seinem Tod noch über sie wird triumphieren können:

> God!
> Hear me! If this most specious mass of flesh,
> Which Thou hast made my daughter; this my blood,
> This particle of my divided being;
> Or rather, this my bane and my disease,
> Whose sight infects and poisons me; this devil
> Which sprung from me as from a hell, was meant
> To aught good use; if her bright loveliness
> Was kindled to illumine this dark world;
> If nursed by Thy selectest dew of love
> Such virtues blossom in her as should make
> The peace of life, I pray Thee for my sake,
> As Thou the common God and Father art
> Of her, and me, and all; reverse that doom!
> Earth, in the name of God, let her food be
> Poison, [...]
> All-beholding sun,
> Strike in thine envy those life-darting eyes
> With thine own blinding beams!
> (IV,1, 114–29; 134–36)

Nur wenn in Beatrice kein Licht mehr ist, die »dunkle Welt« zu »erleuchten«, keine »Tugend«, den »Frieden des Lebens« zu ermöglichen, kann Cenci sicher sein, daß er allgegenwärtig und allmächtig ist. Denn wenn ihm dies gelingt, wird die ganze Welt sein wie er:

> There shall be lamentation heard in Heaven
> As o'er an angel fallen; and upon Earth
> All good shall droop and sicken, and ill things
> Shall with a spirit of unnatural life
> Stir and be quickened ... even as I am now.
> (IV,1, 185–89)

Nach der Vergewaltigung ist Beatrice in der Tat nicht mehr sie selbst. Lucretia bemerkt: »Thou art unlike thyself« (III,1, 81). Beatrice gibt ihr traumatisches Erlebnis mit folgenden Worten wieder:

> [...] I am choked! There creeps
> A clinging, black, contaminating mist
> About me ... 'tis substantial, heavy, thick,
> I cannot pluck it from me, for it glues
> My fingers and my limbs to one another,
> And eats into my sinews, and dissolves
> My flesh to a pollution, poisoning
> The subtle, pure, and inmost spirit of life!
>
> (III,1, 16–23)

Beatrice hat die Vergewaltigung grundsätzlich anders erlebt als die geschändete Unschuld des gotischen Romans (z.B. Antonia in *The Monk*), die sie als Gewalt erfährt, die lediglich ihrem Körper angetan wird, ohne jedoch ihr »engelhaftes« Wesen in irgendeiner Weise berühren zu können. Beatrice hingegen hat sie als eine Verzerrung, Vergiftung und Auflösung ihres Körpers erlebt, in der etwas geschehen ist, »which has transformed me« (III,1, 109). Sie ist in ihrem innersten Selbst getroffen: »Oh, what am I? / What name, what place, what memory shall be mine?« (III,1, 74/5). Beatrice spürt, daß sie ihr Selbst nur wiederherstellen kann, wenn sie den Prozeß der Selbstentfremdung aufhält, den die Vergewaltigung verursacht hat, wenn sie ihn schlagartig rückgängig macht, soll sie nicht der Gefahr eines völligen Selbstverlustes, einer vollkommenen »Verwandlung« verfallen.

> [...] Ay, something must be done;
> What, yet I know not ... something which shall make
> The thing that I have suffered but a shadow
> In the dread lightning which avenges it;
> Brief, rapid, irreversible, destroying
> The consequence of what it cannot cure.
> Some such thing is to be endured or done:
> When I know what, I shall be still and calm,
> And never anything will move me more.
>
> (III,1, 86–95)

Wenn Beatrice sich dazu entschlossen hat, ihren Vater zu töten, um danach wieder sie selbst sein zu können, wird deutlich, wie weit ihre »Verwandlung« bereits fortgeschritten ist: in ihrer Sprache finden sich fast wörtlich Anklänge an Sätze, die Cenci gesprochen hat. Beatrice eröffnet Lucretia und Orsino ihre Absicht mit den Worten: »I pray, / That you put off, as garments overworn, / Forbearance and respect, remorse and fear« (III,1, 207–9). I,1 hatte sich Cenci von anderen Menschen dadurch abgehoben, daß »I have no remorse and little fear« (V. 84). Sie beruft sich für das Verbrechen des Vatermordes auf Gott (III,1, 65), wie ihr Vater sich beim Tod seiner Söhne auf ihn berufen hatte (I,3, 65). Als Marcio and Olimpio, die gedungenen Mörder, vor der Tat zurückschrecken, schmäht Beatrice sie als »Base palterers« (IV,3, 25), wie Cenci Lucretia als »Vile palterer« (IV,1, 73) beschimpft hatte, als sie sich weigerte, Beatrice zu holen. Als sie auf die Erfüllung der Tat hofft, stellt sie fest: »My breath / Comes, methinks, lighter, and the jellied blood / Runs freely through my veins!« (IV,3, 42–44). Ähnlich hatte Cenci nach der Verfluchung seiner Tochter bemerkt: »My blood is running up and down my veins« (IV,1, 163). Nachdem der Mord an ihrem Vater begangen ist, atmet Beatrice mit den Worten auf: »Let us retire to counterfeit deep rest; / [...] I could even sleep / Fearless and calm« (IV,3, 61; 64/5). In Erwartung, daß sein Fluch sich erfüllen würde, hatte Cenci sich mit den Worten zurückgezogen: »I will go / First to belie thee with an hour of rest, / Which will be deep and calm« (IV,2, 180–82). Beatrice hat angefangen, sich in ihren Vater zu verwandeln bzw. sein Wesen in sich zu verwirklichen.

Zwar glaubt Beatrice nach vollbrachter Tat, wieder sie selbst zu sein, »Darkness and Hell« (IV,3, 41) entkommen und dem »sweet light of life« (V. 42) zurückgegeben:

> [...] The deed is done,
> [...]
> I am as universal as the light;
> Free as the earth-surrounding air; as firm
> As the world's centre. [...]
> (IV,4, 46; 48–50)

Und in dieser Überzeugung besteht sie darauf, »innocent« und »guiltless« (IV,4, 112, 143, 159, 162, 184; V,2, 59, 80, 138, 140, 152; V,3, 24; V,4, 110) zu sein. Beatrices Worte sollen allerdings ein Selbst beschwören, das mit der Tat, die es wiederherstellen sollte, endgültig verloren ist. Der einzige Weg, auf dem die Selbstentfremdung scheinbar wieder rückgängig zu machen war, hat zu ihrer irreversiblen Vertiefung geführt. Darin besteht Beatrices Tragik.

Wohl gelingt es ihr, die anderen davon zu überzeugen, daß sie »unschuldig« und damit wieder sie selbst sei. Marcio, der Mörder, erklärt: »She is most innocent« (V,2, 165); Camillo nennt sie und die Ihren »most innocent and noble persons« (V,2, 187); ihr Bruder

Giacomo bekennt, nachdem er selbst gestanden hat, sie sei »the one thing innocent and pure / In this black guilty world« (V,3, 101/2); und ihr Bruder Bernardo beweint in ihr »That perfect mirror of pure innocence« (V,4, 130), das »light of life« (V. 134).

Nachdem Lucretia und Giacomo gestanden haben, und der Papst das Gnadengesuch unwiderruflich abgelehnt hat, erkennt Beatrice dagegen, daß sie nie wieder sie selbst sein wird: »I am cut off from the only world I know, / From light, and life, and love, in youth's sweet prime. [...] my heart is cold« (V,4, 85/6; 89). Ihre von ihrem Vater gewollte und bewirkte Selbstentfremdung ist nicht mehr aufzuheben. In diesem Sinne hat er endgültig gesiegt:

> For was he not alone omnipotent
> On Earth, and ever present? Even though dead,
> Does not his spirit live in all that breathe,
> And work for me and mine still the same ruin,
> Scorn, pain, despair [...]
>
> (V,4, 68–72)

Im Kampf zwischen den Kräften der Dunkelheit und denen des Lichts vermag sich das Böse durchzusetzen, weil die Welt, in der dieser Kampf ausgetragen wird, von Grund auf böse und schlecht ist. Die Vaterfigur dieser Gesellschaft, der Papst, erscheint geradezu als die Quelle alles Bösen. Seine perverse Besitz- und Machtgier veranlassen ihn, selbst die ungeheuerlichsten Verbrechen Cencis zu decken. Seine Angst, »authority and power« zu verlieren, bestimmt ihn, eine Begnadigung Beatrices kategorisch abzulehnen. Er handelt nicht wie »ein Mensch«, sondern wie »the engine / Which tortures and which kills« (V,4, 2/3). Die Entscheidungen des Papstes, Cenci für seine Verbrechen nicht zur Verantwortung zu ziehen und Beatrice für den Mord an ihrem Vater hinrichten zu lassen, stehen am Anfang und am Ende des Dramas: das Böse behauptet sich durch den Papst in der Welt. Beatrices Selbstentfremdung ist daher nicht – wie die Manfreds – auf die conditio humana zurückzuführen, sondern hat in der gesellschaftlichen Wirklichkeit ihren Grund. Die partriarchalische Gesellschaft ist die Wurzel allen Übels. Sie produziert Gewalt und Haß, die sich ständig perpetuieren und niemanden unangetastet lassen. Selbstentfremdung ist eine notwendige Folge. Die Annullierung der patriarchalischen Gesellschaftsordnung erscheint so als Vorbedingung für ihre Aufhebung.

Damit wird die Annullierung der patriarchalischen Gesellschaft zugleich als Voraussetzung für den endgültigen Sieg des Guten und der Kräfte des Lichts im kosmischen Kampf ausgewiesen. Denn solange die menschliche Gesellschaft patriarchalisch strukturiert bleibt, wird das Böse die Übermacht behalten. Der Ausgang des kosmischen Kampfes wird dergestalt wesentlich durch die gesellschaftliche Organisationsform mitbestimmt werden.

Es nimmt wunder, daß Shelley auch nur einen Augenblick hat glauben können, Covent Garden würde sein Stück zur Aufführung bringen. Ein vernichtenderer Schlag gegen die Grundfesten der bürgerlichen Gesellschaft, gegen die patriarchalische Ordnung, als *The Cenci* ihn führt, ist jedenfalls kaum denkbar.

4.1.4 Prototypen des Außenseiters: der edle Räuber und der Künstler

Die Helden Kleists, Byrons und Shelleys sind alle Außenseiter der Gesellschaft. Mit ihrem eigenen Selbst beschäftigt, ihren Wünschen nach Selbstverwirklichung, dem Choc-Erlebnis der plötzlich aufbrechenden Selbstentfremdung und ihrem Insistieren auf Selbstbestimmung nehmen sie die Gesellschaft nur insofern wahr, als sie auf dieses ihr Selbst und seine Problematik bezogen ist – es bestätigt oder ihm das Recht auf Selbstbestimmung verweigert. Ihrer Umwelt bleiben sie grundsätzlich ein Rätsel. Entsprechend spielt die Gesellschaft für Kleists Helden nur eine periphere und für Byrons gar eine völlig untergeordnete Rolle. Shelley stellt zwar eine Beziehung zwischen der Identitätsproblematik und dem Zustand der Gesellschaft her; er konzentriert sein Interesse allerdings auch auf die traumatische Erfahrung der Selbstentfremdung, auf den Moment der »Infektion« durch das ganz andere und ihre Folgen für das Subjekt.

Die Dramatiker der französischen Romantik dagegen konfrontieren den Außenseiter direkt mit der Gesellschaft, ihren Ansprüchen an den einzelnen und ihren Konventionen. Sie gehen zuvörderst der Frage nach, wie weit die Selbstentfremdung, die zum Außenseiterdasein geführt hat, ein gesellschaftliches Problem ist. Entsprechend suchen sie sich ihre Helden bevorzugt in einem Milieu, das per definitionem dem »normalen« Leben der Gesellschaft fernsteht:

unter den gesellschaftlich Geächteten, den *outlaws* und Banditen, oder unter den Künstlern, den Dichtern und Schaupielern.

Da es im Drama also vor allem um eine Erörterung gesellschaftlicher Probleme gehen sollte, bedurfte es eines öffentlichen Forums, der Bühne. So nimmt es kaum wunder, daß Hugo, de Vigny und Dumas (père) ihre Dramen ausdrücklich für das Theater, ja sogar mit Blick und Rücksicht auf bestimmte Schauspielerinnen und Schauspieler schrieben und auf ihre Aufführung eifrig bedacht waren. Anders als in Deutschland und England fand in Frankreich die Auseinandersetzung um ein neues Drama auf dem Theater statt. Die wichtigsten Schlachten zwischen 1830 und 1840 wurden hier geschlagen. Nur de Musset zog sich nach dem eklatanten Mißerfolg seiner Komödie *La nuit vénétienne* (1830 auf dem Odéon-Theater) vom Theater zurück und arbeitete von nun an an einem »spectacle dans un fauteuil«. Die Ironie der Geschichte will es, daß vom französischen Theater der Romantik heute nur noch diese »spectacles dans un fauteuil« lebendig geblieben sind.

In seinem 1827 veröffentlichten *Préface de Cromwell*, dem Manifest der französischen Romantik, läßt Hugo keinen Zweifel darüber aufkommen, daß die längst überfällige ästhetische Revolution als Befreiung aus dem Regelzwang der Klassik lediglich auf dem Gebiet der Kunst nachholen soll, was in der Gesellschaft die Revolution bewirkt hat. Entsprechend proklamiert er in seinem Vorwort zu *Hernani* (1830) den freien Zugang des Volkes zur Kunst und postuliert damit eine wichtige Veränderung in der Zusammensetzung des Theaterpublikums: »Le principe de la liberté littéraire, déjà compris par le monde qui lit et qui médite, n'a pas été moins complètement adopté par cette immense foule, avide des pures émotions de l'art, qui inonde chaque soir les théâtres de Paris. Cette voix haute et puissante du peuple, qui ressemble à celle de Dieu, veut désormais que la poésie ait la même devise que la politique: TOLÉRANCE ET LIBERTÉ.« Kunst soll nicht mehr ausschließlicher Besitz und Privileg einer gesellschaftlichen Elite sein, sondern dem Volk gehören: Hugo konzipiert sein Theater entsprechend als Volkstheater.

Die Suche nach einem Massenpublikum für sein neu zu erschaffendes Volkstheater führte Hugo auf den Boulevard du Crime (dem Marcel Carné mit seinem Film *Die Kinder des Olymp* ein unvergeßliches Denkmal gesetzt hat), wo das Volk allabendlich in Vaude-

ville und Melodrama strömte. Für dieses Publikum, das er zweifellos in idealisiertem Licht sah, wollte er seine Dramen schreiben.
Denn »le public [...] n'a jamais été plus éclairé et plus grave qu'en
ce moment« (Préface de *Marion de Lorme*). So gab Hugo sich der
Hoffnung hin, an diesem Publikum die »Mission« des Dramas erfüllen zu können, die er als »une mission nationale, une mission
sociale, une mission humaine« ansah: »Quand il [l'auteur] voit
chaque soir ce peuple si intelligent et si avancé qui a fait de Paris
la cité centrale du progrès, s'entasser en foule devant un rideau
que sa pensée, à lui chétif poète, va soulever le moment d'après, il
sent combien il est peu de chose, lui, devant tant d'attente et de
curiosité; [...] car il se sait responsable, et il ne veut pas que cette
foule puisse lui demander compte un jour de ce qu'il lui aura en-
seigné.« (Préface de *Lucrèce Borgia*).

Auch wenn Hugo davon ausging, daß dies Publikum, für das er
schreiben wollte, »si intelligent« und »si avancé« sei, war er sich
doch darüber im klaren, daß er seine »Mission« nur würde erfüllen können, wenn es ihm gelänge, zwischen dem Anspruch seiner
Kunst und den Bedürfnissen des Publikums zu vermitteln. Er mußte
sich also in irgendeiner Weise auf seine Theatergewohnheiten und
seinen Geschmack einlassen. Dieser Geschmack war wesentlich vom
Melodrama bestimmt.

Das Melodram kann in gewisser Hinsicht als ein Produkt der
Revolution gelten. Es entstand in dem Jahrzehnt zwischen 1790 und
1800, wobei die Frage müßig bleibt, ob seine Geschichte bereits 1792
mit Lamartellières Bearbeitung der Schillerschen *Räuber*, *Robert, chef
de brigande*, beginnt oder erst um 1800 mit der *Coelina* Pixérécourts,
dessen Stücke bis 1830 unangefochten den Boulevard du Crime beherrschen sollten. Die neue theatralische Gattung, die sich ihre Stoffe
bevorzugt aus Sturm-und-Drang-Dichtung und *gothic novel* besorg-
te, stieß erfolgreich in das emotionale und moralische Vakuum vor,
das die Schrecken der Revolution gerade bei den unteren Bevölkerungsschichten hinterlassen hatten.

Im Melodram wird auf der Grundlage eines manichäistischen
Weltbildes eine stabile moralische Ordnung geschaffen, in der eine
höhere Gerechtigkeit herrscht und das Gute am Ende immer den
Sieg über das Böse davonträgt. Um dem Zuschauer die Orientierung zu erleichtern, werden ihm auf der Bühne eindeutige, mit
einem Blick zu identifizierende Zeichen präsentiert, die es ihm er-

möglichen, die handelnden Personen – den Intriganten, die von ihm verfolgte Unschuld, ihren Retter und seinen Helfer – beim ersten Auftritt ohne jegliche Gefahr einer Fehldeutung den Kräften des Guten oder des Bösen zuzuordnen.

Während das Publikum sich zunächst aus Soldaten, Jugendlichen und Arbeitern rekrutierte, zog das Melodram in den folgenden Jahren zunehmend auch das Bildungsbürgertum an. Das Volkstheater, von dem Hugo träumte, war, zumindest was die Zusammensetzung des Publikums angeht, hier verwirklicht. Insofern mag für ihn der Gedanke nahegelegen haben, am Melodram anzuknüpfen und es seinen besonderen Zwecken und Erfordernissen durch gezielte Veränderungen anzupassen.

Während Hugo die grundlegende Personenkonstellation: Intrigant, verfolgte Unschuld, Retter und Helfer, im wesentlichen beibehielt, änderte er die feste Zuordnung der Handlungsfunktionen. Das hatte zur Folge, daß einerseits die Zugehörigkeit der Personen zum Bereich des Guten oder Bösen nicht mehr durchgehend fixiert war und daher andererseits die auf sie bezogenen Zeichen des Erscheinungsbildes nicht immer eindeutig entziffert und verstanden werden konnten. In *Hernani*, mit dessen Aufführung im Théâtre Français (25. Februar 1830) dem romantischen Drama der Durchbruch gelang, führt Hugo mit der Titelfigur den Typ des Byronischen Helden auf der französischen Bühne ein. Er besetzt mit ihm die melodramatische Funktion des Retters. Hernani, der wie alle Helden Byrons als »bleich« und »düster« beschrieben wird, charakterisiert sich mit eben den Merkmalen, die für die Figur Manfreds konstitutiv sind:

> [...] je dois être seul [...]
> [...] Je suis une force qui va!
> Agent aveugle et sourd de mystères funèbres!
> Une âme de malheur faite avec des ténèbres!
> Où vais-je? je ne sais. Mais je me sens poussé
> D'un souffle impétueux, d'un destin insensé.
> Je descends, je descends, et jamais ne m'arrête.
> Si, parfois, haletant, j'ose tourner la tête,
> Une voix me dit: Marche! et l'abîme est profond,
> Et de flamme ou de sang je le vois rouge au fond!
> Cependant, à l'entour de ma course farouche,
> Tout se brise, tout meurt. Malheur à qui me touche!
>
> (V. 987; 992–1002)

Während bei Manfred allerdings die Merkmale seines negativen Erwähltseins: Einsamkeit, Fluch und Verdammnis, seiner existentiellen Situation entspringen, also mit seinem Sein gesetzt sind, haben sie bei Hernani gesellschaftliche Ursachen. Zwischen seiner Familie und der des Königs herrscht bereits seit Jahrzehnten erbitterte Feindschaft. Der Vater des jetzigen Königs hat Hernanis Vater hinrichten lassen und seine Familie weiterhin mit seinem Haß bedroht. Deswegen mußte sich Hernani, arm, rechtlos und verfolgt, bereits seit frühester Kindheit in den Bergen versteckt halten. Trotz seiner vornehmen Geburt ist er so Anführer einer Räuberbande geworden. Seine Identitätsproblematik, die in der Ungerechtigkeit der Gesellschaft ihren Grund hat, findet in Maske und Verkleidung ihren angemessenen theatralischen Ausdruck. Unter falschem Namen und dem »costume de montagnard d'Aragon, gris« muß Hernani seine wahre Identität verbergen. Das täuschende Erscheinungsbild verweist so auf die »Maske« der Standeszugehörigkeit, hinter der sich die »wahre« Identität der Seele verbirgt, wie Doña Sol feststellt:

> Que mon bandit vaut mieux cent fois! Roi, je proclame
> Que, si l'homme naissait où le place son âme,
> Si Dieu faisait le rang à la hauteur du cœur,
> Certe, il serait le roi, prince, et vous le voleur!
>
> (V. 493–96)

Wenn Hernani für die anderen ein Rätsel darstellt, so hat dies in der Ungerechtigkeit der Gesellschaft ihren Grund, die ihn zwingt, sich mit einer falschen Identität zu maskieren. Seine »Verdammnis«: »Je suis banni! je suis proscrit! je suis funeste!« (V. 681) ist ihm von der Gesellschaft auferlegt worden. Deswegen bleibt Hernani auch, anders als Manfred, in seinen Gedanken, Worten und Taten stets auf sie bezogen. Da der König ihn mit Gewalt aus seiner wahren Identität verdrängt hat, kann nur Rache am König ihn in seinem Selbst wiederherstellen. Aus dem metaphysischen Rebellen Byrons ist ein »rebell au roi« (III,1,2,3,6) geworden.

Ähnlich wie Manfred meint Hernani sich nur in seiner Liebe verwirklichen zu können. Dies wird ihm jedoch – anders als Manfred – wiederum durch die Gesellschaft verwehrt. Eine Heirat mit Doña Sol ist nicht nur wegen seines angenommenen niederen sozialen Status und seines unsteten Räuberlebens ausgeschlossen, sondern wird ihm ausdrücklich vom König verwehrt, der Doña Sol entführt.

Der König steht also auch hier Hernanis Wunsch nach Selbstverwirklichung entgegen. Als Vertreter der gesellschaftlichen Ordnung
besetzt der König entsprechend die Stelle des Intriganten und ty-
rannischen Bösewichts in der melodramatischen Grundkonstellation.

Da Hernanis Identitätsproblematik gesellschaftlich bedingt ist,
kann sie auch durch einen grundlegenden gesellschaftlichen Wandel
gelöst werden. Carlos, der Repräsentant des ungerechten, tyranni-
schen, erblichen Königtums (der Seitenhieb auf die Bourbonen ist,
zumal wenige Monate vor der Juli-Revolution, kaum zu überhören!) verwandelt sich in den demokratisch gesinnten, in Einklang
mit dem Volkswillen frei gewählten Kaiser Karl V. Anstelle der In-
trigantenfunktion übernimmt er nun die Funktion des Helfers.
Nachdem Hernani sich als Juan d'Aragon zu erkennen gegeben
hat, setzt Carlos ihn nicht nur in alle ihm zustehenden Rechte und
Würden wieder ein, sondern erhebt ihn darüber hinaus zum Ritter
des Goldenen Vlies und gibt ihm Doña Sol zur Frau. Der geächtete Bandit ist zum ersten Mann im Staat aufgestiegen. Die Einglie-
derung in die Gesellschaft ist perfekt gelungen, die Identität des
Helden vollkommen wiederhergestellt.

Damit ist jedoch – anders als im Melodram, das hier enden
würde – der kosmische Kampf zwischen den Kräften des Lichts
und der Dunkelheit noch nicht entschieden. Hernani wird von
Anfang an beiden Bereichen zugeordnet: »Êtes-vous mon démon
ou mon ange?« (V. 152). Um ihn kämpfen die Inkarnation des
Lichts, Doña Sol, die stets weiß gekleidet auftritt und mit den stehenden Epitheta »ange«, »innocente et pure«, »colombe« gekennzeichnet wird, und die Vertreter der Dunkelheit, anfangs verkörpert im König, nach seiner Transformation dagegen von Ruy Gomez,
Doña Sols Onkel. Nachdem dieser im III. Akt die Funktion des
Helfers innehatte, übernimmt er im V. Akt, sinnfällig in einen
schwarzen Domino gekleidet und wiederholt als »démon« apostrophiert, die Funktion des Bösewichts. Es ist sicher nicht ganz ohne
Bedeutung, daß diese Funktion nach dem grundlegenden gesellschaftlichen Wandel dem Repräsentanten der konservativen Kräfte,
der »kastilischen Ehre« zufällt.

Ruy Gomez will Hernani für immer von Doña Sol, der Inkarnation des Guten und des Lichts, trennen. Unter Berufung auf das
Ehrenwort, das Hernani ihm am Ende des III. Aktes zur Rettung

Doña Sols aus den Fängen des Königs gegeben hatte, will Ruy Gomez ihn mit seiner eigenen »Stimme«, dem Horn, in der Hochzeitsnacht zum Selbstmord zwingen. Das Ehrenwort erscheint so im nachhinein als melodramatischer Teufelspakt. Die Identitätsproblematik bricht wieder auf – in Juan d'Aragon kehrt Hernani zurück:

> Nommez-moi Hernani! nommez-moi Hernani!
> Avec ce nom fatal je n'en ai pas fini!
> (V. 1989/90)

Jetzt allerdings handelt es sich um Hernanis metaphysische Identität: Wird er dem Bereich des Satanischen verfallen, oder kann er noch gerettet werden? Doña Sol entscheidet diesen Kampf durch ihren Liebestod. Der Tod vereinigt beide auf ewig (»Devions-nous pas dormir ensemble cette nuit? / Qu'importe dans quel lit?«, V. 2134/35) und erlöst Hernani endgültig:

> [...] Vers des clartés nouvelles
> Nous allons tout à l'heure ensemble ouvrir nos ailes.
> Partons d'un vol égal vers un monde meilleur.
> (V. 2151–53)

Ruy Gomez dagegen stirbt als »Verdammter«.

Anders als bei Kleists, Byrons und Shelleys Helden gibt es für Hernani sowohl auf der gesellschaftlichen als auch auf der metaphysischen Ebene eine Lösung der Identitätsproblematik. Eine neue und besondere Funktion kommt dabei der Liebe als erlösender Kraft zu. Auch während Hernani noch von der Gesellschaft geächtet ist, während er noch zwischen dem Satanischen und dem Engelhaften oszilliert, werden Selbstverwirklichung und Erlösung bereits in der Liebe zumindest vorübergehend vorweggenommen. In den zum Teil hinreißenden lyrischen Liebesduetten (I,2; II,4; III,4) kommt die Zeit zum Stillstand, und der Augenblick weitet sich zur Ewigkeit. »Car cette heure est à nous, et le reste est folie« (V. 690). Nicht zuletzt sind es diese Liebesduette, welche Hugos Drama gattungsgeschichtlich seinen Platz zwischen dem Melodram und der *grand opéra* zuweisen.

Die Uraufführung am 25. Februar 1830 im Théâtre Français brachte dem Stück einen überwältigenden Erfolg. In der sorgfältig vorbereiteten »Bataille d'Hernani« trugen nicht nur die Vertreter der Romantik den Sieg über die Anhänger des regelhaften klassischen Dramas davon. Dem Publikum wurde auch in der Gestalt

Hernanis ein Identifikationsangebot unterbreitet, das es begierig aufgriff. Von diesem Tag an wurde es Mode, zumindest im Erscheinungsbild Hernani zu imitieren: »Il était de mode alors dans l'école romantique d'être pâle [...], verdâtre [...] Cela donnait l'air fatal, byronien, giaour, dévoré par les passions et les remords.«[9]

Zwar hat Hugos Drama den Byronischen Helden in wesentlichen Punkten verändert. So ist das Bewußtsein seines negativen Erwähltseins zur stilisierten Pose verkleinert, die metaphysische Revolte hat sich in Rebellion gegen eine ungerechte und mißgünstige Gesellschaft verkehrt, mit der – ebenso wie in der Liebe – die eigene Selbstentfremdung wenigstens zum Teil wieder aufgehoben werden kann. In dieser Lesart hat es ihn jedoch popularisiert und unbestritten zur konkurrenzlosen Identifikationsfigur der Jeunes-France kurz vor und nach den Tagen der Juli-Revolution gemacht. Der mit Hernani inaugurierte Typus avancierte schlagartig zum bevorzugten Helden der französischen Bühne in den dreißiger Jahren. Wir finden ihn in unzähligen Varianten .bei Hugo selbst und bei Dumas (père) wieder – sogleich ein Jahr später (1831) in seinem geradezu beispiellosen Erfolgsstück *Antony*, bei dessen Uraufführung »la salle était vraiment en délire; on applaudissait, on sanglotait, on pleurait, on criait. La passion brûlante de la pièce avait incendié tous les cœurs.«[10]

Auch de Vignys blutjunger »blasser« Dichter *Chatterton* (1834) teilt wesentliche Züge mit ihm. Er ist ein »beau génie« (III,3), ein Erwählter. Allerdings ist er nicht vom Satan erwählt, wird auch nicht zwischen den Bereichen des Lichts und der Dunkelheit hin- und hergerissen, sondern ist ein Erwählter der »Vorsehung« (I,5), ein Erwählter »Gottes«, der ihn absichtsvoll »so geschaffen« hat (I,5). Dennoch trägt auch er »auf der Stirn« das Kainsmal der »Fatalität« (I,5), das sich in einander widersprechenden Körperreaktionen abbildet: »brennen seine Hände«, ist sein »Gesicht bleich« (I,5); sind seine »Hände eisig«, »brennt sein Kopf« (III,1):

je trouverais toujours entre moi et mon ouvrage l'ennemie fatale née avec moi, la fée malfaisante trouvée sans doute dans mon berceau, la Distrac-

9   Théophile Gautier, *Histoire du romantisme*, Paris 1874, S. 31.
10 Gautier, a.a.O., S. 167.

tion, la Poésie! – Elle se met partout; elle me donne et m'ôte tout; elle charme et détruit toute chose pour moi; elle m'a sauvé ... elle m'a perdu!

(I,5)

Die Poesie, die Chatterton vor den anderen auszeichnet und ihn weit über sie erhebt, ist zugleich die Quelle seines Unglücks: »Je sens autour de moi quelque malheur inévitable« (II,1). Ähnlich wie Manfred ist Chatterton trotz seiner Jugend durch sie alt geworden: »J'ai vécu mille ans!« (I,5). Diese Erfahrung trennt ihn von seinen Mitmenschen, isoliert ihn total und macht ihn zu einer Art Aussätzigen: »vous avez vu quelquefois des pestiférés ou des lépreux? Votre premier désir était de les écarter de l'habitation des hommes. – Écartez-moi, repoussez-moi, ou bien laissez-moi seul; je me séparerai moi-même plutôt que de donner à personne la contagion de mon infortune«. (II,1). Der Dichter ist dazu verdammt, Außenseiter der Gesellschaft zu sein. So ist er beständig »auf der Flucht« (II,1; II,2; II,4). Dennoch ist sein Leiden, seine Arbeit direkt auf die Gesellschaft bezogen und schafft einen gesellschaftlichen Wert ersten Ranges:

Et cependant n'ai-je pas quelque droit à l'amour de mes frères, moi qui travaille pour eux nuit et jour; moi qui cherche avec tant de fatigues, dans les ruines nationales, quelques fleurs de poésie dont je puisse extraire un parfum durable; moi qui veux ajouter une perle de plus à la couronne d'Angleterre, et qui plonge dans tant de mers et de fleuves pour la chercher? (I,5)

Das Werk des Dichters ist eine »Perle« für die »Krone Englands«.

Chatterton muß sein »Kreuz« der Einsamkeit auf sich nehmen – »Les hommes d'imagination sont éternellement crucifiés« (III,2) –, weil er nur so imstande sein wird, innerhalb der Gesellschaft die Mission zu erfüllen, um derentwillen ihn Gott »so geschaffen« hat. Denn der Dichter ist als Führer seiner Gesellschaft auf dem Weg in eine bessere Welt geboren. Allein er ist es, der, während »das Staatsschiff England« »manövriert«, »lit dans les astres la route que nous montre le doigt du Seigneur« (III,6). Der Dichter opfert seine Sehnsucht nach Gemeinschaft, nach persönlichem Glück für das Glück der Gesellschaft, die nur durch ihn ihr Schicksal und ihre Bestimmung erfährt. Der Dichter als Seher und Führer seines Volkes verlangt dafür lediglich Anerkennung seines Werkes, materielle Unterstützung und einen seiner Bedeutung entsprechenden Platz innerhalb der Gesellschaft.

Die Gesellschaft, in die Chatterton hineingeboren ist, hat jedoch für die Berufung eines Dichters nicht das geringste Sensorium. Sie kennt nur einen Wert: Geld. Im Bild der frühkapitalistischen englischen Gesellschaft des 18. Jahrhunderts und ihres Repräsentanten John Bell hat de Vigny den Zustand der französischen Gesellschaft nach der Juli-Revolution charakterisiert, den Beginn einer rücksichtslos vollzogenen Industrialisierung. John Bell verkündet das Credo eines zweckrationalen utilitaristischen Positivismus:

> Ce qui est fait est fait. – Que n'agissent-ils tous comme moi! [...] Tobie était un ouvrier habile, mais sans prévoyance. – Un calculateur véritable ne laisse rien subsister d'inutile autour de lui. – Tout doit rapporter, les choses animées et inanimées. – La terre est féconde et l'argent est aussi fertile, et le temps rapporte l'argent. (I,2)

Es zählt nur noch Besitz, denn Besitz ist Macht:

> La terre est à moi, parce que je l'ai achetée; les maisons, parce que je les ai bâties; les habitants, parce que je les loge; et leur travail, parce que je le paye. (I,2)

John Bell ist »just selon la loi«, auch wenn dies Gesetz nicht »juste selon Dieu« (I,2) sein mag. Eine gottlose Gesellschaft, die um das goldene Kalb tanzt, vermag die göttliche Sendung des Dichters nicht zu begreifen. Für sie ist Poesie bestenfalls »Unterhaltung« (II,3). Aber da »la plus belle Muse du monde ne peut suffire à nourrir son homme« (III,6), ist sie letztlich »inutile«, wie der Bürgermeister Londons, »le plus honnête homme et l'un des plus éclairés de Londres« (III,2), bemerkt. Er bestreitet die gesellschaftliche Mission des Dichters, und statt eines bevorzugten Platzes in der Gesellschaft bietet er Chatterton den Posten eines ersten Kammerdieners in seinem Hause an.

Darüber hinaus verwehrt die Gesellschaft Chatterton die Anerkennung seines Werkes: in der Zeitung wird er als Fälscher alter Manuskripte verleumdet und zum Verbrecher gestempelt. In einer solchen Gesellschaft ist für den Dichter kein Platz:

> mon nom est étouffé! ma gloire éteinte! mon honneur perdu! [...] pays damné! terre du dédain! sois maudite à jamais! (III,7)

Wenn der Dichter in einer Gesellschaft, die von ihm verlangt, »Sois un autre homme que celui que tu es« (I,5), entschlossen ist, de ne me point masquer et d'être moi-même jusqu'à la fin, d'écouter, en tout, mon cœur dans ses épanchements comme dans ses indignations, et de me résigner à bien accomplir ma loi (I,5),

kann er sich nur unerkannt verborgen halten, um ihre destruktiven Forderungen abzuwehren, und, nach außen sprachlos, im stillen dichten, wie Chatterton es tut, nachdem er sich mit unvollständigem Namen bei den Bells eingemietet hat, die nichts über ihn und seine Dichtung wissen. Wenn die Gesellschaft ihm aber sein Werk streitig machen will und seine ihm von Gott auferlegte Mission negiert, ist ihm jede Möglichkeit zur Selbstverwirklichung versagt. Ihm bleibt nur die Wahl zu verhungern, im Schuldturm elendig zugrunde zu gehen oder Selbstmord zu verüben.

Daran vermag auch die Liebe nichts zu ändern. Da es sich bei Kitty Bell jedoch um die Liebe einer »âme maternelle« (II,5; III,7) handelt, welche der »divine Charité« (III,8) ähnelt, kann sie vielleicht bewirken, »que Dieu peut me pardonner« (III,8), obwohl Chatterton weiß, »je suis condamné« (III,8). Auch für eine solche Liebe ist in der rein profitorientierten besitzvergötternden Gesellschaft kein Platz: Kitty Bell stirbt als Folge des Martyriums, welches sie in dieser Gesellschaft erleiden mußte: »Seigneur, reçois ces deux martyrs!« (III,9).

De Vigny hat das antithetische Verhältnis zwischen der außergewöhnlichen großen Persönlichkeit und der breiten Masse des Volkes, die ihr besonderes Recht auf Selbstverwirklichung nicht anerkennen kann noch will, in der Konfrontation des Dichters mit einer ausschließlich auf ökonomischen Nutzen bedachten, brutal kapitalistischen Gesellschaft weiter radikalisiert und zugleich seine Problematik komplexer gestaltet. Die quasi-religiöse Sendung des Dichters läßt ihn als den Auserwählten Gottes in einer vollkommen säkularisierten Gesellschaft in eine unmittelbare Beziehung zu dieser gleichgültigen Menge und ihrem Schicksal treten. Denn allein sein Werk vermag das Volk zu »erlösen«, wenn es auf seine Worte hört. Aber das Volk und seine politische Führung negieren seinen Anspruch und stoßen ihn kalt zurück. Indem die Gesellschaft dem Dichter das Recht auf Selbstverwirklichung verweigert, versperrt sie sich selbst den einzig möglichen Weg in eine bessere Zukunft. Der Selbstmord des Dichters erscheint in dieser Hinsicht als Rache

an einer Welt, die seiner nicht wert ist. Die Gesellschaft hat selbst
den Stab über sich gebrochen.

Man sollte meinen, daß das Publikum als Teil oder Vertreter der
solcherart kritisierten und geschmähten Gesellschaft sich dem Stück
gegenüber eher frostig verhielt. Das Gegenteil war der Fall. Die Uraufführung am 12. Februar 1835 in der Comédie Française wurde
ein rauschender Erfolg – ein Triumph, der, wie auch de Vigny erkannte, in erster Linie den Schauspielern zu danken war, vor allem
Marie Dorval, der Darstellerin der Kitty Bell. In seinen »Anmerkungen« zur Aufführung notiert de Vigny:

> Jamais aucune pièce de théâtre ne fut mieux jouée, je crois, que ne l'a
> été celle-ci, et le mérite en est grand; car, derrière le drame écrit, il y a
> comme un second drame que l'écriture n'atteint pas, et que n'expriment
> pas les paroles. Ce drame repose dans le mystérieux amour de Chatter-
> ton et de Kitty Bell; cet amour qui se devine toujours et ne se dit jamais;
> cet amour de deux êtres si purs, qu'ils n'oseront jamais se parler, ni rester
> seuls qu'au moment de la mort; amour qui n'a pour expression que de
> timides regards, pour message qu'une Bible, pour messagers que deux
> enfants, pour caresses que la trace des lèvres et des larmes que ces fronts
> innocents portent de la jeune mère au poète;

Die Schauspieler hatten die dem Stück bereits innewohnende
Tendenz, die Geschichte einer unglücklichen Liebe in den Vordergrund treten zu lassen, verstärkt und so, vor allem durch Marie
Dorvals unvergleichliche Fähigkeiten zum ausdruckstarken stummen Spiel, das sie in den Melodramenaufführungen am Boulevard
du Crime entwickelt hatte, dem Publikum eine mitfühlende, ja geradezu hingerissene Aufnahme des Stücks erleichtert und ermöglicht. Das problematische Verhältnis zwischen dem Künstler und
der Gesellschaft konnte in diesem Kontext durchaus goutiert
werden. Für einen Teil des Publikums machte es sogar die Identifikation mit dem leidenden Dichter erst vollkommen. Denn »Le
parterre devant lequel déclamait Chatterton était plein de pâles
adolescents aux longs cheveux, croyant fermement qu'il n'y avait
d'autre occupation acceptable sur ce globe que de faire des vers ou
de la peinture, – de l'art, comme on disait, – et regardant les *bourgeois* avec un mépris dont celui des *renards* d'Heidelberg ou d'Iéna
pour les *philistins* approche à peine. Les bourgeois! c'était à peu
près tout le monde [...] Jamais telle soif de gloire ne brûla des lèvres
humaines. Quant à l'argent, l'on n'y pensait pas.«[11]

---

[11] Gautier, a.a.O., S. 153f.

Wie sich ein Jahr später anläßlich der Premiere von Alexandre Dumas' (père) *Kean, ou désordre et génie* (am 31. August 1836 im Théâtre des Variétés am Boulevard du Crime) herausstellte, war diese Problematik überhaupt ausgesprochen publikumswirksam und erfolgsträchtig, besonders wenn sie in einen wirbelnden Strudel von Liebesintrigen, Eifersuchtsszenen und höherem Gesellschaftsklatsch hineingestellt wurde. Der nach einem Skandal von der Gesellschaft geächtete und vom König verbannte Schauspieler erweist sich – neben der jungen Erbin Anna Damby, die er am Schluß heiratet, und dem Prinzen von Wales – als der einzig anständige, human denkende und handelnde Mensch in einer korrupten und verlogenen Gesellschaft. Selbst Heinrich Heine konnte sich der Wirkung der Aufführung nicht entziehen, in der Frédérick Lemaître die Titelrolle spielte.

> Dieses Stück [...] ist mit einer Lebendigkeit aufgefaßt und ausgeführt, wie ich noch nie gesehen, [...] eine Fabel, deren Verwicklungen ganz natürlich auseinander entspringen, ein Gefühl, das aus dem Herzen kommt und zum Herzen spricht [...] den seligen Kean selber, den ich [...] so oft sah, glaubte ich wieder leibhaftig vor mir zu sehen. Zu solcher Täuschung hat freilich auch der Schauspieler beigetragen, der die Rolle eines Kean spielte, obgleich sein Äußeres, die imposante Gestalt von Frédéric Lemaître, so sehr verschieden ist von der kleinen untersetzten Figur des seligen Kean. Dieser hatte dennoch etwas in seiner Persönlichkeit, so wie auch in seinem Spiel, was ich bei Frédéric Lemaître wiederfinde. Es herrscht zwischen ihnen eine wunderbare Verwandtschaft. Kean war eine jener exzeptionellen Naturen, die weniger die allgemeinen schlichten Gefühle, als vielmehr das Ungewöhnliche, Bizarre, Außerordentliche, das sich in einer Menschenbrust begeben kann, durch überraschende Bewegung des Körpers, unbegreiflichen Ton der Stimme und noch unbegreiflicheren Blick des Auges zur äußeren Anschauung bringt. Dasselbe ist bei Frédéric Lemaître der Fall, [...] Kean war einer jener Menschen, [...] die, ich will nicht sagen aus besserem, sondern aus ganz anderem Stoffe als wir bestehen, [...] erfüllt von einer unbegrenzten, unergründlichen, unbewußten, teuflisch göttlichen Gewalt, welche wir das Dämonische nennen. Mehr oder minder findet sich das Dämonische bei allen großen Männern der Tat und des Wortes.[12]

Der außergewöhnliche Schauspieler, dargestellt von einem außergewöhnlichen Schauspieler, avanciert zum Inbegriff der großen Persönlichkeit, wie die Romantik sie sah.

---

12 Heinrich Heine, Vertraute Briefe an August Lewald, Sechster Brief, geschrieben im Mai 1837, auf einem Dorfe bei Paris, in: Heinrich Heine, *Über die französische Bühne und andere Schriften zum Theater*, Berlin (DDR)

4.1.5 Demontage der »großen Persönlichkeit« im Wiener Volkstheater

Es liegt eine gewisse Ironie darin, daß ausgerechnet die großen Schauspieler-Dichter des Wiener Volkstheaters, Raimund und Nestroy, sich daran machten, die große Persönlichkeit und ihre »Dämonie« zu demontieren. Während Raimund allerdings in *Alpenkönig und Menschenfeind* (1828) nur das »Dämonische« als Störfaktor in der heilen Alltagswelt der bürgerlichen Familie ausweist, denunziert Nestroy es in *Der Zerrissene* (1844) als leere Pose reicher Nichtstuer, der weder eine tatsächliche Erfahrung noch ein echtes Gefühl des Leidens an der Welt zugrunde liegt.

In den zwanziger und dreißiger Jahren war der mit sich und der Welt (im metaphysischen und/oder konkret sozialen Sinn) Zerfallene zur wichtigsten Identifikationsfigur der jungen Intellektuellen in ganz Europa geworden. Die Erfahrung der Selbstentfremdung in einer diesem Leiden gegenüber gleichgültigen, wenn nicht feindseligen Gesellschaft erscheint als Schlüsselerlebnis dieser Generation. Ihr entsprang der »Weltschmerz« als »mal du siècle«. Worin auch immer dieses Lebensgefühl letztlich seinen Grund gehabt haben mag, es fand in jedem Fall einen fruchtbaren Nährboden in der politischen und sozialen Lage, wie sie sich in Europa nach 1815 herausgebildet hatte.

Eine totale, nahezu alle Lebensbereiche – mit Ausnahme der Wirtschaft – umfassende Restauration erstickte jeden Anspruch auf persönliche und politische Freiheit, sei es durch Polizei-, Zensur- und institutionelle Maßnahmen, sei es durch offene brutale Gewalt wie bei der Niederschlagung des Dekabristenaufstandes in Rußland (1825) oder der November-Revolution in Polen (1831). Zur selben Zeit wurde der Prozeß der Industrialisierung ausgehend vor allem von Westeuropa fast explosionsartig vorangetrieben, der quasi kompensatorisch alle Interessen des Bürgers auf die Beschleunigung der ökonomischen Entwicklung und Expansion fixierte. In einer solchen Welt konnten die jungen Intellektuellen für sich keine Möglichkeit zur Selbstverwirklichung finden. »Die alten Götterbilder [Französische Revolution, Napoleon] lagen in Trümmern, die neuen aber blieben aus.« (Dostojevski, *Das Tagebuch eines Schriftstellers*, 1877). Lebensekel bis hin zum Lebensüberdruß war die Folge: Der Byronische Held wurde die Identifikationsfigur der Stunde, der *Held unserer Zeit* (Lermontov, 1840). Sein Lebensgefühl findet sich in unzähligen Tagebüchern, Aufzeichnungen, Briefen, Gedichten dieser Epoche ausgedrückt, sowie in den Helden der Versepen, Romane und Dramen wieder und wieder gestaltet. Auf den Bühnen Europas dagegen war er – mit Ausnahme der französischen Bühne – meist nur in der harmlosen Variante der Trivialdramatik zu sehen.

Zwar war auch auf der Wiener Bühne der Typus des Byronischen Helden oder besser: des Zerrissenen (wie sich zuerst Klingers Blasius 1778 bezeichnete) eine bekannte Erscheinung. Der erste »echte«, an der Erfahrung einer Selbstentfremdung leidende Zerrissene präsentierte sich den Wienern bereits 1817 im Theater an der Wien: der Räuber Jaromir aus Grillparzers *Die Ahnfrau*. Das Stück mußte allerdings gegen den Willen des Autors unter falscher Flagge segeln – als Schicksalsdrama wurde es vom Publikum bejubelt und zu einem der erfolgreichsten Stücke des 19. Jahrhunderts gemacht, von der Kritik dagegen als Plagiat der Müllnerschen *Schuld* abgewertet und bekämpft. Seinen zweiten großen Erfolg in Wien hatte der Typus des Byronischen Helden dann, als er 1828 in der Gestalt des Raimundschen Rappelkopf als komische Figur auftrat.

Dieser zunächst merkwürdig anmutende Vorgang ist äußerst aufschlußreich. Raimund selbst – ebenso wie Grillparzer – war vom »mal du siècle« keineswegs verschont geblieben, wie seine Äußerungen bezeugen: »Ich habe diese Welt bis zum Ekel durchschaut, und sie ist mir viel zu erbärmlich, als daß ich mir einen längeren Aufenthalt auf ihr wünschen sollte.« (Brief an Antonie Wagner).

Raimunds Theater dagegen hatte eine ausgesprochen konsolatorische Komponente. Es propagierte »positive Werte« (wie Selbstbescheidung, Zufriedenheit, Ehrlichkeit, Eltern- und Kindesliebe, Freundlichkeit), welche das Milieu stabilisierten, dem sein Publikum angehörte – ein vorwiegend kleinbürgerliches Publikum, zu dem sich regelmäßig Mitglieder des Bildungsbürgertums und des Adels gesellten–, bestätigte es in seiner positiven Sicht auf sich selbst und versöhnte es so mit der Welt. Der Zauberapparat der Geister- und Feenwelt wurde eingesetzt, um die Störfaktoren auszuschalten, welche das Milieu im Einzelfall bedrohten.

Raimunds »Menschenfeind« Herr von Rappelkopf, ein adliger Familienvater, ist mit sich selbst und der Welt zerfallen. Als er sich im Spiegel erblickt, »*Zerschlägt*« er ihn »*mit geballter Faust*«: »Pfui! das häßliche Gesicht, / Ich ertrag es länger nicht. So! da liegt er

jetzt, der Held, / Und sein Harnisch ist zerschellt« (I,14). Von seiner
Außenwelt glaubt er sich ungerechterweise verfolgt und betrogen,
so daß er sich aus der menschlichen Gesellschaft zurückziehen will:
»Der ganzen Welt künd auf Michäli ich auf. [...] Es ist aus! Die
Welt ist nichts als eine giftge Belladonna, ich habe sie gekostet und
bin toll davon geworden. Ich brauch nichts von den Leuten, und
sie kriegen auch nichts von mir, nichts Gutes, nichts Übles, nichts
Süßes und nichts Saures.« (I,11). Die Natur erscheint ihm als einzig
möglicher Zufluchtsort:

> Jetzt bin ich allein, und ich will es auch bleiben, /
> Will mich mit der Einsamkeit zärtlichst beweiben, /
> Will gar keine Freunde als Berge und Felsen, /
> Verjag das Schmarotzergesindel wie Gelsen, /
> Will nie dem Geschwätze der Weiber mehr lauschen, /
> Da hör ich viel lieber des Wasserfalls Rauschen. /
> Zu Pagen erwähl ich die vier Elemente, /
> Die regen geschäftig die riesigen Hände. (I,17)

Herr von Rappelkopf hat offensichtlich wesentliche Charakterzüge
mit dem Byronischen Helden gemein. Er ist jedoch eine komische
Figur, weil er sie auf der Grundlage falscher Prämissen ausgebildet hat. Die Gesellschaft, in der er lebt, ist ihm nicht feindlich ge-
sonnen, sondern nur allzu bereit, ihn liebevoll aufzunehmen. Zwar
haben ihn ein paar falsche Freunde um große Summen Geldes betrogen, aber seine Familie – seine Frau, seine Tochter Malchen und
deren Verlobter August – verehrt ihn tief und liebt ihn zärtlich.
Durch den Wahn, von ihr gehaßt und hintergangen zu werden, ist
aus dem zärtlichen, treusorgenden Familienvater ein despotischer
Haustyrann geworden: er verbietet seiner Tochter die Heirat, un-
terstellt seiner Frau gar Mordabsichten, schikaniert und quält seine
Familie rücksichtslos, ja grausam und verläßt sie endlich; die heile
Welt der bürgerlichen Familie ist durch seine Marotte, seinen un-
gerechtfertigten Menschenhaß auseinandergebrochen.

Der Alpenkönig heilt Rappelkopf von seiner »Krankheit«, indem
er seine Gestalt annimmt und ihm das Schändliche seines Verhal-
tens drastisch vor Augen führt. Dem Bösewicht des gotischen
Romans vergleichbar verflucht er Weib und Kind, um sich danach
vom Felsen zu stürzen: »mein Leben [...] gilt mir nichts, ich werf
ihn weg, den unschmackhaften Rest des altgewordnen Seins, ich
brauch ihn nicht« (II,14). Rappelkopf erkennt, daß er »ein unver-

nünftig Tier, ein Tiger« (II,14) war; im »Tempel der Erkenntnis« wird er mit seiner Familie versöhnt und erhält außerdem sein Vermögen zurück. Das aufgestörte Milieu der bürgerlichen Familie ist wieder beruhigt, der Störfaktor ist ausgeschaltet: das »Dämonische«, das sich des Familienvaters bemächtigt, ihn in einen unleidlichen Despoten verwandelt und so sich selbst und seiner Familie entfremdet hatte, ist als unbegründeter Menschenhaß entlarvt und mit Geisterkraft ausgetrieben. Die heile Welt der bürgerlichen Familie, in der gegenseitige Liebe, Zärtlichkeit und Fürsorge herrschen, ist wieder hergestellt, die patriarchalische Familienordnung in ihrer prinzipiellen Richtigkeit und Rechtmäßigkeit bestätigt.

Die Uraufführung von *Alpenkönig und Menschenfeind* (am 17. Oktober 1828) brachte Raimund den vielleicht stürmischsten Erfolg seiner Laufbahn – sowohl als Schauspieler (in der Rolle des Rappelkopf) als auch als Dichter. Dieser Erfolg wiederholte sich auf Raimunds Gastspielreisen quer durch Deutschland. Das Stück wurde sogar ins Englische übersetzt und 1831 drei Monate lang allabendlich im Londoner Adelphi-Theater unter donnerndem Applaus des Publikums gespielt. *Alpenkönig und Menschenfeind* wurde ein echtes Erfolgsstück.

Daran hatte seine ideologische Stoßrichtung gewiß einen nicht geringen Anteil. Als gültige Richtschnur waren für Raimund und sein Publikum die bürgerlich-familialen Werte vorgegeben. Wird nun der Typus des Byronischen Helden ins Familienmilieu versetzt, so wirkt er entweder als Bedrohung (für die Betroffenen) oder als komische Figur (für die Außenseiter). In jedem Fall ist er innerhalb der bürgerlichen Ordnung ein Störenfried. Ein solcher Typus taugt nicht zum Familienvater – genausowenig wie zum expansiven Unternehmer. Er stellt eine reale Gefahr für die bürgerliche Ordnung, speziell für ihr reibungsloses Funktionieren dar. Eine geeignete Identifikationsfigur kann er daher unter keinen Umständen abgeben. So ist er auf der Bühne der bürgerlichen Gesellschaft auch nur als abschreckendes Beispiel, nämlich als komische Figur zugelassen.

Bei Nestroy hat allerdings *Der Zerrissene* längst seine Gefährlichkeit für die bürgerliche Ordnung eingebüßt. Im Personenverzeichnis wird sein Name 'Herr von Lips' ausdrücklich mit dem Zusatz *»ein Kapitalist«* versehen. Und offensichtlich ist er ein erfolgreicher Kapitalist: »meine Gelder liegen sicher, meine Häuser sind assekuriert, meine Realitäten sind nicht zum Stehlen ...« (I,5). Den kapitalistischen Zerrissenen zu integrieren, ist die bürgerliche Gesellschaft nur allzu begierig.

> Für einen Reichen existieren keine Liebesabenteuer. Können wir wo einsteigen? Nein, sie machen uns so überall Tür und Tor auf! – Werden wir über a Stieg'n g'worfen? Nein, Stubenmädl und Bediente leuchten uns respektvoll hinab. Werden auf uns Sulteln gehetzt? Wird was hinabg'schütt't auf uns? Nein, Papa und Mama bitten uns, daß wir ihr Haus bald wieder beehren. – Und selbst die Eh'männer – sind auch meistens gute Leut'. Wie selten kommt eine Spanische-Rohr-Rache ins Spiel? Die korsische Blutrache liegt gar ganz in Talon. Wann hört man denn, daß ein Eh'mann einen Kugelstutzen nimmt und unsereinem nachschießt? Ja, anreden tun s' ein', daß man ihnen was vorschießt. (I,5)

Mit der solcherart geschmähten Gesellschaft stimmt der Zerrissene jedoch in der Anerkenntnis des einzigen, grundlegenden Wertes überein: des Geldes. »Armut is ohne Zweifel das Schrecklichste. Mir dürft' einer zehn Millionen herlegen und sagen, ich soll arm sein dafür, ich nehmet s' nicht« (I,5).

Um des Reichtums willen ist man sogar bereit, die »Langweile« zu ertragen und ihr mit der Pose der Zerrissenheit, dem Spleen des Weltschmerzes höhere Weihen zu verleihen. Die »englische Krankheit«, das »mal du siècle« erscheint so als Privileg adliger reicher Nichtstuer:

> An Narren fehlt's nirgends, aber es sind meist arme Narren, folglich red't man nicht von ihnen, und dann sind's Narren, die mit einer erbärmlichen Ängstlichkeit sich in den Nimbus der G'scheitheit einhüllen! Der Engländer hat das Geld, seine narrischen Ideen zu realisieren, und hat den Mut, seine Narrheit zur Schau zu tragen; darin liegt der Unterschied, von daher stammt das Renommee. (I,6)

Nur ein Reicher kann sich Zerrissenheit leisten. Dann aber stellt er eine interessante Erscheinung dar und wird gewiß nicht lange »einsam« und »allein« bleiben. Hat er das – zugegeben unverdiente – Glück, sich aufgrund für ihn widriger Umstände in ein liebes, nettes, normales Landmädel wie die Kathi zu verlieben, bestehen sogar gute Chancen, daß er seinen Zerrissenheits-Spleen aufgibt und ein ganz normaler Familienvater wird:

> Jetzt seh ich's erst, [...] daß ich wirklich ein Zerrissener war. Die ganze eh'liche Hälfte hat mir g'fehlt, aber gottlob, jetzt hab ich s' g'funden, wenn auch etwas spät. – Kathi! Hier steht dein Verlebter, Verliebter, Verlobter, hier steht meine Braut! (III,11)

Die Demontage der großen Persönlichkeit, wie der Byronische Held
sie repräsentiert, könnte kaum boshafter, kaum vernichtender aus-
gefallen sein: Zerrissenheit als Pose, Weltschmerz als Spleen derer,
die es sich finanziell leisten können. Ein Publikum, das täglich hart
arbeiten und kämpfen mußte, um den sozialen Aufstieg zu schaffen und das Erreichte zu sichern, hatte für derartige Attitüden nur
ein schallendes Gelächter. »Beifallssalven, Applausdonner, Hervor-
rufungen im Plural!«, melden in allen erdenklichen Variationen die
Besprechungen der Erstaufführung (am 9. April 1844 im Theater
an der Wien). Das Stück wurde zu Nestroys Lebzeiten allein in
Wien 106mal wiederholt. Zerrissenheit und Weltschmerz stellten
offensichtlich keine Probleme mehr dar, mit denen die bürgerliche
Gesellschaft des Vormärz ernsthaft zu ringen gehabt hätte – sie
waren zum Anlaß eines gelungenen Amüsements verkommen, in
dem der »große« Schauspieler Johann Nestroy (als »Zerrissener«)
wahre Triumphe feierte. In der Tat war die Zerrissenheit als Ge-
sellschaftsspiel der gelangweilten *haute volée* so in Mode gekommen, daß sich im satirischen Annoncenteil der Wiener Tageszei-
tung ein »Louis Spleen, berühmter Zerrissener« anbieten konnte,
in den Spielregeln der Zerrissenheit Nachhilfeunterricht zu erteilen; er versprach, sein Klientel »in kürzester Zeit zu vollkommenen, regelrechten 'Zerrissenen' herauszubilden und zu zeigen, welch
ein himmelweiter Unterschied zwischen einem jämmerlichen Natur-
Zerrissenen und einem Gebildeten herrsche«.[13]
Mit dem *Zerrissenen* wurden also eigentlich nur noch Nachhut-
Scharmützel ausgefochten. Nestroys wesentliche Stoßrichtung zielte
vielmehr auf Vorstellungen und Ideologien, welche der bürgerlichen kapitalistischen Gesellschaft seiner Zeit als eine Art Feigen-
blatt dienten, mit dem sie ihre wohl häßlichste Blöße: den brutalen
Egoismus als Grundlage und Bedingung ihres Funktionierens bis
zur Unkenntlichkeit verhüllen und zudringlichen Blicken entziehen
konnte. Geradezu eine Kardinalfunktion kam in dieser Hinsicht
dem um 1840 bereits allgemein verbreiteten Begriff von »Persönlichkeit« zu: »Persönlichkeit als Produkt der äußeren Erscheinung,
allenfalls kontrolliert von einem an der eigenen Vergangenheit orientierten Bewußtsein, und Spontaneität als Abweichung – diese beiden

---

13 Zitiert nach: Gerhard Thrum, *Der Typ des Zerrissenen*. Ein Vergleich mit
    dem romantischen Problematiker, Leipzig 1931, S.195.

Vorstellungen bildeten im 19. Jahrhundert die Grundlage einer Gesellschaftsauffassung, die die Gesellschaft als eine Ansammlung von 'Persönlichkeiten' bestimmte.«[14]

Den so definierten Begriff der Persönlichkeit nimmt Nestroy im *Talisman* (1840 im Theater an der Wien uraufgeführt) ins Visier. Er geht hier von einem einfachen Syllogismus aus: Wenn die Gesellschaft eine Ansammlung von Persönlichkeiten darstellt, kann in ihr auch nur eine Persönlichkeit eine Position erlangen und eine Rolle spielen. Da Persönlichkeit allein durch das Erscheinungsbild beglaubigt wird, kommt alles auf das bis ins kleinste Detail »stimmige« Erscheinungsbild an. *Ergo:* Wenn einer rote Haare hat, bleiben ihm Karriere und Position versperrt, weil »rote Haare«, wie jeder weiß, »immer von ein' fuchsigen Gemüt, von einem hinterlistigen« zeugen (III,4). *Zweite Schlußfolgerung:* Gelangt der Betreffende in den Besitz einer schwarzen Lockenperücke, ist der entscheidende Mangel in seinem Erscheinungsbild behoben, und einer glänzenden Laufbahn steht nichts mehr im Wege.

In diesem Sinne beginnt der Held des Stücks, der bettelarme und total abgerissene, dafür aber gewitzte rothaarige Titus Feuerfuchs im Vertrauen auf seinen Talisman, die schwarze Perücke, seine Karriere hoffnungsvoll als Obergärtner (und präsumtiver Ehekandidat der verwitweten Gärtnersfrau Flora), um in wenigen Stunden über den Posten eines Jägers (und möglichen Heiratskandidaten der Kammerfrau Constantia) steil zum Sekretär der schriftstellernden Schloßherrin Frau von Cypressenburg aufzusteigen. Wegen einer im Dunkeln irrtümlich gegriffenen blonden Perücke hält diese ihn gar für ein Genie. Denn »Seine blonden Locken schon zeigen ein apollverwandtes Gemüt« (II,17). Sein so vorteilhaft beurteiltes Äußeres (»Er hat eine gute Tournüre, eine agreable Fasson«, II,17) – das sich mit den nacheinander an- und abgelegten Anzügen der drei seligen Ehemänner stetig und beträchtlich vervollkommnet hat – weiß Titus durch eine den jeweiligen Umständen bzw. Gesprächspartnerinnen geschickt angepaßte Sprache wirkungsvoll abzurunden und ins rechte Licht zu rücken. Von einer auf die Gärtnerei bezogenen blumigen Sprache (»[Ich bin] ein exotisches Gewächs: Nicht auf diesem Boden gepflanzt, durch die Umstände ausgerissen und durch den Zufall in das freundliche Gartengeschirr Ihres

---

[14] Sennett, a.a.O., S.179.

Hauses versetzt, und hier, von der Sonne Ihrer Huld beschienen, hofft die zarte Pflanze, Nahrung zu finden«, I,17) steigert er sich über bewundernde Galanterien (»Diese Hoheit in der Stirnhaltung, diese herablassende Blickflimmerung, dieser edle Ellbogenschwung« – I,20) bis zur metaphorischen »Dichtersprache« (»[Mein Vater] betreibt ein stilles, abgeschiedenes Geschäft, bei dem die Ruhe das einzige Geschäft ist; er liegt von höherer Macht gefesselt, und doch ist er frei und unabhängig, denn er ist Verweser seiner selbst – er ist tot«, II,17). Frau von Cypressenburg sieht klar: »Der Mensch hat offenbare Anlagen zum Literaten« (II,17).

Titus hat es geschafft: sein bis ins kleinste Detail hinein »stimmiges« Erscheinungsbild hat ihn überzeugend als eine Persönlichkeit ausgewiesen, die eine einflußreiche Position auf einer der oberen Sprossen der sozialen Leiter für sich beanspruchen kann. Da Titus' glänzender Aufstieg und seine zu schönsten Hoffnungen berechtigende Position jedoch ausschließlich vom Haar abhängen, das über die gesellschaftlich sanktionierte Stimmigkeit seines Erscheinungsbildes entscheidet, läßt die Entdeckung seiner tatsächlichen Haarfarbe ihn von seiner stolzen Höhe jäh herunterstürzen. Eine »rote Ruben« (II,27) kann keine Persönlichkeit sein.

Doch Titus hat Glück im Unglück. Sein Onkel, ein steinreicher Bierversilberer, hat sich vom Bräumeister endlich doch überzeugen lassen, daß er sich seines Neffen annehmen, ihm in der Stadt eine Offizin kaufen, ihn mit ein paar tausend Talern ausstatten und als seinen Universalerben einsetzen müsse, damit er nicht zum »Schandfleck seiner Familie« (III,4) werde. Der vom Bedienten auf diese Nachricht hin zum »Herrn von Titus« Beförderte – »Ehre, dem Ehre gebührt« (III,10) – avanciert schlagartig wieder zum begehrten Heiratskandidaten. Denn an einem Universalerben sind selbst rote Haare »verzeihlich«.

Dritte Schlußfolgerung: Auch wenn sein Erscheinungsbild in einem normalerweise alles entscheidenden Detail nicht stimmt, kann ein Universalerbe doch eine umworbene Persönlichkeit sein. Denn wer Geld hat, ist immer eine Persönlichkeit.

Persönlichkeit als gesellschaftliche Kategorie wird dergestalt von Nestroy total demontiert. Sie reduziert sich entweder auf die Fähigkeit, in den wesentlichen Details, auf die alles ankommt, keine Fehler zu machen und so die richtige Strategie für den sozialen Aufstieg einzuschlagen, oder aber ganz einfach auf Besitz. Wem der Aufstieg nicht gelingt, wer gar sein Vermögen verliert, kann keine Persönlichkeit sein. Die näheren Umstände seiner Lage sind dabei völlig ohne Bedeutung. Denn Persönlichkeit drückt sich eben in der Fähigkeit aus, entweder Kapital zu erwerben oder aber es zu behalten und zu vermehren. Mysteriöses, Geheimnisvolles haftet der Persönlichkeit nicht an, weil es niemanden interessiert, wie und auf welchen Wegen sie in den Besitz der Dinge gelangt ist, die sie als eine solche ausweisen. Es zählt nur das Faktum, daß sie sie besitzt. Das einzige Rätsel, das eine Persönlichkeit aufgeben kann, liegt in der Größe ihres Vermögens.

Persönlichkeit ist nach Nestroy in der bürgerlich-kapitalistischen Gesellschaft gerade nichts Dämonisches, Einmaliges, Unverwechselbares, das eine Person von anderen unterscheidet. Diese Vorstellung ist nichts als eine die schmutzige Faktizität einer rüden Wirklichkeit verschleiernde und überhöhende Ideologie. Persönlichkeit ist vielmehr beliebig reproduzierbar. Es gibt sogar ausgewiesene Fachleute, die sich auf ihre geschickte Herstellung in besonderer Weise verstehen: die Schauspieler und die Unternehmer.

Die Schauspieler sind Experten in der Produktion von Erscheinungsbildern, die bis ins kleinste Detail hinein stimmen – die Unternehmer in der Produktion von Mehrwert, von Vermögen. So ist es nur recht und billig, in diesen beiden den Inbegriff von Persönlichkeit zu sehen und zu verehren. Da der Schauspieler jedoch nur die Voraussetzung produziert, ohne die ein mittelloser Mensch keine Persönlichkeit werden kann, der Unternehmer dagegen den Mehrwert, der unmittelbar die Persönlichkeit schafft, gebührt die Palme dem Unternehmer: er ist der eigentliche Held der bürgerlichen Gesellschaft, er ist die Persönlichkeit schlechthin.

Die Diagnose, die Nestroy boshaft-witzig der Gesellschaft seiner Zeit aus Wiener Perspektive stellt, wird von Gautier aus Pariser Perspektive bestätigt. Anläßlich einer Wiederaufführung des *Chatterton* im Jahre 1857 schreibt er im »Moniteur«:

John Bell, l'exact, le positif, le juste selon la loi, avec ses raisonnements pratiques et à peu près irréfutables, excitait autrefois [bei der Uraufführung 1835 e.A.] une répulsion violente; on le haïssait comme un traître de mélodrame tout chargé de noirceurs et de crimes, [...]. Maintenant John Bell, qui ne veut pas qu'on détruise ses mécaniques et prétend qu'il faut payer par un travail assidu son écot au banquet de la vie, ou se lever de table si l'on n'a pas d'argent, rigide pour les autres comme il l'a été pour lui-même, semble le seul personnage raisonnable de la pièce.[15]

Der scharf kalkulierende Unternehmer ist der wahre Held seiner Zeit geworden.

Wenn ein solcher Unternehmer nach einem anstrengenden Arbeitstag mit seiner Familie ins Theater ging, wollte er sich entspannen und amüsieren. Er brauchte keine Helden, keine Identifikationsfigur auf der Bühne – den Part hatte er schließlich selbst in der gesellschaftlichen Wirklichkeit übernommen –, sondern leichte Komödienkost, wie die »Sittendramen« und Intrigenkomödien Scribes, Dumas' (fils), Augiers, Labiches, Sardous (in Frankreich) und die Gesellschaftskomödien der Birch-Pfeiffer, Bauernfelds und Benedix' (in Deutschland) sie lieferten. Das Publikum fand sich hier seinem eigenen Milieu konfrontiert, das zwar ironisiert, aber nie ernsthaft in Frage gestellt werden durfte. Die bürgerlichen Klasse war der eigentliche Bühnenheld. Und so bestätigte das komische Theater dieser Zeit seinem Publikum immer wieder, daß es auch in einer sich wandelnden Welt eine Identitätskrise nicht geben könne, solange der einzelne sich als Repräsentant seiner Schicht begreift und sich mit ihr identifiziert. Sein Ich würde stabil bleiben, wenn er sich nur die in seiner gesellschaftlichen Schicht herrschenden Vorstellungen zu eigen macht und sich nach den allgemein geltenden Regeln verhält. Im Rahmen der bürgerlichen Ordnung ist ein Phänomen wie Selbstentfremdung daher prinzipiell ausgeschlossen und nur als merkwürdige Krankheit der Seele denkbar. –

1872 notiert Theodor Fontane seine Gedanken über den *Prinzen von Homburg*:

> Ich glaube, daß es solche Arthurs gibt, [...], aber sie *interessieren mich nicht* und *dürfen* überhaupt keinen gesund empfindenden Menschen interessieren. Es sind eitle, krankhafte, prätentiöse Waschlappen, aber keine Helden, Kerle, die in Familie, bürgerlicher Gesellschaft, staatlichem Leben immer nur Unheil gestiftet haben und die immer nur in kranker Zeit oder von kranken Gemütern gefeiert worden sind.[16]

---

[15] Gautier, a.a.O., S. 157f.
[16] Sembdner, a.a.O., S. 575.

4.2 Identität und Geschichte

4.2.1 Geschichte als identitätsstiftende Kraft

»Zerrissenheit und Politik sind seit geraumer Zeit die Stoffe, worin die Poesie allein noch einiges hervorgebracht hat, was Aufsehen machte.« Mit diesem Satz beginnt Friedrich Theodor Vischer 1843 seine große Abrechnung mit den Dichtern des Vormärz. Ihr politischer Eifer sei auch nichts anderes als eine besondere Spielart der »weinerlichen Zerrissenheit«, meint er ihnen vorwerfen zu müssen, nämlich narzißtische »Selbstbespiegelung des Schmerzes und Grimmes«.[1]

Der Zusammenhang, den Vischer hier – wenn auch böswillig und mit unverhüllt negativem Vorzeichen – zwischen Zerrissenheit und politischem Engagement herstellt, ist keineswegs von der Hand zu weisen. Für viele Dichter und Intellektuelle der ersten Jahrhunderthälfte scheint die Problematik des Selbst – wenn auch auf die unterschiedlichsten Weisen – in der Tat mit den politischen Verhältnissen in Europa eng verknüpft zu sein. Mancher von ihnen visiert daher eine mögliche Veränderung dieser Verhältnisse auch durchaus unter dem Blickwinkel und der stillschweigenden Prämisse an, daß damit der Prozeß der Selbstentfremdung aufgehalten und wieder rückgängig gemacht werden könne.

Derartige Zusammenhänge finden sich bereits im *Prinzen von Homburg* angedeutet. Homburg weist seine Autonomie, die er mit der Entscheidung für einen freien Tod errungen hat, ausdrücklich als Bedingung für die Wiederherstellung der nationalen Autonomie aus: »Es erliege / Der Fremdling, der uns unterjochen will, / Und frei, auf mütterlichem Grund, behaupte / Der Brandenburger sich« (V. 1755–61). Die postulierte Befreiung – damals von den Schweden, heute von den Franzosen – wird ihrerseits als Voraussetzung für den Aufbau eines idealen Staates apostrophiert, in dem die Freiheit jedes einzelnen garantiert sein wird.

---

[1] Friedrich Theodor Vischer, Gedichte eines Lebendigen. In: *Kritische Gänge*, Bd.2, Tübingen 1844, S. 282–340, S. 282 und S. 292.

Shelley stellt in *The Cenci* das Problem der Selbstentfremdung gar in den umfassenden Kontext der Menschheitsgeschichte. Selbstentfremdung entsteht als Folge der Übermacht, welche die Kräfte des Bösen über diejenigen des Guten erringen. Da sie von bestimmten Gesellschaftsordnungen wie der patriarchalischen gefördert werden, vermag nur eine radikale Änderung der gesellschaftlichen Verhältnisse die Kräfte des Guten nachhaltig zu unterstützen und so langfristig zu ihrem Sieg und damit zur Aufhebung von Selbstentfremdung zu führen.

Hugo endlich beschäftigt sich – in *Hernani* am Beispiel der spanischen Geschichte – mit den aktuellen politischen Verhältnissen in Frankreich und stellt den Wechsel vom erblichen Königtum zum auf freien Wahlen und dem allgemeinen Volkswillen beruhenden Kaisertum als Bedingung für die Möglichkeit dar, die Selbstentfremdung des einzelnen, der großen Persönlichkeit wieder aufzuheben. In allen diesen Fällen wird ein unmittelbarer – wenn auch jeweils anders begründeter – Zusammenhang zwischen dem Phänomen der Selbstentfremdung und bestimmten politischen Verhältnissen hergestellt. Die Geschichte, als National- oder auch als Menschheitsgeschichte, wird dabei als eine Kraft apostrophiert, welche das Selbst zu stabilisieren und die bedrohte Identität des einzelnen wiederherzustellen vermöchte. Allerdings bleibt der Bezug auf die Geschichte im Einzelfall eher peripher – so wie im *Prinzen von Homburg* oder auch in *The Cenci*, obwohl gerade diese Dramen von historischen Ereignissen ausgehen.

In der ersten Hälfte des 19. Jahrhunderts, in einer Zeit starken gesellschaftlichen Wandels, gewinnt das Bewußtsein von der Geschichtlichkeit des Bestehenden ganz allgemein zunehmend an Bedeutung. Es ist sicher kein Zufall, daß sich auf allen Bereichen der Geisteswissenschaften, ja sogar in der Biologie eine historische Betrachtungsweise durchsetzte. Aufbauend auf dem historischen Entwicklungsgedanken, wie ihn in unterschiedlichen Zusammenhängen bereits Vico, Montesquieu, Voltaire, Turgot, Möser, Winckelmann und Herder formuliert hatten, fing man an, die Vergangenheit von Sprache, Literatur, Kunst, Religion, Rechtsleben und Verfassung des eigenen Volkes und anderer Völker zu erforschen. Es entstand eine eigene Geschichtswissenschaft, deren Anfänge in Deutschland mit den Namen Ranke, Gervinus und Droysen verknüpft sind. Diesen Bemühungen lag nicht zuletzt – zumal bei den deutschen Romantikern – die Vorstellung von einem »Volksgeist« zugrunde, der sich in allen Äußerungen des geistigen Lebens eines Volkes manifestiert und daher als eine Art übergeordneter Identitätsfaktor begriffen werden kann. Da er sich nur im Gang der Geschichte offenbart, erscheint der Rekurs auf die Geschichte als die wichtigste und meistversprechende Methode, sich der mit dem »Volksgeist« gesetzten »höheren« Identität zu vergewissern. Mag also auch die persönliche Identität des einzelnen zweifelhaft geworden sein, gewährt doch die Geschichte die Sicherheit einer übergeordneten, umfassenderen Identität.

Die Beschäftigung mit der Vergangenheit versucht insofern einem doppelten Bedürfnis Rechnung zu tragen, das in weiten Bevölkerungskreisen durch den Prozeß der Industrialisierung entstanden war: sie erlaubte einerseits eine Flucht aus der immer komplizierter und deprimierender werdenden Wirklichkeit und befriedigte andererseits den tiefsitzenden Wunsch, auch in einer sich wandelnden Welt Orientierung und Identität vorzufinden.

Diesem Bedürfnis kamen die jetzt neu entstehenden literarischen Gattungen des historischen Romans und des historischen Dramas in geradezu hervorragender Weise entgegen. Es nimmt daher auch kaum wunder, daß sie vom Publikum von Anfang an mit großer Begeisterung aufgenommen wurden. Walter Scotts *Waverley* (1814), mit dem die neue Gattung des historischen Romans begründet wurde, fand nicht nur in England und dem übrigen Europa eine Flut von Nachfolgern, sondern es gelang ihm auch, in kürzester Zeit den gotischen Roman vom ersten Platz in der Gunst der englischen Leser zu verdrängen. Die »historischen« Dramen Schillers, *Fiesko, Don Carlos, Wallenstein, Maria Stuart,* erlebten im Zuge dieser neuen literarischen Mode in den zwanziger Jahren trotz unglaublicher Zensureingriffe (vor allem in Wien) eine überwältigende Renaissance. Sie wurden 1821 ins Französische übersetzt, eifrig rezipiert – nicht zuletzt von Hugo und Dumas (père) – und gelangten sogar – wenn auch in meist erbärmlichen Adaptionen – auf französische Bühnen.

Wer in Deutschland und Frankreich auf sich hielt, schrieb historische Dramen. Es versteht sich daher von selbst, daß die Dichter der Zerrissenheit, die Propheten des Byronischen Helden auch als Verfasser historischer Dramen hervortraten und häufig beides zugleich in ein und demselben Stück realisierten. Die wichtigste Bedingung, die ein historisches Drama zu erfüllen hatte, wenn es aufgeführt werden sollte, bestand in jedem Fall darin, Geschichte als eine übergreifende Ordnung und als identitätsstiftende Kraft darzustellen.

In *König Ottokars Glück und Ende*, das nach großen Schwierigkeiten mit der Zensur 1825 endlich doch erfolgreich im Wiener Burgtheater uraufgeführt wurde, stellt Grillparzer zwei Geschichtsauffassungen einander gegenüber. Der Böhmenkönig Ottokar, der in vielen Zügen – fast denunziatorisch – auf Napoleon verweist, kann Geschichte nur in dem erblicken, was er selbst bewußt und gewollt durch eigene Kraft verändert und erreicht hat. Geschichte ist für ihn eine subjektive, allein auf seine Person bezogene Kategorie. Dagegen begreift Rudolf von Habsburg sie als ein Geschehen, das auf einen höheren, dem Willen des einzelnen entzogenen Zusammenhang verweist, mit dem er sich nach seiner Wahl und Krönung zum deutschen Kaiser identifiziert. Während Ottokar sein Selbst mit dem Fehlschlagen seiner persönlichen Pläne und Machenschaften verliert, ist Rudolfs Ich für immer in der umfassenden Ordnung der Geschichte aufgehoben und bewahrt:

> Nicht Habsburg bin ich, selber Rudolf nicht;
> In diesen Adern rollet Deutschlands Blut.
> Und Deutschlands Pulsschlag klopft in diesem Herzen.
> Was sterblich war, ich hab es ausgezogen,
> Und bin der Kaiser nur, der niemals stirbt.
>
> (V. 1786–90)

Während bei Grillparzer die Geschichte Selbstbewahrung ermöglicht, weil sie als Manifestation einer höheren Macht begriffen wird, mit welcher der Held sich – wie Rudolf I. – identifiziert, erscheint sie bei Grabbe als ein blindes Schicksal, das vom Zufall regiert wird – »Daß das Schicksal des großen Frankreichs von der Dummheit, Nachlässigkeit oder Schlechtigkeit eines einzigen Elenden abhängen kann!« (*Napoleon oder Die hundert Tage*, V,5) –, als bloßer Naturvorgang, in dem die jeweils stärkere Physis sich durchsetzt – »Die Erde ist am glücklichsten, wenn das größte Volk das herrschendste ist, stark genug, überall sich und seine Gesetze zu erhalten« (I,4). Dennoch figuriert das Volk keineswegs als geschichtliche Kraft. Es liefert lediglich das Material, aus dem bzw. mit dessen Hilfe die großen geschichtlichen Gestalten Geschichte machen. Sie sind »groß«, weil sie ohne jede Rücksicht ihre Natur verwirklichen. Sie erweisen sich dadurch als die Stärksten, daß sie alles, was sich ihnen in den Weg stellt, erbarmungslos vernichten. Indem sie auf diese Weise Geschichte machen, setzen und bewahren sie sich selbst. »*Napoleon*: [...] Künftig läßt du in jedem offiziellen Schreiben das 'Wir' und das 'von Gottes Gnaden' aus. Ich bin Ich, das heißt Napoleon Bonaparte, der sich in zwei Jahren selbst schuf« (III,3). Ein solcher Held kann nicht zugrunde gehen, weil er scheitert oder einen Fehler macht – allein ein Zufall, ein Versehen, das nicht er zu verantworten hat, ist an seinem Untergang schuld: »General, mein Glück fällt. – Ich falle nicht.« (V,7). So läßt ihr Untergang auch keinen geheimen Sinn aufleuchten, sondern manifestiert mit brutaler Deutlichkeit, daß Geschichte nichts ist als ein bloßes Naturgeschehen, das ohne Berufung auf eine höhere Idee oder höhere Macht blind und gewalttätig seinen Gang geht.

Natürlich schien Grabbes an biedermeierlichen Ordnungsvorstellungen orientierten Zeitgenossen dies 1830/31 geschriebene Stück ebenso wie seine anderen historischen Dramen schlicht unaufführbar – auch wenn das Selbst des Helden sich in der Geschichte setzt und bewahrt.

Die Dramatiker des Vormärz dagegen achteten sorgfältig darauf, in ihren Stücken einen sinnvollen Traditionszusammenhang herzustellen, in den sich der bürgerliche Zuschauer einzuordnen, mit dem er sich zu identifizieren vermochte. Die Helden der zwischen 1839 und 1847 geschriebenen historischen Dramen Karl Gutzkows und Heinrich Laubes – des späteren Burgtheaterdirektors – sind meist Bürgerliche (wie Uriel Acosta, Friedrich Schiller, Struensee), welche die Ideale der bürgerlichen Revolution, wie sie zuerst in der Aufklärung formuliert wurden, vertreten und an einem ungerechten politischen System scheitern, in dem der Adel den Staat skrupellos als Mittel zur Durchsetzung und Behauptung seiner Privilegien und egoistischen Machtvorstellungen benutzen und ausbeuten kann.

Auch wenn diese Dramen zu wiederholten Malen von der Zensur verboten wurden, auch wenn sie nicht gerade zu Erfolgsstücken avancierten, fanden sie doch im oppositionellen Bürgertum des Vormärz ein ausreichend großes Publikum, das in der von ihnen propagierten Kontinuität seinen Platz finden und sich entsprechend einrücken konnte.

Erfolgsstücke wurden nun allerdings die historischen Trivialdramen Ernst Raupachs, vor allem sein monumentaler Dramenzyklus über die Hohenstaufen. Hier wurde ein breites Publikum eingeladen, ja geradezu dazu verführt, sich mit vergangener deutscher Größe zu identifizieren und sich damit für die Erbärmlichkeit des gegenwärtigen Zustandes schadlos zu halten. Die Häufigkeit ihrer Aufführungen läßt vermuten, daß diese Dramen ein weitverbreitetes und tiefsitzendes Bedürfnis des bürgerlichen und adligen Publikums effektiv und affektiv zu befriedigen verstanden.

In Frankreich war die Situation insofern anders, als hier der identitäts- und sinnstiftende Traditionszusammenhang der Geschichte generell Kirche und Thron als Ordnungsfaktoren entbehren konnte. Zwar versuchten konservative Historiker zur Zeit Ludwigs XVIII. und Charles X., an entsprechende Traditionen anzuknüpfen. Dies blieb jedoch für die Herausbildung eines historischen Dramas ohne Bedeutung. Hier wurden als Kontinuität herstellende geschichtsträchtige Elemente neben dem Nationalismus im Rückgriff auf die mit der Revolution begründete Tradition vor allem Antiklerikalismus und Tyrannenhaß eingesetzt. Darüberhinaus wurde auf den übergeordneten Zusammenhang eines manichäistischen Kampfes zwischen dem Guten und dem Bösen verwiesen. Diese Charakteristik gilt für die historischen Dramen Hugos und Dumas' (père), im besonderen Maße jedoch für die Casimir Delavignes – des, wenn man so will, französischen Raupach. Delavigne hatte nicht nur begriffen, daß man, um beim breiten Publikum Erfolg zu haben, nicht nur auf die jüngere Geschichte zurückgreifen, sondern auch dem bürgerlichen Zuschauer ein äußerst schmeichelhaftes und idealisiertes Bild von sich selbst und seiner Vergangenheit präsentieren müsse, mit dem er sich nur allzu gern und bereitwillig identifizieren würde. Darüberhinaus behandelte er bevorzugt solche Themen, die geeignet waren, die Frustrationen derer zu kompensieren, welche die demütigende Erfahrung der Niederlage und der fremden Besatzung mitgemacht hatten. Sein Rezept war unübertroffen und führte regelmäßig zu einem geradezu triumphalen Erfolg. Nach den Aufführungen seiner Stücke herrschte für gewöhnlich eine Stimmung, wie sie »La Quotidienne« nach der Premiere von *Marino Falieri* (1829) beschreibt: »La salle était pleine encore une demi heure après la fin, on demandait l'auteur à grands cris. C'est à peine si

le parterre a consenti à se retirer quand il a su que M. Delavigne
s'était dérobé à ses empressements.« (1. Juni 1829). In Delavignes
Dramen erschien Geschichte ganz zweifellos für den bürgerlichen
Zuschauer als eine sein Selbst bestätigende und damit identitäts-
und sinnstiftende Kraft.

Bei aller Begeisterung für Geschichte und für das historische Drama
blieben die beiden bedeutendsten Exemplare dieser Gattung das
ganze 19. Jahrhundert über von der Bühne verbannt. Alfred de
Mussets Lorenzaccio (geschrieben 1833, erschienen 1834) gelangte
erst 1896 mit Sarah Bernhardt (!) in der Titelrolle zur Aufführung,
Georg Büchners Dantons Tod (1835) gar erst 1902. Beide Dramen
verstoßen aufs eklatanteste gegen die Grundforderung der Zeitgenossen – die Delavigne und Raupach in geradezu idealer Weise erfüllten –, daß Geschichte nur als identitätsstiftende Kraft denkbar,
darstellbar und erhebend ist.

4.2.2 Die Auflösung des Selbst in der Geschichte

Musset hält sich in Lorenzaccio weitgehend an seine Quelle, La Storia
fiorentina Benedetto Varchis. Varchi, der von 1527 bis 1536 selbst in
Florenz gelebt hatte, war von Como de Medici beauftragt worden,
eine Geschichte der Medicis für den Zeitraum von 1527 bis 1538 –
also bis zu seiner eigenen Thronbesteigung – zu schreiben. Über
den Mord an Alexander von Medici (1536) und die zu ihm führenden Motive hatte er den Täter selbst – Lorenzo von Medici – be-
fragen können. Wie genau Musset sich mit dieser Quelle befaßt hat,
zeigt ein Vergleich mit George Sands »scène historique« Une con-
spiration en 1537, die ihm die Verfasserin zur freien Verfügung überlassen hatte. Auch George Sand hatte aus Varchi geschöpft, sich allerdings auf das fünfzehnte Buch beschränkt. Musset korrigierte
nicht nur die kleinen historischen Fehler und Ungenauigkeiten, die
George Sand unterlaufen waren (wie die Datierung der Verschwö-
rung auf 1537 statt auf 1536, die Angabe des »regierenden« Papstes
als Clemens VII. statt als Paul III.), sondern er zog Varchi auch bedeutend ausführlicher heran. Mindestens teilweise muß er zusätz-
lich das neunte bis vierzehnte Buch gelesen haben, aus denen er
Stoff und Figuren für neue Nebenhandlungen sowie weitere Infor-
mationen über Lorenzo von Medici gewann. Während George Sand

von Varchi insofern abgewichen war, als sie aus Lorenzo – ganz dem allgemeinen Trend ein Jahr nach der Juli-Revolution entsprechend – einen Rächer seiner Ehre und einen Tyrannenmörder gemacht hatte, hielt sich Musset auch in diesem Punkt eng an Varchi, der fünf mögliche Gründe für den Mord anführt – von denen mindestens drei moralisch nicht ganz einwandfrei, um nicht zu sagen verwerflich sind –, ohne sich auf einen von ihnen eindeutig festlegen zu wollen. Die Figur Lorenzos von Medicis bleibt in der Quelle Mussets rätselhaft.

Da Musset so sorgfältig mit der historischen Wahrheit umgeht, fallen die Abweichungen, die er sich erlaubt, um so stärker ins Gewicht. So läßt er Lorenzo bereits kurz nach seinem Mord an Alexander umkommen, obwohl er de facto noch vierzehn Jahre gelebt hat, ehe er den Häschern Como von Medicis in die Hände fiel.

In Mussets Drama geben die politischen Verhältnisse, wie sie in Florenz im Jahre 1536 geherrscht haben, nicht lediglich die Hintergrundkulisse ab, vor welcher der Held die Problematik seines Selbst und seiner Tat entfalten und ausagieren kann. Sie sind vielmehr integraler Bestandteil des dramatischen Geschehens. Nur in drei der insgesamt neununddreißig Szenen des außergewöhnlich langen Dramas ist nicht von der Stadt die Rede. Ihr politischer Zustand ist aufs engste mit der individuellen Problematik des Helden verknüpft.

Florenz ist eine besetzte Stadt. Papst und Kaiser haben ihr gegen den Willen der Bevölkerung den illegitimen Sohn des Papstes, Alexander von Medici, als Herrscher aufgezwungen und seine Herrschaft durch deutsche Truppen befestigt, die in der Zitadelle hausen und die Stadt kontrollieren. Obwohl die Bevölkerung über den ausschweifenden, lasterhaften Fürsten und die fremde Besatzungsmacht murrt, gibt es keinen offenen Widerstand. Zwar wird unter den Bürgern, Handwerkern und Händlern immer wieder Kritik laut (I,2; I,5), zwar findet sich unter den übrigen mächtigen Familien der Stadt, den Strozzi, den Pazzi und anderen viel Patriotismus und republikanische Gesinnung. Geschäftstüchtigkeit (I,2; II,4), Gier nach Einfluß und Macht (II,4) behalten jedoch die Oberhand und ersticken jede subversive Regung im Keim. Als Lorenzos Tat die Voraussetzung für einen republikanischen Aufstand geschaffen

hat, lassen sich wohl die Studenten für ihre Bürgerrechte nieder-
schießen, die großen Familien dagegen und die bürgerliche Mittel-
schicht rühren sich nicht. Vom geheimen Agenten des Papstes, Kar-
dinal Cibo, lassen sie sich bereitwillig manipulieren und sprechen
sich einstimmig für den von Papst und Kaiser ausgewählten Kan-
didaten, Como von Medici, als neuen Herrscher aus. Der Mord am
Tyrannen und der Machtwechsel haben nichts geändert. Die politischen Verhältnisse in Florenz sind im wesentlichen gleich geblieben.

Die Bezüge und Anspielungen auf die aktuelle Situation in Frank-
reich im Jahre 1833 sind nicht zu überhören. Auch hier hatte der
Machtwechsel der Juli-Revolution keine wirkliche Änderung der
Verhältnisse bewirkt – sowohl innen- als auch außenpolitisch. Das
Wirtschaftsbürgertum fühlte sich in seinem Expansionsdrang ge-
stärkt, ohne de facto an der politischen Macht zu partizipieren. Die
Aufstände der Arbeiter und Studenten waren niedergeschlagen.
Auch weiterhin hing Frankreich von Wohlwollen und Zustimmung
der »Heiligen Allianz« ab – wie Florenz vom Bündnis zwischen
Kaiser und Papst.

Offensichtlich hat Musset das historische Beispiel benutzt, um
sich mit einer aktuellen gesellschaftlichen und politischen Problematik auseinanderzusetzen. Daß er sein Exempel in der Renaissance
sucht, hat gewiß verschiedene Gründe. Zum einen sprangen die
Parallelen zwischen Florenz 1536 und Paris 1833 bereits in George
Sands Vorlage dem Leser in die Augen, so daß eine entsprechende Bearbeitung sich geradezu anbot. Zum anderen herrschte Ende
der zwanziger, Anfang der dreißiger Jahre eine gewisse Italomanie
in Paris, die übrigens unter vielen Neuerscheinungen und Adaptionen auch eine – nach literarischen Gesichtspunkten höchst be-
klagenswerte – Adaption von The Cenci für die beiden Schauspieler Frédérick Lemaître und Marie Dorval hervorgebracht hatte. Nicht
zuletzt endlich gab der Rekurs auf die Renaissance Musset die Möglichkeit, Themen und Motive seines großen Vorbildes Shakespeare
aufzugreifen und sie »zeitgemäß« zu bearbeiten: Heuchelei und
Verstellung, politisches Handeln, Königsmord und Machtwechsel.
Darüberhinaus bot die historische Vorlage in geradezu idealer Weise
die Gelegenheit, die erfolgversprechenden und für das romantische
Drama ebenso wie für das historische Drama eines Delavigne kon-

stitutiven Themen in ausdrücklicher Distanz und Opposition zu behandeln: Patriotismus, Tyrannenhaß und Antiklerikalismus.

Der Stadt Florenz kommt dabei nicht nur auf der historisch-politischen, sondern auch auf der symbolischen Ebene eine Schlüsselfunktion zu. Sie wird immer wieder als »Mutter« ihrer Bürger apostrophiert, eine »mère stérile, qui n'as plus de lait pour tes enfants« (I,6), eine »mère«, die »n'est qu'une catin« (II,6), ja die sogar das »Blut« ihrer »Söhne« trinkt (II,5). Die ursprünglich zärtliche, schöne Mutter hat sich in eine schlechte Mutter verkehrt. Vom »Bastard« Alexander von Medici vergewaltigt, dessen Lüsternheit und Brutalität die beiden Vaterfiguren Papst und Kaiser sie ausgeliefert haben, ist Florenz selbst zum »Bastard« geworden, ein »spectre hideux de l'antique Florence; [...] fange sans nom« (I,6). So sind es in letzter Instanz diese unsichtbaren Väter, welche die Verderbnis der Mutter Florenz und damit Perversion und Unglück ihrer Kinder zu verantworten haben. Politische Verhältnisse erscheinen dergestalt als zerrüttete Familienverhältnisse, Herrschaftsbeziehungen als perverse sexuelle Beziehungen. Auf diese Konstellation ist die Problematik Lorenzo von Medicis unmittelbar bezogen, den seine natürliche Mutter, Marie Soderini, in seiner Jugend bereits als idealen »père de la patrie« sah, den aber die schlechte Mutter Florenz zu einem lasterhaften, weibischen Lorenzaccio verkommen lassen und »verdorben« (I,6) hat.

Lorenzos Identität scheint beständig zwischen Männlichkeit und Weiblichkeit hin- und herzugleiten. Dies findet sowohl in seinen wechselnden Namen als auch in seinen wechselnden körperlichen Erscheinungsbildern seinen Ausdruck. Lorenzo büßt nicht nur seinen Namen Medici durch die weibische Ohnmacht im Angesicht des gezogenen Degens ein: »*Le Duc* – Fi donc! tu fais honte au nom des Médicis. Je ne suis qu'un bâtard, et je le porterais mieux que toi, qui es légitime?« (I,4). Er muß sich auch Transformationen und Verstümmelungen seines Vornamens gefallen lassen: »Lorenzo« wird zu »Renzo«, »Lorenzino«, »Renzino«, »Lorenzaccio« (»Le peuple appelle Lorenzo, Lorenzaccio«, I,4), »Renzinaccio«. Das Abkappen der Silbe »Lo« ebenso wie die affektiven und pejorativen Zusätze »-ino« und »-accio« verweisen auf eine Verkleinerung und Entwertung der Person des Trägers, die in der Namensform »Lorenzetta« (I,4) sich als Verweiblichung konkretisiert. In die gleiche Richtung weisen die Bezeichnungen »mignon« und »femmelette«

(I,4), mit denen Alexander Lorenzo belegt. Eine homosexuelle Beziehung zwischen beiden, in der Lorenzo die Frauenrolle übernommen hat, ist offensichtlich. Die Verstümmelung des Namens »Lorenzo« fungiert dergestalt als eine symbolische Kastration seines Trägers. Dem entspricht die schwächliche Verfassung seines Körpers:

> Regardez-moi ce petit corps maigre, ce lendemain d'orgie ambulant. Regardez-moi ces yeux plombés, ces mains fluettes et maladives, à peine assez fermes pour soutenir un éventail, ce visage morne, qui sourit quelquefois, mais qui n'a pas la force de rire.   (Alexander, I,4)

Nicht nur die vor Alexander und seinem Gefolge geheuchelten Ohnmachten, sondern auch sein starkes Zittern, als seine Mutter erwähnt, sein Gespenst gesehen zu haben (*Catherine:* Qu'avez-vous? vous tremblez de la tête aux pieds.« II,4), beweist eine eher zarte Konstitution. Diesem »weiblichen« Körperbild wird in der Fechtszene mit Scoronconcolo (III,1) zwar das Bild einer eher animalischen, geradezu menschenfresserischen »Männlichkeit« gegenübergestellt: »Je te saignerai, pourceau, je te saignerai! Au cœur, au cœur! il est éventré. – Crie donc, frappe donc, tue donc! Ouvre-lui les entrailles! Coupons-le par morceaux, et mangeons, mangeons! J'en ai jusqu'au coude. Fouille dans la gorge, roule-le, roule! Mordons, mordons, et mangeons!« Aber nach diesen Ausbrüchen sinkt Lorenzo »erschöpft« zusammen und »fällt« zuletzt gar in »Ohnmacht«. Sein Körper ist nicht fähig, die solcherart postulierte und angenommene Männlichkeit in ein angemessenes Erscheinungsbild umzusetzen. Dies muß der Sprache vorbehalten bleiben.

In diesem Kontext erscheint der Mord an Alexander als ein Versuch, die durch ihn verlorene Männlichkeit wiederherzustellen: »O jour de sang, jour de mes noces«. In dieser »Hochzeitsnacht« erhält Alexander zwar zunächst den Part des Bräutigams zugewiesen: »*Lorenzo*: Eh, mignon, eh, mignon! mettez vos gants neufs, un plus bel habit que cela, tra la la! faites-vous beau, la mariée est belle. Mais, je vous le dis à l'oreille, prenez garde à son petit couteau.« (IV,9). Mit Hilfe des »petit couteau« nimmt Lorenzo dann jedoch einen Rollentausch vor. Er vollzieht die »Hochzeit«, indem er Alexander mit dem Degen durchbohrt, einem deutlich phallischen Symbol. In diesem Augenblick »streift« Alexander ihm den Ehering über den Finger: »il m'a mordu au doigt. Je garderai jusqu'à la mort cette bague sanglante, inestimable diamant.« (IV,11).

Die politische Tat des Tyrannenmordes, welche die »geschände-te« Mutter Florenz von der denaturierten perversen Vaterfigur ihres Vergewaltigers befreit, erscheint dergestalt als ein sexueller Akt, in dem der »kastrierte« Lorenzo seine Männlichkeit zurückgewinnt. Sie realisiert sich als ein blutiger *rite de passage*, welcher Lorenzo wenigstens vorübergehend mit der Natur in Einklang zu bringen vermag: »Que la nuit est belle! Que l'air du ciel est pur! Respire, respire, cœur navré de joie [...] Que le vent du soir est doux et embaumé! Comme les fleurs des prairies s'entrouvrent! Ô nature magnifique, ô éternel repos!« (IV,11).

Die Frage nach Lorenzos wahrer Identität stellt sich nicht nur in sexueller Hinsicht: Seine Lebensgeschichte scheint in einzelne Geschichten verschiedener Personen auseinanderzufallen. Es lassen sich mindestens vier Persönlichkeitsbilder deutlich voneinander unterscheiden:
- der »étudiant paisible«, der sich nur den Künsten und den Wissenschaften widmete;
- der Patriot, der um »das arme Italien« Tränen vergoß und im Kolosseum den Schwur leistete, einen der Tyrannen seines Vaterlandes zu töten;
- der tugendhafte junge Mann, der bereit war, seine »lilienhafte Reinheit« seiner patriotischen Tat zum Opfer zu bringen und dem »garçon boucher« Alexander »baiser sur ses lèvres épaisses tous les restes de ces orgies«, um »corps à corps avec la tyrannie vivante« (III,3) ihn töten zu können;
- Lorenzaccio, der Bettgenosse, Saufkumpan und Zuhälter Alexanders, ein »debauché« und »ruffian«.

Jede dieser vier Persönlichkeiten wird in einem Doppelgänger gespiegelt:
- der friedliche Student im Maler Tebaldeo, der nur für seine Kunst lebt (»Je suis artiste«, II,2);
- der Patriot in Philippe Strozzi, der vom Wert der Republik zutiefst durchdrungen ist: »la république, il nous faut ce mot-là. Et quand ce ne serait qu'un mot, c'est quelque chose, puisque les peuples se lèvent quand il traverse l'air« (II,1);
- der seine Reinheit opfernde Jüngling in der ihre eheliche Treue preisgebenden Marquise Cibo, die hofft, durch ihre Liebe den Florenz und ihre Töchter schändenden Wüstling Alexander in einen »Père de la Patrie« verwandeln zu können, der die Stadt

den schlechten Vätern Kaiser und Papst entreißen und sie in »heiliger Ehe« zu seiner rechtmäßigen Gemahlin nehmen wird;
– der lasterhafte Lorenzaccio in seinem »cousin« Alexander, dem verkommenen »libertin«.

Wie die Spiegelung in den verschiedenen *dramatis personae* unterstreicht, werden die divergierenden Persönlichkeiten Lorenzos nicht durch ein übergeordnetes, als integrierende Instanz wirkendes Ich zusammengehalten, noch gar stellen sie einzelne Entwicklungsstufen eines ursprünglich gegebenen einheitlichen Selbst dar. Es handelt sich vielmehr um vier unterschiedliche Erscheinungsbilder als Manifestationen eines jeweils anderen Selbst. Die Identität Lorenzos hat sich in eine Abfolge verschiedener Persönlichkeiten aufgelöst. Als er sich entschlossen hat, mit der historischen Tat eines Tyrannenmordes als ein neuer »Brutus« in die Geschichte einzutreten, hat die Desintegration seines Selbst eingesetzt.

Um diesen Entschluß verwirklichen zu können, hat Lorenzo aus strategischen Gründen, nämlich in Anbetracht der moralischen Verkommenheit Alexanders, die Maske des Lasters angelegt – wie Richard III. diejenige seiner Liebe zu Lady Anne, Jago die einer treusorgenden Ergebenheit für Othello, Hamlet die seines Wahnsinns oder Hernani sein Räuberkostüm. Aber Lorenzo macht – im Gegensatz zu ihnen – eine erschreckende Erfahrung: »Le vice à été pour moi un vêtement, maintenant il est collé à ma peau. Je suis vraiment un ruffian,« (III,3). Das Laster läßt sich nicht wie eine Verkleidung an- und ausziehen; es wird eins mit der Haut und dringt durch sie – ähnlich wie in der Beatrice Cenci angetanen Vergewaltigung – direkt und tief in den Körper ein: »Le Vice, comme la robe de Déjanire, s'est-il si profondément incorporé à mes fibres, que je ne puisse plus répondre de ma langue, et que l'air qui sort de mes lèvres se fasse ruffian malgré moi?« (IV,5). Körper und Sprache Lorenzos haben sich verändert; an die Stelle des patriotischen Jünglings ist ein Wüstling getreten.

Lorenzo befindet sich in einer paradoxen Situation. Der Entschluß zum Tyrannenmord, der die Desintegration seines Selbst ausgelöst hat, ist umgekehrt das einzige Element, welches sein jetziges Ich noch mit seinem früheren Ich verbindet. Obwohl Lorenzo als Lorenzaccio sich von der politischen Sinnlosigkeit seines ursprünglichen Vorhabens überzeugt hat – patriotische Gründe also letztlich hinfällig geworden sind –, will er es dennoch ausführen, um auf diesem Wege wenigstens eine Reintegration seines Ich zu erreichen. In seinem Double Alexander will er sich selbst, den »débauché« Lorenzaccio, töten und so zum tugendhaften Patrioten Lorenzo zurückkehren:

> Si je suis l'ombre de moi-même, veux-tu donc que je rompe le seul fil qui rattache aujourd'hui mon cœur à quelques fibres de mon cœur d'autrefois? Songes-tu que ce meurtre, c'est tout ce qui me reste de ma vertu? [...] il faut que le monde sache un peu qui je suis, et qui il est. [...] Que les hommes me comprennent ou non, qu'ils agissent ou n'agissent pas, j'aurai dit tout ce que j'ai à dire; [...] Qu'ils m'appellent comme ils voudront, Brutus ou Erostrate, il ne me plaît pas qu'ils m'oublient. Ma vie entière est au bout de ma dague, [...]. (III,3)

Die Tat erweist sich in dieser Hinsicht als ein totaler Fehlschlag: »je porte les mêmes habits, je marche toujours sur mes jambes, et je bâille avec ma bouche; il n'y a de changé en moi qu'une misère – c'est que je suis plus creux et plus vide qu'une statue de ferblanc.« (V,7)

Der Mord hat den Wüstling nicht beseitigen können – »j'aime encore la vie et les femmes« –, sondern nur »Leere« und »Langeweile« erzeugt. Selbst Lorenzos Hoffnung, durch seine Tat von seinen Mitbürgern »erkannt« und um ihretwillen niemals vergessen zu werden, ist betrogen worden. In Florenz spricht niemand von ihm, und noch ehe der Nachfolger Alexanders den Thron bestiegen hat, ist Lorenzo – von gedungenen Mördern in Venedigs Lagune gestoßen – der Vergessenheit anheimgefallen. Sein Name ist von der Geschichte ausgelöscht. (Um diese Wendung zu erreichen, mußte Musset von Varchi abweichen und Lorenzos Tod um vierzehn Jahre vorverlegen.)

Lorenzos geschichtliche Tat hat weder die Desintegration seines Selbst aufgehoben noch auch ihm eine historische Identität – etwa als die eines neuen »Brutus«, als den Philippe Strozzi ihn nach vollbrachter Tat anredet – bei seinen Mitbürgern und für seine Nachwelt konstituieren, geschweige denn sichern können. Für die Problematik seines Selbst bleibt sie ohne jede Konsequenz.

Auch für die politischen Verhältnisse in Florenz erweist sie sich letztlich als folgenlos. Zwar hat sie den gegenwärtigen Tyrannen der Stadt beseitigt, er wird jedoch vom ganz aus dem Hintergrund steuernden Agenten der unsichtbaren Vaterfiguren Papst und Kaiser umgehend durch einen neuen ersetzt: das Drama endet mit der

Thronbesteigung Como von Medicis. Aus der Hand des Kardinals
Cibo empfängt er die Krone, »que le Pape et César m'ont chargé
de vous confier« (V,8), und leistet seinen Amtseid (den Musset
wörtlich aus Varchis *Storia* übernommen hat).

Die physisch präsente Figur des Vaters ist ausgewechselt, so daß
die patriarchalischen Machtstrukturen gar nicht erst ernsthaft in
Frage gestellt werden können. Sie zu verändern, ist ohnehin weder
ein »einsamer Verschwörer« wie Lorenzo noch ein völlig realitäts-
blinder idealistischer Patriot wie Philippe Strozzi noch die große
Menge einer im Prinzip gleichgültigen und nur auf ihren unmittelbaren Vorteil bedachten Bevölkerung fähig. Die unsichtbaren Vaterfiguren können sie unangefochten aufrechterhalten, die von ihnen
abhängigen »Mütter«, die Staaten, korrumpieren und ihre »Söhne«,
die Bürger, »kastrieren«. Als Perpetuierung der patriarchalischen
Strukturen stellt die Geschichte eine destruktive Kraft dar – die
Identität des einzelnen zu sichern oder als höhere Ordnung gar
einen allgemein gültigen Sinn zu stiften, ist sie völlig außerstande.

4.2.3 »Fatalismus der Geschichte« und die konkrete Utopie der physischen Natur

Während der 21jährige Georg Büchner an seinem ersten Drama
Dantons Tod arbeitete, das er in der extrem kurzen Zeit von fünf
Wochen im Januar/Februar 1835 niederschrieb, befand er sich un-
ausgesetzt in der Gefahr, vom Schreibtisch weg verhaftet zu werden.
Erst nachdem er sein Drama beendet hatte, entzog er sich ihr durch
Flucht über die Grenze am 9. März 1835.

Ein Jahr zuvor hatte Büchner in Gießen die »Gesellschaft für
Menschenrechte« gegründet. Es handelte sich dabei um eine kon-
spirative Vereinigung, die sich zum Ziel gesetzt hatte, das Volk politisch aufzuklären, und die sich für den revolutionären Ernstfall
im Gebrauch von Waffen übte. Gleichzeitig verfaßte Büchner unter
Mitarbeit des Butzbacher Rektors und studierten Theologen Friedrich Ludwig Weidig eine revolutionäre Kampfschrift, den *Hessischen Landboten*. Im Juli wurden die Flugblätter gedruckt und an
die Bauern verteilt. Aus Angst, mit derart gefährlichen Schriften in
der Tasche ergriffen zu werden, lieferten die Bauern sie jedoch bei
der Polizei ab. Darüberhinaus verriet ein Vertrauter Weidigs das
Unternehmen. Mehrere Mitglieder der »Gesellschaft« wurden ver-

haftet, Büchner allerdings nach einer gründlichen Haussuchung, bei der kein belastendes Material zum Vorschein kam, zunächst verschont. Im Januar 1835 wurde er zweimal – wenn auch nur als Zeuge – vom Gericht vorgeladen. Am 21. Februar schickte Büchner das fertige Manuskript von *Dantons Tod* an Karl Gutzkow, den Literaturredakteur der Zeitschrift »Phönix«, und bat ihn, sein Drama dem Verleger Sauerländer zum Drucke zu empfehlen. Drei Monate nach seiner Flucht erging gegen ihn ein Steckbrief wegen Landesverrat. Ende Juli erschien *Dantons Tod*, wenn auch in einer stark bearbeiteten, teilweise geradezu sinnentstellenden Fassung Gutzkows.

In diesem Kontext mutet allein der Akt der Niederschrift von *Dantons Tod* bereits wie ein Teil der revolutionären Tätigkeit seines Verfassers an. Darüberhinaus macht die Sujet-Wahl – eine Episode aus der Französischen Revolution – die Annahme plausibel, daß Büchner sich mit seinem Drama an eine bestimmte historische Tradition anschließen und einen entsprechenden Sinnzusammenhang für deutsche Leser herstellen wollte. In einem Brief an seine Eltern (!) gleich nach Erscheinen des Dramas weist Büchner ausdrücklich auf eine dokumentarische Absicht hin:

> Der dramatische Dichter ist in meinen Augen nichts als ein Geschichtschreiber, steht aber *über* letzterem dadurch, daß er uns die Geschichte zum zweiten Mal erschafft und uns gleich unmittelbar, statt eine trockene Erzählung zu geben, in das Leben einer Zeit hinein versetzt, uns statt Charakteristiken Charaktere und statt Beschreibungen Gestalten gibt. Seine höchste Aufgabe ist, der Geschichte, wie sie sich wirklich begeben, so nahe als möglich zu kommen. (Brief vom 28. Juli 1835)

Dieser Absicht scheinen auch die offenbar sorgfältige Auswertung verschiedener Quellen sowie die an Zahl und Umfang beträchtlichen Zitate aus ihnen zu entsprechen. Ungefähr ein Sechstel des Dramas besteht aus wörtlichen oder paraphrasierenden Übernahmen aus den benutzten Quellen, darunter aus Thiers' *Histoire de la Révolution française*, 10 Bände, Paris 1823–1827 (Zitate stammen aus Band VI), der *Galerie historique des Contemporaines*, 8 Bände und 2 Supplemente, Bruxelles 1818–1826 (Zitate sind Band IV mit den Artikeln »Danton« und »Desmoulins« entnommen), aus *Die Geschichte unserer Zeit*, bearbeitet von Carl Strahlheim, 30 Bände, Stuttgart 1826–1830 (Zitate stammen überwiegend aus Band XII). Es hat daher den Anschein, als hätte Büchner seinen Lesern/Zuschauern ein ge-

treues Bild der Französischen Revolution zeichnen wollen, nicht
zuletzt wohl – wie sich mit gutem Grund aus dem Entstehungs-
kontext des Dramas schließen läßt – mit der Absicht, sie dadurch
zu revolutionären Aktionen zu bewegen, zumindest jedoch zu einer
positiv zustimmenden Haltung.

In diesem Fall wäre die Ablehnung der Theaterleiter politisch
motiviert: kein deutsches Hoftheater hätte ein Stück zur Aufführung bringen dürfen, in dem zur Revolution aufgerufen wurde.
Eine sorgfältige Lektüre des Dramas läßt jedoch derartige Schlußfolgerungen sowie eine entsprechende Lesart nicht zu. Auf die Vollendung der Revolution gerichtetes politisches Handeln erfährt hier
vielmehr eine kritische, um nicht zu sagen pessimistische Einschätzung, die sich vor allem an den beiden führenden Gestalten Danton
und Robespierre konkretisiert.

Weder Robespierre noch Danton gelingt es, durch ihr politisches
Handeln die Ziele der Revolution zu verwirklichen. Für Robespierre
steht die soziale Revolution im Vordergrund:

> Die soziale Revolution ist noch nicht fertig [...]. Die gute Gesellschaft ist
> noch nicht tot, die gesunde Volkskraft muß sich an die Stelle dieser nach
> allen Richtungen abgekitzelten Klasse setzen.   (I,6)

Da Danton sich diesem Prozeß entgegenstellt, muß er beseitigt
werden: »Wer in einer Masse, die vorwärts drängt, stehenbleibt,
leistet so gut Widerstand, als trät' er ihr entgegen: er wird zertre-
ten.« (I,6). Durch die Hinrichtung der Dantonisten soll die soziale
Revolution vorangetrieben, soll dem Volk »Brot« verschafft werden.
Aber auch nach Dantons Tod wird die soziale Revolution nicht
vollendet. Das Volk bleibt hungrig. Robespierres Handeln ist nicht
imstande, den Gang der Geschichte zu beeinflussen.

Für Danton und seine Anhänger stellt das größtmögliche Glück
jedes einzelnen das Ziel der Revolution dar:

> Jeder muß sich geltend machen und seine Natur durchsetzen können. Er
> mag nun vernünftig oder unvernünftig, gebildet oder ungebildet, gut
> oder böse sein, das geht den Staat nichts an. Wir alle sind Narren, es hat
> keiner das Recht, einem andern seine eigentümliche Narrheit aufzudrin-
> gen. – Jeder muß in seiner Art genießen können, jedoch so, daß keiner
> auf Unkosten eines andern genießen oder ihn in seinem eigentümlichen
> Genuß stören darf.   (I,1)

Die Dantonisten vertreten die Auffassung, daß »die Revolution [...]
in das Stadium der Reorganisation gelangt« sei, und verlangen

deshalb: »Die Revolution muß aufhören, und die Republik muß anfangen.« (I,1). Mit dieser Forderung desavouieren sie jedoch ihre eigenen Ziele. Denn zum gegenwärtigen Zeitpunkt bleibt das Volk vom Genuß ausgeschlossen: »es genießt nicht, weil ihm die Arbeit die Genußorgane stumpf« gemacht hat (I,5). Wenn Danton und seine Anhänger in dieser Situation das Recht für sich beanspruchen, ihrer Natur gemäß zu genießen, so tun sie es auf Unkosten eines anderen, nämlich des Volkes, dessen »Hunger hurt und bettelt« (I,2). Ihr politisches Handeln ist nicht imstande, die von ihnen proklamierten Ziele der Revolution in Wirklichkeit umzusetzen. Der historische Prozeß geht über sie hinweg.

Das politische Handeln oder Nichthandeln der beiden Protagonisten bleibt für den Fortgang der Geschichte folgenlos. Damit nicht genug, entfremdet es auch den Handelnden von sich selbst. Robespierre identifiziert sich mit der Geschichte. Der einzelne muß seiner Meinung nach mit seinen Wünschen, Bedürfnissen und Trieben vor den Notwendigkeiten der Geschichte zurückstehen; er muß sogar bereit sein, Handlungen zu begehen, die seiner Natur zuwiderlaufen, wenn dies vom Gang der Geschichte gefordert wird. In diesem Sinn akzeptiert Robespierre die Bezeichnung »Blutmessias« durchaus für sich:

> Jawohl, Blutmessias, der opfert und nicht geopfert wird. – Er hat sie mit seinem Blut erlöst, und ich erlöse sie mit ihrem eignen. Er hat sie sündigen gemacht, und ich nehme die Sünde auf mich. Er hatte die Wollust des Schmerzes, und ich habe die Qual des Henkers. Wer hat sich mehr verleugnet, ich oder er? (I,6)

Die Identifikation mit der Geschichte löscht die Identität des einzelnen aus. Robespierre ist bereit, diesen Preis zu zahlen, weil er sich im Einklang mit dem historischen Prozeß wähnt. Seine daraus resultierende Selbstverleugnung erfährt durch diesen jedoch keine Rechtfertigung.

Auch Danton begreift die Geschichte als eine überindividuelle Macht, die sich der einzelnen Individuen und ihrer Handlungen zur Durchsetzung ihrer Ziele bedient, ohne auf ihre Individualität Rücksicht zu nehmen:

> es muß ja Ärgernis kommen, doch wehe dem, durch welchen Ärgernis kommt! – Es muß; das war dies Muß. Wer will der Hand fluchen, auf die der Fluch des Muß gefallen? Wer hat das Muß gesprochen, wer? Was ist das, was in uns lügt, hurt, stiehlt und mordet?

Puppen sind wir, von unbekannten Gewalten am Draht gezogen; nichts,
nichts wir selbst!   (II,5)

Wie Robespierre sieht Danton, daß die Geschichte über den einzelnen hinweggeht und ihn in seinem individuellen Selbst vernichtet,
indem sie ihn als ihr Instrument handeln läßt. Aber im Gegensatz
zu Robespierre ist er nicht länger mehr bereit, sich selbst und seine
Taten, auch wenn sie »Notwehr« waren, wie die Septembermorde,
mit dem Gang der Geschichte zu identifizieren.

An Robespierre und an Danton erweist sich dergestalt der »Fatalismus der Geschichte«, über den Büchner im Frühjahr 1834 –
also zur Zeit der Gründung der »Gesellschaft für Menschenrechte«! – an seine Braut schreibt:

> Ich studierte die Geschichte der Revolution. Ich fühlte mich wie zernich-
> tet unter dem gräßlichen Fatalismus der Geschichte. Ich finde in der Men-
> schennatur eine entsetzliche Gleichheit, in den menschlichen Verhältnis-
> sen eine unabwendbare Gewalt, allen und keinem verliehen. Der einzelne
> nur Schaum auf der Welle, die Größe ein bloßer Zufall, die Herrschaft
> des Genies ein Puppenspiel, ein lächerliches Ringen gegen ein ehernes
> Gesetz; es zu erkennen das Höchste, es zu beherrschen unmöglich.

Während Büchner seiner Einsicht in den Fatalismus der Geschichte mit der Gründung der »Gesellschaft für Menschenrechte« und
dem Verfassen des *Hessischen Landboten* revolutionäre Aktionen entgegensetzt, läßt er seinen Protagonisten Danton auf eine ähnliche
Erfahrung ganz anders reagieren. Danton will aus der sein Selbst
zerstörenden Geschichte »aussteigen« und in einer »privaten« Vorwegnahme des für alle gültigen Zieles der Revolution seine eigene
Natur verwirklichen:

> Es gibt nur Epikureer, und zwar grobe und feine, Christus war der feinste;
> das ist der einzige Unterschied, den ich zwischen den Menschen heraus-
> bringen kann. Jeder handelt seiner Natur gemäß, d.h. er tut, was ihm
> wohltut.   (I,6)

Es ist jedoch das Stigma der historischen Situation, in der Danton
sich befindet, daß sie eine von der Geschichte abgekoppelte Selbstverwirklichung nicht zuläßt. Ohne darauf Rücksicht zu nehmen,
ob der einzelne sich als ein williges Werkzeug der Geschichte begreift oder sich angewidert aus ihr zurückziehen will, bewirkt sie
eine Destabilisierung seines Selbst.

Jede der handelnden Personen des Dramas bietet nacheinander
bzw. abwechselnd mehrere Erscheinungsbilder dar, die Büchner

vor allem sprachlich realisiert. Alle Erscheinungsbilder behaupten sich mit gleichem Recht als legitime Manifestationen des Selbst. Bei Danton ist diese Auflösung des Ich in unterschiedliche Persönlichkeiten am weitesten vorangetrieben. Es lassen sich an ihm mindestens sechs verschiedene Erscheinungsbilder nachweisen:

– der Epikureer und gewissenlose Genußmensch, der sich bevorzugt in einer obszönen Sprache mit sexuellen Anspielungen ausdrückt (I,5; II,2);
– der an Langeweile, Lebensekel und -überdruß leidende Philosoph, der sich in der Formulierung von Zynismus, Nonsens-Sätzen und Paradoxien gefällt (I,1; II,1; III,7; IV,2);
– der Demagoge und Agitator, der sich mit effektvoller und treffsicherer Rhetorik zur großen Persönlichkeit stilisiert, deren machtvoller Wirkung das Volk sich nicht zu entziehen vermag (III,4; III,9);
– der vom Gewissen und Alpträumen Gequälte, der sich gerade um der Taten willen, deren er sich als Politiker vor dem Volk rühmt, in bildreicher Sprache zermartert (II,5);
– der Liebende, der zu Julie von seiner Liebe in Todesmetaphorik spricht und sich im Tod ihrer Liebe vergewissern muß (I,1; IV,3);
– der empathiefähige Freund, der sich gemeinsam mit seinen zum Tode verurteilten Freunden mit hohem Pathos in einen poetischen Rausch hineinsteigert (IV,5).

Während Musset das Motiv vom Doppelgänger benutzt, um die unterschiedlichen – bei ihm zeitlich aufeinanderfolgenden – Erscheinungsbilder als gleichberechtigte Manifestationen des Selbst, in welche die Identität der Person sich aufgelöst hat, nachdrücklich zu bekräftigen, führt Büchner zu diesem Zweck den alten Topos vom *theatrum mundi* bzw. *theatrum vitae humanae* ein: »wir stehen immer auf dem Theater, wenn wir auch zuletzt im Ernst erstochen werden.« (Danton, II,1). Die unterschiedlichen Erscheinungsbilder lassen sich so als Ausdruck der verschiedenen Rollen verstehen, welche der einzelne übernommen hat. Der eine spielt sie mit Anstand und Würde, ja sogar mit einem gewissen Spaß – wie Danton oder Camille –, ein anderer mit humorlosem Ernst – wie Robespierre oder St. Just –, ein dritter wieder verhaspelt sich und bringt seine verschiedenen Rollen durcheinander wie der Theatersouffleur Simon (»Du wendest dich ab? Ha, kannst du mir vergeben, Porcia? Schlug ich dich? Das war nicht meine Hand, war nicht

mein Arm, mein Wahnsinn tat es. Sein Wahnsinn ist des armen
Hamlet Feind. / Hamlet tat's nicht, Hamlet verleugnet's. / Wo ist
unsre Tochter, wo ist mein Sannchen?« [I,2]) oder einer der Bürger
(»*Bürger*: Meine gute Jacqueline – ich wollte sagen Korn ... wollt
ich: Kor ... *Simon*: Kornelia, Bürger, Kornelia. *Bürger*: Meine gute
Kornelia hat mich mit einem Knäblein erfreut. *Simon*: Hat der Republik einen Sohn geboren« [II,2]). Anders aber als auf dem Theater
steht hinter den Rollen nicht die individuelle Person des Schauspielers, die sie beliebig zu wechseln vermag, sondern jede Rolle setzt
sich an die Stelle des Selbst. Wollte man die jeweiligen »Masken
abreißen«, so würden »die Gesichter mitgehen« (I,5). Es gibt keine
Einheit der Person mehr, sondern nur noch den Wechsel der verschiedenen Rollen, in·die sie sich aufgelöst hat. Wenn hinter diesen
Rollen eine »übergeordnete« Instanz als einheitliche Basis auszu-
machen ist, so ist es die allen Menschen gemeinsame physische
Natur:

> wir sollten einmal die Masken abnehmen, wir sähen dann, wie in einem
> Zimmer mit Spiegeln, überall nur den einen uralten, zahllosen, unver-
> wüstlichen Schafskopf, nichts mehr, nichts weniger. Die Unterschiede
> sind so groß nicht, wir alle sind Schurken und Engel, Dummköpfe und
> Genies, und zwar das alles in einem: die vier Dinge finden Platz genug
> in dem nämlichen Körper, sie sind nicht so breit, als man sich einbildet.
> Schlafen, Verdauen, Kinder machen – das treiben alle; die übrigen Dinge
> sind nur Variationen aus verschiedenen Tonarten über das nämliche
> Thema.						(Camille, IV,5)

Die Vorstellung von einer je besonderen, von anderen klar unter-
schiedenen Persönlichkeit ist obsolet geworden. Es gibt nur die
immer gleiche Menschennatur auf der einen und ein gewisses Spek-
trum unterschiedlicher Rollen auf der anderen Seite, die von der
jeweiligen historischen, sozialen Situation generell bereitgehalten
und dem einzelnen übergestülpt werden. Ein individuelles einheit-
liches Selbst läßt sich auf dieser Landkarte des Menschen nirgends
verorten.

Eine besondere Funktion kommt den Frauengestalten des Dramas
zu. Büchner hat sie entweder frei erfunden (wie Marion und die
Grisetten) oder aber sie abweichend von der historischen Überlie-
ferung seiner Quellen dargestellt (wie Lucile und Julie – so hat
Dantons Frau, die in Wirklichkeit Louise hieß, kurz nach der Hinrichtung ihres Mannes wieder geheiratet und nicht nur Danton,

sondern auch Büchner selbst um einige Jahre überlebt!). Marion Julie und Lucile scheinen der Geschichte enthoben zu sein: Marion, weil sie in völligem Einklang mit ihrer Natur lebt, und Julie und Lucile, weil es für sie jenseits der Liebe zu ihren Männern Danton und Camille keine Wirklichkeit gibt. Die Destabilisierung des Selbst, von der alle männlichen Figuren des Dramas betroffen sind, gilt daher nicht für die Frauen. Zwar verfällt Lucile nach Camilles Verhaftung dem Wahnsinn. Aber der Wahnsinn bewirkt bei ihr keine Selbstentfremdung, sondern schafft im Gegenteil erst die Voraussetzung dafür, daß sie ganz und gar bei sich selbst – und das heißt bei ihrer Liebe zu Camille – bleiben kann, obwohl Politik und Geschichte in ihr Leben eingegriffen haben.

Die Selbstverwirklichung, die Julie und Lucile in der Liebe anstreben und erfahren, ist allerdings von Anfang bis Ende von der realen historischen Situation, in der sie sich befinden, aufs äußerste gefährdet. Nicht umsonst wird die Liebe hier stets mit dem Tod zusammengestellt. Anfang und Ende des Dramas sind von dieser Korrespondenz geprägt:

> *Danton:* Nein, Julie, ich liebe dich wie das Grab. [...] Die Leute sagen, im Grab sei Ruhe, und Grab und Ruhe seien eins. Wenn das ist, lieg ich in deinem Schoß schon unter der Erde. Du süßes Grab, deine Lippen sind Totenglocken, deine Stimme ist mein Grabgeläute, deine Brust mein Grabhügel und dein Herz mein Sarg. – (I,1)

> *Lucile: (tritt auf und setzt sich auf die Stufen der Guillotine.)* Ich setze mich auf deinen Schoß, du stiller Todesengel. [...] Du liebe Wiege, die du meinen Camille in Schlaf gelullt, ihn unter deinen Rosen erstickt hast. Du Totenglocke, die du ihn mit deiner süßen Zunge zu Grabesangst.
>
> (IV,9)

Selbstverwirklichung in der Liebe ist zu diesem historischen Zeitpunkt nur um den Preis des Lebens zu erreichen. Die Todesszenen werden zu Liebesszenen, weil die Liebesszenen sich nur als Todesszenen realisieren lassen, wie es in Julies Worten anklingt, mit denen sie die Giftphiole hervorzieht: »Komm, liebster Priester, dessen Amen uns zu Bette gehn macht« (IV,6). So müssen Lucile und Julie sterben, wenn sie konsequent sie selbst bleiben wollen. Die Frauen des Dramas erscheinen dergestalt als eine Art utopischer Gegenentwurf zum selbstentfremdeten Dasein der Männer, das durchgängig von Politik und Geschichte auch gegen ihren Willen bestimmt ist.

Dies gilt in besonderer Weise für die Gestalt der Hure Marion. Während Danton und seine epikureischen Freunde vergebens versuchen, ihrer Natur gemäß zu leben und zu genießen, lebt Marion wirklich so, wie ihre Natur es ihr vorschreibt: »Es war für mich nur ein Gegensatz da, alle Männer verschmolzen in *einen* Leib. Meine Natur war einmal so, wer kann da drüber hinaus?« (I,5). Weil sie sich in Einklang mit ihrer Natur befindet, wird die Liebe für sie zum Ort der Selbstfindung und Selbstbewahrung. Liebe und Leben werden für sie eins, so daß ihr Leben als ein einziger Akt einer permanenten Selbstverwirklichung erscheint, der durch nichts gestört und gefährdet werden kann, nachdem Marion sich von den gesellschaftlichen Zwängen befreit hat: »Das war der einzige Bruch in meinem Wesen. [...] ich kenne keinen Absatz, keine Veränderung. Ich bin immer nur eins; ein ununterbrochenes Sehnen und Fassen, eine Glut, ein Strom« (I,5). In Marion hat jene Utopie, die für die Dantonisten Ziel der Revolution und jeglichen politischen Handelns sein soll, ihre Einlösung bereits im Hier und Jetzt gefunden.

Ganz zweifellos knüpft Büchner mit der dramatischen »Rehabilitierung« der physischen Natur des Menschen an die literarische Tradition des Sturm und Drang an. Er geht allerdings weit über das von ihr Ermöglichte und Gewollte hinaus: Während die Dichter des Sturm und Drang sich auf die vitalen Körperfunktionen und die natürlichen Bedürfnisse des Menschen im Einklang mit der moralischen Unterscheidung zwischen Tugend und Laster beriefen und nicht zuletzt auf diese Weise die Tugend zu befördern gedachten, kann Büchner mit einer derartigen Unterscheidung längst nichts mehr anfangen. Während die »Stürmer und Dränger« auf eine radikale Verwirklichung der Autonomie des Individuums zielten, ist für Büchner die bloße Vorstellung sowohl vom Individuum als auch – erst recht – von seiner Autonomie obsolet geworden.

Goethes *Götz* beispielsweise oder Lenzens *Hofmeister* konnten durchaus noch aufgeführt und öffentlich zur Diskussion gestellt werden, auch wenn die Mehrheit der Zuschauer sie dann ablehnte und sie sich daher nicht lange auf der Bühne zu halten vermochten. Büchners *Danton* dagegen war einem bürgerlichen und adligen Publikum nicht einmal mehr zuzumuten – und dies keineswegs nur, weil, wie der Schauspieler und Regisseur Eduard Devrient

gegen das Drama einzuwenden hatte, »die Charaktere [...] bloß
skizziert« seien und daher »ein Schauspieler wenig damit zu tun«
habe (Tagebucheintragung vom 29. September 1837)[2]. Das Menschenbild, das in *Dantons Tod* entworfen wird, widerspricht vielmehr in *allen* wichtigen Punkten eklatant den Forderungen, welche
das zeitgenössische Publikum an seine dramatischen Helden erhob:
an die Stelle der Bestätigung seines Selbst durch die Geschichte
setzt Büchner seine Auflösung, an die der je besonderen einmali-
gen Persönlichkeit die immer gleiche physische Natur des Menschen.

Gutzkows Bearbeitung des Dramas für den Druck (!) legt die
Vermutung nahe, daß in der Tat weniger politische Gründe gegen
eine Veröffentlichung im Original sprachen, als die mit dem Menschenbild gesetzten. Denn seine Veränderungen beziehen sich kaum
auf die »revolutionäre Tendenz« des Dramas – so blieben die Szenen
im Jakobinerklub und im Nationalkonvent nahezu unberührt.
Dagegen hat Gutzkow alles getilgt, was auf die physische Natur
des Menschen, vor allem auf seine Sexualität hinweist. Alle den
Koitus und sexuelle Lust betreffenden Anspielungen sind verallge-
meinert und entschärft. Als offenbar besonders anstößig wurden
u.a. entfernt: »Scham« (als Geschlechtsteil), »Hintern«, »Venusberg«,
»Hure«, »Bordell«, »Lustseuche«, »Unzucht treiben«, »ins Bordell
gehen«, »es tun«, »es lecken lassen«, »Kinder machen«. Darüber
hinaus sind elementare Körperfunktionen durch aushelfende Vo-
kabeln umschrieben, insbesondere wenn sie als nicht standesgemäß
empfunden wurden: so darf wohl der Plebejer aus dem Halse, nicht
aber das Frauenzimmer vom Tanzen »stinken«. Die Tendenz der
Bearbeitung ist eindeutig: dem biedermeierlichen Publikum durfte
die physische Natur des Menschen nicht einmal in der Literatur
unter die Augen gebracht werden.

Während die Dramen Kleists, Byrons, Shelleys und de Mussets
wenigstens im Druck unverstümmelt erscheinen konnten, war
Dantons Tod sogar der lesenden Öffentlichkeit nur als »Ruine der
Verwüstung« zugänglich zu machen (Karl Gutzkow). Die Kluft, die
sich in der ersten Hälfte des 19. Jahrhunderts zwischen der bürgerlichen Gesellschaft und ihren ästhetisch avancierten Dramatikern

---

2 Eduard Devrient, *Aus meinen Tagebüchern*, Berlin/Dresden 1836–1852,
hrsg. von Rolf Kabel, Weimar 1964, S. 26.

aufgetan hatte, war hier selbst für ein Lesepublikum nicht mehr zu überbrücken.

Auch in früheren Epochen hatte es zwischen dem Theaterpublikum und seinen bedeutenden Dramatikern Uneinigkeiten gegeben, die bis zur offenen und rabiaten Ablehnung eines Stückes führen konnten. So war das Athener Publikum weder willens noch imstande, sich in vielen Tragödien des Euripides wiederzuerkennen – ebenso wenig wie das höfische Publikum zur Zeit Ludwigs XIV. sich in manchen Komödien Molières wiederzufinden vermochte. Derartige Dissenzen wurden jedoch in der Regel auf dem Theater ausgetragen, und das Publikum brachte sein Mißfallen durch entsprechende Reaktionen während oder nach der Aufführung teilweise mit drastischer Deutlichkeit zum Ausdruck. Das Theater war allgemein als der schickliche und angemessene Ort anerkannt, an dem die geltenden oder neu zu etablierenden Verhaltensideale, Normen und Werte der Gesellschaft öffentlich zur Diskussion gestellt wurden – sei es eher in kritischer Analyse (wie bei Sophokles, Euripides, Shakespeare, Molière, Lenz), sei es verstärkt in propagierender Einübung (wie bei Aischylos, Calderón, Racine, Lessing, Goethe). Meist war auch das Publikum durchaus bereit, die abgelehnten Gegenbilder wenigstens als negative Exempel auf der Bühne zu dulden. Die Verständigung über geltende Verhaltensideale fand dergestalt bis zum Ende des 18. Jahrhunderts auf dem Theater statt – auch wenn das Publikum sich den Dramen des Sturm und Drang gegenüber frostig verhielt und manchen Helden der deutschen Klassik mit verständnisloser Ehrerbietung begegnete.

Zu Beginn des 19. Jahrhunderts büßte das Theater für mehr als fünfzig Jahre seine wohl vitalste und legitimste gesellschaftliche Funktion in England und Deutschland – in geringerem Maße auch in Frankreich – ein. Die im zeitgenössischen Drama geführte Diskussion um ein neues Menschenbild blieb von der Bühne ausgeschlossen. Über die Gründe für eine so spektakuläre Funktionsbeschneidung lassen sich nur Vermutungen anstellen.

Mit Beginn der industriellen Revolution setzte ein gesellschaftlicher Wandel ein, der in relativ kurzer Zeit dem einzelnen relativ umfassende und völlig neuartige Anpassungsleistungen abverlangte. Eine kaum abwendbare Identitätskrise war die Folge. Man meinte, ihr begegnen zu können, wenn man einerseits ganz rigide an den überlieferten Werten festhielt, wie sie mit der patriarchalischen Familie, der bürgerlichen Moral und der christlichen Religion gesetzt und vorgegeben waren, und andererseits für eine gewisse psychische Entlastung sorgte, indem man dem einzelnen die Möglichkeit bot, sich dem Druck der sein Selbst gefährdenden Wirklichkeit durch vorübergehende Flucht zeitweilig zu entziehen. Einer solchen Bedürfnislage und Erwartungshaltung beim potentiellen Zuschauer – vom kleinbürgerlichen, in seiner Existenz bedrohten Handwerker bis zum großbürgerlichen, expandierenden Unternehmer und adligen Landbesitzer – hätte es nun keineswegs entsprochen, im Theater mit Helden konfrontiert zu werden, deren Selbst Prozessen der Destabilisierung ausgesetzt ist, die hartnäckig die geltenden Werte leugnen und an ihre Stelle pure Negation, ja Nihilismus und Sensualismus setzen. Man hätte es nicht ertragen. Dagegen wurde vom Theater verlangt, durch Zerstreuung und Unterhaltung von der Wirklichkeit abzulenken und einen gewissen, zeitlich begrenzten Eskapismus zu erlauben, wie dies die besonders populären Gattungen des Ballett und der Oper in hervorragender Weise ermöglichten, oder aber dem Zuschauer nachdrücklich zu versichern, daß sein Selbst stabil bleiben würde, und ihn als Persönlichkeit zu bestätigen. Dem Theater oblag es zuvörderst, den Zuschauer vom seelischen Druck zu entlasten, ehe er zu stark wurde, und ihn so wenigstens vorübergehend – d.h. bis zum nächsten Theaterbesuch – zu stabilisieren.

Der auf die bürgerliche Öffentlichkeit bezogenen moralischen Anstalt des 18. Jahrhunderts folgte die auf die Psyche des einzelnen bezogene therapeutische Einrichtung. Offensichtlich gelang es dem Theater, diese neue Funktion zur allgemeinen Zufriedenheit zu erfüllen. Die Besucherzahlen erreichten Rekordhöhen, die Theaterneugründungen erlebten einen veritablen Boom. Daneben entwickelten sich die unterschiedlichsten Formen eines Schul- und Liebhabertheaters; sowohl in bürgerlichen als auch in adligen Kreisen wurde mit großer Leidenschaft Theater gespielt. Der Bedarf an der therapeutischen Einrichtung »Theater« war in nahezu allen Bevölkerungsschichten ungeheuer groß und wuchs sich gelegentlich zu einer wahren Sucht aus. Allabendliche Theaterbesuche stellten keine Seltenheit dar. In diesem Kontext erscheint der Ausschluß der bedeutenden Dramatik der Epoche von der Bühne als Indikator einer tiefen gesellschaftlichen Krise.

4.3 Zerfall der bürgerlichen Mythen

4.3.1 Die Bühne als Forum bürgerlicher Öffentlichkeit

Je weiter das Jahrhundert voranschritt, desto desolater wurde der Zustand des Theaters überall in Europa. Um das Jahr 1880 herum hatte sein literarisches Niveau einen kaum mehr zu unterbietenden Tiefpunkt erreicht. Dies war die Zeit, in der das seichte, kommerzielle Unterhaltungstheater seine größten Triumphe feierte. Daneben wurde bildungsbürgerlichem Anspruch mit hohem Deklamationstheater Genüge getan, das den Klassikern mit tötender Langeweile die letzten Reste an Aktualität und geistiger Brisanz austrieb, nachdem die Zensur bereits jeden möglichen Stein des Anstoßes – in politischer, religiöser, sittlicher und moralischer Hinsicht – unnachsichtig entfernt und jeglichen Ansatz zur Provokation mit Stumpf und Stiel ausgerottet hatte. Literatur und Theater waren durch eine tiefe Kluft getrennt.

Diese geistige und künstlerische Dürreperiode wurde immerhin von einem Hoffnungsschimmer belebt – dem Theater der Meininger. Der theaterbesessene Herzog Georg II. von Sachsen-Meiningen hatte bereits Anfang der siebziger Jahre an seinem kleinen provinziellen Hoftheater entscheidende Reformen durchgeführt. Sie bezogen sich vor allem auf die normalerweise umfangreichen Zensureingriffe in die Textgestalt der klassischen Dramen und auf das für das 19. Jahrhundert so typische Startheater. Denn wie Max Grube, ein langjähriges Mitglied der Meininger, in seinen Erinnerungen ausführt, »fußt« die »Bühnenkunst« des Meininger Hoftheaters »auf den großen Grundsätzen, daß die Bühne die Aufgabe hat, ein Gesamtbild der Dichtung zu geben, dem sich der lebende wie der tote Apparat nach dem zielbewußten Willen eines einzelnen Spielleiters einzufügen hat. Das war das Große und Neue, was Herzog Georg dem Theater gab.«[1] Diesen Grundsätzen entsprechend erließ Herzog Georg als erster Theaterleiter ein Gebot zur »Werktreue«. Aus ihm folgte dreierlei:

---

[1] Max Grube, *Jugenderinnerungen eines Glückskindes*, Leipzig 1917, zitiert nach: *Solch ein Volk nennt sich nun Künstler ...*, S. 463–505, S. 483.

1) Der Text des Dichters ist möglichst nicht zu streichen. Sollten wegen der Länge des Stücks Striche notwendig werden, so sind sie nicht gemäß Zensurrichtlinien, sondern nach einer der Dichtung immanenten Logik zu setzen.

2) Der Schauspieler hat sich der Dichtung unterzuordnen. Er muß sich daher als Mitglied eines Ensembles verstehen, nicht dagegen als herausragender Star. Die Teilnahme an der Probenarbeit ist verpflichtend, ebenso wie die Übernahme auch kleiner oder gar von Statistenrollen. Solotourneen sind nicht mehr möglich.

3) Die Ausstattung der Inszenierung hat aus der Dichtung hervorzugehen. Angaben über Zeit, Ort, Zugehörigkeit der Figuren zu einer gesellschaftlichen Schicht u.ä. sind genauestens zu befolgen. Eine historisch und sozial korrekte Ausstattung bis in die kleinsten Details hinein ist daher absolut verpflichtend.

Wie bereits an anderer Stelle erwähnt, brachten die Meininger gemäß diesen Grundsätzen 1878 als erste eine ungestrichene Fassung des *Prinzen von Homburg* auf die Bühne.

In ausgedehnten Gastspielreisen, welche die Meininger zwischen 1874 und 1890 in alle Großstädte Europas führten, stellten sie ihre sorgfältig ausgearbeiteten Inszenierungen – meist von Klassikern – einer größeren Öffentlichkeit vor und zur Diskussion. Überall hatten sie einen »ungeheueren, beispiellosen, noch nie dagewesenen Erfolg«.[2] Unter theatergeschichtlichem Aspekt legen die positiven, ja zum Teil geradezu enthusiastischen Reaktionen, welche die Meininger bei der Mehrzahl der Zuschauer und Kritiker auslösten, interessante Rückschlüsse nahe. Denn eine so weitgehende Zustimmung zu einem Theater, welches die grundlegenden Prinzipien der landläufigen Theaterpraxis negierte, ist kaum denkbar, wenn das Publikum mit dem gängigen Theaterangebot vollauf zufrieden war. Man geht daher wohl nicht zu weit, wenn man annimmt, daß bei einem großen Teil des Publikums inzwischen Ansprüche und Bedürfnisse entstanden waren (aufgrund welcher Entwicklungen auch immer), die von der geläufigen Alternative eines seichten Unterhaltungstheaters auf der einen und eines entschärften Bildungstheaters auf der anderen Seite nicht mehr abgedeckt, geschweige denn befriedigt werden konnten. Die Meininger traten also ihre Gastspielreisen durch Europa zu einem Zeitpunkt an, als das Bedürf-

---

2 Grube, a.a.O., S. 503.

nis nach einem neuen Theater zwar latent vorhanden war, sich jedoch noch nicht klar und in maßgeblicher Breite artikuliert hatte. Sie wirkten insofern als eine Art Katalysator, welcher Publikum und Kritik dazu verhalf, ihre neuen Bedürfnisse und Forderungen an das Theater bewußt zu machen und zu formulieren.

In diesem Sinne erscheinen die Meininger als Vorläufer und Wegbereiter der Kunsttheater-Bewegung, die Ende der achtziger Jahre in ganz Europa einsetzte. Diese Einschätzung wird durch das Faktum gestützt, daß sich die profiliertesten Vertreter dieser Bewegung – wie Otto Brahm in Berlin, André Antoine in Paris oder Konstantin Stanislavskij in Moskau – wiederholt und ausdrücklich auf die Meininger berufen haben.

Die Kunsttheater-Bewegung entstand als demonstrativer Protest gegen die allgemeine Theaterpraxis, die eine Auseinandersetzung mit den aktuellen und brennenden Problemen der Zeit absolut unmöglich machte. Wo immer ein Dramatiker sich auf solche Probleme einließ, wurde sein Stück, wenn es überhaupt zur Aufführung angenommen wurde, von der Zensur bis zur Unkenntlichkeit verstümmelt. Für die Diskussion der Frauenfrage, des Sozialdarwinismus, der Vererbungslehre, des Atheismus, des Sozialismus etc. etc. blieb das Theater als ein öffentliches Forum verschlossen. Ein Ausweg aus diesem Dilemma öffnete sich mit der Gründung von Theatervereinen, die durch den Verkauf von Mitgliedschaften oder Abonnements »geschlossene« – und damit private – Aufführungen nur für Vereinsmitglieder anbieten und so die Zensur umgehen konnten. Ihr erklärtes Ziel war es, jene Autoren zu fördern und zur Diskussion zu stellen, die von den staatlichen und kommerziellen Theatern abgelehnt wurden.

1887 gründete André Antoine in Paris das »Théâtre libre«, das sich vor allem der naturalistischen Dramatik widmete. Ihm trat 1890 das von Paul Fort gegründete »Théâtre d'Art« entgegen, das ab 1893 von Aurélien Lugné-Poë als Theater des Symbolismus unter dem Namen »Théâtre de l'Œuvre« weitergeführt wurde.

1889 wurde in Berlin unter Beteiligung von Otto Brahm die »Freie Bühne« gegründet, die sich das bleibende Verdienst erworben hat, Gerhart Hauptmann durchgesetzt zu haben. Ihr folgte eine Reihe von Theatergründungen. 1890 eröffnete Bruno Wille die »Freie Volksbühne«, zu deren Vorstand auch Otto Brahm gehörte. Im gleichen Jahr entstand die »Deutsche Bühne«, die zu ihren leitenden

Kräften u.a. die Brüder Hart, Karl Bleibtreu und Conrad Alberti zählte. 1892 wurde von Franz Held die »Fresco Bühne« ins Leben gerufen, 1895 von Arthur Zapp der »Verein Probebühne« und 1897 schließlich die »Dramatische Gesellschaft«, die von Ludwig Fulda und Bruno Wille geleitet wurde.

In London gründete J.T. Greins 1891 die »Independant Theatre Society«, welche die Serie von Club-Theater-Gründungen einleitete, die als »Repertoire-Theater-Bewegung« das englische Theatersystem reformierte. Als Nachfolgerin der »Independant Theatre Society« wurde 1899 die »English Stage Society« ins Leben gerufen. In Dublin wurde 1899 das »Irish Literary Theatre« eröffnet, zu dessen Gründern William Butler Yeats gehörte, und 1902 die »Irish National Theatre Society«. Beide gingen später im »Abbey Theatre« auf, das A.E. Horniman 1904 gründete.

Bereits 1888 hatte in Moskau Konstantin Sergejevič Aleksejev unter dem Künstlernamen Stanislavskij die »Gesellschaft für Kunst und Literatur« ins Leben gerufen. Als ihre Nachfolgerin eröffnete er 1898 zusammen mit Nemirovič-Dančenko das »Moskauer Künstlertheater«, welches bereits im ersten Jahr seines Bestehens mit der Inszenierung der *Möwe* von Anton Čechov nicht nur seinen legendären Ruf begründete, sondern auch den Dramatiker Čechov auf dem Theater etablierte.

Diese durchweg als Privatbühnen gegründeten Kunsttheater hatten es sich zum Ziel gesetzt, die für das Theater des ausgehenden 19. Jahrhunderts so charakteristische Kluft zwischen Literatur und Theater aufzuheben. Ihr Repertoire bestand fast ausschließlich aus Dramen zeitgenössischer Dichter. Auf diesen Bühnen gelangten die Werke Ibsens, Björnsons, Strindbergs, Turgenjevs, Tolstois, Čechovs, Gorkis, Hauptmanns, Hofmannsthals, Maeterlincks, Wildes, Yeats', Galsworthys, Shaws zur Aufführung. Fast jede dieser Aufführungen rief bei Publikum und Kritik die heftigsten Reaktionen hervor – sei es in Form begeisterter Zustimmung, sei es als dezidierte, kompromißlose Ablehnung. Die bedeutendsten Kritiker der Zeit – wie Fontane in Berlin und Sarcey in Paris – berichteten in den maßgeblichen Tageszeitungen über Stücke und Inszenierungen und setzten damit die im Theater begonnene Diskussion innerhalb einer größeren Öffentlichkeit fort. Mit der Kunsttheater-Bewegung war so der ästhetisch avancierten zeitgenössischen Dramatik die Bühne als öffentliches Forum zurückerobert.

Eine besondere Bedeutung kam in diesem Prozeß dem dramatischen Werk Henrik Ibsens zu. Nachdem Ibsen bereits 1869 im *Bund
der Jugend* aktuelle Verhältnisse der norwegischen Politik zum Gegenstand eines Dramas gemacht, die Verssprache aufgegeben und
die realistische Alltagssprache auf der Bühne eingeführt hatte,
wandte sich der fast Fünfzigjährige mit *Stützen der Gesellschaft* (1877)
endgültig dem neuen Genre des Gesellschaftsstücks zu. »Photogra-
phische« Zustandsbeschreibungen von Zeit und Gesellschaft, das
Aufdecken von Schwächen und Mißständen wurde von nun an das
Zentrum seines dramatischen Schaffens. Obwohl *Stützen der Gesellschaft* die wesentlichen Innovationen der Gattung noch keinesfalls
perfekt bewältigt und aus heutiger Sicht ganz zweifellos als das
schwächste von Ibsens Gesellschaftsstücken gelten kann, wurde es
sein größter Erfolg. Der Uraufführung im »Teatret Odense« (am
14. November 1877) folgte bereits zwei Wochen später die norwe-
gische Erstaufführung in »Det Norske Teater« in Bergen. 1878 gab
es eine ganze Serie von Aufführungen auf deutschen Bühnen. Allein
in Berlin wurde das Stück im Februar 1878 von fünf Theatern in
drei verschiedenen Übersetzungen gespielt. Das Publikum in Skan-
dinavien und Deutschland nahm das Stück überwiegend enthusiastisch, zum Teil aber auch tief schockiert auf. Über den ungeheuren Eindruck, den die Aufführung auf ihn und viele andere seiner
Generation machte, schreibt Paul Schlenther in seinen Erinnerungen:

Wer [...] wie ich, durch die *Stützen der Gesellschaft* zwei der größten Kunst-
offenbarungen empfangen hat, kam von diesem erobernden und erleuch-
tenden Drama nicht wieder los. 1878 wurde es in Berlin, zu einer Zeit,
da die schickliche Hofbühne bei Lubliner und Gensichen, das Sensations-
theater bei Sardou und Dumas hielt, in drei verschiedenen Vorstädten
gegeben. Über all dem blinkenden und schillernden Theaterplunder
ringsum gingen uns damals die jungen Augen auf. Wir bebten und
jauchzten. Anders als im Sinne Fausts riefen wir denen um Konsul Bernick
zu: 'Das ist eine Welt! Das heißt eine Welt!' Wir gingen immer wieder
ins Theater; tagsüber lasen wir in Wilhelm Langes scheußlichem Deutsch
das Stück. Weder die poesielose, papierene Übersetzung noch die bret-
ternen Seelen der Vorstadtschauspieler konnten gegen die Gewalten dieser
Dichtung an. So muß neunzig Jahre früher Schillers *Kabale und Liebe* auf
die nicht mehr ganz unreife Jugend gewirkt haben.[3]

---

3 Paul Schlenther, *Gesammelte Werke*, Bd.VI, S. XVIIf.

Mit diesem Stück war Ibsen gelungen, was die Kunsttheaterbewegungen auf breiter Basis erst in den neunziger Jahren bewirken würden: die Bühne in ein Forum zurückzuverwandeln, auf dem die bürgerliche Öffentlichkeit die sie bewegenden Probleme zur Diskussion stellt.

Diese im Theater eröffnete Diskussion wurde nicht nur in der Presse, sondern auch im bürgerlichen Salon mit großer Heftigkeit weitergeführt. Dies läßt sich aus Einladungen zu Kopenhagener und Berliner Gesellschaften der achtziger Jahre schließen, die ausdrücklich die Bitte enthielten, an diesem Abend nicht über *Nora* zu sprechen. Wie Conrad Alberti, einer der Mitbegründer der »Deutschen Bühne«, spöttisch bemerkt, waren »die Damen unserer gebildeten Kreise [...] auf das Stück rein versessen und wurden nicht müde darüber zu sprechen. [...] Es herrschte in den Familien des Berliner Westens einige Wochen lang geradezu eine Nora-Manie«[4]. Die Probleme, die von Ibsens Stücken aufgegriffen wurden – wie Korruption in den *Stützen der Gesellschaft* oder die Frauenfrage in *Nora* – wurden zum Gegenstand erregter Debatten, die äußerst kontrovers im bürgerlichen Salon ausgetragen wurden.

Gerade das Beispiel *Nora* – oder *Ein Puppenheim*, wie das Stück ursprünglich hieß – macht Funktion und Notwendigkeit der Kunsttheaterbewegung deutlich. Während das Stück bei der Uraufführung in Kopenhagen (21. Dezember 1879) und den ersten Aufführungen in Norwegen (am 20. Januar 1880 in Oslo und am 30. Januar 1880 in Bergen) ebenso wie einen Monat später am Münchner Hoftheater (3. März 1880) in Ibsens ursprünglicher Fassung auf die Bühne kam, war Ibsen gezwungen, für die übrigen deutschen Aufführungen in Flensburg (6. Februar 1880), Hamburg, Berlin und Wien einen versöhnlichen Schluß zu schreiben, weil man nicht bereit war, ein Stück der Öffentlichkeit zu präsentieren, an dessen Ende eine Frau Mann und Kinder verläßt, um sich ganz dem Problem der eigenen Selbstverwirklichung zu widmen.

Ibsen knüpft in mancher Hinsicht an die Tradition eines bürgerlichen Theaters an, wie Aufklärung und Sturm und Drang sie begründet haben. Auch er begreift und benutzt das Theater als eine moralische Anstalt, in der sich die bürgerliche Gesellschaft mit den in ihr geltenden Normen und Werten auseinandersetzen soll. Aber

---

4 In: *Die Gesellschaft* 6, 1890, S. 1022f.

während im 18. Jahrhundert Lessing und Diderot die Bühne zu einem öffentlichen Forum machten, von dem aus bürgerlich-familiale Lebensform propagiert und verbreitet werden sollte, deckt Ibsen auf dem Forum der Bühne die Verlogenheit eben dieser Lebensform auf.

Wie Goethe, Lenz und Schiller setzt Ibsen sich mit den Möglichkeiten zur Selbstverwirklichung auseinander, die dem bürgerlichen Individuum innerhalb der Gesellschaft offenstehen. Während die Dichter des Sturm und Drang die Familie als den natürlichen Ort der Selbstverwirklichung nicht in Frage stellten, sondern die absolutistische Klassengesellschaft dafür anprangerten, ihre natürliche Ordnung gestört und so Selbstverwirklichung unmöglich gemacht zu haben, demonstriert Ibsen dagegen, wie gerade die bürgerliche Institution der Familie die Selbstverwirklichung ihrer einzelnen Mitglieder verhindert. Indem Ibsen am Ende des bürgerlichen Zeitalters dergestalt auf die Anfänge des bürgerlichen Theaters zurückweist, hebt er nicht nur die rasanten Veränderungen ins Bewußtsein, denen das bürgerliche Theater und die bürgerliche Gesellschaft seit der Mitte des 18. Jahrhunderts kontinuierlich unterworfen waren, sondern er hält zugleich dem Publikum einen Spiegel vor, der ihm die ungeheure Diskrepanz zwischen dem aktuellen Zustand seiner Wirklichkeit und den ursprünglichen Idealen drastisch vor Augen führt.

4.3.2 Die Familie

4.3.2.1 Die Lebenslüge

Keine andere Epoche hat einen solchen Kult mit der Familie getrieben wie das bürgerliche Zeitalter. Was das 18. Jahrhundert propagierte, scheint in den biedermeierlichen Idyllen überall in den »mittleren Ständen« Wirklichkeit geworden zu sein: die Familie als eine zärtliche Gemeinschaft, die wohl den Vater als ihr natürliches Oberhaupt anerkennt, jedoch für alle den notwendigen Freiraum schafft, in dem sich ihre je besondere Individualität entfalten und verwirklichen kann. Im Zuge des durch die Industrialisierung beschleunigten gesellschaftlichen Wandels wird die solcherart verstandene Familie zunehmend zum intimen Zufluchtsort vor den Wechselfällen des öffentlichen Lebens und zum Stabilisator für das Selbst, das von den allgemeinen gesellschaftlichen Entwicklungen in gefährlicher Weise destabilisiert zu werden droht.

Ungefähr seit Mitte des 19. Jahrhunderts scheint jedoch die Familie diese Funktion zu erfüllen immer weniger in der Lage gewesen zu sein. Sie war zunehmend Angriffen von den verschiedensten Seiten her ausgesetzt. Der radikale Feminismus meinte, ganz ohne Familie auskommen zu können; der utopische Sozialismus plante bereits ihren Ersatz, und der Marxismus diagnostizierte ihren vorübergehenden, ausbeuterischen, heuchlerischen und daher zum Untergang verurteilten Charakter. Diesen Kritikern erschien die Familie als eine historisch überlebte und insofern überflüssige Erscheinung. Die nicht minder erbarmungslosen Angriffe der Konservativen dagegen resultierten aus einer diametral entgegengesetzten Argumentation. Denn sie sahen in der Familie zuallererst ein Heiligtum – und zugleich leider auch einen Ansteckungsherd; die Zufluchtsstätte vor der Häßlichkeit, dem Materialismus und der Unmoral der Zeit, aber angekränkelt von jenem Niedergang, dem zu wehren eigentlich ihre größte und bedeutendste Aufgabe sein sollte.

In seinem erstmals 1855 erschienenen Buch *Die Familie* (das 1881 bereits in die 9. Auflage ging und bis 1930 immer wieder neu aufgelegt wurde) wird der Familiensoziologe Wilhelm Heinrich Riehl nicht müde, die verschwundene Idylle eines harmonischen Familienlebens zu beschwören und den drohend bevorstehenden Untergang der Familie wortreich zu beklagen. Schuld am Verfall der Familie, der »universellsten aller Gliederungen der Volkspersönlichkeit« (S. VII), ist seiner Ansicht nach der überall zu bemerkende Versuch, die natürliche Autorität des Familienvaters zu untergraben. Nicht eben den geringsten Anteil an dieser Entwicklung spricht Riehl der Emanzipation der Frauen zu: »Die Geschichte unseres politischen Elends läuft parallel mit unserer Geschichte der Blaustrümpfe« (S. 56). Ihrem Vorausschreiten müsse daher Einhalt geboten werden: »Dies ist [...] die einzige vernünftige politische Emanzipation, welche die Frauen noch anzustreben haben: die durchgreifende Berücksichtigung der Familie im Staate. Die Emanzipation der Frau ist kurzweg zu verdeutschen in die 'staatliche Anerkennung der Familie'« (S. 98f.).

Ganz ähnlich äußerte sich der französische Familiensoziologe Frédéric Le Play. Für ihn stand fest, daß die Emanzipation die Wurzel allen Übels sei. Denn »der häusliche Herd ist in mancherlei Hinsicht eine Welt für sich, deren Beherrschung die ganze Sorge der Familienmutter erfordert.«[5] Daher müsse die Frau kraft männlicher Autorität wieder an den häuslichen Herd zurückgeholt werden. Wohl solle die Familie die Freiheit ihrer einzelnen Mitglieder sicherstellen, aber selbstverständlich doch nur so weit, wie sie »das größtmögliche Maß väterlicher Autorität« über sich wisse.[6] Entsprechend kulminiert Riehls Wunschvorstellung von der Familie im 20. Jahrhundert in der Vision von der rückhaltlos wiederhergestellten Autorität des Familienvaters: »Der Bürger des zwanzigsten Jahrhunderts hat die hauspriesterliche Würde wieder erobert: er hat den Mut, wieder mit dem ganzen Haus zu beten, und mit dem ganzen Haus, wie in einem Aufzug, zur Kirche zu gehen.« (S. 299)

Was Riehl, Le Play und viele ihrer Zeitgenossen in Büchern, Zeitschriften, Vorträgen und von der Kanzel unermüdlich predigten, waren keineswegs neue »revolutionäre« Ideen, sondern gängige Vorstellungen, wie sie den Angehörigen der bürgerlichen Schichten überall in Europa durchaus geläufig waren; Vorstellungen, mit denen sich ihre überwiegende Mehrheit ganz vorbehaltlos einverstanden erklärte. Dies war die Art von Vorstellungen und Werthaltungen, welche das kulturelle Klima prägten und bestimmten, in dem Ibsen seine ersten Familiendramen schrieb: *Ein Puppenheim* (1879), *Gespenster* (1881), *Die Wildente* (1884).

Die Familiensituation, von der Ibsen in der *Wildente* ausgeht, ist in mancher Hinsicht der Grundkonstellation in den bürgerlichen Trauerspielen des 18. Jahrhunderts vergleichbar. Liebe und Zärtlichkeit scheinen die Beziehungen zwischen den einzelnen Mitgliedern der Familie Ekdal zu bestimmen. Hjalmar Ekdal, der Familienvater, sorgt sich um seinen alten Vater, der durch eine Zuchthausstrafe in Schande geraten ist: »Mein armer unglücklicher Vater lebt selbstverständlich bei mir. Er hat ja sonst auf der ganzen Welt niemanden, an den er sich halten könnte« (I. Akt, in der Übersetzung von Hans-Egon Gerlach); er weiß die hausmütterliche Geschäftigkeit seiner Frau Gina zu schätzen: »Sie ist eine so tüchtige

---

5 Frédéric Le Play, *La réforme sociale en France, déduite de l'observation comparée des peuples européens*, 2 vols., Paris 1864, vol. 1, S. 186.

6 Frédéric Le Play, *Les ouvriers européens*. Etudes sur les travaux, la vie domestique et la condition morale des populations ouvrières de l'Europe, Paris 1855, S. 286.

und gute Frau, wie sie sich ein Mann nur wünschen kann« (I. Akt); und er hängt mit ganzer Seele an seiner Tochter Hedwig: »Sie ist unsere größte Freude auf dieser Welt, und [...] sie ist auch unsere schwerste Sorge [...] denn es besteht die drohende Gefahr, daß sie das Augenlicht verliert [...] das ist so schwer für mich, so zermalmend!« (II. Akt). Umgekehrt sind Frau und Tochter rührend um Hjalmars seelisches und leibliches Wohl besorgt und tun alles Erdenkliche, um es ihm zu Hause so »gemütlich« wie möglich zu machen. Denn »wir haben dich so schrecklich lieb, Vater.« (II. Akt). Eine zentrale Bedeutung kommt der zärtlichen Beziehung zwischen Vater und Tochter zu. Ähnlich wie die Väter der bürgerlichen Trauerspiele bekennt Hjalmar, daß die Liebe zu seiner Tochter höchsten Wert für ihn besitzt: »Und wie unsäglich habe ich dieses Kind geliebt! Welch unsägliches Glück fühlte ich jedesmal, wenn ich heimkam in meine ärmliche Stube, und sie mir entgegenflog mit ihren süßen, ein wenig blinzelnden Augen«. (V. Akt).

Neben der für die Familie des 18. Jahrhunderts so typischen Zärtlichkeit scheinen auch die Komponenten des Familienlebens aufs schönste ausgebildet und realisiert zu sein, die dem 19. Jahrhundert besonders wichtig waren. Die Autorität des Familienvaters Hjalmar wird von keinem seiner Familienmitglieder in Frage gestellt, sondern ganz selbstverständlich anerkannt. Man bewundert ihn als »Erfinder«, als herausragende Persönlichkeit: »Das versteht sich doch wohl von selbst, daß Ekdal was anderes ist als einer von den gewöhnlichen Fotografen« (III. Akt); man begegnet ihm als dem »Ernährer der Familie«, als einem »Mann, auf den ein Heer von Sorgen einstürmt« (II. Akt) und der dennoch die Zeit zum Flötenspiel im Kreise seiner Lieben findet, mit rücksichtsvoller Dankbarkeit. Auch in dieser Hinsicht scheinen die Ekdals eine vorbildliche Familie zu sein, so wie Riehl sie sich vorstellte: »Das Dach ist niedrig im Heim des armen Fotografen, das weiß ich wohl – und meine Verhältnisse sind bescheiden. Aber ich bin Erfinder, hörst du – und außerdem der Ernährer meiner Familie. Und das hebt mich empor über die Enge meiner Verhältnisse« (Hjalmar im III. Akt).

Dies schöne und rührende Familiengemälde wird nun dadurch getrübt, daß die einzelnen Mitglieder der Familie Ekdal in verschiedenen Kontexten stark divergierende Erscheinungsbilder aufweisen. Dies gilt vor allem für Hjalmar, aber auch für seine Frau Gina.

Bei beiden ist eine auffallende Diskrepanz zwischen Sprechen und Handeln festzustellen. Nachdem Hjalmar sich eben Gregers Werle gegenüber als treusorgenden Sohn dargestellt hat, der unter Aufbietung aller Kräfte seinem »armen alten weißhaarigen Vater« die letzten Tage seines Lebens zu erhellen sich bemüht, verleugnet er seinen Vater wenige Minuten später vor der Abendgesellschaft, weil er sich seiner schämt. Während Hjalmar nicht Worte genug finden kann, um seine Liebe und Fürsorge für Hedwig zu beteuern, vergißt er, ihr von der Abendgesellschaft, auf der er selbst es sich hat wohl sein lassen, eine Kleinigkeit mitzubringen. Er, der laut eigener Aussage von der Angst um Hedwigs Augenlicht »zermalmt« wird, läßt sich gern von ihr das Retuschieren der Fotografien abnehmen, um die lästige Arbeit los zu sein. Dem Erscheinungsbild des treusorgenden Sohnes und des zärtlich liebenden Vaters, das Hjalmar wortreich von sich selbst entwirft, tritt in seinen Handlungen das eines feigen, faulen und amoralischen Egoisten gegenüber.

In ähnlicher Weise wird auch das Erscheinungsbild des Ernährers der Familie und großen Erfinders demontiert. In Wirklichkeit führt Gina das Geschäft und sorgt damit für das Auskommen der Familie. Hjalmar ist sogar zum gelegentlichen Retuschieren der Bilder zu faul und bastelt statt dessen lieber mit seinem Vater auf dem Dachboden herum. Während er offiziell nach dem Essen über seine Erfindung nachdenkt, liegt er tatsächlich auf dem Sofa und hält ein Verdauungsschläfchen. Die wissenschaftlichen Zeitschriften, deren Erwerb sich Frau und Tochter vom Munde absparen, weil sie angeblich für die Erfindung dringend benötigt werden, bleiben unaufgeschnitten liegen. Der von seiner Frau umsorgte und von seiner Tochter angebetete Hjalmar Ekdal ist in Wirklichkeit ein schwächlicher, moralisch verkommener Egoist, der vor seiner Umwelt die Rolle des zärtlichen, verantwortungsbewußten Familienvaters aus einem Rührstück des späten 18. Jahrhunderts wie ein Schmierenkomödiant deklamiert.

Gina Ekdal, die mit Fleiß, Ordnung und Sparsamkeit Haushalt und Geschäft besorgt und ihren Pflichten als Gattin und Mutter nach besten Kräften nachkommt, ist, wie der Zuschauer bereits im I. Akt erfährt, noch ehe Gina aufgetreten ist, »eine Frau mit Vergangenheit«: sie war vor ihrer Ehe die Geliebte Konsul Werles. Sie hat diese Beziehung jedoch all die Jahre Hjalmar gegenüber verschwiegen, ebenso wie die daraus resultierende Möglichkeit, daß

Hedwig Werles Kind ist (was aufgrund der erblich bedingten Blindheit, die sowohl Werle als auch Hedwig bedroht, eine gewisse Wahrscheinlichkeit besitzt). Auch hält Gina vor ihrem Mann geheim, daß die Summe, die der alte Ekdal für das Abschreiben von Geschäftspapieren aus dem Büro des Konsul Werle erhält, so hoch ist, daß sie seinen Unterhalt deckt und ihm noch ein kleines Taschengeld gewährt.

Das harmonische Familienleben der Ekdals beruht also nicht darauf, daß sie das gesellschaftlich sanktionierte Ideal von Familie tatsächlich verwirklichen. Es wird vielmehr dadurch möglich, daß es den Ekdals gelungen ist, sowohl sich selbst und die öffentliche Meinung davon zu überzeugen, daß ihr Zusammenleben tatsächlich von diesem Ideal bestimmt ist, als auch zugleich ihren Neigungen entsprechend zu leben, die diesem Ideal widersprechen. So bringt Hjalmar das Kunststück fertig, de facto ohne jede Verantwortung herumzufaulenzen und sich hemmungslos von Frau und Tochter verwöhnen zu lassen (wie als Kind von den beiden alten Tanten, die ihn großgezogen haben) und dennoch davon überzeugt zu sein, als zärtlicher Familienvater und verantwortungsbewußter Ernährer seiner Familie Liebe und Respekt zu verdienen. So kann Gina tatsächlich allein die materielle Versorgung ihrer Familie gewährleisten und Hjalmar dennoch das Gefühl vermitteln, daß er als »Erfinder« ein Recht auf Rücksicht, Anerkennung und Dankbarkeit der Seinen hat. Die Ekdals sind eine »glückliche« Familie, weil sie aufgrund ihrer moralischen Instabilität, ja Insuffizienz in der Lage sind, Erscheinungsbilder, die einander total widersprechen und sich daher gegenseitig ausschließen, umstandslos miteinander zu vereinbaren.

Die bürgerliche Familie, wie Ibsen sie hier auf die Bühne bringt, ist »ein Sumpf« (IV. Akt). Den idealen Forderungen, welche die Gesellschaft in Gestalt der öffentlichen Meinung an sie stellt, vermögen ihre Mitglieder nicht nachzukommen. Da die Gesellschaft jedoch auf diesen Forderungen besteht, weil sie sie als »naturgemäßes« Verhalten ausgibt, zwingt sie den einzelnen dazu, sein Familienleben auf einer Lüge aufzubauen: er muß sein tatsächliches Selbst hinter dem Bild von seinem Selbst verbergen, welches die Gesellschaft mit der Rolle eines Familienvaters oder einer Hausmutter für ihn entworfen und ein für allemal festgelegt hat. Diese Lebenslüge, welche die Basis der bürgerlich-patriarchalischen

Familie geworden ist, führt zur moralischen Verelendung des Individuums und zur Auflösung seines Selbst.

In seiner im Sommer 1883 erstmals erschienenen und im November desselben Jahres bereits zum vierten Mal aufgelegten Untersuchung *Die conventionellen Lügen der Kulturmenschheit* stellt Max Nordau die These auf, daß »aller gesellschaftliche Verkehr [...] diesen Charakter der Verlogenheit« hat, »alles, was uns umgibt, Lüge und Heuchelei ist« und »wir eine tiefe unsittliche Komödie spielen«. Diese These führt er hinsichtlich der »religiösen Lüge«, der »monarchisch-aristokratischen Lüge«, der »politischen Lüge«, der »wirtschaftlichen Lüge« und der »Ehelüge« jeweils in einem Kapitel aus und belegt so mit Nachdruck, daß alle Bereiche des gesellschaftlichen Lebens der bürgerlichen Gesellschaft am Ende des 19. Jahrhunderts auf der Lüge aufbauen. Die von Ibsen als Grundlage der familialen Beziehungen dargestellte Lebenslüge erscheint in diesem Kontext als ein Phänomen, das durch die Struktur der bürgerlichen Gesellschaft bedingt ist. Interessanterweise erhebt Nordau im Vorwort »den Anspruch, die Anschauungen der meisten auf der Höhe der zeitgenössischen Bildung stehenden Menschen getreu wiederzugeben«. Die Einsicht, daß die gesellschaftlichen Bedingungen den einzelnen sich selbst entfremden, läßt sich offenbar nicht mehr vollkommen unterdrücken.

Für die Kinder, die in diesen bürgerlichen Familien heranwachsen, hat die »Lebenslüge« gar katastrophale Folgen. Ibsen macht dies durch einen Kunstgriff deutlich, der eigentlich der Komödientradition entstammt. In Gestalt des Wahrheitsfanatikers und Idealisten Gregers Werle führt er die Figur des Störenfrieds in das selbstgenügsame Milieu der Ekdalschen Familie ein. Weil Gregers »gehetzt und gequält« wird »von einem schuldbeladenen Gewissen«, das er seinem Vater verdankt, sucht er »Heilung zu finden« (III. Akt), indem er Hjalmar gegenüber Ginas Vergangenheit enthüllt und ihm die Illusion zerstört, Ernährer der Familie zu sein. Das bisher perfekt funktionierende selbstregulierende System der familialen Ordnung und Ruhe wird empfindlich gestört. Wie in der Komödientradition versuchen die Betroffenen, das aufgestörte Milieu wieder zu stabilisieren und das alte Gleichgewicht herzustellen.

Hjalmar bedient sich dazu der bekannten Verhaltensmuster. Er bemüht sich, in seinen Worten dem idealen Bild seines Selbst zu entsprechen, das Gregers von ihm entwirft: »In bestimmten Situationen ist es eben einfach nicht möglich, sich über die idealen Verpflichtungen hinwegzusetzen, so bitter schwer mir das als Ernährer meiner Familie auch wird. [...] Aber das mag nun sein, wie es will – der Mensch in mir verlangt auch sein Recht« (IV. Akt). In seinen Handlungen dagegen ist er sorgsam darauf bedacht, sein bequemes Leben nicht ernsthaft zu gefährden: obwohl er behauptet, ausziehen zu wollen, läßt er sich von Gina nur zu gern ein reichliches Frühstück vorsetzen und geht bereitwillig auf ihren Vorschlag ein, sich zunächst im Wohnzimmer einzurichten, bis er seinen »Auszug« besser geplant hat. Hjalmars und Ginas Versuche, mit den alten eingespielten Verhaltensmustern schrittweise den alten Zustand wiederherzustellen, verbleiben durchaus in dem von der Komödientradition vorgegebenen Rahmen.

Ganz anders reagiert dagegen Hedwig auf die veränderte Situation. Denn für sie besteht zwischen Sprechen und Handeln, Erscheinungsbild und Wesen kein Unterschied. Die Verlogenheit bürgerlicher Lebensform ist ihr als einer Heranwachsenden noch fremd. Und so schließt sie aus Hjalmars theatralisch-abweisendem Verhalten (»Fort, fort! fort! (*Zu Gina*) Schaff sie mir aus den Augen, sag ich! [...] In den letzten Augenblicken, die ich in meinem einstigen Heim zubringe, wünsche ich verschont zu bleiben vom Anblick irgendwelcher Personen, die hier nichts zu suchen haben« V. Akt), daß ihr vergötterter Vater sie nicht mehr liebt. Seine larmoyant-pathetischen Reden: »Wenn nun die anderen kämen, die mit den übervollen Händen, und ihr zuriefen: Verlaß ihn; bei uns erwartet dich ein Leben in Fülle [...] Wenn ich sie fragen würde: Hedwig, bist du gewillt, um meinetwillen auf dieses Leben zu verzichten?« (V. Akt), faßt Hedwig wörtlich auf und meint, durch ihren Tod ihrem Vater ihre Liebe beweisen zu müssen. Sie stirbt als Opfer der Verlogenheit, die die bürgerlich-familiale Lebensform bestimmt.

Ein Vergleich mit dem bürgerlichen Trauerspiel des 18. Jahrhunderts öffnet den Blick für die tiefgreifenden Veränderungen, welche die Familie seit den Tagen Lessings und Diderots durchgemacht hat. Während Emilia Galotti in sicherem Vertrauen auf die Liebe ihres Vaters den Tod durch seine Hand sucht, um ihre Tugend vor den Lastern höfischer Lebensweise zu retten und damit bürgerliche Wertvorstellungen zu realisieren, stirbt Hedwig, um die Eigenliebe ihres egoistischen und amoralischen Vaters zu befriedigen. Während in *Emilia Galotti* die nur in der Familie mögliche Selbstverwirklichung der Individuen durch die Übergriffe des Hofes verhindert wird, der die Familie auseinanderreißt, erweist sich in der *Wildente* die Struktur der patriarchalisch-bürgerlichen Familie als der verantwortliche Faktor, welcher die Selbstverwirklichung ihrer Mitglieder sabotiert, sie seelisch und moralisch verkrüppelt und bis zu ihrer physischen Vernichtung zugrunde richtet. In Ibsens Familiendramen bleibt Nora die einzige Figur, welche die Kraft aufbringt, aus der Familie auszubrechen und sich auf die Suche nach dem eigenen Selbst zu begeben. Allein für sie besteht Hoffnung, daß sie sich selbst finden und verwirklichen wird. Für alle anderen wird die Familie zum Schicksal, das ihr Selbst endgültig zerstört.

In einem Brief an Björnson schreibt Ibsen: »sich selbst realisieren ist das Höchste, was ein Mensch erreichen kann. Diese Aufgabe haben wir alle, einer wie der andere: aber die allermeisten verpfuschen sie.« (August 1882). Da hieran in erster Linie die Familie schuld ist, wie Ibsen sie sah, wird dies Ziel letztlich erst nach einer grundlegenden Veränderung ihrer Struktur zu erreichen sein. Die bürgerlich-patriarchalische Form der Familie jedenfalls ist bankrott.

Mit dieser Diagnose brachte Ibsen sich in einen schroffen Gegensatz zu den allgemein im Bürgertum verbreiteten und gebetsmühlenartig wiederholten Vorstellungen über die Familie, wie sie sich auch in den Schriften Riehls und Le Plays niedergeschlagen haben. Der ungeheure Erfolg seiner Dramen – vor allem in Deutschland –, die nicht enden wollende Diskussion um sie legen jedoch die Vermutung nahe, daß zumindest Teile des Publikums – bewußt oder unbewußt, bereitwillig oder widerstrebend – sich mit seinen Figuren zu identifizieren und im Drama die eigene Situation wiederzuerkennen vermochten. Noch ehe Freud, der übrigens Ibsens Drama *Rosmersholm* einen ausführlichen Essay widmete, die bürgerliche Öffentlichkeit mit seiner schonungslosen Analyse der für die Ausbildung der Persönlichkeit so folgenreichen und katastrophalen familialen Beziehungen schockierte, konnte sie an Ibsens Dramen die verhängnisvollen Auswirkungen der patriarchalischen Familie auf die Entwicklung des Selbst am konkreten Exempel studieren.

4.3.2.2 Kampf der Geschlechter

Die Familienkonstellation in Strindbergs frühem Trauerspiel *Der Vater* (1887) entspricht in mancher Hinsicht derjenigen der *Wildente* und der bürgerlichen Trauerspiele: Die Familie besteht im Kern aus Vater, Mutter und Tochter. Und auch hier wird die Frage gestellt, wie die Tochter innerhalb der Familie ihre Persönlichkeit ausbilden und sich selbst verwirklichen kann.

Gleich zu Beginn des Dramas entwickelt der Rittmeister seinem Schwager, dem Pastor, gegenüber seine Ansicht, daß seine Tochter unbedingt die Familie verlassen müsse, wenn sie sich frei entfalten solle. Denn

> Dieses Haus hier ist voll von Weibern, die alle mein Kind erziehen wollen. Meine Schwiegermutter will aus ihr eine Spiritistin machen; Laura will, daß sie Künstlerin wird; die Gouvernante will sie den Methodisten zuführen, die alte Margret den Baptisten und die Dienstmädchen der Heilsarmee. Das geht natürlich nicht an, daß man eine Seele in dieser Weise zusammenstückt; zumal man mir, der das erste Recht hat, ihr Wesen zu bilden, damit unaufhörlich entgegenarbeitet.
>
> (I. Akt, in der Übersetzung von Willi Reich)

Die Familie erscheint als ein ungeeigneter Ort für die Persönlichkeitsentwicklung der heranwachsenden Tochter, weil sich der Vater in ihr mit seinen Ansichten über ihre Erziehung nicht durchzusetzen vermag. Wie in Lenzens *Hofmeister* »regieren« in der Familie des Rittmeisters die »Frauenzimmer« (I. Akt), wodurch die für die Entwicklung des Kindes notwendige Ordnung gestört wird. Umgekehrt scheint es aber gerade der Rittmeister zu sein, der die Selbstverwirklichung seiner Tochter verhindert. Denn nachdem seine Frau Zweifel an seiner Vaterschaft geweckt hat, weil sie »die Macht über das Kind haben« und es »selbst erziehen« will (II. Akt), verlangt er von Bertha, sich total mit ihm zu identifizieren: »Du sollst nur *eine* Seele haben, sonst bekommst du niemals Frieden und ich auch nicht. Du sollst nur *einen* Gedanken haben, der das Kind meines Gedankens ist; du sollst nur *einen* Willen haben, den meinen!« Als Bertha ihr Recht auf ein eigenes Selbst proklamiert: »Ich will ich selbst sein«, greift ihr Vater gar nach seinem Revolver, um sie zu töten: »Siehst du, ich bin ein Menschenfresser und will dich fressen. Deine Mutter wollte mich fressen, aber das gelang ihr nicht. Ich bin Saturnus, der seine Kinder fraß, weil man ihm prophezeit hatte,

daß sie ihn sonst fressen würden. Friß oder werde gefressen!«
(III. Akt).

Es geht weder Vater noch Mutter um ihre Tochter und deren
Recht auf Selbstverwirklichung; sondern Bertha stellt lediglich einen
wichtigen strategischen Faktor im Machtkampf dar, den die beiden
sich liefern. »Mann und Frau streiten hier unaufhörlich gegeneinander, den ganzen Tag« (Rittmeister im I. Akt).

Der Streit um Berthas Zukunft erscheint so als dramaturgischer
Vorwand, an dem dieser Kampf sich kristallisieren und ausgetragen werden kann. Der Kampf, den der Rittmeister und Laura miteinander kämpfen, wird auf Leben und Tod geführt:

Rittmeister:	Ich fühle, daß in diesem Kampf einer von uns untergehen muß.
Laura:	Wer?
Rittmeister:	Der Schwächere natürlich.
Laura:	Und der Stärkere hat recht?
Rittmeister:	Immer, da er die Macht hat.

(II. Akt)

Die Elemente, die Strindberg aus der Tradition des Familiendra-
mas übernimmt – wie patriarchalische Familienstruktur, Schwäche
des Familienvaters, Intrigen der Hausmutter, Fragen der Erziehung
und Ausbildung des Kindes usw. –, haben nur im Hinblick auf den
Machtkampf eine Funktion, der zwischen den Eheleuten tobt.

Dieser Kampf geht nicht aus der Eigenart ihrer Charaktere hervor.
Er scheint im Gegenteil eher ihre Charaktere zu deformieren, wie
es die Worte der Amme nahelegen: »Aber, mein Gott, sollen denn
zwei Menschen einander zu Tode quälen, zwei Menschen, die sonst
so gut sind und jedem anderen so wohl wollen? Nie ist die Frau
so gegen mich oder gegen andere ...«. Und wenig später sagt Bertha
zu ihrem Vater: »Aber, Papa, du mußt zur Mama lieb sein, hörst
du! Sie weint so oft!« (I. Akt). Wenn man unter Charakter die Einheit
der Person verstehen will, so hat der permanente Kampf um die
Macht den Charakter der Protagonisten längst aufgelöst. Je nach
Lage des Kampfes spielen der Rittmeister und vor allem Laura dem
Gegner sowohl als auch den scheinbar Unbeteiligten (wie der Amme, dem Doktor, dem Pastor) jeweils andere Rollen vor, setzen je
nach den Erfordernissen des Kampfes andere Masken auf. Laura
und der Rittmeister sind nicht mehr Individuen mit bestimmten Eigenschaften und einer abgrenzbaren Identität, sondern ein Bündel

von Rollen, das von der jeweiligen Situation organisiert und strukturiert wird. Es fällt auf, daß beide Protagonisten an den entscheidenden Stellen von sich nicht in der ersten Person sprechen: der Rittmeister begründet seine Position vielmehr damit, was »ein Mann« oder »ein Vater« tut oder tun muß, Laura dagegen mit dem, was »eine Mutter« für notwendig und richtig hält. Das Rollenbündel, in das der Charakter zerfallen ist, wird nicht von einem übergeordneten Ich zusammengehalten und strukturiert, sondern von einem allgemeinen Grundverhältnis bestimmt, das in der Gegenüberstellung »eines Mannes« mit »einer Mutter« gegeben ist.

Dies Grundverhältnis ist nun weder von den realen gesellschaftlichen Bedingungen geschaffen oder legitimiert, noch läßt es sich mit moralischen Kategorien fassen. Folgerichtig fungieren die Berufung des Rittmeisters auf die gesellschaftlich sanktionierten Rechte des Vaters oder der von Laura in die Welt gesetzte Zweifel an seiner Vaterschaft auch lediglich als Waffen, die im Kampf strategisch eingesetzt werden, nicht aber als ernst zu nehmende Argumente, welche dies Grundverhältnis betreffen würden.

Der Kampf »einer Mutter« mit »einem Mann« ist vielmehr biologisch begründet. Er geht, wie der Rittmeister anmerkt, aus »eine[r] Art Rassenhaß« hervor: »Wenn es wahr ist, daß wir von den Affen abstammen, so muß es zumindest von zwei verschiedenen Rassen sein. Wir sind einander ja nicht ähnlich« (II. Akt). Interessant ist in diesem Zusammenhang, daß der Rittmeister die dennoch zwischen Mann und Frau verbleibende Ähnlichkeit exakt mit denselben Worten zum Ausdruck bringt, mit denen Shylock aus Shakespeares *The Merchant of Venice* die Ähnlichkeit zwischen Christ und Jude beschwört, ohne daß allerdings der Zitatcharakter angemerkt wird:

> Aber hat ein Mann denn keine Augen? Hat er nicht auch Hände, Glieder, Sinne, Neigungen, Leidenschaften? Lebt er nicht von der gleichen Nahrung wie ein Weib? Wird er nicht durch die gleichen Waffen verwundet, von dem gleichen Winter gekühlt, von dem gleichen Sommer erwärmt? – Bluten wir nicht, wenn ihr uns stecht? Lachen wir nicht, wenn ihr uns kitzelt? (II. Akt)

Der biologisch begründete Machtkampf zwischen Laura und dem Rittmeister wird nun mythologisch interpretiert. Als der Rittmeister, von der Amme überlistet, in der Zwangsjacke steckt, ruft er beim Anblick der eintretenden Laura aus: »Omphale! Omphale! Jetzt spielst du mit der Keule, während Herkules deine Wolle

spinnt.« (III. Akt). Damit bezieht er seine Situation auf die des Herkules, der von Omphale als Sklave gekauft und von ihr gezwungen wurde, die für ihn demütigende »weibliche« Arbeit des Spin-
nens zu verrichten.

Der Name »Omphale« bedeutet »Nabel« und stellt eine unmittelbare Beziehung zur Urmutter her: *omphalos* war der heilige Stein,
den die Griechen als Nabel der Welt ansahen und der zugleich als
Sitz und Symbol von Gaia, der Erdmutter, gedacht wurde. Herkules gelingt es, sich aus Omphales Sklaverei zu befreien und so die
Nabelschnur zu zerreißen, die ihn an die Mutter Erde bindet. Der
Rittmeister dagegen erweist sich als ein Herkules, dem die Kraft
zu diesem entscheidenden Schritt fehlt.

Das Bild Omphales, der Mutter Erde, fächert sich im *Vater* in
vier Frauen auf: in des Rittmeisters Schwiegermutter, in seine Amme
Margret, in seine biologische Mutter und seine Frau Laura. Weder
die Schwiegermutter noch die Mutter treten im Drama auf. Über
die Schwiegermutter berichtet Bertha, daß sie sie zwinge, Botschaften der Geister aufzuschreiben. Sie habe auch direkten Zugang zum
Reich der Unsichtbaren: »Großmutter sagt, daß es Dinge gibt, die
sie sehen kann und die du nicht sehen kannst.« (I. Akt). Die Schwiegermutter kommuniziert mit den Geistern der Toten und des Unbewußten und übt ihre unheimliche Macht über die anderen aus
dem Verborgenen heraus aus. Damit repräsentiert sie die negative
Komponente innerhalb der mütterlichen Konstellation: die eifer-
süchtige, bedrohliche, menschenfresserische Mutter. Dieser Komponente ist auch die biologische Mutter des Rittmeisters zugeordnet:
»Meine Mutter, die mich nicht zur Welt bringen wollte, weil ich
mit Schmerzen geboren werden mußte, war mein Feind; denn sie
entzog dem ersten Lebenskeim die Nahrung und machte mich zu
einem halben Krüppel« (III. Akt).

Die Amme hingegen repäsentiert die positive Komponente, die
nährende und beschützende Mutter, von der der Rittmeister sich
nicht zu lösen vermag: »Ich habe ja auch meine alte Amme im
Haus, die behandelt mich, als ob ich noch ein kleiner Junge wäre.
Sie ist ja gewiß sehr lieb; aber sie gehört nicht hierher.« (I. Akt).
Nachdem es der Amme gelungen ist, den Rittmeister mit denselben liebevoll zärtlichen Worten in die Zwangsjacke zu schmeicheln,
mit denen sie dem kleinen Jungen seine Kleidung aufgeschwatzt
hatte, ergibt sich der Rittmeister nach einem ersten Zornesausbruch

bald in sein Schicksal: »Darf ich meinen Kopf in deinen Schoß legen? So! – Das ist warm! – Neige dich über mich, daß ich deine Brust fühle! – Oh, es ist süß, an der Brust einer Frau einzuschlafen, mag es nun die der Mutter oder der Geliebten sein, am süßesten aber an der der Mutter!« Und er beendet sein Leben mit einem Gebet an die gute Muttergottheit: »Du sollst mich einschläfern, denn ich bin müde, so müde! Gute Nacht, Margret, und gebenedeit seist du unter den Weibern!« (III. Akt).

Laura verkörpert beide Komponenten. Zu Beginn ihrer Beziehung war sie die liebevoll beschützende Mutter:

> Erinnerst du dich, als ich zuerst in dein Leben trat, war ich gleichsam deine zweite Mutter. Deinem großen, starken Körper fehlten die Nerven, und du warst ein Riesenkind, das entweder zu früh zur Welt gekommen oder nicht erwünscht gewesen war [...] Ja, so war es damals, und deshalb liebte ich dich, als wärst du mein Kind. Aber weißt du – du sahst es ja doch – jedesmal, wenn deine Gefühle ihre Natur änderten und du als mein Geliebter vor mir standest, da schämte ich mich, und deine Umarmung war mir eine Freude, der Gewissensbisse folgten, als ob das Blut Scham fühlte. Die Mutter wurde Geliebte. Hu!   (II. Akt)

Für den »Inzest« rächt sich die Mutter mit Kastrationsversuchen: Lauras Befehl, »alle Patronen aus den Gewehren und den Taschen« herauszunehmen (III. Akt), stellt ganz offensichtlich einen solchen symbolischen Versuch dar. Auf der metaphysischen Ebene sind jedoch auch ihre Bemühungen, die Post des Rittmeisters abzufangen und Büchersendungen an ihn zu boykottieren, dazuzurechnen. Denn so wird der Rittmeister an der Forschung gehindert, mit der er versucht, Zeichen für organisches Leben in Meteoriten nachzuweisen und so eine Beziehung zum »Himmel« herzustellen. Auf der mythischen Ebene erscheint er daher als der Held, der zum Licht gelangen will, zu einer höheren Bewußtseinsstufe, während Laura und die anderen »Mütter« die erdgebundenen Kräfte des Unbewußten darstellen, die ihn an die Erde fesseln und in der Dunkelheit festhalten wollen. Der Rittmeister geht daran zugrunde, daß er sich von der Guten Mutter nicht losreißen kann und damit der Bösen Mutter zum Opfer fällt.

Der Vater ist immer wieder als Ausdruck einer privaten, biographisch begründeten Obsession Strindbergs aufgefaßt und gedeutet worden, als Dokument gleichsam und Manifestation seines notorischen Frauenhasses. Diese Optik hat allerdings nachhaltig den Blick dafür verstellt, daß sich gerade in diesem frühen Trauerspiel Ängste artikulieren, die durchaus als epochentypisch angesehen werden können.

1861 war das Aufsehen erregende Werk von Johann Jakob Bachofen über *Das Mutterrecht* erschienen, in dem er den Nachweis zu führen sucht, daß der patriarchalischen Gesellschaft ein Zustand des Matriarchats vorausgegangen ist. Strindberg hatte dies Werk 1886 kennengelernt und im Vorwort zur zweiten Ausgabe seines Erzählbandes *Heiraten* zustimmend aus einem Essay zitiert, den Paul Lafargue in »La Nouvelle Revue« unter dem Titel »Le Matriarcat« als Kommentar zu Bachofen veröffentlicht hatte: »Die patriarchalische Familie ist folglich eine vergleichsweise junge Gesellschaftsform und ihre Entstehung war von ebenso vielen Verbrechen begleitet, wie wir sie vielleicht für die Zukunft erwarten können, wenn die Gesellschaft versuchen sollte, zum Matriarchat zurückzukehren.«

Was sich hinter diesen Worten verbirgt, ist die Angst einer ganzen Generation von Männern, die sich in ihrer Männlichkeit von den in Wahrheit eher noch schüchternen Emanzipationsversuchen der Frauen bedroht fühlten – die Angst vor dem »männermordenden Weib«. Diese Angst findet nicht nur in der auffallenden Vorliebe für bestimmte Sujets in der Bildenden Kunst ihren Ausdruck: wie Delia, die Samson die Haare abschneidet, Judith, die Holofernes tötet, Salome, die mit dem Haupt des Johannes tanzt, der Sphinx, die endlich doch noch von Ödipus überwunden wird, oder der Tod des Marat (z.B. »Samson und Delilah« von Max Liebermann, »Salome II« von Edvard Munch, »The Climax« von Aubrey Beardsley, »Ödipus und die Sphinx« von Gustave Moreau, »Der Tod des Marat« von Edvard Munch). Sie schägt sich auch in den ungezählten Versuchen nieder, emanzipierte Frauen und ihre eventuellen männlichen Bundesgenossen in Karikaturen und Satiren der Lächerlichkeit preiszugeben; man führt beispielsweise, wie im »New York Herald«, über die »männischen Weiber« Klage, die »wie Hennen seien, die krähen wollen«, oder diffamiert »die Mehrheit des männlichen Geschlechts«, die Feministenkongresse besuchen, als »Pantoffelhelden«, die am besten »Schürzen tragen sollten«. Diese Angst steckt ebenfalls hinter den direkten wütenden Angriffen auf die Frauenbewegung, wie unschwer aus Stephen Archers Rede vor dem Repräsentantenhaus gegen das Frauenwahlrecht (30. Mai 1872) zu ersehen ist: »Ein gewaltiges Heer ist gegen uns im Anmarsch – Hunderttausende 'Sturmwinde im Unterrock' – und wir müssen ihm fest entgegentreten, oder wir werden vom Sturm überwältigt werden.«[7] Die Frau, von Gott zur Sanftmut geschaffen, sei gewaltig und kämpferisch geworden, sie habe reißende Krallen bekommen und könne den Mann zu Boden stoßen. »Der im Mann des 19. Jahrhunderts steckende kleine Junge sah zu seiner mächtigen, unberechenbaren Mutter auf und fürchtete sich.«[8] Nicht zuletzt ist es diese Angst, welche die verschiedenen Kastrationsträume verursachte, von denen nachweislich viele Männer dieser Epoche heimgesucht wurden. So träumte Edmond de Goncourt in der Nacht zum Jahrestag des Sturmes auf die Bastille, des Inbegriffs väterlicher Gewalt, von einer Schauspielerin, die tanzend ihre Nacktheit zur Schau stellt und dabei »ihre Schamteile entblößt: Sie waren mit den schrecklichsten Kinnladen ausgestattet, die man sich denken kann; sie klappten ständig auf und zu und zeigten zwei Reihen von Zähnen« (14. Juli 1883, *Journal*, XII, S. 45f.).

Der von Strindberg im *Vater* dramatisierte Herkules, dem es nicht gelingt, die Nabelschnur zur Mutter Erde zu zerreißen, und der daher von ihr »gefressen« wird, erscheint im Lichte dieser Dokumente weniger als Manifestation der privaten Obsession eines Misogynen denn als Gestaltung einer zeittypischen, kollektiven Männerphantasie. In seinem späteren Ehedrama *Totentanz I* (1900), das Strindberg nach seiner sogenannten Inferno-Krise schrieb, werden allerdings diese epochalen Männerängste nicht wieder aufgegriffen. Zwar behält Strindberg den Kampf zwischen den Eheleuten als zentrales Motiv und als Grundverhältnis bei, welches die Beziehung zwischen den Protagonisten Edgar und Alice bestimmt. Er gibt ihm jedoch eine neue Deutung, indem er ihn auf einen anderen Mythos bezieht: den Mythos vom Sündenfall.

Alice: Ja, ich glaube manchmal, daß wir einem verfluchten Geschlecht angehören.

Kurt: Seit dem Sündenfall, ja, das ist schon so!

Alice: *(mit einem giftigen Blick und schneidender Stimme).* Welcher Sündenfall?

Kurt: Der ersten Menschen.

        (I. Akt, in der Übersetzung von Willi Reich)

---

7 Zitiert nach: Peter Gay, *Erziehung der Sinne*, München 1986, S. 210.

8 Ebenda, S. 210f.

Mit dem Bezug auf den Sündenfall-Mythos wird die Frage nach der persönlichen Schuld der beiden Protagonisten als unangemessen zurückgewiesen. Sie hassen und bekämpfen einander nicht aufgrund irgendwelcher Fehler, Versäumnisse, Beleidigungen, Bosheiten, Missetaten, sondern weil sie a priori dazu »verflucht« sind. Deshalb sind auch die Gewichte zwischen Alice und Edgar anders verteilt als zwischen Laura und dem Rittmeister. Während der Rittmeister als der »Schwächere« der stärkeren Laura zum Opfer fallen mußte, stehen sich in Edgar und Alice zwei absolut ebenbürtige Gegner gegenüber. Während Laura den Rittmeister an seinem Streben nach einem höheren Bewußtsein hinderte und auf die Erde zurückzog, ist im *Totentanz* eher der Mann als Materialist gekennzeichnet, der ständig an Gourmet-Mahlzeiten (wie die Makrele mit einem Glas Burgunder oder die *Nimbs navarin aux pommes* in Kopenhagen), Whisky und seine Zigarre denkt. Alice dagegen wird als eine »Frau mit Geschmack« dargestellt, die sich an die »Konzerte im Tivoli« (I. Akt) erinnert. Es ist Teil ihres Verfluchtseins, diametral entgegengesetzte Vorlieben zu haben:

> *Alice:*   Du liebst mein Repertoire nicht.
> *Kapitän:* Und du nicht meines.

(I. Akt)

Sie erweisen sich auch insofern als »Verfluchte«, als sie sich trotz größter Anstrengungen nicht voneinander zu trennen vermögen: »Wir haben uns als Verlobte zweimal getrennt, seither haben wir uns jeden Tag, der kam, zu trennen versucht ... aber wir sind zusammengeschmiedet und können nicht loskommen voneinander [...] Jetzt kann nur der Tod uns trennen. Das wissen wir, und deshalb warten wir auf ihn als den Befreier.« (I. Akt)

Im Turm, einem ehemaligen Gefängnis, auf einer Insel eingeschlossen, leben Edgar und Alice in vollkommener Isolation von ihrer Umwelt, nur auf ihren Haß und ihren Kampf gegeneinander fixiert. Zunächst haben sie sich gegenseitig ihre Freunde und Verwandten vertrieben:

> *Alice:*   Zuerst hat er alle meine Geschwister aus dem Haus ausgerottet –
>   er selbst nannte es ʼausrottenʼ – und dann meine Freundinnen
>   und andere ...
> *Kurt:*   Aber seine Verwandten? Die hast du ausgerottet?
> *Alice:*   Ja, [...].

(I. Akt)

Als nächstes mußten die Kinder aus dem Haus geschafft werden:

Alice: Sie konnten nicht zu Hause bleiben. Denn er hat sie gegen mich aufgehetzt ...
Karl: Und du sie gegen ihn.
Alice: Ja, natürlich. Und so kam es zu Parteibildung, Stimmenwerbung, Bestechungen... und um die Kinder nicht zugrunde zu richten, trennten wir uns von ihnen.

(I. Akt)

Zuletzt verlassen die Dienstboten die Festung. Alice und Edgar bleiben miteinander allein: Es gibt nur noch den täglichen Kampf gegeneinander, Auge in Auge ohne jeden Bundesgenossen. »Was geschieht hier? Es riecht wie giftige Tapeten, und man wird krank, wenn man nur hereinkommt. [...] Es liegt eine Leiche unter dem Fußboden, und hier wird so gehaßt, daß man kaum atmen kann.« (Kurt, I. Akt). Diese Situation ist es, die immmer wieder als die »Hölle« bezeichnet wird: »Das ist die Hölle« (Alice, I. Akt); »Glaubst du nicht an die Hölle, du, der mitten darin ist?« (Kurt zum Kapitän, Ende des I. Aktes); »Weißt du, daß diese Insel von der Bevölkerung die 'kleine Hölle' genannt wird?« (Alice, III. Akt). Entsprechend vermögen Alice und Edgar am Ende ihren unvermeidlichen Kampf gegeneinander zu deuten:

Alice: Und wir ...
Kapitän: ... hatten wahrscheinlich die Aufgabe, einander zu peinigen ...
Alice: [...] Das sind ja die ewigen Qualen!

(IV. Akt)

Da der pausenlose Kampf zwischen Edgar und Alice daraus folgt, daß sie dazu verdammt sind, einander zu hassen und zu quälen, tritt das Rollenspielhafte in ihrem Verhalten noch stärker hervor als bei Laura und dem Rittmeister. Jede Replik, jede Handlung stellt einen Zug in einem Spiel dar, dessen Regeln den Spielern vorgegeben sind und von ihnen nicht verändert werden können. Edgar und Alice sind absolut außerstande, eine eigene Entscheidung zu fällen oder in irgendeiner Weise selbstbestimmt zu handeln. Sie vermögen lediglich, zwischen zwei oder mehreren möglichen Spielzügen ihre Wahl zu treffen. Das Spiel zu beenden oder sich für ein anderes Spiel zu entscheiden, steht nicht in ihrer Macht.

Das Drama wird bezeichnenderweise mit den Worten des Kapitäns eröffnet: »Willst du mir nicht etwas vorspielen?« Die rituali-

sierte Kommunikation zwischen beiden wird mit einem Kartenspiel
fortgesetzt (einem symbolischen Kampf gegeneinander) und vom
Kapitän zuletzt thematisiert:

> Merkst du nicht, daß wir alle Tage dieselben Dinge sagen? Wie du eben
> deine alte gute Replik sagtest: 'hier im Hause wenigstens ...', da hätte
> ich mit meiner alten antworten sollen: 'es ist nicht mein Haus allein!'
> Aber da ich das schon fünfhundert Male geantwortet habe, so habe ich
> statt dessen gegähnt.   (I. Akt)

Nach Kurts Ankunft wird das Spiel nicht mehr mit ritualisierten
Gesten, sondern mit ritualisierten Kampfhandlungen weitergespielt:
jedem Vernichtungsschlag des einen folgt unausweichlich ein Vernichtungsschlag des anderen, ohne daß dadurch das Spiel tatsächlich zu Ende gebracht würde: Am Schluß sitzen beide wieder einander gegenüber – zwar nicht ohne Mitleid für einander (»Es ist
schade um ihn ... daß er so sein muß«, Alice, I. Akt) und nicht ohne
Einsicht in das Wesen ihres Kampfes (»Wir hatten [...] die Aufgabe,
einander zu peinigen«, »Das sind ja die ewigen Qualen«), aber ohne
Macht, Mittel und Möglichkeit, ihn zu beenden:

> Alice: Gibt es denn kein Ende?
> Kapitän: Doch, wenn wir uns in Geduld fassen! Wenn der Tod kommt,
>   beginnt vielleicht erst das Leben.
> Alice: Wenn es doch so wäre!
>
>   (IV. Akt)

Die Aussicht auf den Tod, der allein das absurde Spiel zu Ende zu
bringen vermag, ist die einzige Hoffnung, die den beiden bleibt. In
diesem »danse macabre« oder »Endspiel« sind sie ohnehin eher Ge-
spielte als Spieler. Der wahre Spieler – und Erfinder – dieses Spiels,
in dem Edgar und Alice nichts anderes sind als Spielfiguren oder
auch Marionetten, für die eine fremde Stimme den vorgeschriebe-
nen Text spricht, bleibt im verborgenen. Der »deus absconditus«
zeigt sich nicht. Da das Spiel jedoch als Folge des Sündenfalls erscheint, geht man sicher nicht fehl, wenn man in ihm die strafen-
de Vatergottheit des Alten Testamentes vermutet. An die Stelle der
menschenfresserischen Großen Mutter aus dem *Vater* ist im *Totentanz* ein rachsüchtiger, unnachsichtiger Vatergott getreten, der den
Ungehorsam seiner ersten Kinder Adam und Eva in jedem Men-
schenpaar aufs neue straft, indem er Mann und Frau in das ewige
Spiel ihres gegenseitigen Vernichtungskampfes hineinzwingt. Er
läßt jeden den anderen zur »Hölle« werden, aus der – wenn über-

haupt – nur der Tod zu erlösen vermag. Auch wenn der Vater im verborgenen bleibt, erweist er sich doch als allmächtig. Eine erneute Auflehnung gegen ihn ist ganz unmöglich.

Die Verletzung der patriarchalischen Ordnung ist im *Totentanz* auf der mythischen Ebene des »Sündenfalls« angesiedelt. Sie kann offensichtlich nur durch die schwerste Strafe geahndet und vielleicht gesühnt werden: durch die »ewigen Qualen« der Menschen, die sich gegenseitig peinigen müssen. Das Leiden der Menschen aneinander ist so zum Zeichen für die Allmacht des rachsüchtigen Vaters und für die endgültige Wiederherstellung der patriarchalischen Ordnung geworden, die sie nicht umzustürzen vermögen. Während die Muttergottheit im *Vater* ihren Sohn verschlingt, bereitet die Vatergottheit im *Totentanz* ihren Kindern ewige Qualen. Ein Entrinnen vor den mythischen, übermächtigen, destruktiven Eltern erscheint ausgeschlossen. Die Zerstörung des Selbst setzt sich als Leiden an der Familie endlos fort.

Die »Heiligkeit« der Institutionen Ehe und Familie, die zu predigen Konservative wie Riehl und Le Play nicht müde wurden, an die zu glauben die Mehrheit der bürgerlichen Schichten zumindest vorgab, wird von Strindberg als eine Lüge, als eine gefährliche Illusion entlarvt. Die Beziehung zwischen den Geschlechtern stellt sich für ihn als ein biologisch bzw. mythisch begründetes Gewaltverhältnis dar, aus dem auszubrechen nicht in der Macht des Individuums steht. Aus dem »ewigen Werk der Natur«, in dem sie »den Samen der Humanität dem Menschengeschlecht einpflanzet und selbst erzieht«, wie Herder die Familie in seinen *Ideen zur Philosophie der Geschichte der Menschheit* pries, ist eine »Hölle« geworden, die den einzelnen bis zur Unkenntlichkeit entstellt, sein Gesicht zur fratzenhaften Tier- oder Vampirmaske verzerrt und ihn total dehumanisiert. Ein menschenwürdiges Dasein, eine Hoffnung auf Selbstverwirklichung kann es nur jenseits dieser Hölle geben. Der bürgerliche Mythos von der Familie als Ort und Hort der Humanität, an dem sich die Persönlichkeit des einzelnen Individuums ungehindert ausbilden und frei entfalten kann, wird hier nicht nur, wie bereits bei Ibsen, demontiert und als Lüge decouvriert, sondern durch einen neuen Mythos ersetzt: den Mythos von der »Ehehölle«. Die ewige Verdammnis – das ist der andere.

4.3.2.3 Die vaterlose Familie

Die Familien, die Čechov in den Mittelpunkt seiner Dramen stellt, sind überwiegend vaterlos: in der *Möwe* (1896) besteht die Familie aus Mutter, Sohn und Onkel, in den *Drei Schwestern* (1901) aus vier Geschwistern, im *Kirschgarten* (1904) aus Mutter, Tochter, Pflegetochter und Onkel. Der Platz des Familienvaters bleibt leer. Diese Eigentümlichkeit, die zumal im Kontext der Epoche auffällt, hat ganz sicher nicht in einer Geringschätzung der Patriarchenrolle ihren Grund. Dazu hat Čechov ihre fatalen Auswirkungen in seiner Kindheit am eigenen Leib nur allzu oft erfahren. In einem Brief an einen seiner beiden älteren Brüder, Aleksandr, schreibt Čechov später: »Ich bitte dich, daran zu denken, daß Despotismus und Lüge die Jugend deiner Mutter zerstört haben. Despotismus und Lüge haben unsere Jugend in einem solchen Maße verdorben, daß es widerlich und furchtbar ist, sich daran zu erinnern.« (2. Januar 1889). Čechov fühlte sich von seinem Vater zu einem »Sklaven« deformiert, den er später »tropfenweise [...] aus sich herauspressen« mußte, bis er endlich eines »Morgens aufwacht und fühlt, daß in seinen Adern nicht mehr Sklavenblut fließt, sondern wirkliches Blut, das Blut eines Menschen.« (Brief an seinen Freund und Verleger A.S. Suvorin vom 7. Januar 1889).

Die Abwesenheit des Vaters in Čechovs Dramen steht nicht im Gegensatz zu diesen Erfahrungen, sondern hängt in gewisser Weise mit ihnen zusammen. In den *Drei Schwestern* sagt Andrej über seinen vor einem Jahr verstorbenen Vater:

> Unser Vater, Gott schenke ihm das Himmelreich, hat uns mit Bildung regelrecht unter Druck gesetzt. Es ist lächerlich und dumm, aber dennoch muß ich sagen, nach seinem Tode habe ich zugenommen, und ein Jahr danach bin ich dick, als wäre mein Körper von diesem Druck befreit. Dank meinem Vater können meine Schwestern und ich Französisch, Deutsch und Englisch, Irina kann auch noch Italienisch. Aber was das gekostet hat!   (I. Akt, in der Übersetzung von Peter Urban)

Der Tod des Vaters erscheint in diesen Worten wie eine geradezu körperliche Befreiung des Sohnes zu sich selbst.

Auch in anderer Hinsicht läßt Čechov keinen Zweifel daran aufkommen, daß der verstorbene General das Leben seiner Kinder tiefgreifend beeinflußt und bestimmt hat. Noch zu seinen Lebzeiten wurde Olga Lehrerin am Mädchengymnasium – ganz offensichtlich nicht auf eigenen Wunsch: »Weil ich jeden Tag im Gymnasium bin und danach bis zum Abend Stunden gebe, habe ich ständig Kopfschmerzen und so Gedanken, als wäre ich schon alt. Und tatsächlich, in den vier Jahren, seit ich am Gymnasium arbeite, spüre ich, wie mich jeden Tag, Tropfen um Tropfen, Kraft und Jugend verlassen« (I. Akt). Maša wurde mit einem ungeliebten Mann verheiratet: »Mich hat man verheiratet, da war ich achtzehn Jahre alt, und ich hatte Angst vor meinem Mann, denn er war Lehrer, während ich damals kaum die Schule hinter mir hatte. Er erschien mir damals schrecklich gelehrt, klug und wichtig. Heute ist das anders, leider.« (II. Akt)

Der Vater hat nicht nur in der Bildung seiner Kinder tiefe Spuren hinterlassen, er hat vielmehr ihre gesamte Lebensführung und -planung entscheidend beeinflußt. Um so wichtiger erscheint das Faktum, daß er zu Beginn des Dramas bereits ein Jahr tot ist. Die Frage nach Selbstverwirklichung stellt sich damit auf eine ganz radikale Weise neu: die Geschwister sind jetzt unabhängig vom Vater, sie sind frei, ihr Leben nach eigenem Gutdünken und in eigener Verantwortung selbst zu gestalten.

Der große Lebenstraum aller Geschwister ist es, die Gouvernementshauptstadt, in die sie mit dem Vater vor elf Jahren gezogen sind, zu verlassen und nach Moskau zurückzukehren. Olga würde dann gern ihren Beruf aufgeben und heiraten. Zwar »alles ist gut, alles kommt von Gott, aber mir scheint, wenn ich heiraten würde und den ganzen Tag zu Hause sitzen könnte, dann wäre es besser« (I. Akt). Irina träumt von einer großen Liebe in Moskau (»Ich habe immer darauf gewartet, daß wir nach Moskau ziehen, dort würde mir der Richtige begegnen, ich habe von ihm geträumt, ihn geliebt ...« [III. Akt]), macht aber zunächst konkrete Pläne, wie sie in der Arbeit Glück und Erfüllung finden könne. Denn »der Mensch muß sich mühen, arbeiten im Schweiße seines Angesichts, wer er auch sei, und darin allein liegt der Sinn und das Ziel seines Lebens, sein Glück, seine Seligkeit. [...] Bei heißem Wetter möchte man manchmal so trinken, wie ich jetzt arbeiten möchte.« (I. Akt) Andrej will Nataša heiraten und träumt »jede Nacht davon [...], er sei Professor an der Universität Moskau, ein berühmter Gelehrter, auf den ganz Rußland stolz ist« (II. Akt). Lediglich Maša scheint sich mit ihrer vagen Sehnsucht nach Moskau zu begnügen und keine konkreten Pläne zu schmieden, wie sie ihr Leben ändern könnte.

Am Ende des Dramas haben sich alle Hoffnungen zerschlagen. Die Geschwister sind in der Gouvernementshauptstadt geblieben. Olga hat nicht geheiratet, sondern ist in ihrem ungeliebten Beruf zur Direktorin aufgestiegen. Irina hat zwar am Telegraphenamt und in der Stadtverwaltung gearbeitet. Aber diese Arbeit war »ohne Poesie, ohne Geist« (II. Akt), so daß sie alles »haßt« und »verachtet«, was man ihr zu tun gibt. Auch der »Richtige« hat sich nicht eingefunden, und Irina hat sich bereit erklärt, mit Baron Tuzenbach eine Ehe ohne Liebe von ihrer Seite aus einzugehen. Aber auch dieser Plan wird vereitelt: Tuzenbach fällt im Duell. Andrej hat zwar Nataša geheiratet, er ist aber nicht Professor geworden, sondern Mitglied der Zemstvoverwaltung, deren Vorsitzender Protopopov ist, mit dem Nataša eine Liebschaft unterhält.

Alle Pläne sind zunichte geworden, alle Träume haben sich in Nichts aufgelöst. Woran liegt das? Wieso ist es den Geschwistern nicht gelungen, ihr Leben nach ihren Plänen einzurichten und ihre Träume zu verwirklichen? Der Vater und mit ihm die patriarchalische Struktur der Familie kommt als Begründung und Entschuldigung nicht mehr in Betracht, ebensowenig wie wirtschaftliche Not oder andere nicht von den Geschwistern zu verantwortende äußere Umstände.

Andererseits kann, was mögliche »innere« Umstände betrifft, auch nicht eine mangelnde Ausbildung der individuellen Persönlichkeit angeführt werden. Čechov informiert vielmehr den Zuschauer bereits im I. Akt, daß die Geschwister eine ausgezeichnete Erziehung genossen haben, und legt den größten Wert darauf, jede der Personen bis in die kleinsten Nuancen hinein als eine ausgeprägte, ganz individuelle Persönlichkeit zu gestalten, die sich in Temperament, Talent, Gewohnheiten, Verhalten, Ausdrucks- und Sprachweise unverwechselbar von jeder anderen unterscheidet. Insofern stellen die drei Schwestern eine geradezu idealtypische Verkörperung der Vorstellung von Persönlichkeit dar, wie sie sich im 19. Jahrhundert entwickelt hatte. Sie sind sich ihrer kultivierten Besonderheit, ihrer Verschiedenheit von den anderen – nicht nur von der »Spießbürgerin« Nataša, sondern auch von der sie »umgebenden dumpfen Masse« der »einhunderttausend Einwohner dieser Stadt« (Veršinin, I. Akt) – nur allzu bewußt.

Dies Bewußtsein von der eigenen Individualität, die Fixierung auf die aus ihr entspringenden Bedürfnisse scheint bei Olga und

Irina jedoch gerade die Ursache für ihre Unfähigkeit zu sein, ihr Leben entsprechend ihren Wünschen zu verändern. Als Nataša die alte Amme Anfisa anfährt und verlangt, daß sie aus dem Haus verschwindet, vermag Olga nicht unmittelbar einzugreifen, sondern setzt sich lediglich mit einem Hinweis auf ihre Individualität schwach zur Wehr:

> Du warst eben so grob zu Njanja ... Verzeih, ich bin außerstande, so etwas zu ertragen ... mir ist ganz schwarz geworden vor Augen ... [...] Versteh doch, Liebste ... wir sind vielleicht merkwürdig erzogen, aber ich ertrage das nicht. So eine Einstellung bedrückt mich, macht mich ganz krank ... ich verliere einfach allen Mut! ... [...] Jede, auch die geringste Roheit, ein taktloses Wort regt mich auf ...   (III. Akt)

Die eigene Individualität wird so zur Ursache und zur Entschuldigung dafür, daß Olga Nataša nicht wirkungsvoll entgegenzutreten vermag.

In anderer Hinsicht erweist sich für Irina die Zentriertheit auf das eigene Ich und seine Bedürfnisse als größtes Hindernis bei der Erfüllung ihrer Sehnsucht nach dem »wahren schönen Leben« (III. Akt). Sie klagt über ihre Stelle beim Telegraphenamt, daß es eine Arbeit »ohne Poesie, ohne Geist« sei, und zwar unmittelbar, nachdem sie Maša berichtet hat, wie sie selbst aus dieser Arbeit »Poesie« und »Geist« ausgetrieben hat:

> Kommt doch eben eine Dame, sie telegraphiert ihrem Bruder nach Saratov, ihr Sohn sei heute gestorben, und ihr fällt einfach die Adresse nicht ein. Also habe ich es ohne Adresse abgeschickt, einfach nach Saratov. Sie weint. Und ich habe sie angefahren ohne jeden Grund. 'Ich habe keine Zeit', sagte ich. Es war so dumm.   (II. Akt)

Irina erwartet etwas von der Arbeit, was sie selbst investieren müßte, wenn sie ihr Befriedigung verschaffen soll: Mitmenschlichkeit würde auch »Poesie« und »Geist« einschließen. Da für Irina nur ihr eigener Glücksanspruch, ihre Utopie Moskau existiert, versagt sie vor den Ansprüchen, die ihr von realen Mitmenschen gestellt werden.

Dies gilt auch für ihre Beziehung zu Tuzenbach. Obwohl Irina fest davon überzeugt ist, daß der »Richtige« ihr nur in Moskau begegnen könne, erklärt sie sich zuletzt doch einverstanden, den Baron zu heiraten, wenn sie auf diese Weise nur endlich nach Moskau kommen kann: »Ich werde ihn heiraten, einverstanden, nur – fahren wir nach Moskau! Ich flehe dich an, fahren wir! Es gibt nichts Besseres auf der Welt als Moskau! Fahren wir, Olja! Fahren wir!«

(III. Akt) Und so wird Tuzenbach für Irina auch nach der Verlobung nicht zu einem Mitmenschen, für den sie irgendein echtes Interesse aufzubringen vermöchte, dem sie nicht einmal zuhören will. Obwohl sie ahnt, daß zwischen Tuzenbach und Solënyj etwas vorgefallen ist, kann sie das Duell nicht verhindern, weil sie kein einziges Wort zu sagen weiß, das eine tiefere Anteilnahme am Menschen Tuzenbach verraten würde.

Tuzenbach:	Morgen bringe ich dich fort von hier, wir werden arbeiten, reich sein, meine Träume werden in Erfüllung gehen. Du wirst glücklich werden. Wenn nur das Eine, das Eine nicht wäre: du liebst mich nicht.
Irina:	Das steht nicht in meiner Macht. Ich werde deine Frau sein, treu und ergeben, aber ohne Liebe, es ist nicht zu ändern. *Pause.* Ich habe kein einziges Mal im Leben geliebt. Oh, wie habe ich von der Liebe geträumt, ich träume schon so lange von ihr, Tag und Nacht, aber meine Seele ist wie ein kostbarer Flügel, der verschlossen und zu dem der Schlüssel verloren ist. *Pause.* Du hast so einen unruhigen Blick.
Tuzenbach:	Ich habe die ganze Nacht nicht geschlafen. Es gibt in meinem Leben nichts, das so entsetzlich wäre, daß es mich erschrecken könnte, nur dieser verlorene Schlüssel zerreißt mir das Herz, läßt mich nicht schlafen ... Sag mir etwas. *Pause.* Sag mir etwas.
Irina:	Was? Was soll ich sagen? Was?
Tuzenbach:	Irgend etwas.
Irina:	Hör auf! Hör auf! *Pause.*
Tuzenbach:	[...] Ich muß gehen, es ist Zeit ... Dieser Baum ist verdorrt, aber trotzdem wiegt er sich noch mit den anderen im Winde. So werde auch ich, scheint mir, wenn ich einmal sterbe, weiter am Leben teilnehmen, so oder anders. Leb wohl, Liebste ... *Küßt ihr die Hände.* Die Papiere, die du mir gegeben hast, liegen bei mir auf dem Tisch, unter dem Kalender.
Irina:	Ich gehe mit dir.
Tuzenbach:	*beunruhigt* Nein, nein! *Geht schnell weg, bleibt auf der Allee stehen.* Irina!
Irina:	Was?
Tuzenbach:	*weiß nicht, was er sagen soll* Ich habe heute noch nicht Kaffee getrunken. Laß mir welchen kochen. *Geht schnell ab.*

(IV. Akt)

Tuzenbachs Worte »Sag mir etwas« sind als ein Appell an Irina zu verstehen, sich ihm zuzuwenden. Aber Irina lehnt es dreimal ab, eine Beziehung zu ihm herzustellen: durch Schweigen (*Pause*), durch die Rückfrage »Was soll ich sagen?« und durch deutliche Zurückweisung (»Hör auf! Hör auf!«). Dennoch versucht Tuzenbach, nachdem er von seinen Todesahnungen gesprochen hat, einen letzten Appell an sie – er ruft sie beim Namen. Dieser Anruf beim Namen ist nichts anderes als Anrede, Zuwendung und darin zugleich Tuzenbachs letzter Versuch, Irina zu bewegen, sich ihm als Person zu öffnen. Irina jedoch versteht diesen Appell nicht. Mit ihrer Frage »Was?« transponiert sie die Nennung ihres Namens von der Beziehungsebene auf die Sachebene. Tuzenbachs Zuflucht zu einer Banalität stellt damit das Ende jeglichen Dialogs zwischen ihnen dar.

Irina ist in der Tat wie ein »kostbarer Flügel«, der verschlossen ist; die Begegnung mit einem anderen, die sich nur in der Sphäre zwischen zwei Personen ereignen kann, ist von ihr hineingenommen in ihre Innerlichkeit. Der Weg zum anderen ist ihr versperrt, weil sie ganz und gar in ihre Subjektivität versenkt und ausschließlich mit ihrer eigenen Persönlichkeit beschäftigt ist.

Irina ist unfähig, den Weltmittelpunkt ihres Ich zu verlassen und sich einem Mitmenschen zuzuwenden. Die im Hier und Jetzt angesiedelten Möglichkeiten, auf andere einzugehen und dabei vielleicht selbst glücklich zu werden, kann sie nicht ergreifen, weil ihrer besonderen Persönlichkeit nach ihrer Meinung nur die in der Utopie Moskau vermuteten Menschen angemessen sein können. Irinas Einsamkeit hat in ihrer Zentrierung auf die eigene, so besondere Persönlichkeit ihren Grund, im Kult, den sie mit ihrer Persönlichkeit treibt.

Dies wird vor allem durch den Vergleich mit Maša deutlich. Maša ist eine ebenso sensible, kultivierte Persönlichkeit wie ihre Schwestern. Sie empfindet Grobheit und Taktlosigkeit nicht weniger abstoßend als Olga: »Mich erregt, beleidigt die Roheit, ich leide, wenn ich sehe, daß ein Mensch nicht feinfühlig genug, nicht weich und freundlich genug ist. Wenn ich mit den Lehrern zusammen bin, mit den Kollegen meines Mannes, dann leide ich einfach« (II. Akt). Diese Sensibilität hat Maša jedoch nicht die Fähigkeit genommen, für andere offen zu sein und sich ihnen mit Interesse zuzuwenden. Während Olga und Irina an Veršinin nur wahrnehmen, daß er aus Moskau kommt, also eine Art Abgesandter aus ihrer Traumwelt darstellt, erinnert Maša sich an seinen früheren Spitznamen und bemerkt, wie alt er in den zurückliegenden elf Jahren geworden ist, seit sie ihn das letzte Mal gesehen haben. Sie findet allmählich zu einer Begegnung mit Veršinin – und zwar weder, weil er ein Don Juan, ein unwiderstehlicher Mann wäre, noch weil sie sich utopischen Träumen vom wahren Glück hingeben würde. Zwar wird mit den Anfangsversen von Puškins Poem *Ruslan und Ludmilla*, der klassischen russischen Liebesgeschichte, die Maša immer wieder zitiert: »Ein grüner Eichbaum steht am Meere, von Gold dran eine Kette blinkt ...«, signalisiert, daß Maša in ihrer Ehe nicht glücklich ist und vielleicht auch wie Irina von einer großen Liebe träumt. Aber diese Sehnsucht macht sie nicht blind für die realen Menschen, die ihr im Hier und Jetzt begegnen. So ist sie im Unterschied zu ihren Schwestern fähig, Veršinin zunächst einfach Offenheit und Teilnahme an seiner Person – nicht nur an der Tatsache, daß er aus Moskau kommt – entgegenzubringen:

> Zuerst kam er mir merkwürdig vor, dann habe ich ihn bedauert ... dann mich verliebt ... verliebt in seine Stimme, seine Worte, sein Unglück, seine beiden Mädchen ... [...] Ich liebe ihn – das ist mein Schicksal. Das ist mein Los ... Und er liebt mich auch ... Das ist alles schrecklich. Nicht wahr? Das ist schlimm? *Zieht Irina am Arm zu sich heran.* Oh, meine Liebste ... Irgendwie verbringen wir unser Leben, wie wir es verstehen ... Wenn du irgend einen Roman liest, erscheint dir alles alt und alles so klar, aber wenn du dich selber verliebst, dann siehst du, daß niemand etwas weiß und jeder es für sich allein entscheiden muß. (III. Akt)

Diese Entscheidung, die beide, Maša und Veršinin, füreinander getroffen haben, gestaltet Čechov in einem Dialog, der ohne Wortsprache geführt wird:

> | Veršinin: | *singt.* Ein jeder kennt die Lieb' auf Erden, |
> |---|---|
> | | ein jeder muß ihr Sklave werden ... *Lacht.* |
> | Maša: | Tram-tam-tam ... |
> | Veršinin: | Tam-tam ... |
> | Maša: | Tra-ra-ra? |
> | Veršinin: | Tra-ta-ta ... *Lacht.* (III. Akt) |

Das wahre, echte Gefühl findet nur jenseits der Sprache seinen angemessenen Ausdruck. In diesem Punkt war Čechov von einer tiefen Sprachskepsis erfüllt, die derjenigen Hofmannsthals vergleichbar ist, wie sie sich in dem berühmten *Brief* des Lord Chandos (1902) ausspricht. Čechov hat sich ganz ähnlich geäußert:

> Überhaupt wirkt die Rede, so schön und tief sie auch sein mag, nur auf die Gleichgültigen, vermag jedoch nicht immer die zufriedenzustellen, die glücklich oder unglücklich sind; deswegen ist der höchste Ausdruck des Glücks oder Unglücks meistens Schweigen: Verliebte verstehen ein-

ander besser, wenn sie schweigen, und eine glühende Grabrede berührt nur die Fremden, der Witwe und den Kindern des Verstorbenen dagegen scheint sie kalt und nichtssagend.[9]

Im »Tram-tam-tam«-Dialog haben Maša und Veršinin eine eigene »Sprache« gefunden, die dem Schweigen äquivalent ist und für beide ihr Gefühl angemessen auszudrücken vermag. Beiden gelingt in diesem Moment die vollkommene Selbstverwirklichung; beide erfahren »das wahre schöne Leben«, von dem Irina nur träumt. Sie sind glücklich – wenn auch nur für kurze Zeit –, weil sie offen für den anderen sind und am Leben des realen Mitmenschen wahrhaft teilnehmen; weil sie bereit sind, den Weltmittelpunkt ihres Ich zu verlassen und sich in der Sphäre zwischen Ich und Du anzusiedeln. Dies ist allerdings nur deshalb möglich, weil Maša keinen Kult mit ihrer individuellen, besonderen Persönlichkeit treibt, sondern sich mit ihr offen der Welt und den anderen stellt.

Wenn die Rede zum Ausdruck des Gefühls unter Glücklichen oder Unglücklichen nichts taugt, wie es der »Tram-tam-tam«-Dialog zwischen Maša und Veršinin nahelegt, erhebt sich die Frage, inwiefern sie überhaupt Gemeinsamkeiten zu stiften – und damit Einsamkeit aufzuheben – in der Lage ist. Im II. Akt hat Andrej mit dem schwerhörigen Ferapont folgenden Dialog:

Andrej: Wenn du hören könntest, dann würde ich vielleicht gar nicht mit dir reden. Ich muß mit jemandem reden, aber meine Frau versteht mich nicht, vor meinen Schwestern habe ich irgendwie Angst, ich habe Angst, daß sie mich auslachen, beschämen ... Ich trinke nicht, mag keine Kneipen, aber mit welchem Vergnügen würde ich jetzt in Moskau sitzen, bei Testov oder im Großen Moskovskoe.

Ferapont: In Moskau, hat neulich ein Unternehmer im Zemstvo erzählt, da haben irgendwelche Kaufleute Bliny gegessen; einer, der vierzig Bliny gegessen hat, soll gestorben sein. So vierzig, oder fünfzig. Ich weiß nicht mehr genau.

Andrej: Du sitzt in Moskau, im Riesensaal eines Restaurants, kennst niemanden, niemand kennt dich, und trotzdem fühlst du dich nicht fremd. Hier kennst du jeden, und jeder kennt dich, aber du bist fremd, fremd ... Fremd und einsam.

---

9 *Polnoe sobranije sočinenija v dvenadcati tomach*, pod obščej redakcij V.V. Ermilova, K.D. Muratovoj, Z.Y. Papernogo, A.J. Revjakina, Gosudarstvennoe izdatel'stvo chudožestvennoj literatury, Moskva 1963, t.6, str.30/31.

Ferapont: Was? *Pause.* Und derselbe Unternehmer hat noch erzählt –
               vielleicht lügt er auch, quer durch ganz Moskau wär ein
               Seil gespannt.

Andrej spricht über sein verfehltes Leben, seine Wünsche, Träume,
Ängste und Sehnsüchte vor dem schwerhörigen Ferapont mit der
Begründung: »Ich muß mit jemandem reden«. Das Dasein eines
anderen gibt ihm offensichtlich das Gefühl, daß er nicht ganz einsam
ist, da er ja zu einem anderen spricht. Diese Funktion hat die Rede
keineswegs nur für Andrej allein. Die Menschen in den *Drei Schwestern* sind fast alle einsam, aber deswegen ziehen sie sich nicht ins
Schweigen zurück – ganz im Gegenteil, gerade deswegen reden sie,
reden über alltägliche Dinge oder die Zukunft der Menschheit, sie
reden, um zu reden, denn dies allein nimmt ihnen das Gefühl, ganz
einsam zu sein. Andrej glaubt zwar, daß Aufhebung der Einsamkeit und Kommunikation möglich seien; er verlegt ihre Realisierung jedoch in seine Utopie Moskau – dasselbe Moskau, durch das,
wie Ferapont erzählt, ein Strick gespannt ist, Zeichen der Trennung
und Isolierung.

Das Reden hat bei Andrej jedoch noch eine weitere Funktion. Im
IV. Akt hat Andrej einen letzten Dialog mit Ferapont. Nachdem er
wieder sein verpfuschtes Leben im besonderen und die Gemeinheit und Niedrigkeit des Lebens im allgemeinen beklagt hat, fährt
er nach Feraponts Einwurf, daß in Petersburg im Winter zweihundert Grad Kälte gewesen seien, fort:

> Die Gegenwart ist mir zuwider, aber wenn ich dafür an die Zukunft
> denke, wie schön ist es dann! Dann wird mir so leicht, so weit; und in
> der Ferne schimmert ein Licht, ich sehe die Freiheit, ich sehe, wie ich
> und meine Kinder frei sein werden vom Müßiggang und Leere, vom
> Kvas, vom Gänsebraten mit Kohl, vom Mittagsschlaf, von dem nieder-
> trächtigen Schmarotzerdasein ...

Indem Andrej von der fernen Zukunft spricht, in der seine Probleme bewältigt sein werden, hat er sich von der Verpflichtung befreit,
in der Gegenwart irgendetwas Konkretes zu unternehmen, um sie
hier und heute zu bewältigen. Er spricht nicht, um zu handeln,
sondern um einer Handlung auszuweichen. Das Reden tritt an die
Stelle des Handelns und wird so zum Handlungsersatz.

Das gleiche gilt für das Philosophieren Tuzenbachs und vor allem
Veršinins. Veršinin philosophiert stets im Wechsel mit anderen,
meist mit Tuzenbach. Jeder trägt seine Meinung vor, ohne daß die

Meinung des einen die des anderen beeinflussen könnte. Wenn Veršinin seine Überzeugung ausspricht: »In zweihundert, dreihundert Jahren wird das Leben auf der Erde unvorstellbar schön, wunderbar sein. Der Mensch braucht ein solches Leben, und wenn er es bis jetzt nicht hat, so muß er es vorausahnen, erwarten, erträumen, sich darauf vorbereiten« (I. Akt), dann befreit er sich damit von dem Zwang, in der realen Situation, in der er sich befindet, etwas zu tun. Das Sprechen wird wie bei Andrej zum Handlungsersatz, bei dem der andere dringend gebraucht wird: indem Veršinin vor einem anderen philosophiert, macht er ihn zum Zeugen der im Philosophieren ersatzweise geleisteten Tat. Während man sitzt und von einer besseren Zukunft in zwei-, dreihundert Jahren redet, überläßt man die Gegenwart umstandslos den »Spießern«, wie Nataša und Protopopov, die schon dafür sorgen werden, daß Trivialität, Niedrigkeit und Gemeinheit weiterhin das Leben bestimmen werden.

Nataša wandelt sich im Verlauf des Dramas aus einem schüchternen, linkischen Mädchen, das aus Verlegenheit vom Tisch wegläuft, in die unumschränkte Herrscherin über das Haus der Prozorovs. Als wirksamste Waffe benutzt sie in ihrem Aufstieg das Reden. Ihre Worte drehen sich, im Unterschied zu denen der anderen, stets um eine konkrete Angelegenheit. Im II. Akt gelingt es ihr, mit ihren Reden über das Thema »Bobik« den Fastnachtssängern das Haus zu verbieten, von denen alle sich Freude, Unterhaltung und Abwechslung versprechen, und Irina aus ihrem Zimmer zu verdrängen. Im III. Akt schafft sie es auf ähnliche Weise, die alte Amme Anfisa und mit ihr Olga aus dem Haus zu vertreiben. Natašas Redefluß ist jedesmal der Prozeß einer allmählichen Überwältigung des anderen (erst Andrejs, dann Olgas), der als ein Hindernis für die Durchsetzung des eigenen Willens betrachtet wird. Jedes ihrer Worte wird als Waffe eingesetzt, um den Willen des anderen zu lähmen und zu überwältigen. Bei Nataša ist Sprache wieder Handeln – wie im klassischen Drama – ein Handeln jedoch, das sich auf den Mitmenschen wie auf ein Objekt bezieht, das dem Willen des Handelnden um jeden Preis untergeordnet werden muß. Natašas Reden sind nichts anderes als Gewaltakte, denen sich die anderen widerstandslos beugen, bis es niemanden mehr gibt, der sich Natašas Willen zu widersetzen vermöchte:

Zu Irina. In dein Zimmer stecke ich Andrej mit seiner Geige, – soll er da
herumfiedeln! – und in sein Zimmer kommt Sofočka [...] Also morgen
bin ich schon allein hier. *Seufzt.* Als erstes lasse ich diese Tannenallee
fällen, dann diesen Ahorn hier ... Abends ist er immer so häßlich ... *Zu
Irina.* Liebste, dieser Gürtel steht dir ganz und gar nicht ... Eine Ge-
schmacklosigkeit ... Du mußt etwas Helles tragen. Und hier lasse ich
überall Blumen pflanzen, lauter Blumen, das wird ein Duft sein ... *Streng.*
Wieso liegt hier auf der Bank eine Gabel herum? *Ins Haus gehend, zum
Stubenmädchen.* Wieso liegt hier auf der Bank eine Gabel herum, frage
ich? *Schreit.* Schweig! (IV. Akt)

Bezeichnenderweise ist Natašas letztes Wort: »Schweig!« Denn wenn
Worte Waffen sind, mit denen der andere niedergekämpft wird,
dürfen Worte bei anderen auch nicht geduldet werden. Zurück
bleibt triumphierend Natašas Wille, der alle anderen als störend
von ihr getrieben und sie von allen »befreit« hat: »Also morgen bin
ich schon allein hier.« Nur indem Nataša Macht über andere hat,
sie unterdrücken oder vertreiben kann, vermag sie sich selbst zu
verwirklichen. Sie hört damit auf, ein Mensch zu sein, wie Andrej
treffend bemerkt: »Meine Frau ist meine Frau. Sie ist ehrbar, anständig, naja, sie ist gut, aber sie hat bei alledem etwas, das sie zu
einem kleinen, blinden, so einem struppigen Tier herabwürdigt.«
(IV. Akt)

Solchen »Tieren« überlassen die sensiblen, kultivierten Persönlichkeiten ihr Haus, ihre Gegenwart, ihr Leben, weil sie vollkommen von ihrer komplizierten Individualität und ihren Bedürfnissen
in Anspruch genommen sind, außerhalb ihrer nichts wahrzunehmen und jenseits des Philosophierens sich zu keiner Handlung auf-
zuraffen vermögen.

Über Stanislavskijs Inszenierung der *Drei Schwestern* (Uraufführung am 31. Januar 1901) haben die Zuschauer in jeder Vorstellung
Tränen vergossen – sehr zum Ärger Čechovs. Alexander Tichonov
gegenüber äußerte er sich 1902:

Sie sagen, Sie hätten über meine Theaterstücke geweint. Sie sind nicht
der einzige. Dazu habe ich sie aber nicht geschrieben. Stanislavskij war
es, der sie so rührselig gemacht hat. Ich wollte etwas ganz anderes. Ich
wollte einfach und ehrlich sagen: schaut euch an, seht doch, wie schlecht
und langweilig ihr euer Leben führt! Das Wichtigste ist, daß die Leute
das einsehen. Sobald sie das begreifen, müssen sie ein anderes, besseres
Leben beginnen. Ich werde es wohl nicht mehr erleben, aber ich bin überzeugt, daß es ein ganz anderes Leben sein wird, mit dem heutigen nicht
zu vergleichen. Doch unterdessen werde ich nicht aufhören, den Leuten

zu wiederholen: Seht doch, wie langweilig und schlecht ihr lebt! Was gibt es da zu weinen?[10]

In den *Drei Schwestern* das Bild einer faulenden Klasse am Vorabend der Revolution (von 1905) sehen zu wollen, ist allerdings ebenso falsch, wie sich in den Personen voll Selbstmitleid wiedererkennend, eine existentiell begründete, vom einzelnen nicht aufhebbare Einsamkeit des Menschen als Ursache für ihre Handlungsunfähigkeit zu beklagen. Wie unsere Analyse gezeigt hat, hängt es in der vaterlosen Familie der *Drei Schwestern* letztlich vom einzelnen ab, was er aus seinem Leben macht. Die Zugehörigkeit zu einer gesellschaftlichen Klasse kann hierfür nicht verantwortlich gemacht werden. In diesem Sinn hat Čechov sich auch Gorki gegenüber geäußert:

> Vorläufig sind es noch Studenten und Studentinnen – das ist ein ehrliches, gutes Volk, das ist unsere Hoffnung, die Hoffnung Rußlands. Aber wenn sie erwachsen werden, verwandelt sich unsere Hoffnung und die Zukunft Rußlands in Rauch, und es bleiben im Filter nur Ärzte, Villenbesitzer, unterernährte Beamte und korrupte Ingenieure ... Ich glaube nicht an unsere Intelligenz, sie ist heuchlerisch, falsch, hysterisch und faul, ich glaube sogar auch nicht an sie, wenn sie leidet und klagt, denn ihre Unterdrücker kommen doch aus ihrem eigenen Schoß. Ich glaube an die einzelnen Menschen, die über das ganze Land verstreut sind, ob Bauern oder Intellektuelle, in ihnen liegt die Kraft, auch wenn es nur wenige sind, ... denn ihre Arbeit sieht man.[11]

Ohne in seinen Dramen die gesellschaftlichen und familialen Ursachen für die Identitätskrise des einzelnen zu übersehen und zu bagatellisieren, spricht Čechov die letzte Verantwortung für die Gestaltung des eigenen Lebens doch dem Individuum zu. Diese Verantwortung kann ihm niemand abnehmen.

Es liegt eine gewisse Ironie darin, daß Čechovs Dramen bei seinen Zeitgenossen nur deshalb Erfolg hatten, weil sie nicht in diesem Sinne rezipiert wurden. Stanislavskijs Inszenierungen, die sie als »Stimmungsdramen« auf die Bühne brachten, in denen die dramatischen Figuren jeder Verantwortung für ihr »schlechtes und langweiliges« Leben enthoben wurden und so des tränenreichen Mitleids der Zuschauer sicher sein konnten, bestimmten die Rezeption

---

[10] Zitiert nach: Siegfried Melchinger, *Tschechow*, Velber bei Hannover 1968, S. 59, 61f.

[11] Zitiert nach Melchinger, a.a.O., S. 56.

der Čechov-Dramen sowohl in Rußland als auch im übrigen Europa, das den Dramatiker Čechov überhaupt erst durch die Gastspielreisen des Moskauer Künstlertheaters kennenlernte. Das bürgerliche Publikum konnte sich bei ihrer Rezeption in Selbstmitleid und Tränen auflösen, anstatt sich mit seinem eigenen »schlechten und langweiligen« Leben konfrontiert zu fühlen. Čechovs Dramen hatten Erfolg, weil sie entgegen der Absicht des Autors das Publikum nicht aufrüttelten, sondern ihm weinerlichen Trost für das eigene »Elend« spendeten: man konnte den Kult mit der eigenen so empfindsamen Persönlichkeit und die aus ihm resultierende Handlungsunfähigkeit in stimmungsvoller Schönheit gerührt und elegisch genießen: »Seht, so gehn auch wir unverstanden und schuldlos in Schönheit zugrunde.« Selten wurde ein Dramatiker von seinen Zeitgenossen so mißverstanden wie Čechov.

4.3.3 Die große Persönlichkeit – der Künstler

4.3.3.1 Charismatischer Künstler und »femme fatale«

Das bürgerliche Zeitalter trieb nicht nur mit der Familie seinen Kult, sondern auch mit der großen Persönlichkeit. Was im Sturm und Drang als Geniekult begonnen hatte, entwickelte sich im Laufe des 19. Jahrhunderts zunehmend zum Kult der rätselhaften großen Persönlichkeit. Wie Sennett darstellt, wurde nun »die Enthüllung innerer Regungen das Erregende. Wenn jemand imstande war, sich in der Öffentlichkeit zu offenbaren und diese Selbstenthüllung gleichzeitig zu kontrollieren, dann wirkte er erregend. Man spürte, daß Macht von ihm ausging, ohne erklären zu können warum – das säkulare Charisma.« (S.304) Es nimmt daher kaum wunder, daß der Künstler – und ganz besonders der darstellende Künstler, der Star – vielfach zum Inbegriff dieser rätselhaften großen Persönlichkeit wurde. Mit diesem Charisma versehen, gelang es zum Beispiel dem Dichter Lamartine in der Februar-Revolution von 1848, die Massen in seinen Bann zu ziehen, so daß sie selbst passiv wurden und ihre eigenen wohlverstandenen Interessen vergaßen.

Im ästhetisch avancierten Drama hatte sich die rätselhafte große Persönlichkeit im Typus des Byronischen Helden verkörpert, der – vor allem als Künstler wie de Vignys Chatterton – daran zugrunde geht, daß die Gesellschaft seine Sendung nicht anerkennen will und ihm eine entsprechende öffentliche Stellung verweigert.

Diese Kluft zwischen Individuum und Gesellschaft, die für das Künstlerdrama der Romantik so charakteristisch und typisch ist, scheint in Ibsens spätem Künstlerdrama *Baumeister Solness* (1892) aufgehoben zu sein. Halvard Solness ist ein erfolgreicher Baumeister, der nicht nur die Anerkennung der Gesellschaft errungen hat, sondern auch selbst ein bürgerliches Leben führt. Er unterhält ein großes Büro mit drei Angestellten, ist verheiratet, wohnt in einem repräsentativen Haus, in dem die Honoratioren der Stadt wie Dr. Herdal und die Damen der besten Gesellschaft verkehren.

Dennoch trägt Solness wesentliche Züge, wie sie für den Künstler des romantischen Dramas kennzeichnend sind. Daß er als eine herausragende Persönlichkeit zu denken ist, deutet Ibsen bereits mit seinem Namen an: »sol« heißt »Sonne« und »ness« »herausragendes Land, Landzunge«. Solness zählt in der Tat zu den »happy few«. Er hat nicht nur, wie Dr. Herdal meint, »ein geradezu märchenhaftes Glück gehabt« (I. Akt), sondern er lebt in dem Bewußtsein, auserwählt zu sein:

> Glauben Sie nicht auch, Hilde, daß es einzelne auserkorene, auserwählte Menschen gibt, denen die Macht und die Gnade verliehen wurde, etwas zu wünschen und zu wollen – es so inbrünstig und so – so unerbittlich zu begehren, daß sie es schließlich auch bekommen müssen? [...] Einer allein vermag so große Dinge freilich nicht. O nein – die Helfer und die Diener, die müssen dabei sein, wenn etwas daraus werden soll. Doch die kommen niemals von selbst. Man muß laut nach ihnen rufen. Inwendig, verstehen Sie – aus tiefster Seele.
>
> (II. Akt, in der Übersetzung von Hans Egon Gerlach)

Das Gefühl des Erwähltseins erwächst aus der besonderen Fähigkeit, allein durch intensives Wünschen andere Menschen beeinflussen und die Wirklichkeit verändern zu können. Wie Freud gezeigt hat, stellt diese im wörtlichen Sinne märchenhafte Fähigkeit ein Relikt aus den Zeiten dar, »als das Wünschen noch geholfen hat«: ontogenetisch aus der Kindheit und phylogenetisch aus der Zeit magischer Naturreligionen. In seiner in den Jahren 1912/13 entstandenen Abhandlung *Totem und Tabu* nennt Freud sie »die Allmacht des Gedankens«. Bereits 1907 hatte Freud in einem Vortrag über den *Dichter und das Phantasieren* die Tätigkeit des Dichters als ein Phantasieren, eine Tagtraumtätigkeit charakterisiert, die der Wunscherfüllung dient, und dabei die »Allmacht des Gedankens« dem Dichter als typisches Merkmal zugeschrieben, ohne direkt diesen Ausdruck zu gebrauchen. Es erscheint als eine interessante Parallele, daß Ibsen bereits fünfzehn Jahre früher eben dies Merkmal als das wesentliche Charakteristikum anführt, auf dem Solness' Bewußtsein von seiner Erwähltheit, seiner Sendung als Künstler beruht.

Diese Fähigkeit, mit dem Wunsch allein die Wirklichkeit umzugestalten, verleiht Solness eine Art magischer Macht über andere. Kaja Fosli wird von ihm abhängig, ja geradezu ihm hörig, und zwar, wie es scheint, allein aufgrund der Magie des Wunsches: »Ich stand nur da und sah sie an – und wünschte mit aller Macht, daß ich sie hier bei mir hätte« (I. Akt). Kaja kommt tatsächlich und bleibt. Sie lebt nur noch für Solness, schirmt sich mit ihrem grünen Augenschirm gegen den Einfluß jedes anderen ab und betet Solness als ihren Gott an:

Kaja: (sinkt vor ihm zu Boden). Oh, wie gut – wie unsagbar gut Sie zu mir sind!

Diese Abhängigkeit Kajas von Solness, der sie in Wirklichkeit ausnutzt und als Werkzeug gebraucht, um sich die Konkurrenz ihres Verlobten Ragnar vom Halse zu halten, ist Folge seiner magischen Fähigkeiten, seines Charismas. In seinem großen Werk *Wirtschaft und Gesellschaft*, das Max Weber zwischen 1899 und 1919 verfaßt hat, beschreibt er das Charisma folgendermaßen:

'Charisma' soll eine als außeralltäglich [...] geltende Qualität einer Persönlichkeit heißen, um derentwillen sie als mit übernatürlichen oder übermenschlichen oder mindestens spezifisch außeralltäglichen, nicht jedem andern zugänglichen Kräften oder Eigenschaften (begabt) oder als gottgesandt oder als vorbildlich und deshalb als 'Führer' gewertet wird. Wie die betreffende Qualität von irgendeinem ethischen, ästhetischen oder sonstigem Standpunkt aus 'objektiv' richtig zu bewerten sein *würde*, ist natürlich dabei begrifflich völlig gleichgültig: darauf allein, wie sie tatsächlich von den charismatisch Beherrschten, den *'Anhängern'*, bewertet *wird*, kommt es an. [...]
Über die Geltung des Charismas entscheidet die durch *Bewährung* – ursprünglich stets: durch Wunder – gesicherte freie, aus Hingabe an Offenbarung, Heldenverehrung, Vertrauen zum Führer geborene *Anerkennung* durch die Beherrschten. Aber diese ist (bei genuinem Charisma) nicht der Legitimitäts*grund*, sondern sie ist *Pflicht* der kraft Berufung und Bewährung zur Anerkennung dieser Qualität Aufgerufenen. Diese 'An-

erkennung' ist psychologisch eine aus Begeisterung oder Not und Hoffnung geborene gläubige, ganz persönliche Hingabe.[12]

In diesem Sinne besitzt Halvard Solness ganz zweifellos Charisma, aufgrund dessen er nicht nur über Kaja, sondern auch über Knut und Ragnar Brovik, über seine Frau Aline und über Hilde Wangel eine gewisse Macht ausübt.

Solness steht nicht nur mit seinem Erwähltsein in der Tradition der rätselhaften großen Persönlichkeit des romantischen Dramas, sondern auch mit seiner prometheischen Auflehnung gegen Gott:

> Er wollte mir Gelegenheit geben, ein Meister zu werden auf meinem Gebiet – damit ich noch schönere Kirchen baute zu seinem Ruhme [...] Er wollte, daß ich völlig unabhängig und durch nichts gebunden sein sollte. Nicht durch irgend so etwas wie Liebe und Glück [...] Ich sollte nur Baumeister sein, nichts als Baumeister. Und mein ganzes Leben lang sollte ich immerzu nur für ihn bauen. *(Lacht.)* Aber daraus wurde nichts. Ich machte ihm einen Strich durch seine Rechnung! [...] als ich ganz oben stand und den Kranz an der Wetterfahne aufhängte, da sprach ich zu ihm und sagte: Hör zu, du Mächtiger! Von heute an will ich ein freier Baumeister sein. Will frei sein auf meinem Gebiet – wie du auf dem deinen. Und ich will nie mehr Kirchen für dich bauen. Nur noch Häuser für Menschen. (III. Akt)

Solness kündigt Gott nicht nur seinen Dienst, er stellt sich auch mit ihm auf eine Stufe: gottgleich will er schaffen und wie bei Prometheus sollen die Früchte seines Schaffens den Menschen zugute kommen. Aber wie Prometheus wird er dafür mit einer nie sich schließenden Wunde bestraft: »Man spürt es wie eine große, hautlose Stelle hier auf der Brust. Und die Helfer und Diener, die gehen hin und reißen anderen Menschen Hautfetzen herunter, um meine Wunde damit zu schließen! Doch die Wunde, die heilt trotzdem nicht. Nie und nimmer mehr!« (II. Akt) Solness' »Wunde« markiert unübersehbar den Unterschied, der sich zwischen Solness und Prometheus, Solness und den prometheischen Helden der Romantik oder auch des Sturm und Drang auftut: Während sie für ihre Auflehnung ausschließlich mit eigenem Leid bezahlen, hat Solness' Auflehnung sowohl für ihn als auch für andere Folgen: um seine Wunde zu schließen, reißen die »Diener und Helfer« anderen Hautfetzen

---

12 Max Weber, *Wirtschaft und Gesellschaft*, Studienausgabe, hg. von Johannes Winckelmann, Köln/Berlin 1964, Erster Halbband, S.179.

herunter. Der Unterschied liegt in Solness' Verhältnis zum Mitmenschen und zur Gesellschaft.

Einerseits hat ihm sein Erwähltsein ungewöhnlichen Erfolg und eine herausragende Position innerhalb der bürgerlichen Gesellschaft beschert: »Angefangen hatten Sie als armer Bursche vom Lande – und jetzt stehen Sie da als der erste Mann auf Ihrem Gebiet«. (Dr. Herdal, I. Akt) Andererseits aber – und darauf spielen die Worte von den Hautfetzen an, welche die »Diener und Helfer« den anderen herunterreißen – bezahlt Solness für diese »Dienste« mit tiefen Schuldgefühlen seiner Frau gegenüber und übermäßigen Ängsten vor der Jugend, die ihn eines Tages verdrängen könnte, zunächst in Gestalt Ragnar Broviks.

Sowohl die Schuldgefühle als auch die Ängste gehen unmittelbar – ebenso wie das Bewußtsein der Erwähltheit – aus Solness' besonderer Fähigkeit zum intensiven Wünschen hervor. Sein Erfolg als Baumeister gründet auf dem Brand, der Alines Elternhaus zerstört und indirekt den Tod ihrer kleinen Zwillinge bewirkt hat. »Einzig und allein durch diesen Brand hatte ich die Möglichkeit, Häuser zu bauen.« (II. Akt) Solness hatte diesen Brand mit ganzer Seele herbeigewünscht, wurde von ihm jedoch genauso wie alle anderen überrascht, da er de facto nichts mit seinem Ausbrechen zu tun hatte. Dennoch wird er von Schuldgefühlen geplagt, als hätte er den Brand mit eigener Hand gelegt; denn er ist fest überzeugt, daß allein sein Wünschen ihn verursacht hat. Damit aber lädt er sich zugleich die Schuld für Alines verpfuschtes Leben auf. Zweifel quälen ihn, ob seine Berufung zum Künstler tatsächlich so groß ist, daß er daraus das Recht ableiten durfte, Alines Berufung, »kleine Seelen zu hegen und zu pflegen, Kinderseelen – so, daß sie sich harmonisch entfalten und heranreifen konnten zu aufrechten, unverbogenen Seelen erwachsener Menschen« (II. Akt), für sie zu opfern. Solness' Aufstieg als Künstler ist aus seiner Sicht mit einem schweren Vergehen gegen das Soziale erkauft – er beruht auf der Zerstörung jeglicher Grundlage für eine Familie. Es gelingt Solness nicht immer, vor sich selbst sein Künstlertum gegen die von ihm vollkommen verinnerlichten Forderungen der Gesellschaft zu verteidigen, daß ein Mann eine Familie haben müsse und eine Frau einzig und allein dazu berufen sei, Kinder zu gebären und großzuziehen. Sein durch die Internalisierung der gesellschaftlichen Forderungen »zart«, »anfällig«, »überempfindlich« und »gebrechlich«

(Hilde im II. Akt) gewordenes Gewissen plagt ihn mit Schuldgefühlen, die sich im körperlichen – und symbolischen – Symptom
des Schwindels niederschlagen: der Baumeister ist »nicht imstande, so hoch zu steigen, wie er selber baut« (Hilde im II. Akt), ihm
wird bereits auf dem Balkon im ersten Stock schwindlig.

Dem Bild, das Solness als Künstler mit seinen Werken von sich
selbst entwirft, vermag er als Person im sozialen Leben nicht zu
entsprechen: seine Schuldgefühle lassen ihn schwindeln, wenn er
zu ihm nur seine Augen erhebt. Einzig im Augenblick seiner prometheischen Lossagung von Gott vermochte er, Schuldgefühle und
Schwindel zu überwinden und sich dem eigenen Selbstbild gemäß
zu verwirklichen – als freier, unabhängiger Künstler, der aus dem
Bewußtsein seines Künstlertums die Kraft gewinnt, radikal und
ohne Rücksichten er selbst zu sein.

Der Mythos von der großen Persönlichkeit erweist sich innerhalb
der bürgerlichen Gesellschaft als eine Illusion: nicht die Gesellschaft
als äußere, ihm entgegenstehende Kraft verwehrt Solness sein Recht
auf Selbstverwirklichung, wie dies bei den Byronischen Helden,
den Künstlern des romantischen Dramas der Fall war; er hat vielmehr ihre auf die Familie bezogenen Forderungen so vollkommen
verinnerlicht, daß er sie nicht mehr als ein externes Gebot, sondern
als ein Gebot seines eigenen Gewissens erfährt. Ein Verstoß gegen
sie löst daher Schuldgefühle für eigenes Versagen und Vergehen
bei ihm aus, die eine freie Entfaltung seiner Persönlichkeit verhindern. Unter diesen Bedingungen kann die Vorstellung von einer
»großen Persönlichkeit« nichts anderes als eine Illusion sein.

Da Solness seiner eigenen Überzeugung nach seinen Aufstieg als
Künstler allein seiner Fähigkeit zum intensiven Wünschen verdankt,
hat er Grund zu fürchten, daß es mit seinem Künstlertum vorbei
sein wird, wenn die Magie des Wünschens eines Tages versagt,
weil »die Helfer und Diener mir nicht mehr gehorchen« (II. Akt).
Er wäre zu weiteren großen Werken außerstande. Bleibt aber »die
Bewährung dauernd aus, zeigt sich der charismatische Begnadete
von seinem Gott oder seiner magischen oder Heldenkraft verlassen, bleibt ihm der Erfolg dauernd versagt, [...], so hat seine charismatische Autorität die Chance, zu schwinden«.[13] Solness würde
sein Charisma einbüßen und seine Macht über andere verlieren.

---

[13] Weber, a.a.O., S. 179.

Diesen Tag fürchtet er als den Tag »der Vergeltung« (II. Akt,
III. Akt), an dem irgendeiner vortreten wird »und von mir fordern:
Tritt zurück! Mach Platz! Platz für mich! Und dann stürmen all die
andern hinterher und drohen und schreien: Mach Platz – mach
Platz – mach Platz!« (I. Akt). Aus diesem Grund hat Solness vor
Ragnar Angst, dem jungen begabten Baumeister, den er als Ange-
stellten noch unter seiner Macht und seinem Einfluß weiß und
daher nicht selbständig werden lassen will: »Ragnar Brovik, das ist
die Jugend, die nur darauf wartet, bei mir an die Tür zu donnern.
Und den Baumeister Solness über den Haufen zu rennen.« (II. Akt)
Nicht umsonst erinnert Ragnars Name an »Ragnarök«, den Tag der
Götterdämmerung und des Weltenendes in der nordischen Mytho-
logie. Aber ironischerweise wird Solness' Untergang nicht durch
Ragnar herbeigeführt, sondern durch Hilde Wangel, mit der Solness
»Luftschlösser« zu bauen und so einen neuen Abschnitt in seiner
Künstlerlaufbahn einzuleiten gehofft hatte.

Auch Hildes Name erweckt Assoziationen an die nordische My-
thologie. Er ähnelt dem Namen einer der Walküren, die die toten
Helden nach Walhall bringen. Andererseits hat er denselben Wort-
stamm wie das Substantiv »hulder«, mit dem im norwegischen
Volksmärchen ein sirenenartiges Frauenwesen bezeichnet wird und
das außerdem die spezifisch literarische Konnotation: »femme
fatale« aufweist.

Die Figur der »femme fatale« hat zur Jahrhundertwende in der europäischen Literatur bereits ein lange Tradition, die vor allem in
der zweiten Hälfte des 19. Jahrhunderts eine ungewöhnliche Berei-
cherung erfahren hat. Während in der Romantik bis ungefähr zur
Mitte des Jahrhunderts der Typ des dämonischen Mannes, vor allem
in der Prägung des Byronischen Helden dominiert hat, übernimmt
in der zweiten Jahrhunderthälfte die dämonische Frau die Funktion der Flamme, die anzieht und verzehrt. Besonders prominente
Beispiele für diesen Typus stellen Keats' *La Belle Dame sans merci*
(bereits aus dem Jahre 1819) und Gautiers Cléopâtre aus *Une Nuit
de Cléopâtre* (1845), Swinburnes Dolores, *Our Lady of Sensual Pains*
(1863), Wildes *Sphinx* (1894) und die *Pamphilia* D'Annunzios (1893)
dar. Wie aus den Beispielen ersichtlich, entstammen diese Gestalten ausschließlich Gedichten, Poemen und Romanen. Im Drama des
19. Jahrhunderts hatte der Typus der *femme fatale* bis zur Jahrhun-

dertwende keine Verkörperung gefunden (wenn man von Mallarmés 1869 veröffentlichtem Fragment seines lyrischen Dramas *Hérodiade* einmal absieht). Ganz offensichtlich handelt es sich bei der Frau, die durch ihre sexuelle Anziehungskraft den Mann in ihren Bann schlägt und dadurch zugrunde richtet, um einen Typus, den auf der Bühne zu zeigen man im 19. Jahrhundert nicht gewagt hätte, weil er nach den Vorstellungen der bürgerlichen Moral gar nicht existieren durfte. Erst als die Frauenbewegung zunehmend kollektive Männerängste vor dem männermordenden Weib, der menschenfresserischen Mutter mobilisierte, war man bereit, im Typus der *femme fatale* nicht nur das private Problem einzelner Perverser, sondern ein allgemeines Problem zu sehen. Damit wurde der Weg frei für entsprechende dramatische Darstellungen. 1891 schrieb Oscar Wilde seine Tragödie *Salomé* in französischer Sprache. Die Hauptrolle hatte er Sarah Bernhardt zugedacht, der die Zensur jedoch die Darstellung verbot. Am 11. Februar 1896 wurde *Salomé* endlich vom Théâtre de l'Œuvre uraufgeführt. Obwohl tatsächlich Sarah Bernhardt die Titelrolle spielte, hatte die Aufführung nur mittelmäßigen Erfolg. 1901, ein Jahr nach Wildes Tod, kam *Salomé* in Berlin auf die Bühne. Danach war der Erfolg des Dramas nicht mehr aufzuhalten. Es wurde ins Tschechische, Holländische, Griechische, Ungarische, Polnische, Russische, Katalanische, Schwedische, Italienische und sogar ins Jiddische übersetzt. Seit seiner Vertonung durch Richard Strauss (1905) gehört es zu den populärsten Dramen des frühen 20. Jahrhunderts.

Seit 1891 arbeitete Frank Wedekind an seiner Lulu-Tragödie, die den Titel *Die Büchse der Pandora* tragen sollte. 1895 wurde der erste Teil unter dem Titel *Der Erdgeist* veröffentlicht, der am 25. Februar 1898 im Berliner Kristallpalast uraufgeführt wurde. Diesem Drama war, vor allem mit der Schauspielerin Mathilde (Tilly) Newes, Wedekinds Frau (seit 1906), in der Rolle der Lulu, überall in Deutschland ein großer Erfolg beschieden. Der Typus der *femme fatale* war auf der Bühne heimisch geworden.

Hilde Wangel teilt mit den lyrischen und epischen Repräsentationen dieses Typus einzelne äußere Details wie z.B. den »verschleierten Blick« (Ende II. Akt), darüberhinaus vor allem das wichtigste Merkmal: sie richtet den Mann, der in ihren Bann geraten ist, zugrunde. Baumeister Solness stürzt vom Turm seines neuen

Hauses, den er zur Kranzaufhängung für das Richtfest nur deshalb
bestiegen hat, weil Hilde, die von seinen Schwindelgefühlen wußte,
von ihm »das Unmögliche« verlangt hatte. (III. Akt) Daß in der Beziehung von Hilde und Solness sexuelle Anziehungskraft eine Rolle
spielt – wie es typisch ist für die *femme fatale* –, steht ganz außer
Frage. Darauf verweisen nicht nur das phallische Symbol des Turms
und die entsprechende Symbolik der Turmbesteigung, die Träume
Solness' und Hildes, wie sie von einer »steilen und hohen Fels-
wand« (II. Akt) abstürzen und dabei die Beine anziehen, sondern
auch die immer wiederkehrende Berufung auf den Troll, der in
Hilde und Solness steckt – auf ihre Triebe: »Denn es ist der Troll
in unserem Inneren, der die äußeren Mächte herbeiruft. Und dann
muß man einfach – ob man will oder nicht.« (Solness, II. Akt)
Solness erliegt Hildes Zauber, so wie die anderen seinem Zauber
verfallen sind: der dämonisch-charismatische Mann (der Romantik)
und die dämonische Frau (des ausgehenden 19. Jahrhunderts) ziehen
sich gegenseitig an, wobei die Frau sich letztlich als die Stärkere
erweist. Insofern erscheint es durchaus als gerechtfertigt, in Hilde
Wangel eine Verkörperung der zeittypischen Gestalt der *femme fatale*
zu sehen.

Aber die Beziehung zwischen Hilde und Solness erschöpft sich
keinesfalls in sexueller Anziehung. Hilde verlangt von Solness »das
Königreich«, das er ihr vor zehn Jahren versprochen hat. Wenn er
wirklich »ein König«, ein Erwählter ist, dann dürfte es ihm nicht
schwerfallen, ihr das Königreich zu verschaffen. Wenn nicht – nun,
dann wird dies die »Bewährungsprobe« für sein Charisma, von der
Max Weber spricht. Worin besteht nun das Königreich, das Hilde
von Solness fordert?

Hilde: Sie sind mir also ein Königreich schuldig. Und zu einem Königs-
reich gehört doch wohl auch ein Schloß, sollte ich meinen!

Solness: (der allmählich immer lebhafter und munterer wird). Ja, das pflegt
meist so zu sein.

Hilde: Na, dann bauen Sie mir mal das Schloß! Und zwar schnell!

Solness: (lachend). Wie, auch noch schnell? Womöglich auf der Stelle?

Hilde: Aber ja! Denn jetzt sind sie um, die zehn Jahre. Und ich habe
keine Lust, noch länger zu warten. Also – her mit dem Schloß,
Baumeister!

Solness: Es ist wahrhaftig kein Spaß, Ihnen etwas schuldig zu sein, Hilde.

Hilde: Das hätten Sie sich eher überlegen sollen. Jetzt ist es zu spät.
           (Auf den Tisch klopfend.) Ich will mein Schloß haben! Her mit dem
           Schloß! Auf der Stelle!   (III. Akt)

Das Schloß beschreibt Hilde näher als ein »Luftschloß«, das beide
gemeinsam bauen wollen, »mit einem festen Fundament«, wie Solness hinzufügt. Damit aber würde für ihn ein neuer Abschnitt in
seiner Künstlerlaufbahn als Baumeister beginnen.

Zuerst hatte Solness Kirchen gebaut als Baumeister des »Mächtigen«. Nach seiner prometheischen Auflehnung gegen Gott hatte
er jedoch die sakrale Kunst aufgegeben und »nur noch Häuser für
Menschen« gebaut: »Helle, behagliche Wohnungen, in denen die
Eltern mit der ganzen Kinderschar in dem sicheren und frohen
Gefühl leben konnten, daß es eine wunderbare Sache ist, auf der
Welt zu sein.« (II. Akt) Solness hatte seine Kunst also in den Dienst
des Sozialen gestellt, sie sollte das Glück der Familien sichern und
fördern. Jetzt aber erkennt er, daß »Häuser für Menschen zu bauen
[...] keinen Sechser wert« ist, weil »die Menschen [...] keine Verwendung [haben] für diese Häuser, die ich ihnen baue. Jedenfalls
nicht, um darin glücklich zu sein«. (III. Akt) Die Kunst vermag
ihren sozialen Auftrag nicht zu erfüllen, weil die allgemeinen gesellschaftlichen Bedingungen die Menschen daran hindern, glücklich zu sein. Auch die soziale Kunst ist damit funktionslos geworden. Mit dieser Erkenntnis wendet sich Solness einer ganz anderen
Art von Kunst zu:

Solness: Ich will das einzige bauen, von dem ich glaube, daß menschli-
           ches Glück darin zu wohnen vermag.
Hilde: Baumeister – jetzt denken Sie an unsere Luftschlösser.
Solness: Ja, ich meine die Luftschlösser.
Hilde: Ich fürchte, Ihnen würde schwindlig werden, bevor wir das Ziel
           auch nur halbwegs erreicht hätten.
Solness: Nicht, wenn ich Hand in Hand mit Ihnen gehe, Hilde.

                                                                    (III. Akt)

In seinem Aufsatz *Der Dichter und das Phantasieren* nennt Freud die
Phantasien des Dichters »Luftschlösser«, die der Wunscherfüllung
dienen und eine Korrektur der Wirklichkeit darstellen würden. Sie
beziehen sich im wesentlichen auf zwei Arten von Wünschen: »Es
sind entweder ehrgeizige Wünsche, welche der Erhöhung der Persönlichkeit dienen, oder erotische«[14]. Wenn Solness von jetzt ab

---

14 Sigmund Freud, *Studienausgabe*, Bd. X, Frankfurt am Main 1969, S. 174.

Luftschlösser bauen will, so verschiebt er den Prozeß seiner Selbstverwirklichung vom sozialen Leben auf die Kunst: seine Kunst soll
von nun an seiner Wunscherfüllung, seiner Selbstverwirklichung
dienen.

Hilde dagegen besteht darauf, daß diese Selbstverwirklichung
zugleich im realen Leben stattfinden soll. Denn es bedeutet ihr
»mehr als das Leben«, »Sie groß zu sehen, Baumeister! Hoch oben
auf einem Kirchturm. Mit einem Kranz in der Hand.« (II. Akt) Das
Bild, das sie sich von Solness gemacht hat, entspricht damit genau
dem Bild, das Solness seinerzeit auf dem Kirchturm von Lysanger
mit seiner prometheischen Auflehnung gegen Gott selbst von sich
entworfen hatte. Es hat gottgleiche Züge: »Hier sollte kein anderer
bauen dürfen als Sie – Sie ganz allein« (II. Akt), und orientiert sich
unverkennbar am Ideal des autonomen Individuums, am Bild der
großen Persönlichkeit. Wenn Hilde von Solness fordert: »[...] zeigen
Sie sich mir wieder so wie damals – hoch oben! [...] Tun Sie noch
einmal das Unmögliche, Baumeister! Nur noch ein einziges Mal!«
(III. Akt), dann verlangt sie nichts anderes, als daß er sein eigenes
Bild von sich verwirklichen soll, frei von Schuldgefühlen und Ängsten, frei von Schwindel. Es gelingt Solness zwar, auf den Turm zu
steigen und sich für einen Moment den anderen so zu zeigen, wie
er selbst sein will (Hilde: »Jetzt sehe ich ihn wieder groß und frei!«).
Er vermag jedoch nicht, diesen Selbstentwurf auf Dauer zu verwirklichen: er stürzt ab.

Aus dieser Perspektive läßt sich Hilde kaum mehr als Verkörperung der *femme fatale* begreifen. Sie stellt vielmehr die Jugend »mit
einem robusten Gewissen« dar, welche die Forderungen der Gesellschaft noch nicht internalisiert hat und daher die Selbstverwirklichung einer großen Persönlichkeit noch keineswegs für eine Illusion hält. Hilde benutzt ihre Anziehungskraft nicht, um Solness
zugrunde zu richten, sondern im Gegenteil, um ihn zu sich selbst
zurückzuführen; sie will ihn dazu bringen, das Bild zu verwirklichen, das sowohl sie als auch Solness sich von seinem wahren Selbst
gemacht haben. Und es ist Solness, der sich dazu entscheidet, den
Versuch zu wagen. Er geht zugrunde, weil er unter den gegebenen gesellschaftlichen Bedingungen dies Bild nicht in Wirklichkeit
umzusetzen imstande ist. Auch der Künstler vermag sich im realen
Leben nicht als große Persönlichkeit zu verwirklichen. Dies bleibt

zum Zeitpunkt des ausgehenden 19. Jahrhunderts allein seiner Kunst vorbehalten, den »Luftschlössern«.

Die Uraufführung von *Baumeister Solness* fand am 7. Dezember 1892 im Haymarket-Theater in London statt. Sowohl dieser Aufführung als auch der wenig später im Trafalgar Square Theatre in Szene gesetzten (20. Februar 1893) scheint wenig Verständnis entgegengebracht und kaum Erfolg beschieden gewesen zu sein. Der Kritiker der »Evening News and Post« führt unter der Überschrift: »Ibsen's *'Master-Builder'* – A Feast of Dull Dialogue and Acute Dementia at the Trafalgar Square Theatre« aus:

> The chief lunatic is Halvard Solness, a gentleman who appears to have a monopoly of all the best building contracts in his native town [...] The man is really a coward and subject to fits of dizziness, and has once in his life ventured to a respectable distance from the ground, but his vanity induces him to yield to Hilde's persuasion: He climbs the tower, hangs his wreath, and tumbles down a hundred feet or so, killing himself comfortably and ending the play, and a good job, too. [...] In his latest play Ibsen has fully demonstrated that he is a great man. No one but a great man could get a clever actor and actress to accept and produce upon stage such a pointless, incoherent, and absolutely silly piece. (21.2.1893)

Der Kritiker der »Times« erklärt sein totales Unverständnis und schließt sein Resümee mit den Worten:

> All this, say the admirers of the Norwegian dramatist, is symbolism and symbolism as applied to Mr. Ibsen's own work. He had begun by building churches – that is, writing orthodox plays; the houses for human beings to live in were the Ibsenite drama proper. What the castle in the air is they do not, so far as we are aware, explain, but if it should be the symbolical drama over which its author comes to grief, no impartialminded person who whitnesses this crazy performance of *The Master Builder* will be disposed to say them nay. (21.2.1893)

Es fällt auf, daß in den meisten Kritiken in irgendeiner Form auf Solness' Erwähltsein Bezug genommen wird. Ebenso unterläßt es kaum ein Kritiker, auf Hildes Anziehungskraft als Frau hinzuweisen, die überwiegend negativ bewertet wird. Ganz offensichtlich ist es den Kritikern nicht entgangen, daß Solness und Hilde die Prototypen der charismatischen großen Persönlichkeit und der *femme fatale* zugrunde liegen. Sie waren jedoch völlig außerstande, die tiefgreifenden und bedeutsamen Veränderungen zu begreifen, die Ibsen an beiden Typen vorgenommen hat. Dies allgemeine Unverständnis braucht allerdings kaum wunderzunehmen. Denn man darf nicht vergessen, daß Ibsen *Baumeister Solness* im ausgehenden 19. Jahrhundert geschrieben hat, zu einer Zeit also, da sowohl dem Typus der *femme fatale* als auch dem der großen Persönlichkeit ihre eigentliche »Blütezeit« noch bevorstand: die *femme fatale* sollte als Vamp der Filmgeschichte und die charismatische Persönlichkeit als Führer der Geschichte des 20. Jahrhunderts noch ihren Stempel aufprägen und in ihr unauslöschliche Spuren hinterlassen.

Erst die Inszenierung des Werkes durch Lugné-Poë an seinem Théâtre de l'Œuvre (1894) vermochte den Zeitgenossen die Augen wenigstens für einige wichtige Aspekte des Werkes zu öffnen.

Er legte den Akzent auf das »duel d'amour et de génie«, das mit großer Leidenschaft ausgespielt wurde. Im Oktober desselben Jahres führte Lugné-Poë seine Inszenierung Ibsen in Christiana vor. Ibsen verhielt sich zunächst sehr zurückhaltend, gab jedoch im II. Akt seine Reserve auf. »Dies war«, bekannte er, »die Auferstehung meines Stücks. Ein leidenschaftlicher Autor muß mit Leidenschaft gespielt werden, nicht anders«.[15]

Am ehesten hat aber wohl der neunzehnjährige Hugo von Hofmannsthal das Werk des 74jährigen Ibsen verstanden. In seinem 1893 erschienenen Aufsatz über *Die Menschen in Ibsens Dramen* schreibt er über *Baumeister Solness*:

> Der Künstlermensch, der große Baumeister, steht in der Mitte zwischen den beiden Königen aus den 'Kronprätendenten'. Denn die Könige bei Ibsen sind auch Baumeister und die Baumeister Könige [...] Er hat das dämonische Glück, wie der eine, und wird von Zweifeln zernagt, wie der andere. Er hat das Ingenium, den eingebornen Beruf, das Baumeistertum von Gottes Gnaden, das Recht und die Pflicht, sich durchzusetzen, wie der geborene König Hakon, »der mit dem Königsgedanken«; und er hat die Kleinheit und die Angst und die Gewissensqual und die Sehnsucht nach Kraft und Leichtigkeit des Lebens, wie der König Skule, der kein Recht hat, König zu sein. Wie diese Könige und Baumeister, so sieht der Künstlermensch aus, von innen gesehen [...] Neben dem schaffenden Künstler steht das fordernde Leben, das spöttische, verwirrende. So steht neben dem zweifelnden Baumeister die Prinzessin Hilde. [...] Ihr Königreich liegt [...] im Wunderbaren. Dort, wo einem schwindlig wird. Dort, wo eine fremde Macht einen packt und fortträgt. Auch er hat in der Seele diesen Zug nach dem Stehen auf hohen Türmen, wo es im

---

15   Zitiert nach F.L. Lucas, *The Drama of Ibsen and Strindberg*, London 1962, S. 270.

Wind und in der dämmernden Einsamkeit unheimlich schön ist, wo man mit Gott redet und von wo man herabstürzen und tot sein kann. Aber er ist nicht schwindelfrei: er hat Angst vor sich selbst, Angst vor dem Glück, Angst vor dem Leben, dem ganzen rätselhaften Leben. Auch zu Hilde zieht ihn Angst, ein eigenes, verlockendes Grauen, das Grauen des Künstlers vor der Natur, vor dem Erbarmungslosen, Dämonischen, Sphinxhaften, das sich in der Frau verkörpert, mystisches Grauen vor der Jugend. [...] In Hilde begegnet er sich selbst: er verlangt das Wunderbare von sich, aus sich heraus will er es erzwingen und dabei zusehen und den Schauer fühlen, 'wenn das Leben über einen kommt und mit einem dichtet'. Da fällt er sich tot.[16]

Hofmannsthals 1897 geschriebenes lyrisches Drama *Der Kaiser und die Hexe* erscheint aus dieser Perspektive wie eine Antwort auf *Baumeister Solness*: Nachdem der Kaiser der Hexe sieben Jahre lang zu willen war, der Künstler in der Kunst also ausschließlich die Wunscherfüllung gesucht hat, entzieht er sich ihrem Bann und wendet sich dem Sozialen zu. Er wird den Weg, den Solness mit seiner Kunst gegangen ist, in umgekehrter Richtung zurücklegen.

4.3.3.2 Auf der Suche nach dem Selbst

Der für das bürgerliche Zeitalter so bedeutsame und grundlegende Mythos von der großen Persönlichkeit wurde also interessanterweise zuerst von den Dichtern bereits an der Jahrhundertwende zerschlagen, ehe noch Wissenschaftler wie Max Weber (in dem bereits erwähnten Werk *Wirtschaft und Gesellschaft*) und Sigmund Freud (in der Schrift aus dem Jahre 1927 *Die Zukunft einer Illusion* sowie in der erst 1937 veröffentlichten Abhandlung *Der Mann Moses und die monotheistische Religion*) den Versuch unternahmen, ihn auf theoretischem Wege als eine Illusion zu entlarven. Dies mag um so mehr erstaunen, als gerade die Dichter in der öffentlichen Meinung des 19. Jahrhunderts als repräsentative Vertreter dieser Spezies galten. Nichtsdestoweniger sind so herausragende Dramatiker wie Ibsen, Strindberg und Čechov streng mit diesem Mythos ins Gericht gegangen. Besonders erbarmungslos hat Strindberg ihn analysiert oder besser seziert. Er ist dabei zu Resultaten gelangt, die weit ins 20. Jahrhundert vorausweisen.

Protagonist seines ersten Traumspiels *Nach Damaskus I* (1898) ist ein Dichter, der nicht nur von anderen für einen »großen Mann«

---

16 Wieder abgedruckt in: *Maske und Kothurn* 24, 1978, S. 136–142, S. 141f.

(Der Irre, 2. Szene), einen »berühmten Dichter« (Der Arzt, 2. Szene) gehalten wird, sondern selbst davon überzeugt ist, »ein berühmter Mann« (1. Szene) zu sein. Entsprechend gelten auch für ihn alle jene Charakteristika, welche die große Persönlichkeit, vor allem den Künstler des romantischen Dramas auszeichnen. Er ist wegen seiner prometheischen Neigungen mit der Familie und der Gesellschaft zerfallen:

> Ich konnte die Menschen nicht leiden sehen. Deshalb sagte ich, und schrieb: Befreit euch, ich will euch dabei helfen. Und dann predigte ich den Armen: Laßt euch von den Reichen nicht ausbeuten! Und den Frauen sagte ich: Laßt euch von den Männern nicht unterdrücken! Doch das Schlimmste war vermutlich, daß ich den Kindern sagte: Verweigert euren Eltern den Gehorsam, wenn sie im Unrecht sind! Die Folgen – ja, die sind ganz und gar unbegreiflich; denn auf einmal hatte ich alle miteinander gegen mich: die Reichen und die Armen, Männer und Frauen, Eltern und Kinder.   (1. Szene, in der Übersetzung von Hans Egon Gerlach)

Darüberhinaus ist der Dichter ein metaphysischer Rebell. Wie Byrons Manfred oder Cain revoltiert er gegen Gott und seinen Herrschaftsanspruch. In ihm ist ein »höllischer Geist des Aufruhrs«, ein »satanischer Trotz« (10. Szene), die ihn dazu gebracht haben, daß er »die Faust erhob – gegen den Himmel« (1. Szene). Seine Revolte gegen Gott hat dem Dichter nicht nur »den Fluch der Verdammnis« und sein äußeres Zeichen, das Kainsmal eingetragen (»Sehen Sie die Narbe hier auf meiner Stirn? Sie stammt von einer Axt, die mein Bruder schwang, dessen fehlender Vorderzahn von einem Stein herrührte, mit dem ich zuschlug«; 1. Szene). Er identifiziert sich auch ihretwegen mit Luzifer, der sich gegen Gott erhob: »Jetzt ist der Handschuh geworfen, und nun sollst du sehen, wie zwei Große miteinander handgemein werden! (*Öffnet Rock und Weste und wirft einen drohenden Blick nach oben.*) Komm doch; erschlage mich mit deinem Blitz, wenn du dich traust! Ängstige mich mit deinem Sturm, wenn du kannst« (4. Szene). Und so nimmt es nicht wunder, daß er auch den anderen als Satan erscheint:

Der Alte:	Nein, ein Engel war das nicht!
Die Mutter:	Jedenfalls kein Bote des Lichts!
Der Alte:	Du sagst es! – Du weißt ja, daß die Leute hier bei uns besonders abergläubisch sind; [...] Der eine sagte, sein Pferd habe gescheut, aus Angst vor »ihm«; ein anderer erzählte, seine Hunde hätten so getobt, daß er sie habe anbinden müssen; und der Fährmann versicherte, das Boot sei leichter geworden, als »er« einstieg. (7. Szene)

In gut romantischer Tradition begnügt sich der Dichter nicht nur damit, gegen Gott zu revoltieren. Er setzt sich vielmehr an seine Stelle. Der Dichter wird zum Schöpfer:

> Und ich fühle, wie mein Ich wächst, sich ausdehnt, unendlich wird; ich bin überall, im Meer, das mein Blut ist, in den Felsen, die mein Skelett sind, in den Bäumen, den Blumen; mein Haupt erhebt sich in den Himmel, mein Blick umfaßt das Universum, das ich bin, und ich fühle die ganze Kraft des Schöpfers in mir, denn ich bin der Schöpfer! Ich möchte die gesamte Materie in meine Hand nehmen und umkneten zu etwas Vollkommenerem, Dauerhafterem, Schönerem, möchte alles Erschaffene und alle Geschöpfe glücklich sehen.   (4. Szene)

Der Dichter setzt sich nicht nur an die Stelle des Schöpfers, er proklamiert vielmehr sich selbst als den besseren Schöpfer, der die Unvollkommenheiten der göttlichen Schöpfung zu korrigieren imstande ist.

Diese nahezu perfekte Verkörperung der großen Künstlerpersönlichkeit leidet allerdings an einer Desintegration ihres Ich, die weit über den Grad der Selbstentfremdung hinausgeht, wie sie die romantische große Persönlichkeit eines Manfred oder Lorenzaccio kennzeichnet. Nicht nur erscheint der Dichter sich selbst als »der Unbekannte«, wie die Bezeichnung für diese dramatis persona lautet. Sein Ich ist vielmehr aufgespalten in verschiedene Aspekte seiner Persönlichkeit, die sich in Doppelgängern materialisiert haben.

Ein ähnliches Verfahren hatte bereits de Musset angewandt, um die Auflösung des Ich dramatisch zu gestalten. In *Lorenzaccio* stellen jedoch die »Doppelgänger« eher Spiegel dar, in denen die verschiedenen Persönlichkeitsbilder des Helden lediglich reflektiert werden, behalten darüberhinaus aber die Qualität selbständiger dramatischer Charaktere, die für den Verlauf der Handlung wichtige Funktionen zu erfüllen haben, ungeschmälert bei. In *Nach Damaskus I* dagegen haben die Doppelgänger nahezu keine, vom Unbekannten unabhängige dramatische Existenz mehr. Ihre Funktion erschöpft sich darin, von seinem bewußten Ich abgespaltene Teile oder Aspekte seiner Persönlichkeit zu verkörpern.

Der Bettler, der ebenso wie der Unbekannte eine Narbe auf der Stirn trägt, eine Vorliebe für Moselwein hegt und den Unbekannten wiederholt dazu bringt, gegen seinen Willen »Ihre Worte in den Mund zu nehmen« (1. Szene), erscheint als Projektion seiner Angst, eines Tages für seine Revolte nicht mehr als berühmter Dichter ge-

feiert zu werden, sondern als Bettler in der Gosse zu landen. Der
Bettler verkörpert die Angst des Unbekannten vor sozialer Deklassierung. Diese Angst hat er jedoch gründlich verdrängt und will
nichts von ihr wissen:

> *Der Bettler:*   Können Sie zum Beispiel sagen, wer ich bin?
> *Der Unbekannte:* Nein – und es interessiert mich auch nicht.
>
> (1. Szene)

Der Arzt stellt eine weit komplexere Projektion des Unbekannten
dar. Einerseits erscheint er ebenso wie der Bettler aufgrund seiner
Revolte als ein Doppelgänger; auch er fordert Gott heraus:

> *Der Unbekannte:* [...] Dieser Holzstoß da zum Beispiel –
> *Der Arzt:*   Ja, in den hat schon zweimal der Blitz eingeschlagen.
> *Der Unbekannte:* Wie gräßlich; und da lassen Sie ihn trotzdem stehen?
> *Der Arzt:*   Eben deshalb, und in diesem Jahr habe ich ihn noch
>   um zwei Ellen höher gemacht.
>
> (2. Szene)

Während die Hybris des Unbekannten in der von ihm proklamier-
ten spirituell-kreativen Gleichheit mit Gott gründet, fordert der Arzt
Gott auf eine mechanisch-materialistische Art heraus. Seiner Hybris
fehlt jede geistige Dimension – ebenso wie seiner Einstellung zum
Tode, der ihm lediglich als Lieferant für »einige Stümpfe auf Eis«
erscheint, »die ich der Medizinalbehörde einreichen will« (2. Szene).
Der Arzt verkörpert die materialistische, ja animalische Seite des
Unbekannten: er ist ein »Werwolf«.

Andererseits haben in der Person des Arztes tiefe, quälende
Schuldgefühle des Unbekannten sich verdichtet und Gestalt angenommen. Denn der Arzt wurde »ein Werwolf [...], weil er in der
Jugend den Glauben an die göttliche Gerechtigkeit verlor, als er
unschuldig büßen mußte für den Streich eines anderen« (8. Szene);
dieser andere aber war der Unbekannte.

So ist nur allzu verständlich, daß der Unbekannte in Gegenwart
des Arztes »erstickt«, »leidet«, sich »verfolgt« und »in eine Falle
gelockt« fühlt. In ihm findet er sich mit einer frühkindlichen Schuld
konfrontiert, die sich auf die materialistisch-animalische Seite seiner
Persönlichkeit bezieht. Den daraus resultierenden quälenden
Schuldgefühlen versucht er dadurch zu entkommen, daß er diesen
Persönlichkeitsanteil wütend-aggressiv bekämpft: »ich hätte mich
am liebsten hier auf dem Hof mit ihm geschlagen ...« (2. Szene).

Dennoch gelingt es dem Unbekannten nicht, ihn erfolgreich zu verdrängen: sogar im Blumenmuster auf der Hotelzimmertapete sieht er das Gesicht des Werwolfs.

Die Schwere dieser frühkindlichen Schuld scheint so groß zu sein, daß sie einen weiteren Doppelgänger hervorbringt: den Irren. Der Arzt hat ihn Caesar genannt, ihm also den Spitznamen gegeben, mit dem der Unbekannte von den Schulkameraden nach dem Streich belegt wurde, für den man den Arzt beschuldigte und bestrafte. Caesar leidet unter Megalomania: »er geht frei da im Garten umher und ordnet die Schöpfung nach seinem Sinn« (2. Szene), – so wie es der Unbekannte mit seinen Dichtungen zu tun beansprucht. Der Irre verkörpert den Aspekt in der Persönlichkeit des Unbekannten, in dem seine frühkindliche Schuld einerseits mit seinem bewußten Selbstbild als gottähnlicher Schöpfer verknüpft ist und andererseits mit seiner Angst, für »wahnsinnig« (1. Szene) gehalten zu werden. Dieser Aspekt scheint besonders tief verdrängt zu sein: der Arzt muß den Irren »in den Keller« sperren, d.h. in die Tiefe des Unbewußten.

Die im Bettler, im Arzt und im Irren personalisierten abgespaltenen Persönlichkeitsanteile beziehen sich vorrangig auf solche Aspekte, die mit dem Selbstbild des Unbekannten nur schwer in Einklang zu bringen sind. Der Vorstellung von der großen Persönlichkeit, wie der Unbekannte sie von sich selbst hat, sind weder eine frühkindliche, materialistisch-animalische Persönlichkeitskomponenten betreffende Schuld noch soziale Deklassierung und Wahnsinn, die sich beide aus der Schuld ergeben können, kompatibel. Sie werden daher verdrängt. Schuldgefühle und Angst bewirken so die Abspaltung der nicht in das bewußte Selbstbild integrierbaren Anteile und damit die Desintegration des Selbst. Die Einheit der Person wird also beim Unbekannten von den gleichen seelischen Regungen verursacht, die Baumeister Solness an seiner Selbstverwirklichung hindern. Strindberg stellt sie jedoch in einen anderen Zusammenhang. Der Unbekannte ist sich der Fragmentarisierung seines Ich bewußt:

Der Unbekannte: [...] mir ist, als läge ich zerstückelt im Kessel der Medea und schmorte; entweder werde ich nun zu Seife gesotten, oder ich entsteige verjüngt meiner eigenen Bouillon; das hängt ganz davon ab, wie geschickt Medea ist.

Die Dame: Das klingt wie ein Orakelspruch. Wer weiß, vielleicht
                   können Sie doch wieder zum Kind werden?
Der Unbekannte: Da müßte es bei der Wiege beginnen.

                                                          (1. Szene)

Wohl hat sich die Einheit der Person in einzelne Abspaltungen aufgelöst, es besteht jedoch offensichtlich die Möglichkeit, durch Rückkehr in den »mütterlichen Schoß« (1. Szene) die abgespaltenen Teile
zu reintegrieren. Sie scheint allerdings nicht in der Hand des Unbekannten zu liegen, sondern hängt von »Medea« ab, einer Verkörperung der Großen Mutter. Der Unbekannte ist nicht imstande,
von sich aus die abgespaltenen, verdrängten Aspekte seiner Persönlichkeit sich bewußt zu machen, als integrierende Bestandteile
seines Ich anzuerkennen und so die Einheit seiner Person wiederherzustellen. Was ihn daran hindert, als er selbst »wiedergeboren«
zu werden, ist die Vorstellung von sich selbst als einer großen Persönlichkeit. Sie macht sein ganzes bewußtes Ich aus und wird von
ihm absolut gesetzt. Aus ihr entspringt die Hybris des Unbekannten, welche bereits den bloßen Gedanken an jene frühkindliche
Schuld oder die mit Angst besetzten Vorstellungen von sozialem
Elend und Wahnsinn als inakzeptabel zurückweisen muß. Die vom
19. Jahrhundert so hoch bewertete Leitvorstellung von der großen
Persönlichkeit könnte kaum radikaler in Frage gestellt und als Leitvorstellung negiert werden: es ist das Bild von sich selbst als einer
großen Persönlichkeit, das beim Unbekannten die Desintegration
seines Selbst geradezu mit Notwendigkeit herbeigeführt hat.

Nach Damaskus I gliedert sich in siebzehn Szenen, die streng sym-
metrisch bzw. kreisförmig angeordnet sind:

                    An der Straßenecke
          Beim Arzt   Beim Arzt
     Das Hotelzimmer   Das Hotelzimmer
          Am Meer   Am Meer
      Die Landstraße   Die Landstraße
      Beim Hohlweg   Beim Hohlweg
        Die Kirche   Die Kirche
     Die Rosenkammer   Die Rosenkammer
                       Das Asyl

Das Drama beginnt und endet an der Staßenecke; das Asyl ist die einzige Station, die nur ein einziges Mal durchlaufen wird. Die ersten neun Stationen konfrontieren den Unbekannten mit den verdrängen, abgelehnten Aspekten seiner Persönlichkeit und führen ihn immer tiefer in sein Unbewußtes und seine Vergangenheit hinab, in der diese Aspekte ihren Ursprung haben. Auf dem Rückweg gelangt er allmählich zu einer wenigstens partiellen Annahme der bisher verdrängten Persönlichkeitsanteile und damit zu einer teilweisen Reintegration seines Ich.

Der Unbekannte beginnt seine Reise zu sich selbst wie der Held alter Sagen und mittelalterlicher Romane: »Da bin ich dabei: Gegen Unholde kämpfen, Prinzessinnen befreien, Werwölfe erschlagen, das nenne ich leben!« (1. Szene). Im Unterschied zu ihm zieht er jedoch nicht allein aus, sondern wird auf den ersten acht Stationen seines Weges von der Dame begleitet. Das Verhältnis des Unbekannten zur Dame läßt sich aus dem Namen ablesen, den er ihr gibt: obwohl sie Ingeborg heißt, nennt er sie Eva. Damit postuliert er eine vierfache Art der Beziehung zwischen sich und der Dame:
1) Der Unbekannte setzt sich als ihren Schöpfer und Gott: »Indem ich ihr einen Namen meiner eigenen Wahl gab, machte ich sie zu meinem Geschöpf – zu einem Wesen, das ich formen will nach meinem Geist« (7. Szene). In bezug auf dieses Verhältnis erscheint die Tatsache, daß die Dame sich von ihrer Mutter dazu verführen läßt, entgegen ihrem Versprechen das letzte Buch des Unbekannten zu lesen, wie eine Wiederholung des Sündenfalls: »Nach der Bekanntschaft mit deinem schrecklichen Buch [...] ist mir, als hätte ich vom Baum der Erkenntnis gegessen: die Augen sind mir geöffnet, und ich weiß, was gut und böse ist; das hatte ich bis dahin nicht gewußt.« (Die Dame, 8. Szene).
2) Der Unbekannte erscheint als Luzifer, der Eva – Ingeborg verführt: »Sagen Sie, was haben Sie mit mir gemacht? Ich konnte in der Kapelle keine Andacht finden; auf dem Altar erlosch eine Kerze, und ein kalter Luftzug traf mein Gesicht – eben als ich hörte, wie Sie nach mir riefen.« (Die Dame, 1. Szene).
3) Der Unbekannte setzt sich mit Adam gleich, der sich von Eva verführen ließ und dafür zusammen mit ihr aus dem Paradies vertrieben wurde: »Da wir vertrieben sind aus dem Garten Eden, bleibt uns nichts anderes als zu wandern über Steine und zwischen Disteln; und wenn wir uns die Füße wundgelaufen und die Hände blutig

gerissen haben, kommt das Bedürfnis, auch noch Salz in die Wunden zu streuen – einer dem anderen« (Der Unbekannte, 14. Szene).
4) Der Unbekannte ist Kain, Evas Sohn: »Wo sind Sie, was tun Sie? Warum haben Sie schon wieder nach mir gerufen? Sie sind ja wie ein kleines Kind, das einer Frau am Rockschoß hängt!« (Die Dame, 1. Szene).

Auf diese Mutter-Kind-Beziehung spielt die Dame an, wenn sie ihrerseits ihr Verhältnis zum Unbekannten definieren will: »Wenn aber durch diese Mutter die Sünde in die Welt kam, so kam durch eine andere Mutter die Versöhnung; brachte die erste den Fluch, so brachte die zweite den Segen [...] vielleicht habe ich eine ganz andere Aufgabe in deinem Leben!« (8. Szene). Indem die Dame sich mit Maria vergleicht, überträgt sie dem Unbekannten die Rolle des Menschensohnes Jesus.

Nicht zuletzt sieht der Unbekannte in der häkelnden Dame »eine der Parzen«, die »den Faden durch [die] Finger gleiten« läßt (4. Szene). Entsprechend gestaltet sich die Reise in Begleitung der Dame als eine Reise in die »Unterwelt«. Ehe sie tief ins Innere des Gebirges zur Mutter der Dame gelangen können, müssen sie sich von einem Fährmann über einen Fluß übersetzen lassen – über den Fluß des Todes oder des Vergessens. Danach sind sie im Reich »der Mutter« angelangt: sowohl die Küche als auch die Rosenkammer symbolisieren den Bereich des Weiblichen. Die Küche erscheint geradezu als eine »Hexenküche« (7. Szene), in der Medea als Böse Mutter den Unbekannten »zu Seife sotten« will: »Seine Seele soll zu Schrot vermahlen werden, ehe sie ins Schüttelsieb kommt.« (7. Szene).

Der Unbekannte flieht aus dem Reich der Mutter, weil er hier seinen Anspruch, eine gottgleiche große Persönlichkeit zu sein, nicht aufrechterhalten kann: die Mutter behandelt ihn wie »einen dummen Jungen, einen leichtsinnigen Schlingel«, dem man »den Übermut [...] beschneiden« muß (7. Szene), die Dame aber hat ihm mit ihrem Sündenfall den blinden Gehorsam aufgekündigt und ihn »erkannt«: »Jetzt sehe ich auch, wie böse du bist« (8. Szene). Im Kampf mit der Vatergottheit sucht er nun nach Selbstbestätigung:

Man hat Sie in den Bergen oberhalb des Hohlwegs gefunden, mit einem Kreuz, das Sie vom Dach einer Kapelle heruntergerissen hatten und womit Sie jemandem drohten, den Sie oben in den Wolken zu sehen meinten. Sie hatten Fieber und waren einen Hang hinabgestürzt [...] Seitdem haben

> Sie phantasiert, und obwohl sie über Schmerzen in der einen Hüfte klagten, konnte man keinerlei Verletzung feststellen. (9. Szene)

Anders als die bisherigen Herausforderungen des Unbekannten an Gott wird dieser im Fieberzustand ausgetragene Kampf mit dem Symbol der Sohnesreligion, im Zeichen des Kreuzes, geführt: Wie die »Hüftverletzung« andeutet, ist er dem Kampf Jakobs vergleichbar, der mit Gott rang, bis dieser ihn segnete (1. Moses, 32). Damit ist die Möglichkeit einer Umkehr signalisiert.

Immerhin scheint der Unbekannte nun in der Lage zu sein, die Persönlichkeitsabspaltungen und Personen wiederzuerkennen, die in seinem Leben eine entscheidende Rolle gespielt haben, auch wenn er zu einer direkten Konfrontation mit ihnen noch nicht fähig ist und »mit dem Rücken« zu ihnen sitzen bleibt: den Irren, den Bettler, den Arzt, seine Eltern, seine Schwester, seine geschiedene Frau mit ihren zwei unversorgten Kindern und die Dame. Um »zu ihnen hingehen« und »sie begrüßen« zu können, wie es der Konfessor vom Unbekannten verlangt, bedarf es allerdings noch eines tieferen Eindringens in das eigene Unbewußte und so schickt die »Mutter« Äbtissin ihn in das Reich der Mütter zurück. In der nächtlichen dunklen Küche durchlebt der Unbekannte den Höhepunkt seiner Identitätskrise, seinen spirituellen Tod:

> Nach einer Weile trifft mich ein Strom eiskalter Luft und sucht auf meiner Brust, bis er das Herz gefunden hat; das Herz wird kalt – und ich muß aus dem Bett ...[...] Muß stehenbleiben und zusehen, wie mein ganzes Leben vor mir abrollt, muß alles noch einmal sehen, alles ... und das ist das schlimmste. (11. Szene)

Er ist tief in sein Unbewußtes hinabgetaucht und hat alles Vergessene und Verdrängte heraufgeholt. Nun ist er vorbereitet für seine »Wiedergeburt«, bei der die Mutter als wohlmeinende »Medea« erste Geburtshilfe leistet:

Die Mutter:	Auf die Knie, mein Sohn!
Der Unbekannte:	Ich kann meine Knie nicht beugen, ich kann nicht ... Hilf mit, ewiger Gott! *(Pause. Der Unbekannte ringt nach Atem. Die Mutter murmelt hastig ein Gebet.)*
Die Mutter:	Ist es besser?
Der Unbekannte:	Ja. – Und weißt du, was es war? Das, war nicht der Tod; es war das Nichts.
Die Mutter:	Die Vernichtung des Göttlichen; das, was wir den geistigen Tod nennen.

Der Unbekannte:	*(ernst, ohne jede Ironie)* Wenn ihr es so meint – ja, dann beginne ich zu verstehen ...
Die Mutter:	Mein Sohn, du hast Jerusalem verlassen und bist auf dem Weg nach Damaskus. Geh hin, den gleichen Weg wie hierher, und errichte ein Kreuz auf jeder Station, aber halte an auf der siebenten; du hast nicht vierzehn – wie Er.
Der Unbekannte:	Du sprichst in Rätseln.
Die Mutter:	Geh und suche diejenigen auf, denen du etwas zu sagen hast; vor allem deine Frau.　　　　　　　(11. Szene)

Mit dieser Wendung eröffnet sich dem Unbekannten ein reale Chance, als »Paulus« wiedergeboren zu werden, der die Existenz »der Mächte« seines Unbewußten anerkennt und daher seine abgespaltenen Persönlichkeitsanteile als integrierende Bestandteile seines Selbst seinem bewußten Ich wieder einzuverleiben vermag. Wenn der Unbekannte diesen Weg einschlagen will, muß er allerdings die Identifikation mit der Vatergottheit des Schöpfers aufgeben und statt dessen diejenige mit dem leidenden Menschensohn wählen. Schuldbewußtsein und Angst sind damit vorausgesetzt und zugelassen.

Durch diesen Wechsel wird der Unbekannte fähig, in der Begegnung mit dem Bettler dessen Rat anzunehmen, obwohl er ein gewisses Mißtrauen gegen ihn behält:

Der Unbekannte	*(wie zu sich selbst).* Wer liest meine heimlichen Gedanken, wer kehrt das Innerste meiner Seele nach außen, wer verfolgt mich? Warum verfolgst du mich?
Der Bettler:	Warum verfolgst du mich, Saulus! *(Der Unbekannte macht eine Geste des Entsetzens und entfernt sich, während gleichzeitig die Klänge des Trauermarschs zu hören sind.)*　　　　　　　(13. Szene)

Eine völlige Integration des Bettlers in sein bewußtes Ich bleibt dem Unbekannten weiterhin versagt. Der Dame gegenüber vermag er jetzt immerhin zu bekennen: »Mein ist die Schuld« (14. Szene). Er ist sogar bereit, die letzte »Tür zu dem verschlossenen Raum [...] der Vergangenheit« aufzustoßen und vor dem Arzt seine verborgene Schuld einzugestehen, auch wenn er dabei Gefahr laufen sollte, als »Geistesgestörter« eingesperrt zu werden: »Ich brauche eine Erschütterung, die so stark ist, daß sie mein Ich zutage fördert; ich sehne mich nach einer Marter, die das moralische Gleichgewicht wiederherstellt und mir die Last der Schuld von meinen Schultern nimmt! Also: hinunter in die Schlangengrube.« (15. Szene). Zwar versichert der Arzt ihm, daß ihn »diese alte Geschichte [...] nicht mehr zu bekümmern« brauche, aber er weigert sich, ihm die Hand zu reichen: »Nein, das nicht; das nun doch nicht! Was hätten Sie auch davon, daß ich Ihnen verzeihe, wenn Sie nicht die Kraft haben, sich selbst zu vergeben.« (16. Szene).

Wohl ist eine partielle Reintegration des Ich gelungen; die abgespaltenen und verdrängten Persönlichkeitsanteile sind bewußt geworden und haben sich teilweise mit dem bewußten Ich zu einem neuen Selbstbild vereinigt. Eine vollständige Wiederherstellung der Einheit seiner Person ist jedoch gescheitert – der Unbekannte bringt »die Kraft« nicht auf, »sich selbst zu vergeben«, sich mit dem Ich seiner frühkindlichen Schuld auszusöhnen. Und so beendet er seine Reise dort, wo er sie aufgenommen hatte: an der Straßenecke. Wohl kehrt er nicht als derselbe zurück, als der er ausgezogen war. Aber da die gesuchte Reintegration des Selbst nicht vollständig geglückt ist, wird er sich noch einmal auf den Weg in die Unterwelt seiner Vergangenheit und seines Unbewußten machen müssen:

Der Unbekannte: Ja, gehen wir und verbergen wir uns mit unserem Elend
                 in den Bergen.
Die Dame: Ja: im Gebirge bist du geborgen!   (17. Szene)

Ein Vergleich mit Kleists *Prinz von Homburg*, von dem unsere Untersuchung der großen Persönlichkeit ihren Ausgang genommen hat, soll noch einmal den tiefgreifenden Wandel verdeutlichen, den diese Vorstellung im Laufe des 19. Jahrhunderts durchgemacht hat. Die beiden Dramen bieten sich insofern zum Vergleich an, als sie beide in streng symmetrischer Form die Suche des Protagonisten nach sich selbst gestalten und den Höhepunkt der Identitätskrise am Ende des dritten Aktes im Bild des spirituellen Todes darstellen, dem eine »Wiedergeburt« und damit der Beginn der Selbstfindung folgt.

Nachdem die Vaterfigur des Kurfürsten Homburg als ebenbürtig anerkannt hat, gelingt diesem die Selbstfindung, indem er sich frei und bewußt für vollkommene Autonomie entscheidet – und sei es auch um den Preis des Lebens. Gerade durch diesen Akt erlangt er »Unsterblichkeit« und steigt zu den »Himmlischen« auf. Er verwirklicht sich selbst, indem er der göttlichen Vaterfigur gleich, indem er eine große Persönlichkeit wird.

Der Unbekannte dagegen findet nur teilweise zu sich selbst. Getrieben von den »Mächtigen« und durch den Beistand der Muttergestalten der Dame, der Äbtissin und der Mutter gelingt ihm eine partielle Selbstfindung, nachdem er die Identifikation mit der Vatergottheit des Schöpfers aufgegeben, nachdem er aufgehört hat, sich als große Persönlichkeit zu sehen.

Mit *Nach Damaskus I* hat Strindberg das Persönlichkeitskonzept des 19. Jahrhunderts unwiderruflich aufgegeben. Die hier gestaltete Vorstellung von Person und Selbst weist vielmehr weit ins 20. Jahrhundert voraus. Dies gilt nicht nur hinsichtlich der literarisch-ästhetischen Wirkung, die sich über den deutschen Expressionismus bis hin zu Ingmar Bergmans Film *Wilde Erdbeeren* (1957) nachweisen läßt, sondern vor allem im Hinblick auf das von der Psychoanalyse, speziell von Freud, entwickelte Konzept von Person und Selbst, das Strindberg allerdings ganz sicher nicht bekannt war.

So finden sich zu Strindbergs Vorstellung, daß die »große Persönlichkeit« als Folge einer totalen und daher krankhaften Identifikation mit der Vatergottheit der monotheistischen Religionen entsteht, frappierende Parallelen in Freuds Schriften, vor allem in den beiden eingangs erwähnten. Noch mehr mag die Ähnlichkeit, ja Übereinstimmung überraschen, die in allen wesentlichen Punkten zwischen der Reise zu sich selbst, wie sie in *Nach Damaskus I* dargestellt wird, und dem Prozeß einer psychoanalytischen Behandlung zu bestehen scheint, wie ihn Freud in *Abriß der Psychoanalyse* (1938) zusammenfassend beschreibt.

Es fällt jedoch auf, daß Strindberg diesen Prozeß sub specie einer polyphonen mythologischen Interpretation vollzieht. Der Unbekannte tritt in wechselnder mythischer Gestalt auf: als Adam, als Jakob, der mit Gott ringt, als der Ewige Jude aus der Ahasver-Legende, als Job, als Jonas, als Kain, als Luzifer, als Saulus-Paulus, als Christus, als Aeneas auf seiner Fahrt in die Unterwelt, als Prometheus, als Herkules. Der Prozeß der Selbstfindung, den der Unbekannte durchläuft, erscheint so weniger als Heilung eines psychisch Kranken, eines »Neurotikers«, an der Wende vom 19. zum 20. Jahrhundert denn als ein archetypischer Prozeß, welcher in der allgemeinen conditio humana als einem eher auf Jung als auf Freud verweisenden kollektiven Unbewußten seinen Grund und Ursprung findet.

4.3.3.3 *Ganz gewöhnliche Menschen »wie alle anderen auch...«*

»Stirbt irgendein berühmter Astronom oder Politiker, dann drucken sie einen Nekrolog von vielleicht fünf Zeilen, aber es braucht nur ein Schauspieler oder Literat zu sterben, da donnern sie einen Nekrolog von zwei Spalten hin und rahmen ihn auf der ersten Seite sogar noch schwarz ein.« Diese Eintragung in Čechovs Notizbuch, das er vor und während der Arbeit an seiner Komödie *Die Möwe* führte, illustriert nicht ohne Ironie die allgemeine gesellschaftliche Situation, von der Čechov in seinem Künstlerdrama ausgeht: der öffentlichen Meinung galten Schauspieler und Dichter als Inbegriff und Prototypen der großen Persönlichkeit. Nun gehörte zum allgemeinen Verständis des Begriffs einer großen Persönlichkeit ihre herausragende Bedeutung und in diesem Sinne ihre Einmaligkeit. Wenn Čechov in der *Möwe* Schauspieler und Dichter gleich in Paaren auftreten läßt, so erscheint dies als ein boshaft-spöttischer Kommentar zu der von der öffentlichen Meinung vertretenen Auffassung.

Zwei Routiniers in ihrem Metier, der arrivierten Schauspielerin Arkadina und ihrem etwas jüngeren Liebhaber, dem gefeierten Dichter Trigorin, stellt Čechov zwei Novizen in der Kunst gegenüber: den Sohn der Arkadina, Treplev, der eben sein erstes Drama vollendet hat, und die blutjunge angehende Schauspielerin Nina Zarečnaja, die in einer Privataufführung seines Stückes debütiert. Am Beispiel dieser vier verschiedenen »Künstlerpersönlichkeiten« kann die Stichhaltigkeit und Berechtigung der öffentlichen Meinung überprüft werden.

Die von ihr gehätschelte und propagierte Vorstellung vom Künstler als einer großen Persönlichkeit wird in der Komödie selbst ausdrücklich und ernsthaft nur von der jüngsten der vier, von Nina, noch vor Beginn ihrer eigenen Karriere vertreten und formuliert. Für sie ist das von der Romantik entwickelte Künstlerbild verbindlich: Sie ist daher überzeugt, daß ein berühmter, erfolgreicher Schriftsteller wie Trigorin »groß und herrlich« sein müsse und daß sein Leben mit dem gewöhnlicher Menschen nicht zu vergleichen sei:

Das Los der Menschen ist verschieden. Die einen schleppen mit Müh und Not ihr langweiliges, unbemerktes Leben dahin, einer gleicht dem anderen, alle sind unglücklich; den anderen, wie zum Beispiel Ihnen, –

und Sie sind einer unter einer Million, – fällt ein interessantes, strahlendes Leben zu, voller Bedeutung ... Sie sind glücklich ...

(II. Akt, in der Übersetzung von Peter Urban)

Während die Menge sich mit einem unerfüllten, verfehlten Leben ohne Höhepunkte und Glanz abfinden muß, gelingt allein dem Künstler die vollkommene Selbstverwirklichung: er ist ein Auserwählter, der als einziger ein Anrecht auf ein schöpferisches und damit glückliches Leben besitzt. Mit dieser romantischen Auffassung vom Künstler lassen sich für Nina die Trivialitäten des Alltagslebens nur schwer vereinbaren:

> Wie merkwürdig mitanzusehen, wie eine berühmte Schauspielerin weint und dann noch aus so einem läppischen Anlaß! Und ist es nicht merkwürdig, ein berühmter Schriftsteller, ein Liebling des Publikums, alle Zeitungen schreiben über ihn, sein Bild wird überall verkauft, er wird in fremde Sprachen übersetzt, und er angelt den ganzen Tag und freut sich, daß er zwei Weißfischchen gefangen hat. Ich dachte immer, berühmte Menschen wären stolz, unnahbar, sie würden die breite Menge verachten, und sich mit ihrem Ruhm, dem Glanz ihres Namens an denen rächen, die Herkunft und Reichtum höher stellen als alles andere. Aber da weinen sie, angeln, spielen Karten, lachen und werden böse wie alle anderen auch ... (II. Akt)

Nun ist allerdings nicht zu übersehen, daß die beiden erfolgreichen Künstler Trigorin und Arkadina in der Tat »wie alle anderen auch« einen großen Teil ihres Lebens mit trivialen Tätigkeiten wie »Angeln« und »Karten spielen« verbringen. Darüberhinaus erscheint es zweifelhaft, ob auf ihr Leben überhaupt die Attribute »groß«, »herrlich«, »strahlend« und »glücklich« anwendbar sind.

Trigorin beklagt sich, daß er »keine Ruhe« vor sich selbst habe, weil er unablässig schreiben müsse, daß er »sein eigenes Leben auffresse«. Auch »mag« er sich nicht als Schriftsteller. Das hat vor allem zwei Gründe. Einerseits weiß er, daß er wohl »talentiert«, aber doch »kein Tolstoj« ist, wohl »ein guter Schriftsteller«, aber schlechter schreibt »als Turgenev«. Er leidet unter seiner eigenen Mittelmäßigkeit. Zum anderen fühlt er sich nur fähig, die Natur zu schildern, und hat Angst, vor höheren Ansprüchen der Kunst zu versagen:

> Aber ich bin doch nicht nur Landschaftsmaler, ich bin doch auch Staatsbürger, ich liebe meine Heimat, mein Volk, ich fühle, daß ich, wenn ich ein Schriftsteller bin, auch verpflichtet bin, über das Volk zu sprechen, über seine Leiden, über seine Zukunft, über die Wissenschaft zu spre-

chen, über die Menschenrechte und so fort und so fort, und ich spreche auch über alles, ich beeile mich, und von allen Seiten werde ich getrieben, man ist mir böse, ich hetze von einer Seite auf die andere, wie der Fuchs, dem die Hunde im Nacken sitzen, ich sehe, daß das Leben und die Wissenschaft voranschreiten und voranschreiten, und daß ich zurückbleibe und zurückbleibe, wie der Bauer, der den Zug verpaßt hat, und schließlich und endlich fühle ich, daß ich eben doch nur Landschaften schildern kann, in allem übrigen bin ich falsch und falsch bis ins Mark.
(II. Akt)

Von einer Selbstverwirklichung Trigorins in seiner Kunst kann ganz sicher nicht die Rede sein, wenn man von der gewissen Selbstbefriedigung einmal absieht, welche der Akt des Schreibens gewährt, den er als »angenehm« empfindet.

Mit Trigorins persönlichem Leben ist es nicht besser bestellt. Er lebt mit der Arkadina zusammen, ohne sie zu lieben, ohne sich von ihr verstanden zu fühlen; er kommt jedoch nicht von ihr los: »Ich habe keinen eigenen Willen ... Ich habe nie einen eigenen Willen gehabt ... Schlaff, schwächlich, immer gehorsam – wie kann das einer Frau gefallen?« (III. Akt) Zwar verliebt er sich in Nina, zieht auch für eine Weile mit ihr zusammen, ohne jedoch wirklich Liebe für sie zu empfinden und anderes in ihr und ihrem Leben sehen zu können als »ein Sujet für eine kleine Erzählung«. Weder in der Liebe noch in der Kunst findet Trigorin das »Glück« der Selbstverwirklichung. Und so träumt er von einem anderen, dem wahren glücklichen Leben, in dem er seine »Leidenschaft« zu schreiben unterdrücken könnte »und nichts anderes mehr tun als angeln« (IV. Akt).

Trigorins Leben unterscheidet sich aus dieser Perspektive nicht wesentlich vom Leben anderer, zum Beispiel Sorins; wovon beide geträumt haben, das war nicht zu realisieren. Für das Leben, für die große Liebe ließ ihnen die Karriere keine Zeit. Ob Schriftsteller oder Wirklicher Staatsrat, macht hier keinen Unterschied – beiden erscheint ihr Leben unerfüllt und unbefriedigend.

Die Arkadina ist offenbar mit sich und ihrem Leben vollauf zufrieden. Jedenfalls spricht sie beständig davon, wie man ihr »Ovationen gebracht«, wie man sie »gefeiert« hat (IV. Akt). Ihre Kunst verschafft ihr ein gesteigertes Ich-Gefühl, das allerdings von einem fast krankhaften Egozentrismus nicht immer leicht zu unterscheiden ist:

Nur sie darf man loben, nur über sie darf man schreiben, schreien, sich begeistern für ihr ungewöhnliches Spiel in »La dame aux camélias« oder im »Rausch des Lebens«, aber weil es hier, auf dem Lande, dieses Rauschgift nicht gibt, langweilt sie sich und ist böse, und wir alle sind ihre Feinde, wir alle sind daran schuld. Außerdem ist sie abergläubisch, sie fürchtet sich vor drei Kerzen, vor der Zahl dreizehn. Geizig ist sie. Sie hat in Odessa siebzigtausend auf der Bank – das weiß ich zuverlässig. Aber bitte sie mal, daß sie dir was leiht, da fängt sie gleich an zu weinen.
(Treplev, I. Akt)

Das widersprüchliche Verhalten der Arkadina hat in ihrer tiefsitzenden Angst vor Alter und Tod seinen Grund: »Und ich habe mir zur Regel gemacht: nicht in die Zukunft schauen. Ich denke nie ans Alter, und auch nie an den Tod.« (II. Akt) Die Schauspielerei stellt für sie ein wirksames Mittel dar, diese Angst zu verdrängen. Wenn sie auf der Bühne »noch eine Fünfzehnjährige spielt« (II. Akt), Publikum und Kritik sie für diese Leistung loben und feiern, dann fühlt sie sich in ihrer ewigen Jugend bestätigt, fühlt sich noch ganz am Leben. Insofern braucht sie das Theater in der Tat wie ein »Rauschgift«, das nicht nur ihr Ich-Gefühl steigert, sondern sie damit zugleich von ihrer Angst vor Alter und Tod befreit.

Diese Angst bestimmt auch ihr persönliches Leben. Sie läßt die Arkadina gegen ihren Sohn ungerecht sein, weil sie sich von ihm als Vertreterin einer alten, überlebten Künstlergeneration angegriffen und in ihrem Lebensnerv getroffen fühlt.

Er hat uns eine Belehrung erteilen wollen, wie man zu schreiben und was man zu spielen hat. Aber das wird doch langsam langweilig. Diese ständigen Ausfälle gegen mich, diese Sticheleien, sagt was ihr wollt, die sollen einem nicht auf die Nerven gehen! Ein launischer, ehrgeiziger kleiner Junge. [...] Das hier sind doch Prätentionen auf neue Formen, auf eine neue Ära in der Kunst [...] Soll er doch schreiben, wie er will und wie er kann, aber mich soll er damit in Ruhe lassen. (I. Akt)

Ebenso liegt Arkadinas Verhältnis zu Trigorin ihre Angst zugrunde:

Bin ich etwa schon so alt und häßlich, daß man ohne sich zu genieren, mit mir über andere Frauen sprechen kann? *Umarmt ihn und küßt ihn.* Oh, du bist wahnsinnig geworden! Mein Schöner, mein Wunderbarer ... Du bist die letzte Seite meines Lebens! *Fällt in die Knie.* Meine Freude, mein Stolz, meine Seligkeit ... [...] Du gehörst mir ... du gehörst mir ... Diese Stirn gehört mir, diese Augen gehören mir, diese wunderbaren seidigen Haare gehören mir ... Du gehörst ganz mir. (III. Akt)

Weder in ihrer Kunst noch in ihrem persönlichen Leben gelingt der Arkadina Selbstverwirklichung. Jede ihrer Handlungen wird von ihrer Angst vor Alter und Tod diktiert; diese Angst hindert sie daran, ihrer Kunst einen Sinn zu geben und sich ihren Mitmenschen als selbständigen, nicht nur auf sie bezogenen Subjekten zuzuwenden. Ihr Leben ist daher nicht weniger elend und leer als das der ganz gewöhnlichen Polina, die den Arzt Dr. Dorn mit ihrer Fürsorge, ihrer Eifersucht und ihren Besitzansprüchen traktiert und ihn in dem Bewußtsein, »daß unsere Zeit vergeht« (II. Akt), endgültig und ausschließlich für sich besitzen will.

Die erfolgreichen berühmten Künstler Arkadina und Trigorin entsprechen in keiner Weise der Idealvorstellung von der großen Persönlichkeit. Sie führen vielmehr ihr Leben genauso »schlecht und langweilig« (Čechov zu Tichonov) »wie alle anderen auch«. Die Vertreter der nachfolgenden Künstlergeneration haben allerdings mit dem Bild einer großen Persönlichkeit, wie das 19. Jahrhundert es entworfen hatte, auch nichts gemein. Treplev beginnt seine Schriftstellerlaufbahn zwar mit einem »prometheischen« Protest gegen »die Priester der heiligen Kunst«, er will schreiben, weil »wir [...] neue Formen« brauchen. »Wir brauchen neue Formen, und wenn es sie nicht gibt, dann brauchen wir besser gar nichts.« Denn nur mit neuen Formen wird es möglich, »das Leben nicht darzustellen, wie es ist, und nicht, wie es sein soll, sondern so, wie es einem im Traum erscheint«. (I. Akt) Treplev hat offenbar den Ehrgeiz, in der Kunst eine Revolte herbeizuführen und an die Stelle realistischer Kunst eine neue, nicht mehr am wirklichen Leben, sondern am Traum orientierte Kunst zu setzen. Es gelingt ihm jedoch nicht, seine Ideen von der Kunst in seinen Werken umzusetzen. Bis zuletzt treibt er »im Chaos der Träume und Bilder, ohne zu wissen, wozu und wer das braucht«. (IV. Akt) Er vermag sich kein konkretes Ziel zu setzen, und so findet er auch die »neuen Formen« nicht, mit denen es verwirklicht werden könnte: »Ja, ich komme mehr und mehr zu der Überzeugung, daß es nicht um die alten und nicht um die neuen Formen geht, sondern darum, daß der Mensch einfach schreibt, ohne an irgendwelche Formen zu denken, daß er schreibt, weil es ihm frei aus der Seele strömt«. (IV. Akt) Obwohl Treplev Schriftsteller im Sinne der Gesellschaft geworden ist, weil er gedruckt und für seine Publikationen bezahlt wird, ist er als Künstler gescheitert.

Damit nicht genug, gestaltet sich sein persönliches Leben als ein einziges Desaster. Treplev ist unfähig, seiner Mutter gegenüber aus der Rolle des kleinen Jungen herauszutreten, der mit Trotzhandlungen oder Zärtlichkeit ihre Aufmerksamkeit und Liebe zu erringen sucht. Bis zum Schluß vermag er nicht sich von seiner ödipalen Bindung an sie zu befreien, auf die das Hamlet-Zitat im I. Akt bereits mit aller Deutlichkeit hinweist. Noch seine letzten Gedanken vor dem Selbstmord gelten seiner Mutter: »Es wäre schlecht, wenn jemand sie im Garten sehen würde und es dann Mama sagt. Das könnte Mama ärgern ...«

Diese infantile Abhängigkeit vom Liebesobjekt überträgt Treplev auch auf Nina: »Ich kann ohne sie nicht leben«. (I. Akt) Jenseits dieser Liebe vermag er seinem Leben keinen Sinn zu geben:

> Ich kann nicht anders, ich muß Sie lieben. Seit ich Sie verloren habe und angefangen habe zu veröffentlichen, ist das Leben für mich unerträglich, – ich leide ... Meine Jugend war plötzlich wie abgerissen, mir ist, als hätte ich neunzig Jahre gelebt auf dieser Welt. Ich rufe Sie, ich küsse die Erde, über die Sie gegangen sind; wohin ich auch sah, überall erschien mir Ihr Gesicht, dieses liebliche Lächeln, das mir geleuchtet hat in den besten Jahren meines Lebens ... [...] Ich bin einsam, niemand wärmt mich mit seiner Anhänglichkeit, mir ist kalt, wie in einem Kellerloch, und was ich auch schreibe, alles ist trocken, hart, finster. Bleiben Sie hier, Nina, ich flehe Sie an, oder erlauben Sie mir, mit Ihnen zu fahren!   (IV. Akt)

Da Treplev sich weder in seiner Kunst noch in der Liebe verwirklichen kann, sieht er für sich keinen anderen Ausweg aus seinem verpfuschten Leben als den Selbstmord.

Seine Art, aus der Wirklichkeit zu fliehen, verdient allerdings kaum mehr Respekt als diejenige, die Maša praktiziert: sie ersäuft »die Trauer um ihr Leben« (I. Akt), um ihre unglückliche Liebe zu Treplev in der Flasche. Selbstmord und Alkoholismus bezeugen in ganz ähnlicher Weise die Unfähigkeit des einzelnen, sich diesem Leben zu stellen und mit ihm fertig zu werden, so wie es ist. Sein Talent zum Schreiben hat Treplev dabei auch nicht zu helfen vermocht.

Nina hat in gewisser Weise ganz ähnliche Ausgangsbedingungen wie Treplev oder auch wie Maša. Auch sie leidet bis zum Schluß an einer unglücklichen Liebe: »Wenn Sie Trigorin sehen, sagen Sie ihm nichts ... ich liebe ihn. Ich liebe ihn sogar noch mehr als früher ... [...] Ich liebe, liebe ihn leidenschaftlich, bis zur Ver-

zweiflung liebe ich ihn.« (IV. Akt) Ähnlich wie Treplev war sie zu
Beginn ihrer Karriere von Zweifeln an ihrem Talent, an ihren künstlerischen Mitteln gequält: »[...] ich spielte ohne Sinn und Verstand...
Ich wußte nicht, was ich mit meinen Händen machen sollte, ich
konnte auf der Bühne nicht stehen, ich konnte meine Stimme nicht
beherrschen. Sie können diesen Zustand nicht verstehen, wenn man
spürt, daß man entsetzlich spielt.« Zwar hat Nina inzwischen ihre
Mittel einzusetzen gelernt (»Ich bin eine richtige Schauspielerin, ich
spiele mit Genuß, mit Begeisterung, berauscht auf der Bühne und
fühle mich herrlich«), ist jedoch noch immer weit davon entfernt,
»eine große Schauspielerin« zu sein. Auch in der nächsten Zukunft
wird sie Engagements nur in Saisontheatern oder in der Provinz
finden können. Aber obwohl für Nina »das Leben hart« ist (IV. Akt),
hat sie sich ihm gestellt und ihm mit ihrem Beruf einen Sinn zu
geben vermocht:

> Ich weiß jetzt, ich verstehe, Kostja, daß für unsere Arbeit – egal, ob wir
> Theater spielen oder schreiben – die Hauptsache nicht der Ruhm ist, nicht
> der Glanz, nein, nicht das, wovon ich geträumt hatte, sondern leiden zu
> können. Trage dein Kreuz und glaube. Ich glaube, und es tut mir nicht
> mehr so weh, und wenn ich an meinen Beruf denke, habe ich keine Angst
> mehr vor dem Leben. (IV. Akt)

Indem Nina solcherart mit ihrem Beruf ihrem Leben Sinn und Ziel
gibt, gelingt es ihr auch, sich selbst zu verwirklichen.

Die Vorstellung vom Künstler als einer großen Persönlichkeit ist
ad absurdum geführt. Nicht der Gegensatz zwischen Künstlern und
»allen anderen« ist von Bedeutung, sondern allein der Unterschied
zwischen den Menschen, die ihr Leben »schlecht und langweilig«
führen, und solchen, die ihrem Leben ein Ziel zu setzen und einen
Sinn abzugewinnen vermögen – seien sie nun Künstler wie Nina
oder Vertreter bürgerlicher Berufe wie Dorn, der mit seinem Leben
im Prinzip zufrieden ist, weil er es, »voller Abwechslung und Geschmack« gelebt hat und auf seine berufliche Laufbahn mit Stolz
und Genugtuung zurückblickt: »Vor zehn, fünfzehn Jahren [...] war
ich im ganzen Gouvernement der einzige anständige Akkoucheur«.
(I. Akt) Die Vorstellung von einer großen Persönlichkeit entpuppt
sich als eine bloße Fiktion – es gibt nur »ganz gewöhnliche Menschen«. Die wirklich wesentlichen Differenzen zwischen ihnen ent-

stehen allein aus der Art, wie sie ihr Leben führen. Dabei spielen die unterschiedlichen Ausgangsbedingungen nur eine untergeordnete Rolle. Es hängt in jedem Fall ausschließlich vom einzelnen Individuum ab, was es aus seinem Leben macht und ob es sich selbst verwirklicht. Wenn es also sein Leben verpfuscht, wenn seine Selbstverwirklichung fehlschlägt, dann leuchtet darin nicht die Tragik einer »geheimnisvollen« (IV. Akt) großen Persönlichkeit auf; das ist vielmehr die alltägliche Komödie ganz gewöhnlicher Menschen.

Das Zeitalter der großen Persönlichkeit ist unwiderruflich vorbei: Der »Tod der Tragödie« (George Steiner) ist nach Čechov nicht mehr rückgängig zu machen. Das Theater des 20. Jahrhunderts wird den ganz gewöhnlichen Menschen und ihren alltäglichen Komödien gehören.

4.3.4 Vollendung und Ende des bürgerlichen Illusionstheaters

Zu Čechovs großem Ärger inszenierte Stanislavskij diese Komödien ganz gewöhnlicher Menschen als Tragödien, über die das Publikum in Tränen zerfloß. Die beabsichtigte Wirkung wurde von der Inszenierung in ihr Gegenteil verkehrt. Insofern ist Čechovs Kritik nur allzu verständlich. Andererseits darf man nicht übersehen, daß es vor allem Stanislavskij zu verdanken ist, wenn Čechovs Dramen noch zu Lebzeiten ihres Autors Bühnenerfolge wurden: während die *Möwe* bei ihrer Uraufführung in St. Petersburg (17. Oktober 1896) ausgepfiffen wurde, konnte sie am Moskauer Künstlertheater (17. Dezember 1898) einen geradezu triumphalen Erfolg feiern. Diesen Erfolg nun ausschließlich mit der Fehldeutung des Dramas durch die Inszenierung erklären zu wollen, erscheint nur teilweise plausibel. Nicht zuletzt wird dazu auch die besondere Schauspielkunst beigetragen haben, die Stanislavskij entwickelt hatte und in seinen Inszenierungen zur Anwendung brachte. Denn diese Schauspielkunst war in besonderer Weise geeignet, die spezifische Individualität der dramatischen Personen zur Darstellung zu bringen, wie sie von Čechovs Figurengestaltung realisiert wird.

Das sogenannte »System« der Schauspielkunst, das Stanislavskij über Jahrzehnte entwickelt und in seinen wichtigsten Grundzügen vor allem in den beiden Werken *Die Arbeit des Schauspielers an sich selbst* und *Die Arbeit des Schauspielers an der Rolle* niedergelegt hat, stellt den Begriff des Individuums in sein Zentrum: »Es gibt keinen

Abb. 1: Edmund Kean als Hamlet. Stich, London, Victoria and Albert Museum.

Abb. 3: Frédérick Lemaître als Robert Macaire aus *L'Auberge des Adrets.* Paris, Bibl. de l'Arsenal.

Abb. 2: Ludwig Devrient als König Lear. Wien, Bildarchiv der Österreichischen Nationalbibliothek.

Abb. 4: Marie Dorval als Kitty Bell in de Vignys *Chatterton.* Paris, Comédie Française.

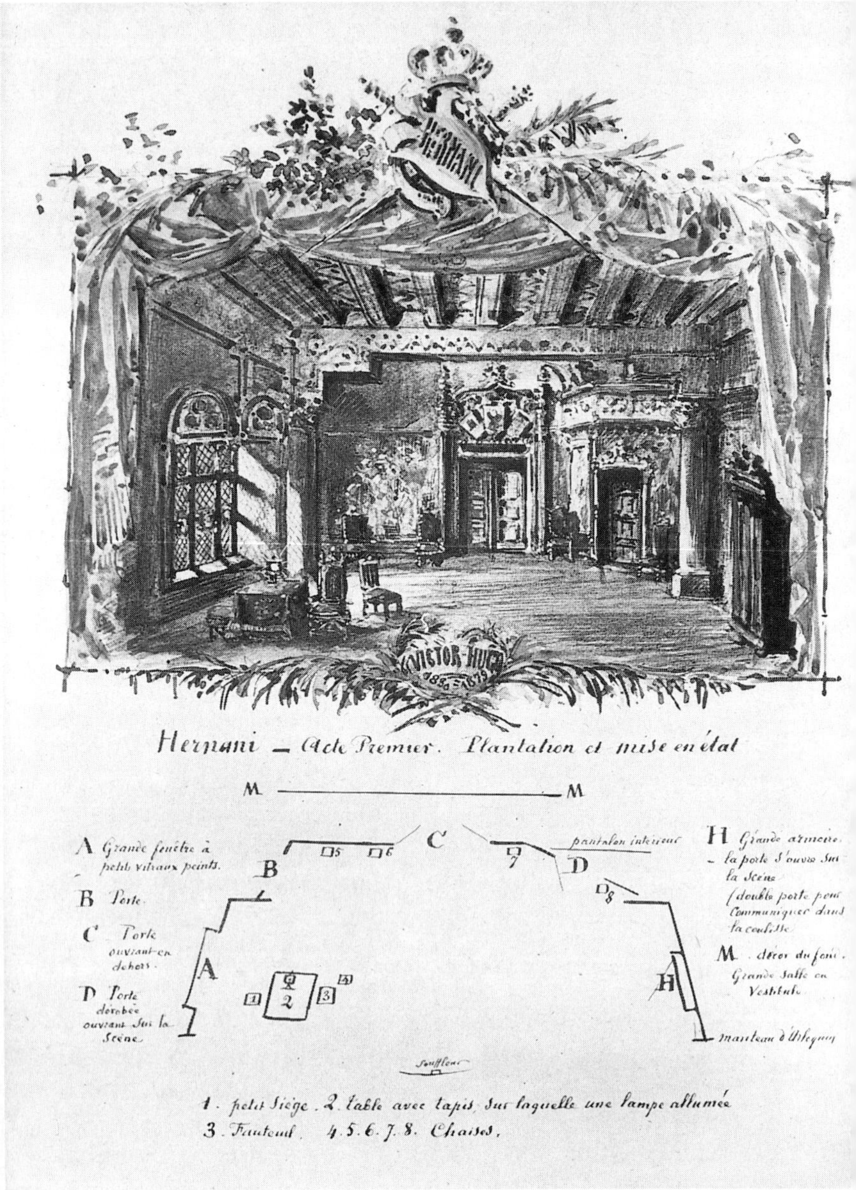

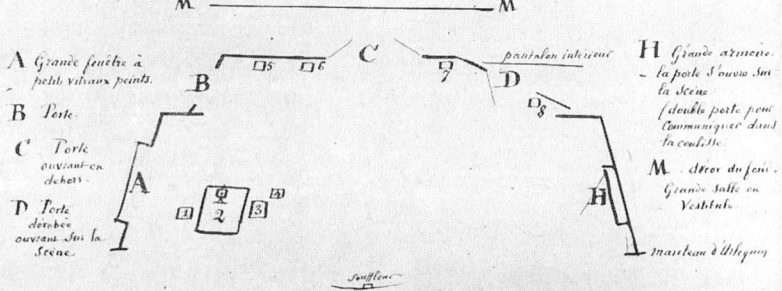

Hernani — Acte Premier. Plantation et mise en état

| M ———————————————————— M |

A Grande fenêtre à petits vitraux peints.

B Porte.

C Porte ouvrant en dehors.

D Porte dérobée ouvrant sur la Scène.

H Grande armoire. la porte s'ouvre sur la Scène / double porte pour Communiquer dans la coulisse.

M décor du fond. Grande Salle en Vestibule.

pantalon intérieur

souffleur

manteau d'Arlequin

1. petit Siège. 2. table avec tapis sur laquelle une lampe allumée
3. Fauteuil. 4.5.6.7.8. Chaises.

Abb. 5: Entwurf von J.B. Lavastre für Hugos *Hernani*, aus dem »Buch der Regie«. Paris, Comédie Française.

Abb. 6: Uraufführung von Raimunds *Alpenkönig und Menschenfeind*, Wien 1828. Rechts Raimund als Herr von Rappelkopf. Aquarell von Johann Christian Schoeller. Aus: Wilhelm Deutschmann, Theatralische Bilder-Gallerie. Wiener Theater in Aquarellen von Johann Christian Schoeller. Hrsg. vom Historischen Museum der Stadt Wien, Dortmund: Harenberg, 1980, S. 45.

Abb. 7: Nestroy als Eberhard Ultra (in der Verkleidung als russischer Fürst) in der Uraufführung seines *Freiheit in Krähwinkel*, Wien 1848. Aquarell von Johann Christian Schoeller. Aus: Deutschmann, Bilder-Gallerie, S. 165.

Abb. 8: Szene aus Čechovs *Möwe* in der Inszenierung von Stanislavskij am Moskauer Künstler-Theater 1898 mit Stanislavskij als Trigorin, Meyerhold als Treplev und Olga Knipper als Arkadina. Aus: Siegfried Melchinger, Tschechow, Velber: Friedrich, 1968, S. 129.

Abb. 9: Schluß-Szene aus Craigs *Hamlet* – Inszenierung 1910 am Moskauer Künstler-Theater. Museum des Moskauer Künstler-Theaters.

Abb. 10: Szene aus Meyerholds Inszenierung des *Großmütigen Hahnreis*. Moskau 1922.

Abb. 11: Antonin Artaud als Count Cenci in Artauds Inszenierung von *Les Cenci*, Paris 1935. Aus: Manfred Brauneck (Hrsg.), Theater im 20. Jahrhundert, Reinbek: Rowohlt, 1982, S. 465.

Abb. 12: Szene aus Brechts eigener Inszenierung seines *Mann ist Mann* 1931 am Staatstheater Berlin mit Peter Lorre als Galy Gay.

Abb. 13: Becketts *Endspiel* in seiner eigenen Inszenierung in der Werkstatt des Schiller-Theaters, Berlin 1967, mit Ernst Schröder als Hamm, Horst Bollmann als Clov, Gudrun Genest als Nell und Werner Stock als Nagg. Foto: Ilse Buhs. Aus: Theater heute, H. 11, 1967, S. 10/11.

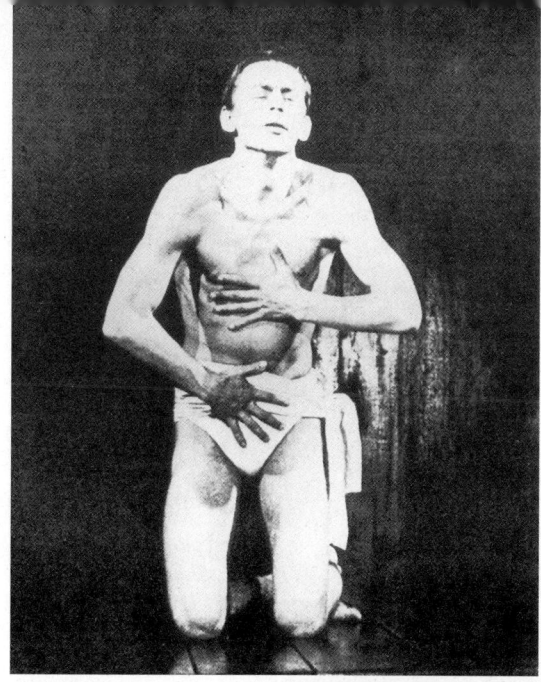

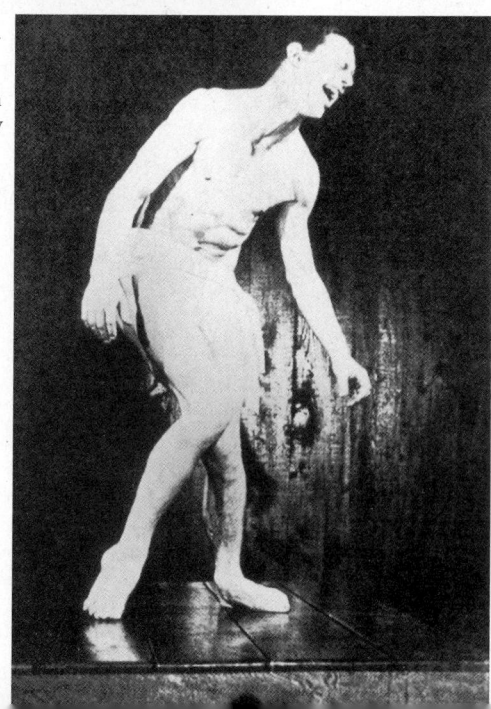

Abb. 14 und 15: Ryszard Cieślak als Fernando in Grotowskis Inszenierung des *Standhaften Prinzen* von Calderón/Slowacki, Wroclaw 1965.

Abb. 16: Das Geburts-Ritual aus Schechners Inszenierung von *Dionysus in 69*. (Foto: Raenne Rubenstein)

Abb. 17: Robert Wilsons Inszenierung von Heiner Müllers *Hamletmaschine* am Hamburger Thalia-Theater 1986. Foto: Elisabeth Henrichs. Aus: Theater heute, H. 12, 1986, Titelbild.

Menschen auf der Erde, der nicht einen eigenen individuellen Charakter hat. Der Schauspieler, der nicht – auch in der kleinsten Rolle – einen Charakter vermitteln kann, ist ein armer und langweiliger Schauspieler«.[17] Die Aufgabe der Schauspielkunst besteht also für Stanislavskij darin, die Charaktere der Rollenfiguren in ihrer Individualität darzustellen. Stanislavskij verdeutlicht dies an folgendem Beispiel:

> Man kann ohne weiteres charakteristische Gestalten 'allgemein' – etwa den Kaufmann, den Militär, den Aristokraten, den Bauern und so weiter – auf die Bühne bringen. Schon bei oberflächlicher Beobachtung kann man ja bestimmte ins Auge fallende Verhaltensmerkmale, Manieren und Gewohnheiten erkennen, die für die einzelnen Stände typisch sind, denen man früher die Menschen zuordnete.
>
> So halten sich etwa Militärs 'allgemein' sehr gerade, sie marschieren, anstatt wie andere Menschen zu gehen, sie drehen die Schultern, damit die Epauletten glitzern, sie knallen sporenklirrend die Hacken zusammen, sie sprechen und räuspern sich laut, um rauher und männlicher zu wirken und so weiter. [...]
>
> Alles das sind schablonenhafte 'allgemeine' Merkmale, die angeblich das Charakteristische erzeugen sollen [...] So 'spielt man' [...] [Militärs] in allen Theatern. Das gehört zum konventionellen darstellerischen Ritual. Andere Schauspieler mit einer feineren, aufmerksameren Beobachtungsgabe sind imstande, sich aus der Masse der Kaufleute, Militärs, Aristokraten oder Bauern eine *bestimmte Gruppe* auszuwählen; sie unterscheiden etwa bei Militärs zwischen Armeesoldaten oder Angehörigen der Garde, zwischen Kavalleristen, Infanteristen oder anderen Soldaten, zwischen Offizieren und Generälen. [...]
>
> Der dritte Typ der Charakterdarsteller besitzt eine noch feinere Beobachtungsgabe. Solche Schauspieler sind imstande, sich aus allen Militärs, aus der ganzen Gruppe der Armeesoldaten irgendeinen einzigen Iwan Iwanowitsch Iwanow auszuwählen und diesem nur für ihn persönlich typische Züge zu verleihen, die sich in keinem anderen Armeesoldaten wiederholen. Unbestreitbar ist auch ein solcher Mensch ein Militär 'allgemein', unbestreitbar ist er Armeesoldat, aber darüber hinaus ist er die ganz konkrete Persönlichkeit Iwan Iwanowitsch Iwanow.   (Bd. 2, S. 190f.)

– oder Aleksander Ignatjevič Veršinin oder Nikolaj Lvovič Tuzenbach oder Vasilij Vasiljevič Solënyj und so weiter und so weiter.

Wenn die Darstellung individueller Charaktere als Aufgabe der Schauspielkunst bestimmt wird, muß vordringlich die Frage geklärt

---

[17] Konstantin S. Stanislawski, *Die Arbeit des Schauspielers an sich selbst*, 2 Bde., Berlin (DDR) 1986.

werden, auf welche Weise der Schauspieler die je besondere Art einer Figur zu denken, zu empfinden und zu sein, zum Ausdruck zu bringen vermag. Als Antwort auf diese Frage hat Stanislavskij die Lehre von den »physischen Handlungen« entwickelt. Da die »inneren Empfindungen unwägbar, unsichtbar, unzugänglich, labil« sind (Bd. 1, S. 174f.), kann der Schauspieler nicht bei ihnen ansetzen. Stanislavskij geht davon aus, daß »die Linie des Körpers und der Seele voneinander abhängen«[18]. Daraus folgt einerseits, daß »sich jedes im Inneren entstandene Gefühl, jede Stimmung, jedes Erleben *reflektorisch* auch im Äußeren [widerspiegelt]« (Bd. 2, S. 233). Andererseits aber ergibt sich, daß »das Äußere auf das Innere einwirkt« (Bd. 2, S. 172) und daher äußere Änderungen »auch in der Psyche, ganz ohne das Dazutun des Schauspielers, eine zunächst fast unmerkliche Veränderung« hervorrufen (S. 174). Es besteht also eine Wechselbeziehung zwischen dem Körper und der Seele: nicht nur »spiegelt sich das Leben des Geistes im Leben des Körpers wider, umgekehrt: auch das Leben des Körpers kann sich im Leben des Geistes widerspiegeln« (*Arbeit an der Rolle*, S. 38). Auf dieser Voraussetzung baut die Lehre von den physischen Handlungen auf. Denn

> Es ist leichter, über den Körper zu gebieten als über das Gefühl. Wenn daher das *geistige Leben* der Rolle nicht von selbst entsteht, dann schaffen Sie ihr das *körperliche Leben* [...] Prüfen Sie selbst, ob Ihr Gefühl unbewegt bleibt, wenn Sie das Leben Ihres Körpers vermittels seiner physischen Handlungen wirklich echt leben. [...] Sie werden sehen, daß, wenn Sie sich selbst Ihr physisches Leben auf der Bühne glauben, Sie auch die Gefühle empfinden, die ihm entsprechen und einen logischen Zusammenhang damit haben. Und demnach ruft das *körperliche Leben*, das aus der Rolle entnommen ist, ein analoges *seelisches Leben* dieser Rolle hervor. (S. 38)

Die Aufgabe des Schauspielers besteht also darin, seine Rolle in eine Folge physischer Handlungen aufzugliedern, die »logisch und folgerichtig« sind[19]. Die »sich [...] ununterbrochen hinziehende Linie der physischen Handlungen« kann nun zum »Schienenweg zur Rolle« (S. 120) werden. Auf diese Weise wird es dem Schauspieler

---

18 Konstantin S. Stanislawski, *Die Arbeit des Schauspielers an der Rolle*, Berlin (DDR) 1986, S. 51.

19 Konstantin S. Stanislavskij, Von den physischen Handlungen, in: derselbe, *Theater, Regie und Schauspieler*, Hamburg 1958, S. 120–128, S. 127.

gelingen, das körperliche *und* seelische Leben seiner Rollenfigur zu schaffen und sie so als einen je besonderen, individuellen Charakter zur Darstellung zu bringen. Damit wird dem Publikum die Möglichkeit eröffnet, sich mit der Rollenfigur zu identifizieren und ihr »seelisches Leben« mitzuleben: er wird »mehr erschüttert als der Schauspieler selbst« (Bd. 2, S. 193) und vergießt, wie bei den Inszenierungen der Čechovschen Dramen, bittere Tränen.

Stanislavskijs »System« beruht also im wesentlichen auf zwei Voraussetzungen:

1) der Schauspieler soll die Rollenfigur als einen individuellen Charakter darstellen, und

2) der Körper des Schauspielers ist zum vollkommenen Ausdruck der Seele seiner Rollenfigur befähigt und geeignet, weil eine Wechselwirkung zwischen den physischen Handlungen und den seelischen Vorgängen besteht.

Mit diesen beiden Prämissen werden wir in die Frühzeit des bürgerlichen Illusionstheaters zurückverwiesen, wie es sich seit Mitte des 18. Jahrhunderts allmählich herausgebildet hatte. So hatte Lessing vom Theater gefordert, daß es »individuelle Charaktere« zur Darstellung bringen solle, nicht aber ins »Unnatürliche« verzeichnete »Mißgeschöpfe« (*Hamburgische Dramaturgie,* 9. Stück), und alle Theoretiker der Schauspielkunst von St. Albine über Riccoboni, Diderot, Lessing und Lichtenberg bis hin zu Engel waren sich darin einig, daß der menschliche Körper über eine »unwillkürliche Gebärdensprache« verfüge, »die von den Leidenschaften in allen ihren Gradationen über die ganze Erde geredet wird« (Lichtenberg, *Über Physiognomik*). Die Voraussetzungen, von denen Stanislavskij ausgeht, hatten also bereits für die frühesten Vertreter des bürgerlichen Illusionstheaters Gültigkeit. Was sie gefordert hatten, ohne sich bei den Schauspielern und Theaterleitern ihrer Zeit wirklich durchsetzen zu können, ist von Stanislavskij in letzter Konsequenz realisiert worden: seine Schauspieler waren fähig, auch noch für die feinsten seelischen Nuancen einen identifizierbaren körperlichen Ausdruck zu finden. So war ein Schauspieler imstande, die Worte »gestern abend« auf 45 verschiedene Arten auszusprechen, denen die Zuhörer jeweils eine andere Bedeutung beizulegen vermochten. Es erscheint insofern gerechtfertigt, in Stanislavskij den Vollender der Schauspielkunst des bürgerlichen Illusionstheaters zu sehen.

Natürlich bestehen auch einige gravierende Unterschiede zwischen Stanislavskij und den Theoretikern des 18. Jahrhunderts. So war Diderot z.B. fest überzeugt, daß der Schauspieler lediglich die »äußeren Zeichen« für seelische Vorgänge kennen müsse, um eine Rollenfigur als individuellen Charakter darstellen zu können:

> Sein ganzes Talent besteht [...] in der Fähigkeit, die äußeren Zeichen des Gefühls so gewissenhaft wiederzugeben, daß ihr euch täuschen laßt [...] Das Beben der Stimme, die abgehackten Worte, die erstickten oder gedehnten Laute, das Zittern der Glieder, das Wanken der Knie, die Ohnmachten, die Raserei – reinste Nachahmung!
>
> (*Paradox über den Schauspieler*)

Der Schauspieler erzeugt also lediglich die Illusion eines fühlenden Menschen und erregt so beim Zuschauer Gefühle, während er selbst vollkommen gefühllos bleibt. Lessing dagegen nimmt durchaus eine gewisse Wechselwirkung zwischen Körper und Seele an: »[...] eben die Modificationen der Seele, welche gewisse Veränderungen des Körpers hervorbringen, [werden] hinwiederum durch diese körperlichen Veränderungen bewirket« (*Hamburgische Dramaturgie*, 3. Stück). Aber diese Wechselwirkung bezieht sich vor allem auf das Verhältnis zwischen willkürlich und unwillkürlich hervorgebrachten Zeichen eines Gefühls. Sie geht nicht so weit, daß durch die Ausführung bestimmter, für gewöhnlich mit einer Empfindung verbundener physischer Handlungen diese Empfindung auch tatsächlich hervorgerufen würde. Wenn der Schauspieler zum Beispiel die willkürlich hervorzubringenden äußeren Zeichen des Zornes realisiert –

> den hastigen Gang, den stampfenden Fuß, den rauhen bald kreischenden bald verbissenen Ton, das Spiel der Augenbrauen, die zitternde Lippe, das Knirschen der Zähne usw. – wenn er [...] nur diese Dinge, die sich nachmachen lassen, sobald man will, gut nachmacht: so wird dadurch unfehlbar seine Seele ein dunkles Gefühl von Zorn befallen, welches wiederum in den Körper zurückwirkt, und da auch diejenigen Veränderungen hervorbringt, die nicht bloß von unserm Willen abhangen; sein Gesicht wird glühen, seine Augen werden blitzen, seine Muskeln werden schwellen; kurz, er wird ein wahrer Zorniger zu sein scheinen, ohne es zu sein, ohne im geringsten zu begreifen, warum er es sein sollte.
>
> (*Hamburgische Dramaturgie*, 3. Stück)

Stanislavskij nun geht nicht nur allgemein von einer Analogie zwischen Körper und Seele aus, wie die Theoretiker der Aufklärung, sondern von einer psychophysischen Einheit des Menschen, in der die Möglichkeit des psychologischen Realismus seiner Schauspielkunst ihren Grund findet. Trotz dieses wesentlichen Unterschiedes haben auch für Stanislavskij die Leitsätze des bürgerlichen Illusionstheaters Gültigkeit, die in der Aufklärung formuliert wurden:

1. Das Theater soll eine Illusion der Wirklichkeit herstellen.

2. Gegenstand der Schauspielkunst sind psychische Zustände und seelische Prozesse eines Individuums.

3. Der Körper des Schauspielers ist von Natur aus zum vollkommenen Ausdruck der Seele befähigt und geeignet.

Stanislavskij ist der letzte bedeutende europäische Theatermann, der diese Leitsätze vorbehaltlos anerkannt und befolgt hat. Wenn das Individuum von der Bühne abtritt, werden auch die Leitsätze des bürgerlichen Illusionstheaters hinfällig werden.

Theater des »neuen« Menschen

5.1 Re-Theatralisierung des Theaters als Negation des Individuums

5.1.1 Theater als Kunst – der Schauspieler als Über-Marionette

Zu Beginn des 20. Jahrhunderts setzte eine Entwicklung ein, welche das abendländische Theater, das traditionell vom Drama bestimmt wird, grundlegend verändert hat: die Avantgardebewegungen erhoben die Entliterarisierung des Theaters zum Programm. Stanislavskij hatte die »Aufgabe des Theaters« noch darin gesehen, »das innere Leben eines Stückes und seiner Rollen zu gestalten und den Wesenskern und die Grundgedanken, aus denen das Werk des Dichters [...] entstanden ist, auf der Bühne zu verkörpern«[1]. Dagegen schreibt Edward Gordon Craig in seinem erstmals 1905 veröffentlichten *Ersten Dialog* über *Die Kunst des Theaters*, daß »der Dichter nicht zum Theater gehört, daß er niemals vom Theater hergekommen ist und niemals zum Theater gehören kann«, und leitet aus diesem Befund die Forderung nach einem »unausgesprochenen Drama« ab.[2] Diese Forderung wurde zwischen 1900 und 1930 von nahezu allen Vertretern der Avantgardebewegungen wiederholt, von Futuristen und Konstruktivisten, von Dadaisten und Surrealisten, von den Bauhaus-Künstlern, von Meyerhold, Tairov und Artaud.

Die lautstark proklamierte Befreiung des Theaters von den Fesseln der Literatur stand sicher nicht zuletzt mit der immer wieder geäußerten Sprachskepsis der Zeit in einem Zusammenhang. Bereits 1876 hatte Nietzsche in seiner *Vierten Unzeitgemäßen Betrachtung* mit Bezugnahme auf Wagner angemerkt:

> Es ist ihm zuerst die Erkenntniss eines Nothstandes aufgegangen, der so weit reicht, als jetzt überhaupt die Civilisation die Völker verknüpft: überall ist hier die *Sprache* erkrankt, und auf der ganzen menschlichen Entwickelung lastet der Druck dieser ungeheuerlichen Krankheit. Indem die Sprache fortwährend auf die letzten Sprossen des ihr Erreichbaren steigen musste, um, möglichst ferne von der starken Gefühlsregung, der sie ursprünglich in aller Schlichtheit zu entsprechen vermochte, das dem

---

[1] Stanislawski, *Arbeit des Schauspielers an sich selbst*, Bd.2, S. 227.

[2] Edward Gordon Craig, *Über die Kunst des Theaters*, Berlin 1967, S. 101/103.

Gefühl Entgegengesetzte, das Reich des Gedankens zu erfassen, ist ihre Kraft durch dieses übermässige Sich-Ausrecken in dem kurzen Zeitraume der neueren Civilisation erschöpft worden: so dass sie nun gerade Das nicht mehr zu leisten vermag, wessentwegen sie allein da ist: um über die einfachsten Lebensnöthe die Leidenden miteinander zu verständigen. Der Mensch kann sich in seiner Noth vermöge der Sprache nicht mehr zu erkennen geben, also sich nicht wahrhaft mittheilen: bei diesem dunkel gefühlten Zustande ist die Sprache überall eine Gewalt für sich geworden, welche nun wie mit Gespensterarmen die Menschen fasst und schiebt, wohin sie eigentlich nicht wollen; sobald sie mit einander sich zu verständigen und zu einem Werke zu vereinigen suchen, erfasst sie der Wahnsinn der allgemeinen Begriffe, ja der reinen Wortklänge, und in Folge dieser Unfähigkeit, sich mitzutheilen, tragen dann wieder die Schöpfungen ihres Gemeinsinns das Zeichen des Sich-nicht-verstehens, insofern sie nicht den wirklichen Nöthen entsprechen, sondern eben nur der Hohlheit jener gewaltherrischen Worte und Begriffe: so nimmt die Menschheit zu allen ihren Leiden auch noch das Leiden der *Convention* hinzu, das heisst des Uebereinkommens in Worten und Handlungen ohne ein Uebereinkommen des Gefühls.

Unter der von Nietzsche als Krankheit der Zivilisation diagnostizierten Unfähigkeit der Sprache litten auch die Dramatiker. So läßt Hofmannsthal in seinem berühmten *Chandos-Brief* (1902) den Verfasser klagen:

Es ist mir völlig die Fähigkeit abhandengekommen, über irgend etwas zusammenhängend zu denken oder zu sprechen [...] Ich empfand ein unerklärliches Unbehagen, die Worte 'Geist', 'Seele' oder 'Körper' nur auszusprechen. Ich fand es innerlich unmöglich, über die Angelegenheiten des Hofes, die Vorkommnisse im Parlament, oder was Sie sonst wollen, ein Urteil herauszubringen. Und dies nicht etwa aus Rücksichten irgendwelcher Art, denn Sie kennen meinen bis zur Leichtfertigkeit gehenden Freimut: sondern die abstrakten Worte, deren sich doch die Zunge naturgemäß bedienen muß, um irgendwelches Urteil an den Tag zu geben, zerfielen mir im Munde wie modrige Pilze.

Die sprachlichen Qualitäten und Möglichkeiten, die für das Drama der zurückliegenden Jahrhunderte konstitutiv waren und die Dominanz der Sprache begründet hatten, sind Hofmannsthals Lord Chandos nicht mehr verfügbar. Er muß auf weitere sprachliche Äußerungen verzichten,

weil die Sprache, in welcher nicht nur zu schreiben, sondern auch zu denken mir vielleicht gegeben wäre, weder die lateinische noch die englische noch die italienische noch die spanische ist, sondern eine Sprache, von deren Worten mir auch nicht eines bekannt ist, eine Sprache, in

welcher die stummen Dinge zu mir sprechen, und in welcher ich vielleicht einst im Grabe vor einem unbekannten Richter mich verantworten
werde.

Weil die »wahre Sprache« für Hofmannsthal derart die Sprache der
»stummen Dinge« ist, fordert er in seinem Aufsatz *Die Bühne als
Traumbild* (1903) vom Theater, »ein Bild zu schaffen auf dem nicht
ein Fußbreit ohne Bedeutung ist«. Körper und Gegenstände werden
zu Sprache, während die (Wort-)Sprache ihre semantischen Qualitäten einbüßt. Hofmannsthal zog daraus seine Konsequenzen: er
wandte sich von der Sprache ab und der Musik zu und ging zuerst
in der *Elektra* (ab 1905/6) und dann in den »Komödien mit Musik«
eine enge Zusammenarbeit mit Richard Strauss ein. Nicht in Elektras Worten gewinnt konsequenterweise die tragische Dimension
Gestalt und Wirklichkeit, sondern in ihrem Schweigen, im trunke-
nen Taumel ihres »namenlosen Tanzes«, an dessen Ende sie tot zu-
sammenbricht. Desemantisierung der Sprache und Semantisierung
von Körper und Objektwelt bedingen sich bei Hofmannsthal gegenseitig. Ganz ähnlich argumentiert noch 1932 Artaud in seinen
Briefen über die Sprache:

> Denn neben der Kultur mittels Wörter gibt es die Kultur mittels Gebär-
> den. Es gibt noch andre Sprachen auf der Welt als unsre abendländische,
> die für Entäußerung, für Austrocknung der Ideen optiert hat und in der
> sich uns die Ideen im Trägheitszustand darstellen, ohne bei ihrem Durch-
> gang ein ganzes System natürlicher Analogien in Bewegung zu setzen
> wie in den orientalischen Sprachen.[3]

Die Forderung nach Entliterarisierung des Theaters ging insofern
sicher zu einem nicht geringen Teil auf die Sprachkrise der Epoche
zurück. Ihr entscheidendes Gewicht erhält sie jedoch aus einem
anderen Begründungszusammenhang heraus: aus der Vorstellung
und dem Grundsatz, daß Theater eine Kunst *sui generis* darstellt.
    Craig argumentiert, daß jede Kunst sich durch die Eigenart ihres
Materials definiert. Das Drama als Werk der Literatur arbeitet mit
Worten:

> Die Phantasie des Dichters findet Ausdruck in wohlgewählten Worten,
> die er entweder vorliest oder vorsingt – und das ist alles. Seine Dich-
> tung, rezitiert oder gesungen, ist für unsere Ohren und durch sie für

---

[3] Antonin Artaud, Briefe über die Sprache, in: derselbe, *Das Theater und
sein Double*, Frankfurt am Main 1979, S. 113–130, S. 117.

unsere Phantasie bestimmt. Wenn der Dichter seinen Vortrag mit Gebärden erweitert, so nützt er damit seiner Sache nicht, im Gegenteil, er verdirbt sie. (S. 102)

Das Material des Theaters dagegen besteht aus Bewegung, Szenengestaltung und Stimme. Daraus folgt, daß der Regisseur »ein Meister in der Beherrschung der Bewegung, der Linie, der Farbe, des Rhythmus und des Wortes« werden müsse, damit »die Kunst des Theaters ihre alten Rechte wieder zurückerobern« könne und »ihre Arbeit [...] eine eigenständige und schöpferische Kunst sein und nicht länger ein interpretierendes Handwerk«. (S. 125) Die Kunst des Theaters ist aus Bewegung entstanden, aus Gebärde und Tanz. Es sei daher an der Zeit, sich auf ihren Ursprung zurückzubesinnen, das Theater von den Fesseln der Literatur zu befreien und zu retheatralisieren. Diese Argumentation findet sich in den unterschiedlichsten Varianten bei allen Vertretern der Avantgarde-Bewegungen wieder. Das Schlagwort von der »Retheatralisierung des Theater« (Georg Fuchs, 1904) wird zur Losung der Epoche.

Die Forderung nach Retheatralisierung des Theaters hat weitreichende Folgen – sie setzt konsequenterweise die Leitsätze des bürgerlichen Illusionstheaters außer Kraft. Denn sie ist zunächst gegen jede Art von Bühnenrealismus gerichtet:

> Der Schauspieler betrachtet das Leben, wie es der Fotoapparat sieht, und er versucht, ein Bild zu schaffen, das einer Fotografie den Rang ablaufen soll [...] Er versucht, Natur zu reproduzieren [...]; niemals träumt er davon, etwas Eigenes zu *schaffen* [...] Das heißt Nachahmer, nicht Künstler sein. Es bedeutet, daß man sich in die Verwandtschaft des Bauchredners begibt. (S. 55)

Wird das Theater als Kunst verstanden, kann es daher nicht seine Aufgabe sein, die Natur nachzuahmen und eine Illusion der Wirklichkeit herzustellen. Craig fordert vielmehr vom Theater, seine mimetischen Tätigkeiten aufzugeben und statt dessen schöpferisch vorzugehen; denn nur so könne es fähig werden, »die Schönheiten einer imaginären Welt zu beschwören, einen fernen Schimmer jenes Geistes zu erhaschen, den wir Tod nennen«, und eine »ideale Welt« sichtbar zu machen, ein »Leben, das bevölkert ist von seltsamen, wilden und feierlichen Gestalten, von munteren und stillen Wesen und solchen, die von einer wundersamen Harmonie der Bewegung beseelt sind«. (S. 61) Theater als Kunst kann nicht in der Nachahmung der Wirklichkeit sein Genügen finden, sondern nur im Erschaffen und Sichtbarmachen einer unsichtbaren, imaginären Welt. Damit muß auch der Gegenstand der Schauspielkunst neu bestimmt werden. In seinem 1908 veröffentlichten Aufsatz *Über die Geistererscheinungen in Shakespeares Tragödien* versucht Craig, diese Neubestimmung am Beispiel des *Macbeth* vorzunehmen. Craig vertritt hier die These, daß die Geistererscheinungen in Shakespeares großen Tragödien nicht lediglich eine episodische Zutat darstellen, sondern daß in ihnen die zentrale Idee dieser Werke liege. Denn durch die Geistererscheinungen sei es Shakespeare gelungen, die Personen nicht als Individuen zu präsentieren, sondern als willenlose Medien unsichtbarer Mächte:

> Mir ist, als sähe ich Macbeth in den ersten vier Akten des Dramas vor mir: wie hypnotisiert, fast starr, die spärlichen Bewegungen die eines Schlafwandlers. Später sind die Rollen vertauscht: die schlafwandelnde Lady Macbeth ist gleichsam das bittere, ironische Echo auf Macbeths ganzes Leben, ein scharfes, schrilles Echo, das schnell schwächer wird und dann verstummt. [...] Macbeth ist nicht so, wie ihn einige Schauspieler zeigen: ein feiger Schuft, der in eine Falle gegangen ist; ich sehe ihn auch nicht als den kühnen und mutigen Schurken, als den ihn andere Schauspieler darstellen. [...] Als sein Weib noch lebte, war er sich seiner selbst nicht bewußt, reibungslos hatte er als ihr Werkzeug funktioniert, und sie ihrerseits handelte als Medium jener Mächte, deren Bestimmung es seit je ist, die Stärke der Männer durch die Schwäche der Frauen zu prüfen. [...] Was wir eigentlich sehen *sollten*, ist ein Mann in jenem hypnotischen Zustand, der einen zugleich schrecklichen und schönen Anblick bietet. Wir würden erkennen, daß die Hypnose sich durch das Medium seiner Frau auf ihn überträgt, und würden die Hexen als geistige Wesen begreifen, deren Schrecklichkeit in einer Schönheit liegt, die für uns nur als Schrecklichkeit faßbar ist. (S. 173f.; 176)

Nach Craig stellen Macbeth und Lady Macbeth nicht selbstbewußte, für ihre Gedanken und Taten verantwortliche Charaktere dar, sondern handeln in Trance. Zur Bekräftigung dieser Auffassung vom Menschen beruft Craig sich ausdrücklich auf den belgischen Symbolisten Maurice Maeterlinck. Es besteht jedoch ein wesentlicher Unterschied zwischen beiden. Maeterlinck versucht in seinen frühen Einaktern *L'Intruse*, *Les Aveugles* (1890) und *Intérieur* (1891), den Menschen in seinem Ausgeliefertsein an ein Schicksal zu zeigen, in das ihm die Einsicht versperrt ist. Der Tod (den Craig als schöne imaginäre Welt konzipiert) stellt für ihn das unentrinnbare Schicksal des Menschen dar, das weder durch eine menschliche Tat herbeigeführt wird noch vom Menschen selbst zu verantworten ist.

Handlung erstarrt daher zur Situation, Handeln zum Warten. Weil keine Tat (Handlung) und keine Rede (Dialog) den Menschen von seinem Schicksal befreien kann, wird die Dramaturgie statisch.

Bei Craig dagegen geht es um den bewußtseinsmäßigen Vorgang, daß »wir [...] die gewaltige Kraft dieser unsichtbaren Mächte spüren« sollten (S. 175), die sich normalerweise dem Bewußtsein entziehen. Das Theater hat also bei ihm nicht die Aufgabe, den Menschen zu zeigen, der von seinem Schicksal ereilt wird, sondern es soll vielmehr die unsichtbaren Mächte sichtbar machen und enthüllen, die sich der Menschen lediglich als Medien bedienen, um wirken zu können.

Die Menschen auf der Bühne interessieren Craig weder als Individuen noch als Vertreter einer schicksalsverfallenen Gattung, sondern nur insofern, als sie teilhaben an einer transindividuellen Macht, die sich durch sie manifestiert. In seinem Essay *Die Künstler des Theaters der Zukunft* (1907) führt er diesen Gedanken weiter aus.

> Ich glaube nicht an die Magie der Persönlichkeit, aber ich glaube an die Magie des Unpersönlichen im Menschen [...] Denn das Unpersönliche im Menschen ist sein bester Teil, und seine Persönlichkeit kommt erst an zweiter Stelle. Auf den ersten Blick scheint es zwar, daß das Persönliche einer Sache deren Charakter ausmacht, ja deren Identität bildet. Aber wenn man genauer darüber nachdenkt, erkennt man, daß man bei dem Verzicht auf das Persönliche eine Kraft erhält, die sich von allen anderen unterscheidet und jeder anderen Kraft überlegen ist. (S. 47)

Das Theater muß folglich nicht nur aufhören, die Wirklichkeit nachahmen zu wollen, es muß auch Schluß damit machen, Menschen als Individuen, als Persönlichkeiten darzustellen. Gegenstand seiner schöpferischen Bemühungen hat vielmehr jene unpersönliche Kraft zu sein, die Craig folgendermaßen beschreibt:

> Es gibt etwas, worüber der Mensch noch nicht Herr geworden ist; etwas, von dessen Gegenwart er sich nichts träumen ließ und das doch darauf wartete, daß er sich ihm liebevoll näherte; etwas Unsichtbares und doch stets Gegenwärtiges; etwas von überwältigendem Zauber, schnell bereit, sich zurückzuziehen, und nur in der Erwartung verharrend, daß sich die rechten Menschen nähern, um mit ihnen sich emporzuschwingen über die Erde hinaus durch alle Sphären – die Bewegung. (S. 45)

Das Theater der Zukunft, das Craig proklamiert, soll ein Theater der Bewegung sein – ein Theater, welches die unsichtbare Kraft der

Bewegung sichtbar macht und zur Darstellung bringt. Für diese Aufgabe muß sich das Theater erst noch entsprechende Instrumente der Darstellung erfinden – und damit erhebt sich die Frage, ob der Körper des Schauspielers als Material für ein solches Instrument geeignet ist.

In seinem Aufsatz *Der Schauspieler und die Über-Marionette* (1907) verneint Craig diese Frage ganz entschieden. Er argumentiert dabei folgendermaßen:

> Kunst beruht auf Plan. Es versteht sich daher von selbst, daß zur Erschaffung eines Kunstwerks nur mit den Materialien gearbeitet werden darf, über die man planend verfügen kann. Der Mensch gehört nicht zu diesen Materialien [...] Der Schauspieler ist seinen Gefühlen *preisgegeben*, sie bemächtigen sich seiner Glieder und lenken sie nach ihrem Willen. Er tanzt nach ihrer Pfeife, [...] wie einer, der von Sinnen ist. [...] Und wie mit der Körperbewegung, so verhält es sich auch mit dem Gesichtsausdruck. [...] Der menschliche Körper ist also [...] *von Natur aus* als Material für eine Kunst untauglich. (S. 52/54)

Der Schauspieler vermag diesem Übel hinsichtlich seines Gesichtsausdrucks zwar dadurch abzuhelfen, daß er sich eine Maske aufsetzt. Und so empfiehlt Craig den Gebrauch der Maske auch überall da, wo auf den Schauspieler – aus welchen Gründen auch immer – nicht verzichtet werden kann. Aber über seinen Körper vermöchte der Schauspieler nur zu gebieten, wenn er ihn »zur Maschine machen« (S. 59) könnte. Solange der Schauspieler das Theater beherrscht, wird das Theater sich folglich nicht zur Kunst erheben können und muß unfähig bleiben, die Kraft der Bewegung zur Darstellung zu bringen. Aus diesem Befund ergibt sich für Craig eine einzige Konsequenz: »Der Schauspieler muß das Theater räumen, und seinen Platz wird die unbelebte Figur einnehmen.« (S. 66) Wenn das Theater der Zukunft Realität werden soll, muß eine solche Kunstfigur – die Craig die Über-Marionette nennt – geschaffen werden. Denn

> die Über-Marionette wird nicht mit dem Leben wetteifern, sie wird über das Leben hinausgehen. Ihr Vorbild wird nicht der Mensch aus Fleisch und Blut, sondern der Körper in Trance sein; sie wird sich in eine Schönheit hüllen, die dem Tode ähnlich ist, und doch lebendigen Geist ausstrahlen. (S. 67)

Daher wird sie das geeignete Instrument sein, mit dem das Theater den »Geist der Bewegung« zu offenbaren vermöchte.

Craigs Theater der Zukunft stellt nicht nur eine Negation des bürgerlichen Illusionstheaters und des bürgerlichen Individuums dar – es negiert vielmehr den Begriff des Individuums, wie er sich in der abendländischen Kultur spätestens mit Beginn der Neuzeit herausgebildet und seitdem auf den Bühnen Europas manifestiert hat. Craig propagiert folglich nicht nur den Beginn einer neuen Epoche der Theatergeschichte, sondern auch der Geschichte der europäischen Kultur, wenn nicht gar der Menschheit:

> Und ich stelle mir gerne vor, daß diese aus der Bewegung geborene Kunst der erste und der bleibende Universalglaube ist. Und ich träume gerne davon, daß zum ersten Mal in der Weltgeschichte Männer und Frauen dies zusammen erreichen werden. [...] Und dieser neue Anfang liegt als unerschöpfliches Feld von Möglichkeiten vor den Menschen der nächsten Jahrhunderte. (S. 48)

Er erscheint als ein interessanter Vorgang, daß Craig bei der Beschreibung der Über-Marionette, mit der diese Epoche auf dem Theater ihren Anfang nehmen soll, sich auf das Beispiel außereuropäischer Kulturen bezieht, in denen das Individuum entweder als Idee unbekannt ist oder als ein vorübergehender, möglichst bald zu überwindender Zustand gilt:

> Und auch die vergessenen Meister in Asien, die die Tempel und alles, was in ihnen ist, schufen, haben jeden Gedanken, jedes Zeichen ihres Werks mit dem Geist der stillen Bewegung durchdrungen, die dem Tode verwandt ist, ihn feiernd und grüßend. Auch in Afrika [...] wohnte dieser Geist, der die wesentliche Substanz jeder vollkommenen Kultur ist. Auch dort waren große Meister zu Hause, nicht individuelle Künstler, die von der Idee der Selbstdarstellung besessen waren, als gäbe es nichts Wertvolleres und Imposanteres als ihre Persönlichkeit, sondern Künstler, die mit einer Art heiliger Geduld damit zufrieden waren, ihre Gedanken und ihre Hände in der Richtung arbeiten zu lassen, die ihnen das Gesetz wies, im Dienste der einfachen Wahrheiten. (S. 68)

Die neue Epoche, die durch Craigs Theater der Zukunft mitgeschaffen werden soll, wird den Menschen nicht mehr als ein Individuum kennen. Wenn der »Geist der Bewegung« zur Darstellung gelangt, die Zeit also (quasi als vierte Dimension, wie es Einstein in seiner 1905 veröffentlichten Schrift zur Speziellen Relativitätstheorie *Zur Elektrodynamik bewegter Körper* darstellt) in den Raum einbricht, wird der Dualismus von Leben und Tod, weiblich und männlich im Menschen aufgehoben: es beginnt die Epoche des nicht-individuellen, des integralen »neuen« Menschen.

Craig war sich vollkommen darüber im klaren, daß das Theater, von dem er träumte, sich nicht sofort würde verwirklichen lassen und man daher »die tägliche Arbeit unter den Bedingungen [...] verrichten« müsse, »die uns heute geboten sind« (S. 49). Dennoch ist die Zahl der Produktionen, die er tatsächlich als verantwortlicher Regisseur realisiert hat, erstaunlich klein geblieben. Zwar wurde er von einflußreichen Theaterleuten wie Otto Brahm, Max Reinhardt, Eleonora Duse und Beerbohm Tree immer wieder zur Zusammenarbeit eingeladen. Die meisten Projekte scheiterten jedoch an prinzipiellen Meinungsverschiedenheiten und an Craigs Abneigung gegen zu weitgehende Kompromisse. Ohnehin war er als Bühnenbildner gesuchter und lieber gesehen denn als Regisseur. Lediglich die Zusammenarbeit mit dem prononciertesten Vertreter des Bühnenrealismus, mit Stanislavskij, zeitigte ein Ergebnis: nach vierjährigen Vorbereitungen gelangte 1912 am Moskauer Künstlertheater Craigs Produktion des *Hamlet* zur Aufführung.

1913 gründete Craig in Florenz eine Theaterschule, für die er im Hinblick auf sein Theater der Zukunft ein umfassendes Ausbildungsprogramm erarbeitet hatte, das bezeichnenderweise die Fächer Rollenstudium und Schauspielkunst gar nicht erst enthielt. Als 1914 der Erste Weltkrieg ausbrach, mußte die Schule allerdings gleich wieder ihre Pforten schließen.

Craigs praktische Theaterarbeit vermochte daher nicht, nachhaltige Wirkung auszuüben oder gar Schule zu bilden. Um so einflußreicher wurde seine Theorie, die bis heute produktiv geblieben ist – ihre Auswirkungen lassen sich im Theater der Gegenwart u.a. in den Arbeiten von Peter Brook und Robert Wilson nachweisen.

5.1.2 Theater als Produktion – der Schauspieler als Konstrukteur

Die wenigen Jahre zu Jahrhundertbeginn, in denen Craig die Grundzüge seiner Theorie eines Theaters der Zukunft entwarf und ausarbeitete, sind in vieler Hinsicht für die Entwicklung unserer Kultur von entscheidender Bedeutung gewesen:

Im Jahre 1900 stellte Max Planck seine Quantentheorie auf, und 1905 publizierte Albert Einstein, wie bereits erwähnt, seine Arbeit *Zur Elektrodynamik bewegter Körper*, mit der er die Spezielle Relativitätstheorie begründete. Das mechanische, seit Galilei gültige Weltbild der Physik war damit zerstört. 1902 entdeckte Hugo de Vries die natürliche Mutation, welche die Darwinsche Entwicklungslehre in wesentlichen Punkten korrigierte. Im Jahre 1900 erschien Freuds *Traumdeutung*, und 1905 folgten seine *Vorlesungen zur Einführung in die Psychoanalyse*, in denen die Grundüberzeugungen der klassischen Psychologie des 19. Jahrhunderts radikal in Frage gestellt wurden.

1906 publizierte Ferruccio Busoni seinen *Entwurf einer Ästhetik der Tonkunst*, in der er vom Komponisten fordert, zu »tonlicher Unabgegrenztheit« vorzustoßen, um die Einschränkungen der seit der Renaissance gültigen tonalen Musik zu überwinden. 1908/9 veröffentlichte Schönberg dann seine ersten atonalen Werke. 1907 malte Picasso die »Mädchen von Avignon«, mit dem der Kubismus seinen Anfang nahm, der die ebenfalls auf die Renaissance zurückgehende perspektivische Gliederung des Bildraumes außer Kraft setzte. 1910 malte Wassiliy Kandinsky »Das erste abstrakte Aquarell«, das eine radikale Absage an jegliche Art mimetischer Zielsetzung in der bildenden Kunst darstellt. Wahrnehmungsweisen, die seit über 300 Jahren Hören und Sehen in der Kunst geprägt hatten, waren damit für unzureichend erklärt.

Bereits 1890 hatte James George Frazer sein ethnologisch-soziologisch-religionsgeschichtliches Werk *The Golden Bough. A Study in Comparative Religion* in zwei Bänden herausgegeben (das er bis 1936 auf dreizehn Bände erweiterte). Die zwischen 1907 und 1915 erschienene Ausgabe des Werkes in zwölf Bänden trug den zutreffenderen Untertitel »A Study in Magic and Religion«. Frazer versucht hier unter Bezug auf ein höchst umfangreiches Material den Nachweis zu führen, daß zwischen den Vorstellungen und Handlungen der sogenannten »Primitiven« und den im kollektiven Unbewußten wurzelnden Sitten und Institutionen der abendländischen Kultur auffallende Analogien bestehen. Die für das 19. Jahrhundert unbezweifelbare kulturelle Überlegenheit der Europäer wurde damit als Illusion entlarvt.

Zwischen diesen Entdeckungen bzw. Neuerungen und der Theatertheorie Craigs lassen sich eine ganze Reihe von Beziehungen und Parallelen herstellen. Als Theorie befand sich Craigs Entwurf insofern durchaus im Einklang mit den avanciertesten Tendenzen in Wissenschaft und Kunst seiner Zeit; als *Theater*theorie jedoch war sie ihrer Zeit weit voraus. Denn all diese bahnbrechenden Veränderungen hatten auf das Leben der Bevölkerung zunächst kaum Auswirkungen. Das bürgerliche Publikum, auf das sich das Theater zu Beginn des 20. Jahrhunderts fast ausschließlich stützte, wurde von diesen entscheidenden Veränderungen in Wissenschaft und Kunst weder in seinem Selbstverständnis noch in seinen Lebensgewohnheiten nachhaltig beeinflußt. Während dieser Sachverhalt Wissenschaftler, Komponisten und Maler nicht notwendigerweise daran hindern mußte, den einmal eingeschlagenen Weg konsequent fortzusetzen, hatte er für den »revolutionären«, aber relativ allein dastehenden Theatermann katastrophale Folgen: es bedeutete, daß er weder ein Theater noch ein Publikum finden würde, das bereit gewesen wäre, sich auf seine Utopien und Experimente vorbehaltlos einzulassen. Ohne eine grundlegende gesellschaftliche Veränderung, die entweder eine Bewußtseinsveränderung der bürgerlichen Schichten zu bewirken vermöchte oder eine neue gesellschaftliche Klasse als Trägerschicht für das Theater qualifizieren würde, war eine radikale Erneuerung des Theaters kaum denkbar.

Nun hatte zwar als Folge der zweiten industriellen Revolution (der Einführung des Elektromotors) die Elektrifizierung und Automatisierung in Verkehr, Wirtschaft und Verwaltung bereits um die Jahrhundertwende eingesetzt und war immerhin soweit verwirklicht, daß die Futuristen sie als »Quelle der Inspiration« besingen konnten. So heißt es in Marinettis Manifest *Le Futurisme*, das am 20. Februar 1909 auf der ersten Seite der Pariser Zeitung »Le Figaro« erschien u.a.:

Wir erklären, daß sich die Herrlichkeit der Welt um eine neue Schönheit bereichert hat: die Schönheit der Geschwindigkeit. Ein Rennwagen, dessen Karosserie große Rohre schmücken, die Schlangen mit explosivem Atem gleichen [...] ein aufheulendes Auto, das auf Kartätschen zu laufen scheint, ist schöner als die *Nike von Samothrake* [...] besingen werden wir die nächtliche, vibrierende Glut der Arsenale und Waffen, die von grellen elektrischen Monden erleuchtet werden; die gefräßigen Bahnhöfe, die rauchende Flammen verzehren; die Fabriken, die mit ihren sich hochwindenden Rauchfäden an den Wolken hängen; die Brücken, die wie gigantische Athleten Flüsse überspannen, die in der Sonne wie Messer aufblitzen; die abenteuersuchenden Dampfer, die den Horizont wittern, die breitbrüstigen Lokomotiven, die auf den Schienen wie riesige, mit Rohren gezäumte Stahlrosse einherstampfen und den gleitenden Flug der Flugzeuge, deren Propeller wie eine Fahne im Wind knattert und Beifall zu klatschen scheint, wie eine begeisterte Menge.

Es erscheint keineswegs als abwegig, zwischen der maschinell erzeugten Geschwindigkeit, der die Futuristen huldigten, und dem von Craig beschworenen »Geist der Bewegung« eine Beziehung herzustellen. Ebensowenig ist zu übersehen, daß Craigs Forderung nach einem idealen Theater frappierende Ähnlichkeiten mit der historisch gleichzeitig entstehenden Filmtechnik und Filmkunst aufweist, mit der »Kinematographie«. Die Kinematographie verwirklicht nämlich einige der wesentlichen Bedingungen des Theaters der Zukunft: Es läßt sich durchaus als eine durch Technik vermittelte Kunst der Bewegung beschreiben oder als ein technisches Verfahren, Bewegung zu produzieren und reproduzierend aufzuzeichnen.

Aber alle diese Entwicklungen (Automatisierung, Entstehung des Films) waren in den ersten Jahren des neuen Jahrhunderts noch zu jung, um auf das Theater oder auf die es tragenden bürgerlichen Schichten eine nachhaltige, zu einer grundlegenden Erneuerung des Theaters führende Wirkung ausüben zu können.

Der Erste Weltkrieg veränderte die politischen und sozialen Verhältnisse in großen Teilen Europas von Grund auf: der Vielvölkerstaat Österreich-Ungarn zerfiel in eine Reihe kleiner selbständiger Staaten, die sich teils als Republik, teils als Monarchie konstituierten; auch in Deutschland mußte der Kaiser abdanken, und die Republik wurde ausgerufen. Am einschneidendsten waren allerdings die Veränderungen in Rußland: nachdem im April 1917 eine bürgerliche, von den Menschewiki getragene Revolution den Zaren gestürzt hatte, entmachteten im Oktober 1917 die Bolschewiki das bürgerliche Parlament und etablierten ihr System der Arbeiter- und Soldatenräte.

Die neue Gesellschaft, die es hier aufzubauen galt, brauchte nun in der Tat ein neues Theater. Der politischen Revolution sollte eine Revolution in der Theaterkunst folgen. Im Herbst 1920, als im Lande noch der Bürgerkrieg tobte, proklamierte Vsevolod Meyerhold den »Theateroktober«.

Meyerhold hatte seine Theaterlaufbahn als Schauspieler am Moskauer Künstlertheater begonnen; in der berühmten Eröffnungsinszenierung der *Möwe* hatte er den Treplev gespielt. Trotz seines Erfolges als Schauspieler wurde er schon bald unzufrieden sowohl mit seiner eigenen Arbeit als auch mit den leitenden Grundsätzen des Künstlertheaters. So schied Meyerhold bereits 1902 aus dem Ensemble wieder aus. An verschiedenen Theatern in der Provinz, in Moskau und in Petersburg sowie in Studioarbeit versuchte er, seine noch eher vagen Vorstellungen vom Theater abzuklären und experimentell auf der Bühne umzusetzen. Seine grundlegenden Forderungen unterschieden sich nicht wesentlich von denen Craigs, auch wenn Meyerhold sie bei weitem nicht so radikal formulierte. Er trat zwar auch für eine Entliterarisierung des Theaters ein, ohne jedoch prinzipiell auf das Drama des Dichters verzichten zu wollen. Das Theater sollte nur nicht länger eine »Magd der Literatur« (*Balagan*, 1912) sein, sondern sich als eine Kunst mit eigenen Gesetzen entwickeln können. Gegen das naturalistische Illusionstheater mit seiner psychologischen Schauspielkunst wandte Meyerhold sich allerdings ebenso kompromißlos wie Craig: Als Grundelemente seines antiillusionistischen »bedingten Theaters« bestimmte er Maske, Geste und Bewegung.

Neben den in der Tat weitgehenden Übereinstimmungen dürfen jedoch nicht die wesentlichen Unterschiede aus dem Blick geraten, die Meyerholds bedingtes Theater von Craigs Theater der Über-Marionette trennen: Meyerhold verlangte nach einer Erneuerung des Theaters, weil er an den Beziehungen zwischen den Menschen interessiert war, welche das auf die Psychologie des Menschen fixierte Illusionstheater schlicht ignorierte, wenn sie nicht auf die Psychologie zurückgeführt werden konnten. Meyerhold dagegen konzentrierte sich gerade auf diese Beziehungen. In dem 1907 entstandenen Essay *Zur Geschichte und Technik des Theaters* schreibt er:

> Gesten, Haltungen, Blicke, Schweigen bestimmen die *wahren* Beziehungen der Menschen. Worte sagen nicht alles. Also ist eine *Struktur der Bewegungen* auf der Bühne unentbehrlich, um aus dem Zuschauer einen scharfsichtigen Beobachter zu machen, um ihm das gleiche Material in die Hand zu geben, das die beiden Gesprächspartner dem beobachtenden Dritten gaben.[4]

Aus dieser grundsätzlich anderen Schwerpunktsetzung heraus erfolgte bei Meyerhold auch eine andere Zielrichtung. Einerseits bezog er den Zuschauer, den Craig weitgehend aus seinen Überlegungen ausgeschlossen hatte, in seine Reflexionen ein. So klagt er in dem oben zitierten Aufsatz:

---

4 Wsewolod E. Meyerhold, *Schriften*, 2 Bde., Berlin (DDR) 1979, Bd.1, S. 129.

Der Zuschauer erlebt nur *passiv*, was von der Bühne kommt. »Jene Grenze zwischen Zuschauer und Schauspieler wurde gezogen, die heute als Rampe das Theater in zwei einander fremde Welten teilt: die nur handelnde und die nur aufnehmende – und es gibt keine Adern, die diese beiden getrennten Körper zu einem gemeinsamen Kreislauf schöpferischer Energien verbinden.« Die Orchestra brachte den Zuschauer der Bühne nahe. Die Rampe entstand dort, wo sich die Orchestra befand, und sie trennte den Zuschauer von der Bühne. (S. 131f.)

Andererseits folgte aus dieser Schwerpunktsetzung, daß der Schauspieler für Meyerhold eine Zentralstellung behielt. Er versuchte, eine Schauspielkunst zu entwickeln, die imstande sein sollte, Beziehungen zwischen den Menschen (und nicht Seelenzustände einzelner) zur Darstellung zu bringen, und griff dabei auf die verschiedensten Traditionen zurück: auf die russischen Skomorochi und die Schaubude, auf das Maskentheater der Antike und die mittelalterlichen Mysterienspiele, auf das Elisabethanische Theater, das spanische Theater des *Siglo de Oro*, auf die *Commedia dell'arte*, das Puppentheater und auf Molière, auf das japanische und das chinesische Theater. Besondere Bedeutung kam Meyerholds Experimenten mit dem japanischen Theater und mit der *Commedia dell'arte* zu.

Das japanische Theater erschien Meyerhold geradezu als ein Paradigma für ein antiillusionistisches Theater, von dem er in verschiedenen Inszenierungen die Konvention des schwarz gekleideten Bühnendieners ebenso wie den »Blumensteg« übernahm. 1902 hatte Meyerhold anläßlich der ersten Europa-Tournee einer japanischen Truppe (und zwar der Truppe Kawakami Otojiros und seiner Frau Sada Yakko) eine erste Bekanntschaft mit dem japanischen Theater gemacht und sich seitdem immer wieder auf die japanische Bühnenpraxis als vorbildlich bezogen. Noch in einem Gespräch mit Zirkelleitern des künstlerischen Laienschaffens im Jahre 1933 führte er das japanische Theater als Lehrbeispiel an:

An der Kunst Japans können wir sehen, daß die Japaner, die konventionelle Natur des Theaters kennend, sich nicht scheuten, ohne Vorhang zu spielen oder einen »Blumensteg« durch den Zuschauerraum zu legen. Es machte ihnen auch nichts aus, während eines Monologs an den betreffenden Schauspieler leise einen anderen, neutralen Kostümierten herantreten zu lassen, an einem langen Stab eine Kerze haltend, mit der er das Gesicht des Schauspielers beleuchtete, damit dessen Mimik besser zu sehen war. Die Zuschauer sind darüber nicht verwundert, sie wissen, daß das ein »Bühnendiener« ist, der eigens das Gesicht des Schauspielers beleuchtet.[5]

Angeregt von den Figuren aus Schnitzlers *Der Schleier der Pierrette* fing Meyerhold bei der Inszenierung dieses Stücks, das er 1910 unter dem Titel *Columbines Schal* herausbrachte, an, mit den Masken der *Commedia dell'arte* zu experimentieren und einen neuen Bewegungsstil für seine Schauspieler zu entwickeln. In der Inszenierung von Molières *Dom Juan* (1910), in der Meyerhold auch Bühnendiener nach japanischem Vorbild einsetzte, führte er seine Bemühungen fort. Die gesellschaftliche Funktion der Maske stand dabei offensichtlich im Mittelpunkt seines Interesses, wie sich unschwer aus seiner Interpretation der Figur des Don Juan schließen läßt:

> Nur allzu deutlich ist der Don Juan für Molière eine Marionette, die der Autor braucht, um mit der Meute seiner zahllosen Feinde abzurechnen. Don Juan ist für Molière nur ein Maskenträger. Wir sehen an ihm bald eine Maske, die die Zügellosigkeit, den Unglauben, Zynismus und Heuchelei eines Kavaliers vom Hofe des Sonnenkönigs verkörpert, bald die Maske des Autors als Entlarver, bald eine gräßliche Maske, die dem Autor selbst den Atem benimmt und schließlich die gequälte Maske, die er sowohl bei den Aufführungen am Hofe als auch vor seiner arglistigen Frau tragen mußte.[6]

Alle Theatertraditionen, mit denen Meyerhold bis zum Ausbruch der Oktoberrevolution experimentierte, hatten trotz ihrer großen Differenzen eines gemeinsam: sie stellten den Menschen nicht als Individuum dar, sondern als Typus, Rolle, Funktionsträger, Handlungsfunktion o.ä., und sie verlangten dem Schauspieler ein hohes Maß an Körperbeherrschung bis hin zu akrobatischen Fähigkeiten ab. Trotz intensiver Bemühungen gelang es Meyerhold nicht, aus diesem historischen Material eine Schauspielkunst zu entwickeln, die seinen Vorstellungen entsprochen und seinen Anforderungen genügt hätte. Erst die Oktoberrevolution schuf für Meyerhold den Kontext, in dem er die Ergebnisse seiner bisherigen Experimente zusammenfassen und im Hinblick auf eine neue Zielsetzung fruchtbar machen konnte. Im Herbst 1920 fing Meyerhold an, seine *Biomechanik* zu entwickeln.

---

[5] Meyerhold, Ideologie und Technologie im Theater (1933), in: *Theateroktober. Beiträge zur Entwicklung des sowjetischen Theaters*, Frankfurt am Main 1972, S. 159–183, S. 172.

[6] Meyerhold, Balagan (1912), in: *Theateroktober*, S. 64–100, S. 85f.

Die linken Künstler in der Sowjetunion, zu denen auch Meyerhold gehörte, setzten sich das Ziel, die Kluft zwischen Leben und Kunst zu schließen, die für die bürgerlichen Verhältnisse charakteristisch war, und Leben und Kunst nach den gleichen wissenschaftlichen Prinzipien neu zu gestalten. Entsprechend definiert der Theoretiker der Produktionskunst Boris Arvatov »Theater als Produktion«, als »Werkzeug zur Umgestaltung des Lebens«, als »Fabrik des qualifizierten Menschen und einer qualifizierten Lebensweise«.[7] Das Theater soll zum »experimentellen Laboratorium werden, das mit der sozialen Praxis kooperiert«, wobei sein »Material [...] der in der materiellen Umwelt handelnde Mensch« (S. 84) sein wird.

Diese Prinzipien waren auch für Meyerhold verbindlich. Entsprechend entwickelte er seine Biomechanik auf der Grundlage von Techniken und Wissenschaften, die auch für die Neuorganisation anderer gesellschaftlicher Bereiche grundlegend waren: auf der Basis des Taylorismus und der Reflexologie.

Der Taylorismus war ein System der wissenschaftlichen Arbeitsorganisaton, das der amerikanische Ingenieur Frederick Taylor aufgestellt hatte, um aufgrund einer exakten Berechnung von Arbeitszeit und Erholungspause eine größtmögliche Steigerung der Arbeitseffizienz zu erreichen. Dies System wurde vom Zentralinstitut für Arbeit in Moskau seit 1920 propagiert und überall im Lande als Grundlage für eine neue »Kultur der Arbeit« verbreitet. Diese »Kultur der Arbeit« wurde als ein universales Instrument zur Umgestaltung des rückständigen Landes in einen elektrifizierten Industriestaat verstanden, der einen »neuen Menschen« mit neuen »Kultureinstellungen« brauchen und heranziehen würde. Eine »streng utilitäre 'taylorisierte' Lebensgestaltung« (Arvatov, S. 71) wurde zum neuen Ideal.

Die Reflexologie trug zu diesem Ziel bei, indem sie die Gesetze erforschte, die menschliches Reflexhandeln und -verhalten bestimmen. Bechterev strebte danach, die bisherige Psychologie durch die Reflexologie zu ersetzen, weil sie es nicht nur möglich machen würde, menschliche Motivation und Verhalten gemäß unveränderlichen biologischen und soziologischen Gesetzen zu verstehen und vorauszusagen, sondern auch sie unter Laborbedingungen zu verändern.

---

[7] Boris Arvatov, *Kunst und Produktion*, München 1972, S. 86/94.

Meyerhold gründete sein neues Theater auf Taylorismus und Reflexologie: er definierte es als die Verwendung der schnellsten und effektivsten Methoden, um eine erwünschte Zuschauerreaktion hervorzurufen. Um dies Ziel erreichen zu können, entwickelte er seine Biomechanik. In seinem Vortrag vom 12. Juni 1922 *Der Schauspieler der Zukunft und die Biomechanik* erläutert Meyerhold den Zusammenhang zwischen Taylorismus und Biomechanik folgendermaßen:

In den Arbeitsprozessen ist nicht nur wichtig, die Zeit der Erholung richtig einzuteilen, sondern auch unbedingt solche Bewegungen in der Arbeit zu finden, durch welche die Arbeitszeit maximal ausgenutzt wird. Sehen wir uns einen erfahrenen Arbeiter bei der Arbeit an, bemerken wir in seinen Bewegungen:
1. das Fehlen von überflüssigen, unproduktiven Bewegungen,
2. Rhythmik,
3. richtiges Finden des Schwergewichtszentrums seines Körpers,
4. Ausdauer.
Bewegungen, die auf dieser Grundlage aufgebaut sind, zeichnen sich durch »etwas Tänzerisches« aus, der Arbeitsprozeß eines erfahrenen Arbeiters erinnert immer an einen Tanz, hier steht die Arbeit an der Grenze zur Kunst. Der Anblick eines richtig arbeitenden Menschen schafft ein bestimmtes Vergnügen.
Das ist in seiner Gesamtheit auch auf den Schauspieler des künftigen Theaters zu übertragen.
In der Kunst haben wir es immer mit der Organisation des Materials zu tun.
Der Konstruktivismus forderte vom Künstler, daß er auch Ingenieur sei. Die Kunst soll auf wissenschaftlichen Grundlagen basieren, das ganze Schaffen des Künstlers soll bewußt sein.
Die Kunst des Schauspielers besteht in der Organisation seines Materials, das heißt im Vermögen, die Ausdrucksmittel seines Körpers richtig anzuwenden.
Im Schauspieler vereinen sich sowohl Organisator als auch Organisierter (also Künstler und Material). In einer Formel für Schauspieler fände das folgenden Ausdruck:
$N = A_1 + A_2$ wobei
$N = $ Schauspieler,
$A_1 = $ Konstrukteur, der plant und Anordnung für die Realisierung der Ideen gibt,
$A_2 = $ Körper des Schauspielers, der die Aufgaben des Konstrukteurs (A_1) ausführt.
Der Schauspieler muß sein Material – den Körper – so trainieren, daß er imstande ist, von außen erhaltene Aufgaben (vom Partner, vom Regisseur) sofort auszuführen.

Da die Realisierung bestimmter Aufgaben das Spiel des Schauspielers
ausmacht, wird von ihm eine Ökonomie der Ausdrucksmittel gefordert,
die die *Genauigkeit* der Bewegung garantiert und zur *schnellsten Realisierung der Aufgabe* führt. Das Taylorsystem ist der Arbeit des Schauspielers genauso eigen wie jeder beliebigen anderen Arbeit, die das Bestre-
ben hat, maximal zu produzieren.[8]

Der Schauspieler muß folglich seinen Körper durch ein spezielles
Training in eine ökonomisch und effizient zu handhabende »Ar-
beitsmaschine« umwandeln, die jede beliebige gewünschte Bewegung auf Nachfrage umstandslos zu produzieren imstande ist (eine
Möglichkeit, die Craig als nicht realistisch aus seinen Überlegungen ausgeschlossen hatte).

Meyerhold hatte für dieses Training eine Reihe von Übungen
entwickelt, die unterschiedliche Muskeln und Reflexe trainieren sollten: so z.B. den »Daktylus«, den Steinwurf, die Ohrfeige, den Dolch-
stoß, den Pyramidenbau, den Stoß mit dem Fuß, den Sprung auf
die Brust, Gewicht-fallen-lassen, Pferd und Reiter, Den-Sack-Tragen,
den Sprung vom Rücken, den Kreis. Interessanterweise finden diese
Übungen für Schauspieler eine Entsprechung in den Übungen, die
Gastev, der Gründer und Leiter des Zentralinstituts für Arbeit, als
»Katechismus der Arbeitsübungen« aufgelistet hatte:

Aufnehmen von Lasten von der Erde, Heben von Lasten über den Kopf,
Setzen schwerer Lasten auf die Schultern ohne Hilfe eines Handlangers,
das Heben eines 50 Pud schweren Balkens zu viert, Druck aller Art mit
der Übung zum Durchhalten auch ständiger Belastung, Drehbewegun-
gen in der Horizontale und der Vertikale, Schläge – starke und schwa-
che mit kleiner und großer Schwungweite; Sprünge und Würfe, die –
auch unerwartet – sicher und schnell sein müssen.[9]

Die biomechanischen Übungen, die Meyerhold seine Schauspieler
absolvieren ließ, waren nicht dazu gedacht, auf der Bühne repro-
duziert zu werden (auch wenn die eine oder andere gelegentlich
in einer Produktion Verwendung fand), sondern sollten den Schauspieler befähigen, auf Wunsch jede beliebige Bewegung hervorzubringen. Mit Hilfe dieses Trainingsprogramms gelang es Meyerhold
endlich, eine Schauspielkunst zu entwickeln, die Beziehungen zur
Darstellung zu bringen vermochte.

Diese neue Schauspielkunst gab – neben Ljubov Popovas als
zweckdienlicher Arbeitsapparat für die Schauspieler fungierenden

---

8 *Theateroktober*, S. 101–104, S. 101f.
9 Aleksej K. Gastev, *Kak nado rabotat'*, Moskau 1966, S. 257.

konstruktivistischem Bühnengerüst – Meyerholds Inszenierung des *Großmütigen Hahnreis* von Crommelynck (1922) ihr besonderes Gepräge.

Die ungeschminkten, in einen einheitlichen grauen oder blauen Arbeitsanzug gekleideten Schauspieler arbeiteten mit sorgfältig synchronisierten Bewegungen. Jede Bewegung war als Teil eines organisierten Musters entworfen und ausgeführt. Einzelne Bewegungen wurden strukturell unterstützt und verstärkt, indem sie auf die Struktur der Bühnenarchitektur bezogen wurden. So war ein ausgestreckter Arm oder Bein nie als isolierte Geste zu sehen, sondern wiederholte Merkmale der Bühnenarchitektur: die Körper der Schauspieler und die Bühnenarchitektur sowie die Bewegungen der Schauspieler und der Bühnenarchitektur (Mühlenflügel, Räder, Drehtüren) waren so aufeinander abgestimmt, daß sie zusammen eine sich ständig verändernde Struktur konstituierten.

Ähnliches gilt auch für das Spiel der drei Hauptdarsteller (Igor Ilinsky, Boris Zaichikov und Maria Babanova), die zusammen eine kollektive, vollkommen synchronisierte Bewegung hervorbrachten. Jeder behielt zwar individuelle Eigenheiten der Bewegung bei, setzte sie jedoch als Teil eines übergeordneten Ganzen ein, in das er sich einfügte.

Die Geste erfüllte auf diese Weise die Funktion, Beziehungen herzustellen: Beziehungen zwischen dem Schauspieler und der Bühnenarchitektur, dem Schauspieler und manipulierbaren Objekten, dem Schauspieler und anderen Schauspielern, dem Schauspieler und der Rollenfigur, zwischen der Rollenfigur und Objekten, der Rollenfigur und der Bühnenarchitektur und nicht zuletzt zwischen dem Schauspieler und dem Publikum.

Die Bewegungen der Schauspieler wurden also nicht als Zeichen eingesetzt, denen eine bestimmte Bedeutung zugeordnet ist (wie Seelenzustand x des individuellen Charakters y), sondern als Zeichenträger, dem je nach der Beziehung, in die er gerade eingetreten ist, jeweils eine andere Bedeutung beigelegt werden kann. Der Mensch, der auf diese Weise auf der Bühne präsentiert wird, erscheint daher als ein Wesen, das sich ausschließlich aus den Beziehungen heraus definiert, in die es eintritt oder gestoßen wird. Da diese Beziehungen sich jedoch ständig ändern, ändert sich auch der Mensch: ihm eine individuelle, bestimmbare Identität beizulegen, ist daher ganz unmöglich.

Der Zuschauer seinerseits ist aufgefordert, ständig neue Bedeutungen für die Bewegungen des Schauspielers (sowie für die anderen szenischen Elemente wie das Einheitskostüm, seine Varianten, die Requisiten etc.) zu finden, und wird damit in einen Zustand permanenter Aktivität versetzt. Sowohl auf der Bühne als auch im Zuschauerraum entsteht so ein »neuer« Mensch: »Denn durch das Spiel will er sich als Mithandelnder und *Schöpfer eines neuen Sinns* definieren, weil für ihn als den lebendigen (als den neuen, im Kommunismus schon umgewandelten Menschen) das ganze Wesen des Theaters darin besteht, von Zeit zu Zeit in reflektorischer Erregbarkeit die *Freude am neuen Leben* zu verkünden«[10]. Der Mensch, an dem Meyerholds Theater sich orientiert, ist der »Schöpfer eines neuen Sinns«.

Meyerholds Theater genoß eine ungeheure Popularität. Noch in den entlegensten Städten der Sowjetunion wurde auf Arbeiterversammlungen in Resolutionen gefordert, das revolutionäre Meyerhold-Theater müsse unbedingt ein Gastspiel geben. Dennoch wurde Meyerhold wiederholt der Vorwurf gemacht, sein Theater sei zu abstrakt und könne vom proletarischen Zuschauer nicht verstanden werden. Diese Vorwürfe gingen in den dreißiger Jahren in wütende Attacken gegen Meyerholds »Formalismus« über und führten zuletzt zur Schließung des Meyerhold-Theaters (1938), zu Meyerholds Verhaftung (1939) und Exekution im Moskauer Gefängnis (1940). Die Doktrin vom sozialistischen Realismus negierte die Ästhetik des Meyerhold-Theaters prinzipiell und total: anstelle des auf die Zukunft hin offenen »Schöpfers eines neuen Sinns«, der sich und seine Umwelt durch kreative Akte permanent verändert, hatte der ideologisch fixierte, normative positive Held zu treten, in den der Zuschauer sich einfühlen und dem er mimetisch nacheifern konnte. Die Biomechanik wurde daher zur formalistischen Spielerei erklärt und Stanislavskijs »System« zur einzig legitimen Grundlage der Schauspielkunst erhoben.

---

[10] Meyerhold, Rezension des Buches 'Aufzeichnungen eines Regisseurs' von A.Ja. Tairov (1921/1922), in: *Meyerhold. Theaterarbeit*, hg. von Rosemarie Tietze, München 1974, S. 63–72, S. 72.

5.1.3 Theater als Ritual – der Schauspieler als Hieroglyphe

Antonin Artaud stellte die von allen Avantgardisten geforderte Retheatralisierung des Theaters in einen neuen Begründungszusammenhang. Seine zwischen 1931 und 1936 entstandenen Aufsätze und Vorträge über das Theater (die 1938 unter dem Buchtitel *Le théâtre et son double* zusammengefaßt und publiziert wurden) sind vom Bewußtsein einer tiefen Krise geprägt. So heißt es in seinem *Dritten Brief über die Sprache* (vom 9. November 1932):

> Wir leben eine wahrscheinlich einmalige Epoche der Weltgeschichte, in der die vielgeprüfte Welt ihre allgemeinen Werte in sich zusammenfallen sieht. Das verkalkte Leben löst sich von unten her auf. In moralischer oder sozialer Hinsicht äußert sich dies in einer ungeheuerlichen Entfesselung der Begierden, in einer Freisetzung der niedersten Instinkte, einem Knistern und Prasseln von verbrannten Leben, die sich vorzeitig der Flamme aussetzen.[11]

Unter den für die Menschen zutiefst destruktiven »falschen Auffassungen des Lebens, [...] welche die Renaissance hinterlassen hat« *(Das Theater und die Götter,* Vortrag vom 29. Februar 1936, gehalten an der Universität von Mexico City[12]), hebt Artaud besonders Logozentrismus, Rationalismus und Individualismus hervor. Der abendländische Logozentrismus habe das Denken paralysiert:

> Es gilt als ausgemacht, als endgültig anerkannt, daß die Wörtersprache die höhere Sprache darstellt, und das ist in die Sitten und Gebräuche, in die Gemüter eingegangen, das hat die Bedeutung eines geistigen Wertes. Nun muß man aber wohl, selbst von abendländischer Warte aus, zugeben, daß das Wort verknöchert ist, daß die Wörter, daß alle Wörter in ihrer Bedeutung, in einer schematischen, begrenzten Terminologie eingefroren, eingeengt sind. Für das hiesige Theater bedeutet ein geschriebnes Wort genausoviel wie ein gesprochenes. [...] Alles was die besondere Aussprache eines Wortes betrifft, die Vibration, die dem Raum mitzuteilen vermag, und infolgedessen all das, was es dem Denken hinzufügen kann, entgeht ihnen. Ein so aufgefaßtes Wort hat kaum mehr als eine diskursive, eine erläuternde Bedeutung. Unter diesen Umständen ist es keine Übertreibung, wenn man sagt, daß das Wort im Hinblick auf eine geschlossene, abgeschlossene Terminologie nur dazu dient, den Stillstand

---

11   Artaud, *Theater und sein Double,* S. 124.

12   In: Antonin Artaud, D*ie Tarahumaras.* Revolutionäre Botschaften, München 1975, S. 163–172, S. 164. Im selben Band ist der nachfolgend zitierte Aufsatz »Der Mensch gegen das Schicksal« auf den Seiten 152–162 enthalten.

des Denkens zu bewirken; es zingelt es ein und beschließt es; es ist kurzum ein Ende. (*Theater und sein Double*, S. 126f.)

Der Rationalismus habe zu einer mechanischen Wissenschaft geführt, »welche die Natur [...] gevierteilt« habe und »uns hindert, uns für Menschen zu halten« (*Der Mensch gegen das Schicksal*, S. 155). Der Individualismus endlich interessiert sich nicht für den »Menschen, der groß ist wie die Natur« (*Das Theater und die Götter*, S. 165), sondern nur für den Menschen »als Einzelwesen« und für seine psychologischen Konflikte. Die Psychologie aber,

die eifrig darauf bedacht ist, das Unbekannte auf das Bekannte, das heißt auf das Alltägliche und Gewöhnliche zurückzuführen, ist die Ursache für jenen Verfall und jene erschreckende Einbuße an Energie, die mir an ihrem Endpunkt angelangt zu sein scheint. (*Theater und sein Double*, S. 82)

Zur Überwindung dieser Krise, welche Logozentrismus, Rationalismus und Individualismus beim abendländischen Menschen ausgelöst haben, propagiert Artaud nun die Retheatralisierung des Theaters. Indem sie das Theater zu seinen prä-logischen, prä-rationalen, prä-individualistischen Ursprüngen zurückführe, werde sie das Theater in ein magisches Ritual zurückverwandeln, welches beim Zuschauer Heilungsprozesse zu initiieren vermöchte. Denn »in einem derart konzipierten Theater empfand sich der Mensch nicht als von der Natur abgetrennt, und die sogenannten Götter waren natürliche, subtile Kräfte, die der moderne Mensch aufs neue gewinnen kann« (*Das Theater und die Götter*, S. 170). Die Retheatralisierung soll das Theater zu einem – wenn auch radikalen – Heilmittel für den an der Zivilisation schwer erkrankten Menschen machen, indem sie es instand setzt, im Zuschauer »das Leben« und »den Menschen« »wiederherzustellen« (S. 167) – nicht »den psychologischen Menschen mit seinen wohlunterschiedenen Gefühlen und Charakterzügen« und auch nicht »den sozialen Menschen, der den Gesetzen unterworfen und durch Religionen und Vorschriften entstellt« ist, sondern »den totalen Menschen« (S. 132).

Damit erhält die Forderung nach Retheatralisierung des Theaters bei Artaud eine entschieden andere Stoßrichtung als bei Craig oder auch bei Meyerhold. Sie soll weder das Theater als eine eigene Kunst ausweisen noch eine neue Idee vom Menschen zur Darstellung bringen, sondern sie soll im Zuschauer einen neuen Bewußtseinszustand, ein neue Art des Menschseins beschwören und ihr zum Durchbruch verhelfen. Die Retheatralisierung zielt ausschließlich auf die *Wirkung*, welche das Theater beim Zuschauer auslösen soll.

Um nun den angestrebten kathartischen Effekt erzielen zu können, soll das Theater beim Zuschauer »Trancezustände« erzeugen, damit es um so leichter direkten Zugang zu seinem Unbewußten erhält. Denn

> ein wirkliches Theaterstück stört die Ruhe der Sinne auf, setzt das komprimierte Unbewußte frei, treibt zu einer Art virtuellen Revolte, die übrigens nur dann ihren ganzen Preis wert sein kann, wenn sie virtuell bleibt und den versammelten Kollektiven eine schwierige und heroische Haltung auferlegt. (*Theater und sein Double*, S. 30)

Um dies Ziel erreichen zu können, schlägt Artaud vor, einerseits die Zuordnung von Bühne und Zuschauerraum grundsätzlich zu verändern und andererseits eine eigene »Zeichensprache« des Theaters zu entwickeln, die aus Lauten, Schreien, Gebärden, Haltungen und Zeichen besteht und Wörter nur als »Zauberformeln« (S. 97) enthalten wird.

Das Publikum soll in der Mitte des Raumes auf drehbaren Stühlen Platz nehmen, und das »Bühnengeschehen« soll sich um es herum »in allen vier Himmelsrichtungen« sowohl unten im Saal als auch auf einer um den ganzen Raum herumlaufenden Galerie abspielen. Der Zuschauer wird also nicht die Perspektive eines distanzierten – oder auch einfühlenden – Gegenübers einnehmen können, sondern sich mitten im Geschehen wiederfinden; er wird von allen Seiten und Richtungen von Laut- und Bewegungsereignissen eingekreist werden.

Diese Laut- und Bewegungsereignisse sollen nun so organisiert werden, daß sie einerseits den Zuschauer in den erwünschten Trancezustand versetzen und andererseits in einer Weise auf sein Unbewußtes einwirken, daß sie die angestrebten Heilungsprozesse einleiten können. Bei dem Entwurf seines »Theaters der Grausamkeit«, das Artaud so benennt, weil er das Wort Grausamkeit »im Sinne von Lebensgier, von kosmischer Unerbittlichkeit und erbarmungsloser Notwendigkeit, im gnostischen Sinne von Lebensstrudel, der die Finsternis verschlingt«, (S. 110) gebraucht, orientierte Artaud sich am Vorbild des balinesischen Theaters, dessen Aufführungen anläßlich der Weltausstellung in Paris (1931) ihn tief

beeindruckt hatten. Hier fand er die »magische Macht« (S. 128)
wirksam, die auch sein Theater ausüben sollte:

> Das in der Tat Merkwürdige an allen diesen Gebärden, diesen schwieri-
> gen, plötzlich unterbrochenen Haltungen, diesen synkopierten Modula-
> tionen im Rachen, diesen musikalischen Sätzen, die unvermittelt abbre-
> chen, an diesen Flügen von Insektenflügeldecken, diesem Rauschen von
> Zweigen, diesen hohlen Trommeltönen, diesem Knirschen und Ächzen
> von mechanischen Puppen, diesen Tänzen von lebendigen Marionetten
> ist: daß durch ihr Labyrinth von Gebärden, Haltungen und Schreien in
> die Luft, durch Tanzschritte und Kurven hindurch, die keinen Teil des
> Bühnenraums ungenutzt lassen, der Sinn einer neuen körperlichen Spra-
> che zur Geltung kommt, die auf Zeichen und nicht mehr auf Wörtern
> beruht. Diese Schauspieler mit ihren geometrischen Gewändern scheinen
> lebendige Hieroglyphen zu sein. [...] Diesen geistigen Zeichen wohnt ein
> präziser Sinn inne, der uns nur noch intuitiv, doch so heftig beeindruckt,
> daß sich jede Übersetzung in eine diskursive, logische Sprache als unnütz
> erweist. [...] [Sie folgen] dabei dem Automatismus des entfesselten Un-
> bewußten selber. (S. 58)

Ganz entsprechend wollte Artaud in seinem Theater »auf der Bühne
präzise Symbole [...] schaffen, die auf direkte Weise ablesbar sind«,
und den »menschlichen Körper« wie ein »hieroglyphisches Schrift-
zeichen« verwenden (S. 100). Der Schauspieler sollte auf der Bühne
nicht das neue Ideal des »totalen Menschen« darstellen, sondern
vielmehr als eine »lebendige Hieroglyphe« agieren, die direkt auf
das Unbewußte des Zuschauers einwirkt. Auf diese Weise würde
das Theater instand gesetzt, dem Zuschauer »der Wahrheit entsprechende Traumniederschläge« zu liefern, »in denen sich sein Hang
zum Verbrechen, seine erotischen Besessenheiten, seine Wildheit,
seine Chimären, sein utopischer Sinn für das Leben und die Dinge,
ja sogar sein Kannibalismus auf einer nicht bloß angenommenen
und trügerischen, sondern inneren Ebene Luft machen« (S. 98).
Dabei sollte die »Intensität der Formen« (S. 13) »zu einer Bewußt-
werdung und auch zu einer Inbesitznahme gewisser dominieren-
der Kräfte« führen, »die alles lenken und leiten« (S. 85).

Artaud konzipiert das Theater also als einen *rite de passage* – als
ein magisches Reinigungsritual bzw. einen Exorzismus, in dem die
»Dämonen« (S. 65), von denen der moderne Mensch besessen ist,
beschworen werden, so daß er sich ihrer bewußt werden und sie
als produktive Energien »in Besitz nehmen« kann – oder von ihnen
zerstört wird. In diesem Sinne vergleicht Artaud das Theater auch

mit der Pest: »Wie die Pest ist das Theater eine Krise, die mit dem Tod oder der Heilung endet« (S. 34).

Ziel der Retheatralisierung des Theaters, wie Artaud sie intendiert, ist der »Tod« des »alten« europäischen Menschen – des partikularen psychologischen und sozialen Individuums – und seine Wiedergeburt als »totaler Mensch« – im Zuschauer, nicht auf der Bühne! Die Retheatralisierung avanciert dergestalt zum wichtigsten Instrument zur Revitalisierung des sich selbst entfremdeten abendländischen Menschen und seiner zerfallenen Kultur:

> Das Theater hat sich dem Leben an die Seite zu stellen, nicht dem individuellen Leben, jenem individuellen Aspekt des Lebens, bei dem die CHARAKTERE triumphieren, sondern einer Art von befreitem Leben, das die menschliche Individualität beiseite fegt und in dem der Mensch nur noch ein Widerschein ist. Der wirkliche Gegenstand des Theaters besteht in der Erschaffung von Mythen, im Ausdruck des Lebens unter universalem, umfassendem Aspekt und in der Gewinnung von Bildern, in denen wir uns wiederfinden möchten, aus diesem Leben. (S. 125)

Artauds radikale Absage an Individualismus und Rationalismus, seine sehnsüchtige Berufung auf Traum, Magie und Mythos haben Zeitgenossen und Nachgeborene zu den gegensätzlichsten Deutungen herausgefordert. Während seine Kritiker und Gegner sie als Beleg für seine regressive Mentalität begreifen, die naiv-schwärmerisch in vorzivilisatorischen Irrationalismus zurückzufallen sucht, erscheinen sie seinen Anhängern als Prophetie eines neuen Zeitalters (oder wie man heute sagen würde: des New Age). Solche Interpretationen übersehen geflissentlich, daß Artauds Theaterkonzeption ihren historischen Ort in den Avantgardebewegungen in den ersten Dekaden unseres Jahrhunderts hat und entsprechend Tendenzen weiterführt und zum Teil auch radikalisiert, die u.a. bereits bei Craig und bei Meyerhold zumindest vorformuliert sind. So ist Craigs Negation der Persönlichkeit und seine Hinwendung zu außereuropäischen Kulturen durchaus mit Artauds Ablehnung des Individualismus vergleichbar, auch wenn Craig sie im Rahmen einer Darstellungs- bzw. Werkästhetik artikuliert und Artaud im Rahmen einer Wirkungsästhetik. Andererseits wird der Übergang von einer reinen Darstellungs- zu einer Wirkungsästhetik bereits in Meyerholds Theater vollzogen, das sowohl den Menschen als »Schöpfer eines neuen Sinns« auf der Bühne darstellen als auch ihn im Zuschauer reflexartig hervorrufen will. Insofern Artaud allerdings ausschließlich von der Wirkung her argumentiert, die das Theater auf den Zuschauer ausüben soll, geht er nun in der Tat weit über die Position Meyerholds hinaus.

Der Radikalität seiner Konzeption entsprechend ist es Artaud – auch in dieser Hinsicht Craig vergleichbar – nicht gelungen, sie auf dem Theater zu realisieren. Zwar hatte er bereits in den zwanziger Jahren in dem von ihm und Roger Vitrac gegründeten »Théâtre Alfred Jarry« mit Stimme, Laut, Licht und Geste experimentiert, um das »auszugraben«, was in früheren Zeiten zur Schaffung des Theaters geführt habe. Aber im Vordergrund seines Interesses stand in diesen Jahren eher die Provokation eines bürgerlichen Publikums, die entweder durch die Thematik des inszenierten Stücks erreicht werden sollte (wie bei Vitracs *Victor*, über den Artaud schrieb: »Dieses bald lyrische, bald ironische, bald direkte Drama war gegen die Familie gerichtet mit dem Ehebruch, dem Inzest, der Skatologie, der Wut, der surrealistischen Poesie, dem Patriotismus, dem Wahnsinn, der Schande und dem Tod als Diskriminanten«) oder durch direkte das Publikum attackierende Aktionen: so kam Artaud in der französischen Uraufführung von Strindbergs *Traumspiel* (am 2. Juni 1928), die ihm weitgehend durch Spenden der schwedischen Kolonie in Paris finanziert worden war, plötzlich hinter den Kulissen hervor, bahnte sich unter den sprachlosen Schauspielern einen Weg und erklärte: »Strindberg ist ein Aufrührer, ganz wie Jarry, wie Lautréamont, wie Breton, wie ich! Wir führen dieses Stück als Brechmittel gegen sein Vaterland, gegen alle Vaterländer, gegen die Gesellschaft auf«. Es ist müßig hinzuzufügen, daß derartigen Provokationen stets ein voller Erfolg beschieden war.

Artauds Konzeption von einem »Theater der Grausamkeit« kam wohl seine Inszenierung von *Les Cenci* (nach Shelleys Drama und Stendhals Chronik) am nächsten, die am 7. Mai 1935 im Théâtre des Folies Wagram Premiere hatte. Für diese Inszenierung waren umfangreiche Tonaufzeichnungen vorgenommen worden: vom Geläute der Kathedrale von Amiens, von Maschinengeräuschen, Fanfarenstößen, Schritten, Metronomschlägen, von Vogelgezwitscher und Stimmen, die mit steigender und fallender Lautstärke »Cenci-ci...« riefen, unterstützt von einem elektronischen Instrument mit monodischer Klaviatur. Diese Tonaufzeichnungen wurden von verschiedenen Richtungen her per Lautsprecher im Saal ausgestrahlt; dazu war je ein Lautsprecher in den vier Ecken des Zuschauerraums installiert, so daß die Zuschauer zumindest von den Lauten eingekreist und in einen hypnotischen Zustand versetzt werden konnten.

> Die Schauspieler, deren menschliche Eigenschaften Artaud aufzuheben trachtet, [...] [werden] zu belebten Hieroglyphen; mit der Strenge und Präzision eines Uhrwerks richtet er alle dialogisierten Szenen ein: so bewegt Beatrice z.B. die beiden Mörder-Automaten wie Schachfiguren, macht sie zu wandernden Mumien (4. Akt, 1. Szene); es gibt den Raub-vogelgesang, die beschwörende suggestive Gestik des Hypnotiseurs, die einen Kreis beschreibende Pendelbewegung der Wachen – das gesamte Spiel gehorcht einer 'geheimen Gravitation'. Licht und Geräusch, Rhyth-men, Inkantationen, Wiederholungen ein und derselben Tonart dominie-ren über das Wort, den Logos, wobei die Stimme die Geste stützt und die Geste die plastische Verlängerung der Stimme sein möchte.[13]

Artaud spielte den Cenci wie einen Wahnsinnigen. Über ihn schrieb Pierre Audiard im »Paris-Soir«: »Ein abscheulicher Schau-spieler, aber dennoch: mit seiner absurden Heftigkeit, seinen ver-drehten Augen und seiner kaum vorgetäuschten Raserei, reißt er uns mit sich fort, jenseits von Gut und Böse, in eine Wüste, wo der Blutdurst uns verbrennt«. Die Inszenierung fand beim Publikum keine Resonanz und wurde von der Kritik total verrissen: der Text sei akustisch unverständlich gewesen, die Geräusche entsetzlich, die Musik Kakophonien – die Inszenierung sei eine einzige Belei-digung des Theaters.

Artauds Theater der Grausamkeit war ebenso wie Craigs Theater der Bewegung zum Zeitpunkt seines Entwurfes ein Theater der Zukunft. Vieles von dem, was Artaud forderte, ist erst in den letzten zwanzig Jahren vom Theater unserer Gegenwart realisiert worden – vom »armen Theater« Jerzy Grotowskis, vom »Living Theatre« Julian Becks und Judith Malinas und von Robert Wilsons »Theater der Bilder«.

Mag man das Theater der Avantgarde – vor allem die Konzep-tionen Craigs und Artauds – auch in dieser Hinsicht als ein Theater der Zukunft ansehen, so erscheint es doch, wenn man es aus seinem historischen Kontext heraus betrachtet, als eine deutliche und ge-zielte Reaktion auf das bürgerlich-realistische Theater seiner Zeit

---

[13] Elena Kapralik, *Antonin Artaud*. Leben und Werk des Schauspielers und Regisseurs, München 1977, S. 167f.

sowie auf die Krise des Individuums in der damaligen bürgerlichen Gesellschaft. Die großen Dramatiker der Jahrhundertwende hatten zwar die Vorstellung von der einzigartigen großen Persönlichkeit als Illusion entlarvt und die bürgerliche Gesellschaft im allgemeinen sowie die Institution der Familie im besonderen scharf kritisiert, weil sie dem Individuum jegliche Möglichkeit zur Selbstentfaltung und Selbstverwirklichung vorenthalten würde. Aber ihren Anklagen lag unüberhörbar die Sehnsucht nach dem Ideal einer einheitlichen, entfalteten individuellen Persönlichkeit zugrunde.

Dieses Ideal wurde von den Avantgardisten scharf attackiert. Sie erklärten das Individuum als Resultat einer langandauernden Fehlentwicklung des Menschen, die – so Artaud – mit der Renaissance eingesetzt und mit ihrem Fortschreiten über die Jahrhunderte den abendländischen Menschen und seine Kultur bis an den Rand der Selbstzerstörung und -auflösung geführt habe. Rettung sei deshalb auch nicht durch eine Reform der bürgerlichen Gesellschaft und ihrer Institutionen zu erreichen, sondern allein durch »Abschaffung« des Individuums. Die dezidierte und radikale Negation des Individuums wurde daher als einzig mögliche Korrektur einer katastrophalen Fehlentwicklung verstanden und propagiert.

Die Ablehnung des Individuums führte konsequenterweise zu einer theatralischen Neubewertung von Sprache und Körper. Insofern die Sprache als wichtigstes Ausdrucksmittel für die Einzigartigkeit und Individualität der Persönlichkeit fungiert hatte, trat sie nun in den Hintergrund oder fand in neuen Funktionen Verwendung (so z.B. als Zeichen für gesellschaftliche Beziehungen wie bei Meyerhold oder als »Zauberwort«, als magisches Lautsymbol wie bei Artaud). Der menschliche Körper, der bisher darauf beschränkt gewesen war, als natürliches Zeichen für die Seele eines Individuums zu dienen, wurde nun zum theatralischen Zeichensystem erklärt, das sich zum Ausdruck und zur Darstellung der unterschiedlichsten Phänomene, Zustände und Prozesse in hervorragender Weise eignen würde. So wurde er von Craig – soweit er ihn überhaupt noch auf der Bühne dulden wollte – als Zeichen für die »unsichtbaren Mächte« konzipiert, die sich zu ihrer Offenbarung des Menschen bedienen (wie in seiner *Macbeth*-Interpretation ausgeführt); Meyerhold gestaltete und präsentierte den menschlichen Körper als Zeichen für die Beziehungen, welche der Mensch eingehen kann; Artaud wollte ihn als »lebendige Hieroglyphe« einsetzen, die als ein magisches Zeichen unmittelbar evozierend auf das Unbewußte des Zuschauers einwirkt. In jedem Fall wurde der menschliche Körper auf der Bühne von der Idee des Individuums losgelöst und zum Zeichen für das »Unpersönliche« im Menschen gemacht und verwendet.

Die Retheatralisierung des Theaters erscheint in diesem Zusammenhang als direkte und logische Folge der Negation des Individuums. Für die Avantgardisten war mit dem Zeitalter des bürgerlichen Illusionstheaters auch die Epoche des neuzeitlichen Individuums endgültig und unwiderruflich vorbei.

5.2 Jenseits des Individuums

5.2.1 Die Toten als der Fluch der Lebenden – Wiederholungen der Ur-Inszenierung

Die Frage nach dem Menschen jenseits seiner Definition als einer individuellen, einzigartigen Persönlichkeit wurde zur bestimmenden Leit- und Streitfrage des Theaters zwischen den Weltkriegen. Ebenso wie die Theateravantgarde lehnten auch die Dramatiker der Epoche Illusionstheater und psychologische Charaktere kompromißlos ab, und zwar unabhängig davon, ob sie ein eher metaphysisches oder ein eher sozialkritisches Theater anstrebten. Die historische Situation, der sie sich konfrontiert sahen, ließ eine Rückkehr zum bürgerlichen Theater des 19. Jahrhunderts unter keinen Umständen mehr zu – sein Held war irreparabel demontiert worden.

Zuerst hatten die Wissenschaften vom Menschen ihn als Individuum aufgelöst, indem sie sein Verhalten auf allgemeine Gesetzmäßigkeiten zurückgeführt hatten, wie die Psychoanalyse auf die des Trieblebens, die Soziologie auf ökonomische, soziale und politische Gesetze, Anthropologie und Ethnologie auf die der phylogenetischen Entwicklung. Als nächstes hatten die Material- und Menschenschlachten des Ersten Weltkrieges den einzelnen zum austauschbaren, jederzeit ersetz- und reproduzierbaren Objekt und Instrument der Zerstörung degradiert. Und zuletzt reduzierten ihn Faschismus und Stalinismus auf den nicht mehr identifizierbaren Teil einer Masse, die sie Volksgemeinschaft oder kommunistische Gesellschaft nannten. Die so definierte Masse usurpierte den Platz des Individuums und wurde zum allgemein gültigen und ausschließlich anerkannten Identitätsfaktor; sie schloß jeden, der sich nicht unter ihren Begriff subsumieren ließ, erbarmungslos – d.h. bis hin zu seiner physischen Vernichtung – aus sich aus. Die Suche nach dem »neuen«, nicht-individuellen Menschen war hier auf einen verhängnisvollen Irrweg geraten, der zur regressiven Auslöschung des Ich und zu seinem totalen Aufgehen in einer gesichtslosen Masse führte, welche im einzelnen die niedrigsten Instinkte freisetzte, verantwortungslos seine kindlichen Allmachtsphantasien stimulierte und seinen Rückfall in die Barbarei hemmungslos provozierte.

Diesen Zerr- und Schreckbildern eines nicht-individuellen Menschen stellte das Theater Bilder entgegen, die es an Modellen entwickelte, wie sie in alten oder fremden dramatischen Formen überliefert waren: in der griechischen Tragödie, den Mysterienspielen des Mittelalters und des spanischen Barock, im barocken Trauerspiel, in Bräuchen, Spielen und Festen der Volkskultur (z.B. der polnischen, irischen, spanischen) und im japanischen Nô-Spiel. So nahmen Hugo von Hofmannsthal (*Elektra*, 1905), Eugene O'Neill (*Mourning Becomes Electra*, 1929–31) und T.S. Eliot (*Family Reunion*, 1939) auf die griechische Tragödie Bezug. Die Form des Mysterienspiels wurde von Hofmannsthal in seinem *Jedermann* (1903–11) wieder belebt, den Max Reinhardt 1911 in Berlin im Zirkus Schumann uraufführte, sowie im *Salzburger großen Welttheater*, das während der Salzburger Festspiele 1922 in der Kollegienkirche uraufgeführt wurde; von Vladimir Majakovskij mit seinem Revolutionsdrama *Mysterium buffo* (1918) und von Paul Claudel in seinem christlichen Seelendrama *Der seidene Schuh* (1929). Die Form des barocken Trauerspiels legte Hofmannsthal seiner zweiten Calderón-Bearbeitung *Der Turm* (1924–26) zugrunde. An die polnische Volkskultur knüpfte Stanisław Wyspiański mit *Die Hochzeit* (1901) an; auf die irische bezog sich John M. Synge mit fast allen seinen Dramen (so auch in *Riders to the Sea*, 1904, und in *Playboy of the Western World*, 1907) und auf das spanische Puppentheater Federico Garcia Lorca mit seinen dramatischen Romanzen (*Mariana Pineda*, 1928) und lyrischen Tragödien (wie *Bluthochzeit*, 1933). Die Form des japanischen Nô-Spiels wurde von William B. Yeats aufgegriffen und seinen *Plays for Dancers* (1914–20) zugrunde gelegt.

Trotz ihrer großen Differenzen stimmen diese verschiedenen alten oder fremden dramatischen Formen und theatralischen Traditionen in einigen wesentlichen Merkmalen überein (auf die bereits Meyerhold abgehoben hatte): sie sind weder für perspektivisch eingerichtete Bühnen (wie die Guckkastenbühne) noch für illusionistisches Theater entwickelt; die Menschen, die sie präsentieren, sind keine individuellen, psychologischen Charaktere.

Dies letztgenannte Merkmal hatte Nietzsche bereits in seiner frühen, 1872 erschienenen Schrift *Die Geburt der Tragödie aus dem*

Geiste der Musik mit Blick auf den Helden der griechischen Tragödie ausgeführt:

> In Wahrheit aber ist jener Held der leidende Dionysus der Mysterien, jener die Leiden der Individuation an sich erfahrende Gott [...] In jener Existenz als zerstückelter Gott hat Dionysus die Doppelnatur eines grausamen, verwilderten Dämons und eines milden, sanftmütigen Herrschers. Die Hoffnung [...] ging aber auf eine Wiedergeburt des Dionysus, die wir jetzt als das Ende der Individuation ahnungsvoll zu begreifen haben: diesem kommenden dritten Dionysus erscholl der brausende Jubelgesang [...] Und nur in dieser Hoffnung gibt es einen Strahl von Freude auf dem Antlitze der zerrissenen, in Individuen zertrümmerten Welt: wie es der Mythus durch die in ewige Trauer versenkte Demeter verbildlicht, welche zum ersten Male wieder sich *freut*, als man ihr sagt, sie könne den Dionysus *noch einmal* gebären. In den angeführten Anschauungen haben wir bereits alle Bestandteile einer tiefsinnigen und pessimistischen Weltbetrachtung und zugleich damit *die Mysterienlehre der Tragödie* zusammen: die Grunderkenntnis von der Einheit alles Vorhandenen, die Betrachtung der Individuation als des Urgrundes des Übels, die Kunst als die freudige Hoffnung, daß der Bann der Individuation zu zerbrechen sei, als die Ahnung einer wiederhergestellten Einheit.[1]

Nicht zuletzt aufgrund dieser Lesart erschien die griechische Tragödie als Ausgangspunkt für die Entwicklung eines neuen aperspektivischen, antiillusionistischen, anti-individualistischen Dramas in besonderer Weise geeignet.

Unter Berufung auf Nietzsche und seine Lesart der griechischen Tragödie (die 1909 ins Englische übersetzt wurde) konzipierte Eugene O'Neill sein neues Theater, mit dem er das amerikanische Theater jenseits von »sawdust-realism«, purer Unterhaltung und Kommerzialismus des »show-business« zu einer Kunstform und damit zugleich zu einem integralen Bestandteil des abendländischen Theaters machte. In einem Brief aus dem Jahre 1928 schrieb er über sein Theater, daß es

> will dig at the roots of the sickness of today as I feel it – the death of the old God and the failure of science and materialism to give any satisfying new one for the surviving primitive religious instinct to find a meaning for life in, and to comfort its fears of death with.[2]

---

1 Friedrich Nietzsche, *Die Geburt der Tragödie aus dem Geiste der Musik*, Stuttgart 1979, S. 66f.
2 George Jean Nathan, *The intimate notebooks of George Jean Nathan*, New York 1932, S. 10.

Dies Ziel hatte O'Neill bereits in seinen frühen Dramen vor Augen gehabt; in seiner 1916 aufgenommenen Zusammenarbeit mit der Theatergruppe der »Provincetown Players« (ab 1923 unter anderer Leitung als »Experimental Theatre« weitergeführt), deren Gründer das Theater in eine »heilige« Institution zurückverwandeln wollten, suchte er es auf der Bühne zu verwirklichen, ohne sich allerdings bereits schon jetzt auf die griechische Tragödie zu beziehen. In den Dramen, die in der ersten Hälfte der zwanziger Jahre entstanden, wurden solche Bezüge zunehmend deutlicher herausgestellt, so in *The Hairy Ape* (1921), *Desire Under the Elms* (1924) und *The Great God Brown* (1925). In *The Great God Brown*, das im Januar 1926 im Greenwich Village Theatre Premiere hatte und nach wenigen Aufführungen an den Broadway überwechselte, wo es mit großem Erfolg acht Monate lang lief, ist Dionysos selbst der Held des Dramas, das von seiner Initiation zur Mannbarkeit, seinem Tod und seiner Wiedergeburt in den dramatischen Personen Dion Anthony und William Brown handelt. Im Programmheft ließ O'Neill wesentliche Passagen aus Nietzsches *Geburt der Tragödie* abdrucken.

Aber erst in *Mourning Becomes Electra* (1929–31) setzte sich O'Neill gezielt und explizit mit der Form der griechischen Tragödie auseinander. 1926 hatte er Hofmannsthals nach der Sophokleischen Tragödie geschriebene *Elektra* in englischer Sprache gelesen und versucht, Kenneth McGowan, der mit ihm und Robert Edmond Jones zusammen die Leitung des Experimental Theatre übernommen hatte, zu einer Inszenierung des Dramas zu überreden. Aus dieser Zeit datiert folgende Eintragung in seinem Werktagebuch:

> Modern psychological drama using one of the old legend plots of Greek tragedy for its basic theme – the Electra story? – the Medea? Is it possible to get modern psychological approximation of Greek sense of fate into such a play, which an intelligent audience of today, possessed of no belief in gods or supernatural retribution, could accept and be moved by?[3]

O'Neill entschied sich für die Geschichte Elektras. Er gestaltete sie in einer Trilogie, die ausdrücklich auf Aischylos' Trilogie der *Orestie* bezogen war. Mit *Mourning Becomes Electra* knüpfte O'Neill bewußt und folgenreich an die Anfänge des abendländischen Dramas an.

---

[3] Working Notes and Extracts from a Fragmentary Work Diary, in: Barret H. Clark, *European Theories of Drama. With a Supplement of the American Drama*, New York 1947, S. 529–536, S. 530.

Die Handlung der beiden ersten Teile seiner Trilogie, *Homecoming* und *The Hunted*, entspricht im wesentlichen der Handlung in *Agamemnon* und *Die Choephoren*. In *Homecoming* kehrt der Yankee-General Ezra Mannon (Agamemnon) aus dem amerikanischen Bürgerkrieg nach Hause in eine kleine Hafenstadt Neu-Englands zurück und wird von seiner Frau Christine (Klytaimnestra) unter Beihilfe ihres Geliebten Adam Brant (Aigisthos) ermordet. Die Vorgeschichte wird gesprächsweise nachgeholt: Ezras Vater Abe Mannon (Atreus) hatte seinen Bruder David (Thyestes) aus dem Hause gejagt, weil dieser mit dem kanadischen Kindermädchen der Familie, Marie Brantôme, ein Verhältnis hatte. Adam Brant, der Sohn Davids und Maries, der wenige Jahre nach dem Selbstmord seines Vaters siebzehnjährig das Haus verlassen hatte, schwor bei seiner Rückkehr an der Leiche seiner verhungerten Mutter, an den Mannons Rache zu nehmen. Durch Zufall lernte er Christine kennen und wurde ihr Liebhaber.

In *The Hunted* überredet Lavinia (Elektra) ihren Bruder Orin (Orestes), als Rache für den Mord an ihrem Vater Adam Brant umzubringen. Christine tötet sich auf die Nachricht vom Tode ihres Geliebten hin selbst.

Im dritten Teil *The Haunted* weicht O'Neill erheblich vom dritten Teil der *Orestie* ab. Während in den *Eumeniden* die Entsühnung Orestes erfolgt (bei der Elektra überhaupt nicht mehr in Erscheinung tritt), verübt Orin als Sühne für den vom ihm verschuldeten Tod seiner Mutter Selbstmord und Lavinia schließt sich für den Rest ihres Lebens im verdunkelten Haus der Mannons ein.

O'Neill übernahm von Aischylos auch das Motiv der physischen Familienähnlichkeit, das in der Orestie die »natürliche« Identität der Atriden als Mitglieder eines »Hauses« beglaubigen sollte, und baute es zu einem eigenen bedeutungserzeugenden System aus: alle Männer der Familie Mannon – Abe, David, Ezra, Adam und Orin – haben die gleichen Gesichtszüge: »*[an] aquiline nose, heavy eyebrows, swarthy complexion, thick straight black hair, light hazel eyes*« (*Homecoming*, Act One; *The Hunted*, Act One); die Frauen, die in diese Familie einheiraten wie Marie Brantôme und Christine oder ihr entstammen wie Lavinia, teilen ebenfalls eine Reihe körperlicher Merkmale: sie haben alle »*thick curly hair, partly a copper brown, partly a bronze gold, each shade distinct and yet blending with the other*«, »*deep-set eyes, of a dark violet blue*«, »*black eyebrows [which] meet in a pronounced straight line above her strong nose«, »a heavy chin« and »a large and sensual mouth« (Homecoming,* Act One). Darüberhinaus verbindet männliche und weibliche Mitglieder der Familie Mannon, daß ihr Gesicht in Ruhe den Eindruck einer »life-like mask« macht.

Dieser physischen Ähnlichkeit stellt O'Neill nun eine psychische Ähnlichkeit an die Seite: alle Mitglieder der Familie werden von inzestuösen Begierden getrieben. Die Männer leiden an einem Ödipus-, die Frauen an einem Iocaste- und Elektra-Komplex.

Man hat O'Neill verschiedentlich den Vorwurf gemacht, daß er diese Komplexe unverschlüsselt verwandt habe und seine Personen explizit über sie reden lasse. So hält Christine ihrer Tochter Lavinia vor: »You've tried to become the wife of your father and the mother of Orin! You've always schemed to steal my place!« (*Homecoming,* Act Two). Nun hat O'Neill diese Komplexe so systematisch eingesetzt, daß man kaum annehmen kann, er habe hier psychoanalytische Lehrbuchweisheiten dramatisch gestalten wollen; er hat sie vielmehr ihrerseits als ein wesentliches Verfahren für die Gestaltung eines anderen Problems verwandt.

Die Kette dieser Komplexe läßt sich wie folgt nachzeichnen: Ezra war in das Kindermädchen Marie Brantôme verliebt, das eine Art Mutterstelle bei ihm vertrat.

> He was only a boy then, but he was crazy about her, too, like a youngster would be. His mother was stern with him, while Marie, she made a fuss over him and petted him [...] but he hated her worse than anyone when it got found out she was his Uncle David's fancy woman.
>
> (*Homecoming,* Act Three)

Ezra heiratet Christine, weil sie Marie ähnlich sieht. Adam verliebt sich in Christine aus dem gleichen Grund. Orin liebt seine Mutter und bringt in Adam seinen Rivalen (und seinen Vater) um; im letzten Teil der Trilogie begehrt er seine Schwester, weil sie ihrer Mutter gleicht. Christine verliebt sich in Adam, weil er sie an ihren Sohn erinnert, Lavinia begehrt Adam, weil er ihrem Vater ähnlich sieht.

O'Neill verwendet das System der physischen und psychischen Ähnlichkeiten und Entsprechungen, um die Personen jeglicher Individualität zu entkleiden: jeder wiederholt nur einen anderen, der seinerseits wiederum das Double eines anderen ist. Es gibt kein »Original« und damit keine individuelle Persönlichkeit. Jeder repetiert einen anderen, der einen anderen repetiert, der einen anderen repetiert und so fort ad infinitum. Jeder erscheint so nicht als ein individuelles Selbst, sondern als Ersatz für einen abwesenden anderen – ganz ähnlich wie Orin es im Krieg erfahren hat:

> Before I'd gotten back I had to kill another in the same way. It was like murdering the same man twice. I had a queer feeling that war meant murdering the same man over and over, and that in the end I would discover the man was myself! Their faces keep coming back in dreams – and they change to Father's face – or to mine –
>
> (*The Hunted*, Act Three)

Die Personen handeln entsprechend nicht aus freiem Willen – wie selbstbestimmte Individuen – sondern getrieben von einem »anderen« oder in Wiederholung einer Handlung, die in der Vergangenheit ein anderer begangen hat.

Dies wird in einem Vergleich mit den Entscheidungssituationen in der *Orestie* besonders deutlich. Aischylos stellt die Taten seiner Personen – die Opferung Iphigenies durch Agamemnon, den Mord Klytaimnestras an Agamemnon, den Mord Orestes an Klytaimnestra und Aigisthos – ausdrücklich als Folge einer Entscheidung dar, welche die Personen bewußt fällen. Dagegen handeln O'Neills Personen als Getriebene bzw. als eine Art Medium, durch das ein anderer handelt. So ist der Gedanke an den Giftmord, mit dem Christine sich ihres ungeliebten Gatten entledigen will, nicht als Folge einer bewußten Überlegung entstanden: »I've been reading a book in Father's medical library. I saw it there one day a few weeks ago – it was as if some fate in me forced me to see it!« (*Homecoming*, Act Two). Diesem Schicksal vermag sie sich nicht zu entziehen.

Orin verläßt seine Mutter vor ihrem Selbstmord wie von einer unsichtbaren Hand gelenkt:

> Lavinia: [...] Leave her alone! Go in the house! (*As he hesitates – more sharply*) Do you hear me? March!
>
> Orin: (*a u t o m a t i c a l l y   makes a confused motion of military salute – vaguely*) Yes, sir. (*He walks m e c h a n i c a l l y up the steps – gazing up at the house [...]*).
>
> (*The Hunted*, Act Five)

Lavinia belügt Orin, um seine Eifersucht zu schüren, ohne es geplant zu haben oder es bewußt zu wollen:

> *Lavinia: (strangely shaken and trembling – stammers)* Yet – it was a lie –
> how could you believe I – Oh, Orin, something made me say
> that to you – against my will – something rose up in me – like
> an evil spirit!
>
> (The Haunted, Act Two)

Die beiden wichtigen, von Aischylos abweichenden Entscheidungen im dritten Teil der Trilogie – Orins Entscheidung zum Selbstmord und Lavinias Entschluß, auf Peter zu verzichten und sich im
verdunkelten Haus der Mannons einzuschließen – werden ebenfalls nicht bewußt getroffen. Orin befindet sich in einer Art Trancezustand:

> Yes! That would be justice – now you are Mother! She is speaking now
> through you! *(More and more hypnotized by this train of thought)* Yes! It's
> the way to peace – to find her again – my lost island – Death is an island
> of Peace, too – Mother will be waiting for me there – *(With excited eager-
> ness now, speaking to the dead)* Mother! [...] *(His mouth grows convulsed, as
> if he were wretching up poison)* [...] You've heard me! You're here in the
> house now! You're calling me! You're waiting to take me home! *(He turns
> and strides toward the door).*
>
> (The Haunted, Act Three)

Anschließend erschießt sich Orin. Und Lavinia wird in dem Augenblick, als sie sich bewußt für Peter, die Liebe und das Leben
entschieden hat, von ihrer Bindung an die Toten eingeholt:

> Listen, Peter! [...] Kiss me! Hold me close! Want me! Want me so much
> you'd murder anyone to have me! I did that – for you! Take me in this
> house of the dead and love me! Our love will drive the dead away. It
> will shame them back into death! *(At the topmost pitch of desperate, frantic
> abandonment)* Want me! Take me, Adam! *(She is brought back to herself with
> a start by this name escaping her – bewilderedly, laughing idiotically)* Adam?
> Why did I call you Adam? I never even heard that name before – outside
> of the Bible! *(Then suddenly with a hopeless, dead finality)* Always the dead
> between! It's no good trying any more!
>
> (The Haunted, Act Four)

Die Entscheidung für die Einsamkeit im Haus der Mannons ist jenseits von Lavinias Bewußtsein und freiem Willen gefallen. Sie führt
anschließend lediglich aus, was woanders entschieden wurde.

Diese wie unter einem Zwang vollzogenen Handlungen werden
nicht nur gleichsam von einem anderen ausgeführt, sondern erscheinen geradezu als exakte Wiederholungen der Handlungen eines anderen, wie z.B. die kleine Geste, mit der Ezra, Adam und
Orin mehrfach versuchen, Maries, Christines und Lavinias Haar zu

berühren, oder ganze Verhaltenssequenzen von Orin und Lavinia im dritten Teil der Trilogie:

> Orin: So you kissed him, did you? And that was all?
>
> Lavinia: *(with a sudden flare of deliberately evil taunting that recalls her mother in the last act of »Homecoming«, when she was goading Ezra Mannon to fury just before his murder)* And what if it wasn't? I'm not your property! I have a right to love!
>
> Orin: *(reacting as his father had – his face grown livid – with a hoarse cry of fury grabs her by the throat)* You – you whore! I'll kill you! *(Then suddenly he breaks down and becomes weak and pityful)*
> [...] *(with a quiet mad insistence)* Can't you see I'm now in Father's place and you're Mother! That's the evil destiny out of the past I haven't dared predict! I'm the Mannon you're chained to! So isn't it plain –
>
> Lavinia: *(putting her hands over her ears)* For God's sake, won't you be quiet! *(Then suddenly her horror turning into a violent rage – unconsciously repeating the exact threat she had goaded her mother to make to her in Act Two of »Homecoming«)* Take care, Orin! You'll be responsible if – ! *(She stops abruptly, terrified by her own words).*
>
> Orin: *(with a diabolical mockery)* If what? If I should die mysteriously of heart failure?
>
> (*The Haunted*, Act Two)

In ihrer Physis, ihrem Begehren, ihren Worten und Taten wiederholen die Personen andere, die vor ihnen waren; sie sind weder mit sich noch mit dem anderen identisch – sie haben kein eigenes Ich, keine abgrenzbare Identität. Die Lebenden sind Wiederholungen der Toten, und die Toten erweisen sich als Fluch für die Lebenden.

Dieser Fluch kann allerdings nur deshalb in voller Konsequenz wirksam werden, weil die Lebenden eine instrumentalisierte Vernunft, einen pervertierten Logos in seinen Dienst stellen. Dies gilt vor allem für die beiden Frauengestalten Christine und Lavinia. Nachdem ihnen die wesentlichen Entscheidungen – nämlich Ezra zu töten (Christine), Adam umzubringen, auf Peter zu verzichten (Lavinia) – unbewußt, unkontrolliert, wie unter Zwang, in jedem Fall aber unter Ausschaltung des freien Willens, gleichsam »unterlaufen« oder von anderswo aufgedrängt sind, gehen sie mit einem Höchstmaß an planender und präziser Rationalität an ihre Ausführung:

Christine: [...] I've planned it carefully.

(*Homecoming*, Act Two)

Lavinia: [...] You've got to do everything exactly as we planned it, [...].

(*The Hunted*, Act Four)

Für Christines und Lavinias Vorgehen wird wiederholt in der Szenenanweisung der Ausdruck »*calculatingly*« (Christine in *Homecoming*, Act Two, Act Four; Lavinia, *The Hunted*, Act Four) bzw. »*with calculated coarseness*« (Lavinia, *The Haunted*, Act Four) gebraucht.

Darüber hinaus rationalisieren beide ihr Vorgehen, indem sie es als einen »act of justice« ausgeben: »That would only be justice« (Christine, *The Homecoming*, Act Two); »You know it was justice.«, »It is your justice, Father« (Lavinia, *The Hunted*, Act Five); »There was only justice«, (Lavinia, *The Haunted*, Act Three).

Erst die in den Dienst der unbewußt getroffenen Entscheidungen gestellte, instrumentalisierte Vernunft schafft die Begründungszusammenhänge, welche den Lebenden die Einsicht in ihre wahre Beziehung zu den Toten verstellen, so daß sie die Illusion aufrechterhalten können, sie würden aus vernünftigen, moralisch gerechtfertigten Gründen heraus handeln – so wie es sich in der Bewertung ausdrückt, die Lavinia auf den Selbstmord ihrer Mutter anwendet: »She could have lived, couldn't she? But she chose to kill herself as a punishment for her crime – of her own free will!« (*The Haunted*, Act One, Scene Two). Die instrumentalisierte Vernunft hindert die Lebenden, sich als Wiederholung der Toten, als »bound« zu begreifen (wie das leitmotivartig im »Shenandoah«-Shanty gebrauchte Wort lautet), obwohl ihre Körper von diesem Faktum durch und durch geprägt sind.

Dies gilt nicht nur im Hinblick auf die Ähnlichkeit der Gesichtszüge, der Augenfarbe oder der Haare, sondern vor allem für den »maskenhaften« (life-like mask) Eindruck, den die Gesichter aller Mannons aufweisen, sowie für ihre Bewegungen, die immer wieder mit den Attributen »stiff«, »wooden«, »mechanical«, »automatical« bzw. mit dem Vergleich »like some tragic mechanical doll« oder »like an automaton« beschrieben werden.

Es ist kaum zu übersehen, daß diese Merkmale in wesentlichen Punkten Craigs Theorie eines Theaters der Bewegung entsprechen. Wie Craig lehnt O'Neill den individuellen mimischen Gesichtsausdruck des Schauspielers ab; seit Anfang der zwanziger Jahre experimentiert er in seinen Dramen mit der Verwendung von Masken und beruft sich dabei auf das fernöstliche Theater und auf afrikanische Kulturen:

> At its best, it [the mask] is more subtly, imaginatively, suggestively dramatic than any actor's face can ever be. Let anyone who doubts this study the Japanese Nō masks, or Chinese theatre masks, or African primitive masks – [...].[4]

Wie Craig begründet O'Neill den Gebrauch von Masken mit der Notwendigkeit, ein »imaginatives Theater« zu schaffen, das imstande sein soll, unsichtbare, unpersönliche Kräfte sichtbar zu machen und damit – wie Artaud es fordert – auf eine tiefe gesellschaftliche Krise zu reagieren:

> I mean the one true theatre, the age-old theatre, the theatre of the Greeks and Elizabethans, a theatre that could dare to boast – without committing a farcical sacrilege – that it is a legitimate descendant of the first theatre that sprang, by virtue of man's imaginative interpretation of life, out of his worship of Dionysus. I mean a theatre returned to its highest and sole significant function as a Temple where the religion of a poetical interpretation and symbolical celebration of life is communicated to human beings, starved in spirit by their soul-stifling daily struggle to exist as masks among the masks of living! (S. 166f.)

Ganz ähnlich weisen die »mechanischen« und »automatischen« Bewegungen der Personen in *Mourning Becomes Electra* auf die mechanisierten Bewegungen von Craigs Über-Marionette hin. Während Craig jedoch die Über-Marionette als Ideal proklamiert, läßt O'Neill die »mechanischen« Bewegungen eher ambivalent erscheinen, indem er ihnen die Bewegungen Maries (»with something free and wild about her like an animal«, *Homecoming*, Act Three) und Christines (»*she moves with a flowing animal grace*«, Act One) als Ausdruck des animalischen Lebens entgegensetzt.

Diese Ambivalenz manifestiert sich in der Beziehung, die O'Neill zwischen maskenhaftem Gesichtsausdruck bzw. mechanischen Bewegungen und dem Tod herstellt, den Craig als eine Art positiver Metapher für jene unsichtbare Welt apostrophiert, die das Theater sichtbar zu machen habe. O'Neill beschreibt Lavinia in einer Sze-

---

4 Memoranda on Masks, in: George Jean Nathan et al. (eds.), *The American Spectator Year Book*, New York 1934, S. 159–167, S. 161.

nenanweisung im ersten Teil der Trilogie als »*an Egyptian statue*«
(Act Three), die Körperhaltungen Ezras als »*attitudes that suggest
the statues of military heroes*« (ebenda) und betont im dritten Teil der
Trilogie, daß Orins Bewegungen und Haltungen »*have the statue-
like quality that was so marked in his father*« (Act One, Scene One).
Im zweiten Teil der Trilogie wird dies Statuenhafte der Mannons
explizit als Ausdruck des Todes charakterisiert, wenn es über Ezras
Leiche heißt: »*His mask-like face is a startling reproduction of the face
in the portrait above him, but grimly remote and austere in death, like
the carven face of a statue.*« (Act Three).

Die unsichtbaren Kräfte, die sich der Menschen als Medien bedienen, um durch sie hindurch wirken zu können, wie Craig es in
seiner Interpretation des *Macbeth* ausgeführt hat, stellt O'Neill als
die Kräfte des Todes und des Lebens dar, die sich im »tomb« bzw.
»sepulchre« des Hauses (*Homecoming*, Act One) und in den »Blessed
Isles of the South Sea« materialisiert haben.

Der Tod ist in besonderer Weise mit den Mannons und ihrem
Puritanismus verbunden: »That's always been the Mannons' way
of thinking. They went to the white meeting-house on Sabbaths
and meditated on death. Life was a dying. Being born was starting
to die. Death was being born.« (*Homecoming*, Act Three). Das als
»Tempel des Hasses« errichtete Haus der Mannons, die Bilderga-
lerie der Ahnen, ihr stets an puritanischen Pflicht- und Moral-Vor-
stellungen orientiertes Handeln erscheinen als Manifestationen des
Todes, der die Mannons beherrscht. Ihm wird mit dem Motiv der
Südseeinseln, nach denen sich alle Mannons sehnen, das Bild des
Lebens gegenübergestellt. Adam beschreibt sie im ersten Teil der
Trilogie als »Garden of Paradise before sin was discovered« (*Home-
coming*, Act One) und Lavinia im dritten Teil als Ort der erfüllten
Gegenwart:

> There was something there mysterious and beautiful – a good spirit – of
> love – coming out of the land and sea. It made me forget death. There
> was no hereafter. There was only this world – the warm earth in the
> moonlight – the trade wind in the coco palms – the surf on the reef –
> the fires at night and the drum throbbing in my heart – the natives
> dancing naked and innocent – without knowledge of sin!
>
> (Act One, Scene Two)

Der in den bzw. durch die Mannons geführte Kampf der unpersönlichen Lebens- und Todesmächte wird zugleich als Kampf der

väterlichen gegen die mütterliche Ordnung geführt: Das »Grabmal« des Hauses wird mit den männlichen Mannons identifiziert, mit Abe, der es als »temple of his hatred« bauen ließ, mit Ezra und allen ihren Ahnen. Die Inseln dagegen werden mit der Mutter identifiziert, mit Marie, deren Augen »blue as the Caribbean Sea« waren, mit Christine und mit Lavinia, die über die Inseln sagt: »They finished setting me free« (*The Haunted*, Act One, Scene Two). Für Orin sind sie eins mit seiner Mutter:

> [...] those Islands came to mean everything that wasn't war, everything that was peace and warmth and security. I used to dream I was there [...] There was no one there but you and me. And yet I never saw you, that's the funny part. I only felt you all around me. The breaking of the waves was your voice. The sky was the same color as your eyes. The warm sand was like your skin. The whole island was you.
>
> (*The Hunted*, Act Two)

Den todbringenden Forderungen der väterlichen Ordnung, wie sie von Krieg und Puritanismus repräsentiert wird, steht die Sehnsucht nach dem vorgeburtlichen Zustand im Schoß der Mutter bei Ezra, Adam und Orin gegenüber. Aber diese Sehnsucht ist nur um den Preis zu erfüllen, daß der Unterschied zwischen Tod und Leben geleugnet, daß Haus und Insel, »tomb« und »womb« in eins gesetzt werden und der Tod als Rückkehr zur Mutter begehrt wird, wie es in Orins Selbstmord geschieht. Aber auch in diesem Fall erweisen sich die Kräfte des Todes als stärker und zwingen Orin zur Wiederholung der Tat anderer – einerseits seiner toten Mutter, andererseits seines toten Onkels David. Der Wiederholungszwang, der die Handlungen der Mannons beherrscht, erscheint so als Zeichen für den Sieg des Todes über das Leben, den Sieg der väterlichen Ordnung über die mütterliche. Erst Lavinia, die zwischen beiden Ordnungen hin- und herwechselt, gelingt es am Schluß, den Wiederholungszwang außer Kraft zu setzen, ohne allerdings damit die Macht der Toten über die Lebenden zerbrechen zu können. Zwar wird sie nicht länger die Handlungen der Toten wiederholen, aber sie erkennt jetzt ihre Macht über sich, die Lebende, an:

> I'm bound here – to the Mannon dead! [...] I'm not going the way Mother and Orin went. That's escaping punishment. And there's no one left to punish me. I'm the last Mannon. I've got to punish myself! Living alone here with the dead is a worse act of justice than death or prison! I'll never go out or see anyone! I'll have the shutters nailed closed so no sun-

light can ever get in. I'll live alone with the dead, and keep their secrets,
and let them hound me, until the curse is paid out and the last Mannon
is let die! *(With a strange cruel smile of gloating over the years of self-torture)*
I know they will see to it I live for a long time! It takes the Mannons to
punish themselves for being born!

(*The Haunted*, Act Four)

Die vollzogene Identifikation mit der Mutter – mit Christine, mit
Marie Brantôme – muß rückgängig gemacht und durch eine neu-
erliche Identifikation mit dem Vater – den männlichen Mannons –
ersetzt werden. Im Kampf zwischen Eros und Thanatos, mütterli-
cher und väterlicher Ordnung erweisen sich letztlich der Tod und
der Vater als die Stärkeren. Aber dennoch gelingt es Lavinia, gegen
sie ihre Menschenwürde zu behaupten: So wie Ödipus sich nach
Erkenntnis seiner wahren Identität in das Haus wie in den mütterlichen Schoß zurückzog und sich dort selbstbewußt für die Verbrechen bestrafte, die er ohne Wissen – als ein anderer, ein »Fremder«
– begangen hatte, so schließt sich Lavinia im väterlichen »Grabmal«
ein und bestraft sich selbstbewußt für das Verbrechen, in einer Welt
der anderen – der Toten und der Väter – überhaupt geboren zu
sein. Während Ödipus jedoch gleichsam wiedergeboren aus dem
Haus an die Öffentlichkeit der Polis zurückkehrte, bedeutet der
Akt, mit dem Lavinia die Tür des Hauses hinter sich schließt, ihr
endgültiges »Begräbnis«, von dem es keine Auferstehung, keine
Wiedergeburt geben wird: das Leben mit den Toten ist das Ende.

Mourning Becomes Electra wiederholt in seiner Handlung, in seinen
Personen und ihren Taten die Aischyleische *Orestie*, das »erste«
abendländische Drama. Die Wiederholung weist darauf hin, daß
jegliches Drama, das auf dem Theater inszeniert werden kann,
immer nur das Drama derselben unpersönlichen Mächte ist. Der
Mensch erhält in ihm nur dann eine besondere Rolle zugewiesen,
wenn er – wie Orest und Ödipus, Beatrice Cenci und Lavinia –
diesen transindividuellen Zusammenhang erkennt und fähig wird,
den mit ihm gegebenen Wiederholungszwang außer Kraft zu setzen.
Das Theater O'Neills soll in dieser Hinsicht das Theater der Griechen »wiederholen«.

In anderer Hinsicht weicht es jedoch signifikant von ihm ab. In
der *Orestie* führte die Einsicht in die transindividuellen Zusammenhänge zur Entsühnung Orests und zur Umwandlung der Erinnyen
in die Eumeniden, weil die Anerkennung der auf den Logos gegründeten väterlichen Ordnung zum Segen für die Polis ausschla-

gen mußte. In *Mourning Becomes Electra* dagegen ist eine Entsühnung ausgeschlossen; denn die auf einen pervertierten Logos sich stützende väterliche Ordnung wird jeden, der in ihren Dunstkreis gerät, unweigerlich mit dem Tod infizieren. Mit der Abweichung des Schlusses markiert O'Neill unübersehbar den historischen Abstand, welcher die demokratische Polis Athen aus dem fünften vorchristlichen Jahrhundert vom demokratischen Amerika – bzw. von der westlichen Kultur – im 20. Jahrhundert, in der Zeit zwischen den beiden Weltkriegen, trennt. Hier wird das Theater sich erst dann zu einer »symbolischen Feier des Lebens« erheben können, wenn die todbringende patriarchalische Ordnung, die bereits Shelley in *The Cenci* vergleichbar kompromißlos angeprangert hat, endgültig außer Kraft gesetzt sein wird.

Mourning Becomes Electra wurde am 26. Oktober 1931 von der Theatre Guild am Broadway uraufgeführt. Die sechsstündige Aufführung, die bereits am Nachmittag begann und für eine »Dinnerpause« am frühen Abend länger unterbrochen wurde, fand bei Publikum und Kritik eine begeisterte Aufnahme. Brook Atkinson nannte das Stück in seiner Besprechung in »The New York Times« (October 27, 1931) einen »dance of death« und führte aus:

> Using a Greek legend as his model Mr. O'Neill has reared up a universal tragedy of tremendous stature – deep, dark, solid, uncompromising and grim. It is heroically thought out and magnificently wrought in style and structure [...] Although Mr. O'Neill has been no slave to the classic origin of his tragedy, he has transmuted the same impersonal forces into the modern idiom, and the production, which has been brillantly directed by Philip Mueller, gives you some of the stately spectacle of Greek classicism. Lavinia in a flowing black dress sitting majestically on the steps of Robert Edmond Jones's set of a New England Mansion is an unforgetable and portentous picture. Captain Brant pacing the deck of his ship in the ringing silence of the night, the murdered Mannon lying on his bier in the deep shadows of his study, the entrances and exits of Christine and Lavinia through doors that open and close on death are scenes full of dramatic beauty.

Auch den anderen Rezensenten entging das Unpersönliche, Transindividuelle in den dramatischen Figuren nicht, wenn sie das Drama zustimmend »a tragic melodrama of heroic proportions« nannten (John Mason Brown in der »New York Post«, October 27, 1931) oder die Personen ablehnend als »melodramatic figures« kritisierten (Eugene Burr in »Billboard«, 43 [November 7, 1931]).

Die Aufführung lief trotz ihrer Länge über drei Monate am Broadway. Es mag insofern nicht ganz abwegig erscheinen, wenn man annimmt, daß die Zuschauer in den nicht-individuellen dramatischen Figuren sich selbst bzw. ihre Probleme wiederfinden konnten und zumindest emotional zu dem Schluß kamen: Tua res agitur. Indem O'Neill die Ende der zwanziger Jahre in den Vereinigten Staaten bereits weit verbreiteten und popularisierten Erkenntnisse und Kategorien der Psychoanalyse zugrunde legte, gelang es ihm, für sein Publikum ein überzeugendes Bild eines nicht-individuellen Menschen zu entwerfen.

5.2.2 Die Vielfalt der Rollen im Schauspiel des Lebens oder Die multiple Persönlichkeit

Die Uraufführung von Luigi Pirandellos *Sei personaggi in cerca d'autore* (*Sechs Personen suchen einen Autor*) am 10. Mai 1921 in Rom löste einen der größten Theaterskandale unseres Jahrhunderts aus. Auf der Bühne wurden Schauspieler, Kritiker und Zuschauer untereinander handgemein; nach der Vorstellung rottete sich das Publikum zusammen und bedrohte den Autor. Noch Stunden nach Schluß der Aufführung wurde auf den öffentlichen Plätzen Roms leidenschaftlich über das Stück diskutiert. Es war der größte Reinfall, der sich denken läßt. Wenige Monate später wagte das Theater in Mailand dennoch eine Neuinszenierung. Die Empörung schlug jetzt in Begeisterung um. Das Stück wurde zur Theatersensation des Jahrhunderts erklärt und eroberte sich innerhalb von drei Jahren die Bühnen der Welt. 1922 wurden die *Sechs Personen* in London und New York aufgeführt; 1923 inszenierte George Pitoeff das Stück im Théâtre des Champs-Elysées in Paris (und leitete damit, wie Lugné-Poë behauptete, eine neue Theaterepoche ein), und 1924 Max Reinhardt in Berlin. John Ford sah sich veranlaßt, für Pirandello eine Amerikatournee zu finanzieren: »Ich bin der Meinung, daß man mit ihm ein ausgezeichnetes Geschäft machen kann [...] Pirandello ist ein Mann des Volkes«. *Sechs Personen suchen einen Autor* war zum sichersten und größten Theatererfolg der zwanziger Jahre geworden.

Der damals knapp vierundfünfzigjährige Pirandello hatte erst 1916 angefangen, für das Theater zu schreiben, nachdem er sich mit Novellen und Romanen, vor allem dem Roman *Il fu Mattia*

Pascal (*Die Wandlungen des Mattia Pascal*, 1903) als Schriftsteller einen Namen gemacht hatte. Auf Drängen von Nino Martoglio, dem Direktor des sizilianischen Mundarttheaters »Teatro del grottesco«, hatte er *Pensaci, Giacomo (Professor Toti)* verfaßt und nach dem Erfolg des Stückes das »Teatro del grottesco« mit einer Reihe weiterer Stücke beliefert. Von den neun Stücken, die Pirandello zwischen 1916 und 1921 auf die Bühne brachte, blieb nicht eines erfolglos. Keines hatte jedoch einen auch nur annähernd vergleichbaren Erfolg wie die *Sechs Personen*. Das Drama, das von seiner eigenen Unmöglichkeit handelt, erwies sich als hochdramatisch.

Die sechs Personen, deren Drama auszuarbeiten sich der Autor geweigert hat, weil es ihm nicht gelang, in ihm einen »Sinn« zu entdecken, »so sehr« er auch »suchte« (Vorwort), wenden sich an eine Theatergruppe – die gerade Pirandellos *Il giuoco delle parti (Das Spiel der Rollen)* probt –, um sie zur Inszenierung des Dramas zu bewegen. Der Direktor läßt sich auch zunächst auf das Vorhaben ein, die Schauspieler fangen an, eine Szene zu proben; es erweist sich jedoch als unmöglich, das Drama zu spielen. Es kommt weder als Manuskript noch als Aufführung zustande. Die Frage, die das Stück jedem Leser/Zuschauer aufdrängt, gilt daher den Gründen, aus denen es unmöglich sein soll, das Drama der sechs Personen zu schreiben und zu inszenieren.

Das Drama, das also weder geschrieben noch aufgeführt wird, ist ein melodramatisches Familienstück. Seine handelnden Personen sind der Vater, die Mutter, die Stieftochter, der Sohn, der kleine Junge, das kleine Mädchen und die Bordellbesitzerin Madame Pace, die »später heraufbeschworen« wird. Wie sich aus den erregten Diskussionen zwischen den sechs Personen – vor allem dem Vater und der Stieftochter – einerseits und dem Direktor des Theaters sowie seinen Schauspielern andererseits unschwer schließen läßt, sollte das Drama mit der Szene einsetzen, in der der Vater in Madame Paces Bordell auf die Stieftochter trifft, die als Prostituierte für den Unterhalt ihrer vaterlosen Familie sorgt. Ehe es zum »Inzest« kommt, stürzt die Mutter herein, und es folgt eine Erkennungsszene. Der Vater nimmt die Mutter, die Stieftochter und die beiden Kleinen in sein Haus auf. Der Sohn lehnt sie als Eindringlinge ab. Das Drama endet mit dem Tod des kleinen Mädchens, das beim Spielen im Teich ertrinkt, dem Selbstmord des kleinen Jungen und der Flucht der Stieftochter. Zwischen der Erkennungsszene im Bordell und der Katastrophe am Schluß müßte – vielleicht in Ibsenscher Manier – die Vorgeschichte enthüllt werden: der Versuch des Vaters, sein Leben und das der anderen – der Mutter, des Sohnes, des Sekretärs, der Stieftochter, der beiden Kleinen – bis ins Detail zu planen, was sich durch die Ereignisse als Fehlkonstruktion und damit als ein fataler Fehlschlag erwiesen hat.

Die Geschichte der sechs Personen ist dramatisch, insofern sie sich als eine Kette von Handlungen einzelner rekonstruieren läßt, die als Taten im Sinne Hegels gelten können:

> Die Tat ist ein Einfach-Bestimmtes, Allgemeines, in einer Abstraktion zu Befassendes, sie ist Mord, Diebstahl oder Wohltat, tapfere Tat usf., und es kann von ihr *gesagt* werden, was *sie ist*. Sie *ist* dies, und ihr Sein ist nicht nur ein Zeichen, sondern die Sache selbst. Sie *ist* dies und der individuelle Mensch *ist*, was *sie ist*; in der Einfachheit *dieses Seins* ist er für andere seiendes, allgemeines Wesen und hört auf, nur Gemeintes zu sein. [...] Die Individualität, die sich dem gegenständlichen Elemente anvertraut, indem sie zum Werke wird, gibt sich damit wohl dem preis, verändert und verkehrt zu werden. Aber den Charakter der Tat macht eben dies aus, ob sie ein wirkliches Sein ist, das sich hält, oder ob nur ein gemeintes Werk, das in sich nichtig vergeht. Die Gegenständlichkeit verändert nicht die Tat selbst, sondern zeigt nur, *was* sie ist, d.h. ob sie *ist* oder ob sie *nichts ist*.[5]

Auf dieser Qualität der Tat beruht die Möglichkeit des neuzeitlichen Dramas seit Shakespeare. Sie wird jedoch von den sechs Personen im Disput mit dem Direktor in Frage gestellt. In ihm weisen sie die Tat nicht als ein »Einfach-Bestimmtes«, sondern als ein »Vielfach-Bestimmtes« aus, das von jedem anders gesehen und gedeutet wird:

Vater:	Ihre [der Mutter] Tragödie ist nicht die einer Frau mit zwei Männern. [...] Sie ist vor allem eine Mutter, nicht eine Frau. Und ihre wirkliche Tragödie sind diese vier Kinder von den zwei Männern, die sie gehabt hat.
Mutter:	*Ich* habe sie gehabt? Du wagst, das zu sagen – so als ob *ich* sie gewollt hätte! *Er* war es, Herr Direktor, der mir den anderen aufgezwungen hat! Er hat mich gezwungen, mit ihm davonzugehen!
Stieftochter:	*(entrüstet).* Das ist nicht wahr!
Mutter:	*(verblüfft).* Wieso ist das nicht wahr?
Stieftochter:	Es ist nicht wahr! Es ist nicht wahr!

---

5 Georg Wilhelm Friedrich Hegel, *Phänomenologie des Geistes*, Werke 3, Frankfurt am Main 1970, S. 243.

Mutter: Was weißt du denn davon!

Stieftochter: Das ist nicht wahr! *(Zum Direktor.)* Glauben Sie es nicht!
Wissen Sie, warum sie das sagt? Seinetwegen! *(Zeigt auf den
Sohn.)* Denn sie grämt und verzehrt sich, weil ihr Sohn nichts
von ihr wissen will, und sie möchte ihm begreiflich machen,
daß sie ihn, als er zwei Jahre alt war, nur verlassen hat, weil
sie von *ihm (zeigt auf den Vater)* dazu gezwungen wurde.

Mutter: *(mit erhobener Stimme).* Er hat mich gezwungen! Er hat mich
gezwungen, Gott ist mein Zeuge! *(Zum Direktor).* Fragen Sie
ihn doch *(zeigt auf den Vater)*, ob es wahr ist! Lassen Sie es
ihn doch erzählen. Sie *(zeigt auf die Tochter)* kann ja davon
gar nichts wissen. [...]

Sohn: *(ohne sich von der Stelle zu rühren, kalt, leise, ironisch).* Ja, hören
Sie sich an, was er Ihnen jetzt für eine Philosophie verzapft.
Er wird Ihnen was vom Dämon des Experimentes erzählen.
                   (Übersetzung Georg Richert, Stuttgart 1986, S.37ff.)

Der Streit zwischen den sechs Personen negiert implizit die Handlungen als ein »Einfach-Bestimmtes«; jeder deutet sie anders und
fällt folglich über den Urheber der Handlung ein anderes Urteil.
Der Vater, die Mutter, die Stieftochter und der Sohn – die beiden
Kleinen bleiben stumm – geben jeweils eine andere Interpretation
der Handlung. Aus der Handlung selbst läßt sich kein eindeutiger
Schluß über ihren Urheber und seine Motive ziehen. Deswegen
lehnen die Personen es auch dem Direktor gegenüber ab, auf eine
Handlung festgelegt und nach ihr bestimmt und beurteilt zu werden.

Vater: Für mich besteht das Drama darin, Herr Direktor: Mir ist
bewußt, daß jeder von uns sich für »Eines« hält, aber das
stimmt nicht. Er ist »Vieles«, Herr Direktor, »Vieles« entsprechend all den Möglichkeiten des Seins, die in uns liegen.
»Eines« mit diesem, »eines« mit jenem – und mit völlig Verschiedenen! Und dabei stellen wir uns vor, für alle immer
»einer« zu sein, und zwar stets dieser »Eine«, für den wir
uns bei jeder unserer Handlungen halten. Das stimmt aber
nicht! Das ist nicht wahr. Es wird uns klar, wenn wir durch
einen unglücklichen Zufall plötzlich an irgendeine unserer
Handlungen gekettet sind. Das heißt: wir erkennen, daß
diese Handlung nicht unser ganzes Wesen ausdrückt und
daß es daher eine fürchterliche Ungerechtigkeit wäre, uns
allein nach ihr zu beurteilen, uns auf sie festzunageln und
an den Pranger zu stellen, als würde unsere ganze Existenz
in dieser einen Handlung sichtbar. Jetzt begreifen Sie vielleicht auch die Niedertracht dieses Mädchens. Sie hat mich
an einem Ort überrascht, wo sie mir nie hätte begegnen

dürfen, und bei einer Handlung, die ich gerade vor ihr hätte
verbergen müssen. Und in diesem flüchtigen, beschämenden Augenblick meines Lebens offenbart sich für sie mein
ganzes Wesen! Das, Herr Direktor, das ist für mich das Entscheidende! Und sie werden sehen, daß hieraus für das
Drama eine große Wirkung entsteht. (49f.)

Der Vater deckt hier das Paradoxon auf, das den sechs Personen
und ihrem Drama zugrunde liegt: Obwohl jeder sich bewußt ist,
daß die anderen die fragliche Handlung anders deuten, obwohl
keiner auf seine Handlungen festgelegt werden will, bestehen sie
darauf, das Drama als Abfolge eben dieser Handlungen zu spielen:

Vater: (*feierlich*). Der Augenblick, der ewig währt – wie ich Ihnen
gesagt habe, Herr Direktor! Sie (*zeigt auf die Stieftochter)* ist
dazu da, um mich auf ewig in diesem einen flüchtigen und
beschämenden Augenblick meines Lebens zu überraschen,
festzuhalten und an den Pranger zu stellen. Sie darf davon
nicht ablassen, und Sie, Herr Direktor, dürfen mir das wahrhaftig nicht ersparen. (78f.)

Das Drama hat nur »eine große Wirkung«, wenn die Personen
jeweils auf eine »dramatische« Handlung festgelegt und durch sie
als individuelle Persönlichkeit (personaggio) im Hegelschen Sinne
definiert werden. Um ihr Drama auf die Bühne bringen zu können,
reduzieren die sechs Personen – oder besser: der Vater und die
Stieftochter – daher die Vielfalt der »Möglichkeiten des Seins«, die
der Vater dem Direktor entgegenhält, auf das »Eine«, das durch
die betreffende Handlung »ausgedrückt« wird. Diese Handlungen
sind es, die, wie in jedem Melodram, sowohl die Personen als auch
ihre Beziehungen zueinander vollkommen ausreichend bestimmen
und ein für allemal festlegen.

Damit aber wird das Drama der sechs Personen für den Autor
irrelevant und inakzeptabel. Denn ihn interessiert und fasziniert
gerade

die Unmöglichkeit, sich gegenseitig zu verstehen, die unabänderlich auf
der leeren Begriffsbestimmung der Worte beruht; die Vieldeutigkeit der
Persönlichkeit, entsprechend allen Möglichkeiten des Seins, die sich in
jedem einzelnen von uns finden; und schließlich noch der tragische, im-
manente Konflikt zwischen dem Leben, das sich unaufhörlich bewegt
und verwandelt, und der Form, die es unwandelbar festhält.

(Vorwort, S. 10)

Dem Autor erscheint es ganz unmöglich, den einzelnen aufgrund seiner Handlungen zu definieren und zu verstehen. Denn als ein lebendes Wesen kann sich der Mensch unaufhörlich wandeln; er ist insofern auch nicht als bestimmbares Sein zu begreifen, sondern als Potenz, die sich immer wieder anders zu aktualisieren vermag. Eine abgrenzbare individuelle Persönlichkeit kann es daher nicht geben. Da die sechs Personen ihr Drama jedoch nur als individuelle Persönlichkeiten auszuagieren vermögen, ist es nichts als folgerichtig, wenn der Autor sich weigert, dies Drama zu schreiben. Da sie andererseits aber im Disput mit dem Theaterdirektor ausdrücklich von sich weisen, mit ihren Handlungen identifiziert zu werden, sieht der Autor sich durchaus imstande und legitimiert, dies Drama von der Unmöglichkeit ihres Dramas zu schreiben. Denn Konstituens des Dramas ist für ihn die vieldeutige, multiple Persönlichkeit.

Damit kehrt Pirandello den barocken Topos vom *Theatrum vitae humanae*, der seinem Theater unzweifelhaft zugrunde liegt, in entscheidender Weise um. Der Meister in Calderóns *Großem Welttheater* deklariert die Rollen, die er den einzelnen Menschen im Schauspiel des Lebens überträgt, als bloßen Schein, dem er das Sein der Seele gegenüberstellt, das er ausschließlich aufgrund der Taten, der Handlungen des Menschen beurteilt. Der Autor der *Sechs Personen* dagegen lehnt es ab, ein Schauspiel zu schreiben, in dem die Personen auf ihre Handlungen festgelegt sind und nach ihnen beurteilt werden, weil ihr Sein nicht mit ihren Handlungen identisch ist – die bloßer Schein sind – sondern mit der Vielzahl der verschiedenen »Rollen«, die sie »entsprechend allen Möglichkeiten des Seins, die sich in (ihnen) finden« prinzipiell zu spielen vermögen.

Die für das barocke Welttheater konstitutiven Relationen: Autor / Regisseur (Gott) – Rollen (soziale Stände) – Schauspieler (Menschen) werden in *Sechs Personen suchen einen Autor* grundsätzlich umdefiniert. Pirandello ist sorgsam darauf bedacht, die sechs Personen eindeutig als dramatische Figuren im Sinne von Rollen (personaggi) einzuführen:

> Es muß mit allen Mitteln erreicht werden, daß die sechs Personen nicht mit den Schauspielern dieses Theaters verwechselt werden können. [...] das wirksamste und weitaus am besten geeignete Mittel, das sich hier empfiehlt, ist der Gebrauch besonderer Masken für die sechs Personen. Diese Masken müssen aus einem Material hergestellt sein, das durch den Schweiß nicht aufweicht, und

sie müssen dennoch für die Schauspieler leicht zu tragen sein. Die Augen, die Nasenlöcher und der Mund müssen frei bleiben. [...] Die Masken helfen, das Bild der künstlich geschaffenen Figur zu prägen und jede einzelne an den Ausdruck des ihr eigenen Grundgefühls zu binden: beim Vater sind es die Gewissensbisse, bei der Stieftochter das Rachegefühl, beim Sohn die Verachtung, bei der Mutter der Schmerz mit Wachstränen in den Augenwinkeln und entlang der Wangen, wie man sie an Plastiken und Bildern der Mater dolorosa in den Kirchen sieht. Auch die Kleidung muß von besonderem Stoff und Schnitt sein, ohne Extravaganz, mit strengem Faltenwurf und fast statuarisch. (28f.)

Durch diesen Kunstgriff sind die sechs Personen – trotz ihrer aus naheliegenden Gründen nicht zu vermeidenden körperlichen Anwesenheit – unmißverständlich als »Rollen« ausgewiesen, die der Schauspieler bedürfen, um verkörpert zu werden. Denn, wie der Direktor bemerkt, »spielen« im Theater »nicht die Rollen. Hier spielen die Schauspieler. Die Rollen stehen dort im Manuskript. *(Zeigt auf den Souffleurkasten.)* Wenn eins vorhanden ist«. (58) Wenn die Rollen »leben wollen« (34), sind sie auf ihre Verkörperung durch die Schauspieler angewiesen. Die Nicht-Identität von Schauspieler und Rolle, der Vorgang der »Verkörperung« der Rolle durch den Schauspieler läßt sich geradezu als Definiens und Konstituens des Theaters beschreiben.

Dies Verhältnis der Nicht-Identität wird in den *Sechs Personen* problematisch. Der Vater und die Stieftochter können und wollen es nicht akzeptieren. Die Schwierigkeiten beginnen bei der Frage der Rollenbesetzung:

Direktor:	*(Zum jungen Schauspieler.)* Sie sind der Sohn. *(Zur Ersten Schauspielerin.)* Sie natürlich – die Stieftochter.
Stieftochter:	*(belustigt).* Wie? Was? Ich? – Die da? *(Schüttet sich aus vor Lachen.)*
Direktor:	*(wütend).* Was gibt's denn da zu lachen? [...]
Stieftochter:	Entschuldigen Sie. [...] Ich habe das gesagt, weil ich mir nicht vorstellen kann ... ich weiß nicht ... nein ... wir sind uns beide doch gar nicht ähnlich.
Vater:	Ja, das ist es. Sehen Sie, Herr Direktor: unser Ausdruck ...
Direktor:	Was heißt Ihr Ausdruck! Glauben Sie, daß Sie Ihren Ausdruck gepachtet haben? [...] Ihr Ausdruck ist hier nur das Material, dem die Schauspieler Körper und Gesicht, Stimme und Bewegung verleihen. (59)

Ein weitaus größeres Problem wirft allerdings die Frage nach der Darstellung auf:

Vater: Ich denke nur, wenn der Herr auch seine Kraft und sein ganzes Können daransetzt, mich zu erfassen ... *(wird verlegen.)* [...] Ich meine, wenn er mich darstellt, auch wenn er sich noch so viel Mühe mit der Maske gibt, um mir ähnlich zu sein ... ich meine, mit der Figur ... *(alle Schauspieler lachen)* da wird es schwierig sein, mich so darzustellen, wie ich wirklich bin. Vielmehr wird er mich, abgesehen vom Äußeren, so interpretieren, wie er mich auffaßt, wie er mich sieht – wenn er mich überhaupt sieht –, und nicht so, wie ich mich selbst sehe. (60f.)

Der Vater begreift das unverkörperte Rollen-Selbst als sein wahres Selbst. Die Verkörperung durch den Schauspieler droht es zu verfälschen, zu verzerren, zu deformieren. Die größte Gefahr geht für das wahre Selbst offenbar vom fremden Blick aus. Der Sohn weist daher mit der auf die sechs Personen gerichteten Beobachtung der Schauspieler zugleich ihren versteinernden und depersonalisierenden Blick zurück: »Wir stecken nicht in Ihnen, und Ihre Schauspieler sehen uns nur von außen. Glauben Sie, man könnte immer vor einem Spiegel leben, der ein erstarrtes Abbild unseres eigenen Ausdrucks zeigt und noch dazu in einer unkenntlichen Grimasse?« (93).

Der fremde Blick der Schauspieler kann nicht bis zum wahren Selbst der Personen vordringen, er bleibt an der Oberfläche haften und verdinglicht so den, auf den er gerichtet ist. Die Verkörperung durch die Schauspieler kann daher das wahre Selbst der Person nur verfälschen und eine erstarrte, deformierende Maske hervorbringen, in der die Personen sich nicht wiederzuerkennen vermögen: »das sind doch nicht *wir*!« (Vater, 74).

Anstatt in dem Spiel der Schauspieler seine Verkörperung und damit seine Identität mit sich zu finden, bleibt das wahre Selbst unverkörpert bei den Rollen. Das von den Schauspielern verkörperte Selbst erscheint den Personen als falsches Selbst, das sie nicht als das eigene zu erkennen, geschweige denn zu akzeptieren vermögen. Die Situation der sechs Personen ist insofern derjenigen von Schizoiden vergleichbar, wie Ronald D. Laing sie in *Das geteilte Selbst* beschreibt:

In dieser Position erfährt das Individuum sein Selbst als mehr oder weniger geschieden oder losgelöst von seinem Körper [in diesem Fall dem Schauspieler]. *Der Körper wird mehr als ein Objekt unter anderen Objekten in der Welt denn als Kern des eigenen Seins empfunden.* Anstatt der Kern des eigenen wahren Selbst zu sein, wird der Körper als der Kern eines *falschen Selbst* empfunden, auf das ein losgelöstes, unverkörpertes, 'inneres', 'wahres' Selbst je nachdem mit Zärtlichkeit, Belustigung oder Haß schaut.

Eine solche Scheidung des Selbst vom Körper schließt das unverkörperte Selbst von jeder direkten Teilnahme an all denjenigen Aspekten des Lebens aus, die ausschließlich durch die Perzeptionen, Empfindungen und Bewegungen (Ausdrücke, Gesten, Worte, Aktionen usw.) des Körpers vermittelt werden. Das unverkörperte Selbst, als Beobachter all dessen, was der Körper tut, engagiert sich in nichts unmittelbar. Seine Funktionen sind Beobachtung, Kontrolle und Kritik dessen, was der Körper erfährt und tut und diejenigen Operationen, die man gewöhlich als rein 'geistige' definiert.[6]

Dieser Zustand einer bewußtseinsmäßigen Spaltung in ein wahres, aber unverkörpertes und ein falsches verkörpertes Selbst kann nur aufgehoben werden, wenn der Körper wieder als »Kern des eigenen Seins empfunden« wird. Weil jedoch Schauspieler und Rolle (Person) nicht miteinander identisch sein können, läßt sich die Spaltung in ein unverkörpertes wahres und ein verkörpertes falsches Selbst nicht aufheben. Paradoxerweise schließt daher der Akt, der den Personen das »Leben« geben sollte, die Verkörperung durch die Schauspieler auf der Bühne, sie für immer vom Leben aus: er verfälscht sie nicht nur, sondern depersonalisiert, ja versteinert sie. Ihr wahres Selbst kann keine Verkörperung finden.

Die Nicht-Identität von Rolle und Schauspieler, die Calderóns Meister als Nicht-Identität von Schein (Rolle/Stand) und Sein (Schauspieler/Mensch) definiert und seinem Welttheater als Bedingung seiner Möglichkeit zugrundegelegt hat, erweist sich so als Grund und Ursache für die Unmöglichkeit, das Drama der sechs Personen in Szene zu setzen. Ihr Sein (Rolle/Mensch) bleibt ihrem Schein (im Blick des anderen und in der Verkörperung durch die Schauspieler) inkommensurabel: Die Rollen müßten in der Tat selbst »spielen«, also mit den Schauspielern identisch sein, wenn das Drama der sechs Personen aufführbar werden soll.

Die Unmöglichkeit, das Drama der sechs Personen zu schreiben und in Szene zu setzen, die das Stück dergestalt reflektiert, hat in der Anerkenntnis von Prämissen ihren Grund, die vom barocken Welttheater gesetzt, jedoch im 20. Jahrhundert längst ungültig geworden sind. Wenn die Bühnenfiguren sich auf ihre Handlungen

---

6 Ronald D. Laing, *Das geteilte Selbst*, Köln 1972, S. 84.

reduzieren und nach ihnen beurteilen lassen wollen, kann der Autor ihr Drama nicht schreiben, weil der Mensch vieldeutig ist und sich jeglicher Festlegung entzieht. Wenn der Direktor des Theaters darauf besteht, daß die Rollen nicht selbst spielen, also nicht mit den Schauspielern identisch sein können, ist eine Aufführung unmöglich, weil die Schauspieler das wahre Selbst der Rolle deformieren und zerstören.

Der Schauspieler dagegen, der im 20. Jahrhundert auf der Bühne des Welttheaters agiert, spielt »entsprechend allen Möglichkeiten des Seins, die sich in jedem einzelnen von uns finden«, viele Rollen, mit deren jeder er identisch ist, ohne in einer aufzugehen oder durch eine festgelegt oder bestimmt oder nach ihr beurteilt werden zu können.

Eine solche Figur hat Pirandello geradezu exemplarisch in *Enrico IV (Heinrich IV.)* geschaffen; das Stück ist im gleichen Jahr wie die *Sechs Personen* entstanden und zieht ganz radikal die Konsequenzen aus der Unmöglichkeit ihres Dramas.

Die Titelfigur »Heinrich IV.« – der »richtige« Name des italienischen Adligen wird weder im Personenverzeichnis aufgeführt noch im Dialog genannt – läßt sich als Schauspieler beschreiben, der mit seinen Rollen identisch ist. Nachdem er sich als Folge eines Unfalls zwölf Jahre lang tatsächlich für den Salierkaiser Heinrich IV. gehalten hat – den er auf jenem Maskenumzug darstellte, bei dem er vom Pferd stürzte –, wacht er eines Morgens geheilt auf und beschließt nun, die Rolle des Wahnsinnigen, der sich einbildet, Heinrich IV. zu sein, bewußt weiterzuspielen. Damit verschafft er sich eine Freiheit, die dem einzelnen im »normalen« gesellschaftlichen Leben unmöglich ist. Einerseits kann er so das Verhalten der anderen, die in ihm den Verrückten sehen, steuern und kontrollieren und auf diese Weise verhindern, daß ihr Blick ihn zum Zerrbild eines Wahnsinnigen deformiert und versteinert:

> Siehst du nicht, wie ich sie präpariere, wie ich sie dressiere, wie ich sie vor mir inszeniere, diese ängstlichen Komiker! Und wenn sie zittern, dann nur, daß ich ihnen die Komikermaske abreiße und sie ohne Verkleidung nackt dastehen. Dabei habe ich sie selbst in diese Maskerade gezwungen, weil es mir Spaß macht, den Irren zu spielen.   (II. Akt)

Andererseits kann »Heinrich« sich so erfolgreich den Versuchen der anderen widersetzen, ihn auf eine Rolle festzulegen. Nur als vermeintlich Irrer hat er die Freiheit, alle Möglichkeiten, die er in sich findet, auch tatsächlich zu realisieren.

Denn während die anderen den »Verrückten« lediglich heilen wollen, bestehen sie unnachgiebig darauf, den »Geheilten« in ein »normales«, d.h. von anderen festgelegtes und bestimmtes Leben zurückzuführen. »Heinrichs« Recht auf »Vieldeutigkeit«, auf die Vielfalt der Rollen »entsprechend den Möglichkeiten«, die in ihm liegen, kollidiert mit dem Anspruch der Gesellschaft, ihn mit dem Blick der anderen – die in ihm entweder den armen Irren oder den Simulanten sehen – ein für allemal auf eine Möglichkeit festzulegen. »Heinrichs« Tragik besteht darin, daß er dies Recht nur mit einer Handlung zu verteidigen vermag, die ihn ihrerseits für immer auf die Rolle des Wahnsinnigen festlegt: mit dem Mord an Belcredi. Die Freiheit seines Rollenentwurfs schlägt damit um in Absurdität. Sein polyvalentes Rollenspiel verkommt zur lächerlichen Farce. Die starren Formen der gesellschaftlichen Konventionen und Normen haben das »bewegte«, sich »unaufhörlich wandelnde Leben« unwiderruflich abgetötet.

In seinem Essay *L'umorismo (Der Humor)*, in dem Pirandello 1908 die Grundlagen seiner Ästhetik entfaltet, schreibt er:

> Das Leben ist ein ständiges Fließen, das wir zum Stillstand bringen, zu fixieren suchen, in uns und außen [...] Die Formen [...] sind die Begriffe, die Ideale [...] alle die Fiktionen, die wir schaffen, die Bedingungen, der Zustand, in dem wir uns zu stabilisieren suchen. Aber in uns selbst, in dem, was wir die Seele nennen und was das Leben in uns ist, geht das Fließen weiter, unbestimmt, unter den Dämmen, jenseits der Grenzen, die wir setzen, indem wir uns ein Gewissen zusammensetzen, eine Persönlichkeit konstruieren.

Es ist diese Vorstellung eines *élan vital*, die Konzeption vom Leben als einer irrationalen, allen moralischen und gesellschaftlichen Wertungen entzogenen Naturgewalt, in der Pirandello mit der Grundidee des italienischen Faschismus zusammentraf. 1924 trat er in die faschistische Partei ein und veröffentlichte seinen Beitrittsbrief in der faschistischen Zeitung »L'Impero« (Das Reich). Mussolini lud ihn zum Dank zu einem persönlichen Gespräch ein. Sechs Tage nach dem Besuch adressierte Pirandello Mussolini öffentlich als den, der nur »gesegnet werden kann«, weil er »klar zeigt, daß er diese doppelte und tragische Notwendigkeit der Form und Bewegung fühlt, und der mit solcher Kraft will, daß die Bewegung in einer geordneten Form gezügelt wird und daß die Form nicht mehr leeres eitles Idol ist, sondern das Leben, pulsend und brausend, in sich aufnimmt, so daß sie es von Moment zu Moment wiedererschafft und immer bereit ist zur Tat, die sie an sich selbst bestätigt und den anderen aufdrängt«. Eine enthusiastischere Apologie der faschistischen Diktatur ist kaum denkbar.

Dennoch wäre es ein verhängnisvoller Kurzschluß, wollte man das transindividuelle Ich, das Pirandello in seinem Theater inszeniert, als faschistischen Prototyp abstempeln und mißverstehen. Eine solche Lesart ist jedenfalls mit unserer Interpretation der *Sechs Personen* kaum in Einklang zu bringen. Ihr widerspricht auch die Pirandello-Rezeption in Europa und Amerika, vor allem in Deutschland.

Pirandello war in den zwanziger Jahren der erfolgreichste Autor, der zur großen Begeisterung der Zuschauer die Spielpläne beherrschte. Max Reinhardts Inszenierung der *Sechs Personen* brachte es auf 131 Wiederholungen. Innerhalb von drei Jahren wurden in Deutschland zwölf Pirandello-Stücke auf die Bühne gebracht. 1925 hatte Pirandello sein eigenes, vom Staat subventioniertes Theater erhalten, das Teatro d'Arte di Roma. Mit ihm gastierte er in der Zeit vom 12.–14. Oktober 1925 am Berliner Staatstheater. Auf dem Programm standen *Sechs Personen suchen einen Autor, Heinrich IV.* und *Das Vergnügen, anständig zu sein*. Während die Kritik die schauspielerische Leistung von Pallenberg (Direktor), Lucie Höflich (Mutter) und Gülstorff, der den Vater spielte, »dumpf, zerquält, Gutes wollend, Unheil zeugend, unbeholfen und schwer beweglich, dennoch aus Tiefen in Tiefen Gefühle hebend und senkend« (Kurt Pinthus), in der Reinhardt-Inszenierung der *Sechs Personen* derjenigen der Italiener im ganzen vorzog, konnte Pirandellos Truppe beim Publikum einen überwältigenden Erfolg verbuchen. Aber auch die Kritik zeigte sich beeindruckt:

> Der Vater, Lamberto Picasso, und die Tochter, Marta Abba, [...] wachsen immer mehr aus dem Schattenwesen in die ungestüme exzentrische Leidenschaft hinein. Während das erste Auftreten Picassos an unseren Gülstorff erinnert und die Gestalt in der Verlegenheit und Scheu sich aus der Verschleierung herausarbeitet, wird sie hier (im Aufdrängen der Handlung) immer deutlicher in ihrer heischenden Leidenschaft, und Marta Abba wächst mit ihr in den zügellosen Affekten, im Hervorsprudeln ihrer Innerlichkeit bis zur letzten Ekstase.   (Alfred Klaar)

Noch einmütiger war die Begeisterung über Lamberto Picasso als »Heinrich IV.«: »Picassos Enrico spielt nicht Tragik, er hat sie« (Julius Knopf). Dabei ließ Picasso auch dem Komödiantischen der Rolle sein Recht: »Das Geistige wird niemals doziert, stets wird es lebendige Bewegung. Wo immer nur möglich, wird die Schwere des Geschehens durch Lustigkeit ausgeglichen, fast geht es bis zur Buffonerie« (Fritz Engel).

Nach dem Gastspiel erreichte das Pirandello-Fieber in Berlin seinen nächsten Höhepunkt, als 1926 Alexander Moissi in der »Tribüne«, dem Theater Barnowskys, die Titelrolle in *Heinrich IV.* spielte: »Die höfische Gebundenheit seines Scheinkönigs wirkt als blutige Ironie, seine bohrenden Augen dringen in die Hilflosigkeit der unfreiwilligen Mitspieler ein, die lauernde Schärfe seiner Beobachtung reißt ihnen die Maske vom Gesicht« (Alfred Kerr). Alfred Kerr bemängelte zwar, daß Moissi »eher die Darstellung eines Schmerzes als einen Schmerz« brachte, was aber der Begeisterung letztlich keinen Abbruch tat. »Kurz: er gibt eher den Umriß als das Herz einer Sache – doch einen prachtvollen Umriß«.

Pirandello blieb noch zwei Jahre einer der populärsten Dramatiker auf den deutschen Bühnen. Während die faschistische Bewegung in Deutschland Ende der zwanziger Jahre zunehmend erstarkte, nahm die Begeisterung für Pirandello jedoch rasch ab und hörte mit einem neuen Theaterskandal schlagartig auf. Pirandello hatte das dritte Stück seiner Theater-im-Theater-Trilogie (nach den *Sechs Personen* und *Ciascuno a suo modo* [*Jeder auf seine Weise,* 1924] *Questa sera si recita a soggetto* [*Heute abend wird aus dem Stegreif gespielt,* 1929]) an keiner italienischen Bühne unterbringen können. Er schrieb es in Berlin zu Ende und widmete es Max Reinhardt, »dessen unvergleichliche Schöpferkraft *Sechs Personen suchen einen Autor* auf der deutschen Bühne zauberhaftes Leben gegeben hat«. Es wurde 1930 am Berliner Lessing-Theater in Anwesenheit des Autors uraufgeführt. Gerade in der Schlußszene, in der das Spiel der Hauptdarstellerin noch einmal an die identifikatorische Teilnahme der Zuschauer appelliert, brach der Tumult los: Das Publikum hatte genug von den pirandellesken Spiegelfechtereien zwischen Sein und Schein, Schauspieler und Rolle; es fing an zu toben und agierte hemmungslos und hysterisch seinen Ärger und seine Wut aus; die Schauspielerin, welche die Mommina spielte – die ihrerseits ihre Rolle so ergriffen spielen soll, daß sie fast selbst darüber an einem

Herzanfall stirbt –, brach in echte Tränen aus, und der Regisseur beschimpfte in ungekünsteltem Zorn das Publikum als »Respektlose Bande!« Dieser Skandal bedeutete, wie Herbert Ihering tief befriedigt feststellte, das endgültige Ende der »Pirandello-Mode« in Deutschland.

5.2.3 Dialektik der Aufklärung: der neue Mensch im Theater der Zukunft

In seinem Vortrag *Über experimentelles Theater*, den Bertolt Brecht 1939 vor Mitgliedern der Studentenbühne der Universität Stockholm hielt, hebt der erklärte Gegner des bürgerlichen Theaters eine für ihn wichtige Modellfunktion des bürgerlichen Theaters der Aufklärung hervor:

> Die revolutionäre bürgerliche Ästhetik, begründet von den großen Aufklärern *Diderot* und *Lessing*, definiert das Theater als eine Stätte der Unterhaltung und der Belehrung. Das Zeitalter der Aufklärung, welches einen gewaltigen Aufschwung des europäischen Theaters einleitete, kannte keinen Gegensatz zwischen Unterhaltung und Belehrung. Reines Amüsement, selbst an tragischen Gegenständen, schien den Diderots und Lessings ganz leer und unwürdig, wenn es dem Wissen der Zuschauer nichts hinzufügte, und belehrende Elemente, natürlich in künstlerischer Form, schienen ihnen das Amüsement keineswegs zu stören; nach ihnen vertieften sie das Amüsement.[7]

Am Theater seiner eigenen Zeit bemängelt Brecht, daß »Unterhaltung und Belehrung mehr und mehr in einen scharfen Konflikt geraten sind. Es besteht da heute ein Gegensatz«. Das Problem, das sein eigenes Theater lösen soll, lautet daher:

> Wie kann das Theater zugleich unterhaltend und lehrhaft sein? [...] Wie kann der unfreie, unwissende, freiheits- und wissensdurstige Mensch unseres Jahrhunderts, der gequälte und heroische, mißbrauchte und erfindungsreiche, änderbare und die Welt ändernde Mensch dieses schrecklichen und großen Jahrhunderts sein Theater bekommen, das ihm hilft, sich und die Welt zu meistern? (305)

Entsprechend erhebt Brecht die Forderung nach einem Theater für das wissenschaftliche Zeitalter. In seinen *Notizen über eine Gesellschaft für induktives Theater* aus dem Jahre 1937, die als Programm für die Gründung einer »Diderot-Gesellschaft« vorgesehen waren, führt er aus:

---

[7] Bertolt Brecht, *Gesammelte Werke*, Frankfurt am Main 1967, Bd.15, S. 292.

Die Herstellung von Abbildungen der Welt, welche dazu beitragen können, die Welt beherrschbar zu machen, stößt natürlich auf große Schwierigkeiten und zwingt die Künstler, für den geänderten Zweck ihre Technik zu ändern. Hat das 'innere Auge' keinerlei Mikroskop und keinerlei Fernrohr benötigt, so benötigt das äußere beide. Die Erfahrungen anderer Leute sind für den Visionär entbehrlich. Das Experiment gehört nicht zu den Gepflogenheiten des Sehers. (306f.)

Damit fällt der Begriff, dem in Brechts Theaterästhetik seit Mitte der zwanziger Jahre eine Schlüsselfunktion zukommt: der Begriff des Experiments.

Das Experiment stellt seit Galilei in den exakten Naturwissenschaften eines der wichtigsten Erkenntnismittel dar. Da die Erkenntnis nicht mehr als durch göttliche Ordnung gegeben galt, sondern als Resultat menschlicher Anstrengung, mußte der Mensch ein Mittel finden, um den Augenschein zu widerlegen: das Experiment. Es stellt die Natur auf die Probe, indem es bestimmte Vorgänge künstlich isoliert und eine Versuchsanordnung errichtet, die eben nicht selbst Natur ist, sondern sichtbar und konstruierbar machen soll, wie Naturvorgänge funktionieren und welche Bedingungen und Gesetze ihnen zugrundeliegen. Diese für die exakten Naturwissenschaften typische und charakteristische Methode – in der Artaud die Fehlentwicklung der europäischen Zivilisation begründet sah, die sein Theater rückgängig machen sollte – will Brecht auf die Gesellschaft übertragen wissen und seinem Theater zugrundelegen. Was wir für Shakespeare metaphorisch festgestellt haben, gilt deshalb für Brecht ganz buchstäblich: Sein Theater soll zum Laboratorium werden, in dem auf experimentellem Wege die Bedingungen zu ermitteln sind, von denen das Zusammenleben der Menschen, ihre Beziehungen untereinander bestimmt werden und abhängen.

Der Marxismus gewinnt für Brecht vor allem aus diesem Kontext heraus seine Bedeutung und Funktion. Brecht hatte 1926 angefangen, Marx' Schriften zu studieren, als er ein neues Stück über die Vorgänge an der Chicagoer Weizenbörse plante, *Joe Fleischhacker*. Er las sich in nationalökonomische Schriften ein und befragte Börsenfachleute.

Ich dachte, durch einige Umfragen bei Spezialisten und Praktikern mir rasch die nötigen Kenntnisse verschaffen zu können. Die Sache kam anders. Niemand, weder einige bekannte Wirtschaftsschriftsteller noch Geschäftsleute [...], konnte mir die Vorgänge an der Weizenbörse hinreichend erklären. Ich gewann den Eindruck, daß diese Vorgänge schlechthin unerklärlich, das heißt von Vernunft nicht erfaßbar, und das heißt wieder einfach unvernünftig waren. Die Art, wie das Getreide der Welt verteilt wurde, war schlechthin unbegreiflich. Von jedem Standpunkt aus, außer demjenigen einer Handvoll Spekulanten war dieser Getreidemarkt ein einziger Sumpf. Das geplante Drama wurde nicht geschrieben, stattdessen begann ich Marx zu lesen, und da, jetzt erst, las ich Marx. (GW, 20, 46)

Das Verhältnis zwischen Brechts Theater und seinem Marxismus ist damit bereits in seinen Grundzügen skizziert. Weder dient Brechts Theater als Illustration oder Propaganda-Institution für marxistische Theoreme, noch auch wird marxistische Theorie eingesetzt, um die Wahrscheinlichkeit der Dramenhandlung oder die Effizienz der Aufführung zu erhöhen. Brecht braucht vielmehr den Marxismus als Grundlage bei der Errichtung seiner Versuchsanordnungen, bei der Konstruktion seiner Modelle. Marx' Gesellschaftstheorie ermöglicht ihm die präzise Formulierung der Fragen, deren Überprüfung sein Theater übernehmen soll, sowie die Isolierung der dafür wesentlichen Elemente. Brechts Anspruch, ein Theater für das wissenschaftliche Zeitalter zu entwickeln, der Galilei des Theaters zu werden, wird insofern erst durch den Rekurs auf Marx' Theorie einlösbar.

Ein experimenteller Charakter eignete Brechts Theater jedoch von Anfang an. Brecht beginnt seine Laufbahn als Dramatiker mit der Überprüfung einer Kategorie, die für die bürgerliche Gesellschaft wie für ihr Theater von Anfang an konstitutiv und unverzichtbar gewesen ist: der Kategorie der individuellen Persönlichkeit. Sein erstes Drama *Baal* schreibt er als Gegenentwurf zu Hanns Johsts expressionistischem Stück *Der Einsame* (1917), das in der Tradition des romantischen Künstlerdramas das Genie Chr. D. Grabbe in »Gottvatergefühl« schwelgen läßt und zur welterlösenden großen Persönlichkeit hochstilisiert. Unter Rückgriff auf die offene Form des Sturm-und-Drang-Dramas, in der Goethe mit seinem *Götz* die Tradition der »großen«, individualistischen »Kraftkerle« als Dramenhelden begründet hatte, entwirft Brecht seine Antithese. Bei vergleichbaren Ausgangsbedingungen kommt er zu völlig entgegengesetzten Resultaten:

1) Eine konsequente Selbstverwirklichung des vitalen, von allen moralischen Skrupeln befreiten Individuums ist innerhalb der bürgerlichen Gesellschaft nicht möglich, da ihre Anpassungszwänge

und Konventionen seinem individuellen Glücksanspruch entgegenstehen und seine Individualität auslöschen.

2) Das sich absolut setzende Individuum, das seine unersättliche sexuelle Gier, seine ungehemmte Freß- und Sauflust uneingeschränkt auslebt, ist ein monströses asoziales Wesen, das entweder ins Mythische gerät oder als Teil des Kreislaufs der Natur – zwischen dem 'weißen Mutterschoß' und dem 'dunklen Schoß' der Erde – sich in seiner Individualität selbst auflöst.

Ähnlich wie O'Neill und Pirandello kommt Brecht in *Baal* also zu dem Schluß, daß es Individualität nicht geben kann. Während O'Neill und Pirandello jedoch davon ausgehen, daß die Unmöglichkeit von Individualität durch das übermächtige Wirken unpersönlicher Lebens- und Todeskräfte im einzelnen bedingt ist und daher die Tragik menschlichen Daseins ausmacht (O'Neill) bzw. sie in der Kollision mit den Ansprüchen und Normen der Gesellschaft begründet (Pirandello), wendet Brecht sein Ergebnis uneingeschränkt ins Positive – was damals wohl nur Hugo von Hofmannsthal erkannte: In einem Vorspiel, das er eigens zur Aufführung des *Baal* im Theater an der Josefstadt (12. März 1926) verfaßte, läßt Hofmannsthal den Kulturkritiker Egon Friedell, den Verfasser der *Kulturgeschichte der Neuzeit*, auftreten und den *Baal* folgendermaßen deuten: »ich würde soweit gehen, zu behaupten, daß alle die ominösen Vorgänge in Europa, denen wir seit zwölf Jahren beiwohnen, nichts sind als eine umständliche Art, den lebensmüden Begriff des europäischen Individuums in das Grab zu legen, das er sich selbst geschaufelt hat.«

Anders als O'Neill und Pirandello will Brecht daher auch nicht, daß sich der Zuschauer in seine »Helden« einfühlt und mit ihnen identifiziert. 1922 notiert er in sein Tagebuch:

> Einen großen Fehler sonstiger Kunst hoffe ich, im 'Baal' und 'Dickicht' vermieden zu haben: ihre Bemühung, mitzureißen. Instinktiv lasse ich hier Abstände und sorge, daß meine Effekte [...] auf die Bühne begrenzt bleiben. Die Splendid isolation des Zuschauers wird nicht angetastet, es ist nicht sua res, quae agitur.[8]

Entsprechend zieht Brecht im *Baal* auch völlig andere Schlußfolgerungen aus der erwiesenen Unmöglichkeit von Individualität als

---

8 Bertolt Brecht, *Tagebücher 1920 – 1922*. Hg. von Hertha Ramthun, Frankfurt am Main 1975, S. 187.

O'Neill und Pirandello. Der Vorstellung vom immer gleichen – tragischen oder polyvalent-absurden – Sein des Menschen setzt er die These von seiner Veränderbarkeit entgegen. Er konstruiert die Komödie *Mann ist Mann* als eine Versuchsanordnung, mit der die grundsätzlich vorauszusetzende Möglichkeit demonstriert werden soll, eine »Persönlichkeit« in eine andere umzumontieren:

> Herr Bertolt Brecht behauptet: Mann ist Mann.
> Und das ist etwas, was jeder behaupten kann.
> Aber Herr Bertolt Brecht beweist auch dann,
> Daß man mit einem Menschen beliebig viel machen kann.
> Hier wird heute abend ein Mensch wie ein Auto ummontiert
> Ohne daß er irgendetwas dabei verliert.
>
>   (GW 1, 336)

Zu beweisen ist die prinzipielle Veränderbarkeit des Menschen.

Das Stück von der Verwandlung des Packers Galy Gay in die »menschliche Kampfmaschine« (376) Jerajah Jip entsteht 1924/5, erfährt jedoch in den späteren Jahren (1927, 1929, 1931, 1936, 1954) eine Reihe von Umarbeitungen. In der Vorrede zur 1927 gesendeten Hörspielfassung bewertet Brecht die im Stück demonstrierte Möglichkeit der Ummontierung des Packers mit dem »weichen Gemüt« (1, 299) in die »menschliche Kampfmaschine«, die vom »Urtrieb« beherrscht ist, »den Familien / Abzuschlachten den Ernährer / Auszuführen den Auftrag / Der Eroberer« (376), eindeutig positiv. Ausgangspunkt stellt für ihn die Überzeugung dar, daß »sich jetzt, eben jetzt, *ein neuer Typus von Mensch* heraus[bildet]«. »Dieser neue Typus wird [...] sich nicht durch die Maschinen verändern lassen, sondern er wird die Maschinen verändern, und wie immer er aussehen wird, vor allem wird er wie ein Mensch aussehen.« (GW 17, 977) Auf die Entstehung dieses neuen Typus ist *Mann ist Mann* bezogen:

> ich dachte mir, daß allerhand in dem Stück 'Mann ist Mann', besonders das, was die Hauptfigur, jener Packer Galy Gay tut oder nicht tut, Sie vielleicht zunächst befremden wird, und da ist es besser, Sie stellen sich vor, Sie hören nicht einen alten Bekannten von Ihnen reden oder sich selber, wie das bisher fast immer der Fall war im Theater, sondern eine neue Art von Typus, vielleicht eben einen Vorfahren dieses neuen Typus Mensch, von dem ich gesprochen habe. [...] Ich denke auch, Sie sind gewohnt, einen Menschen, der nicht nein sagen kann, als einen Schwächling zu betrachten, aber dieser Galy Gay ist gar kein Schwächling, im Gegenteil, er ist der Stärkste. Er ist allerdings erst der Stärkste, nachdem

er aufgehört hat, eine Privatperson zu sein, er wird erst in der Masse stark. [...] Sie werden sicher auch sagen, daß es eher bedauernswert sei, wenn einem Menschen so mitgespielt und er einfach gezwungen wird, sein kostbares Ich aufzugeben, sozusagen das einzige, was er besitzt, aber das ist es nicht. Es ist eine lustige Sache. Denn dieser Galy Gay nimmt eben keinen Schaden, sondern er gewinnt. (GW 17, 977f.)

Brecht stellt in seiner Vorrede an dem in der Komödie gezeigten Vorgang deutlich den positiven Aspekt heraus, daß das Individuum sich nicht im Gegensatz zum Kollektiv definiert, sondern sich durch das Kollektiv bestimmt und gestärkt sieht. Mit der Erstarkung der faschistischen »Bewegung« in Deutschland tritt jedoch zunehmend ein negativer Aspekt an Galy Gays Ummontierung in den Vordergrund, nämlich die Degradierung des einzelnen zum bewußt- und verantwortungslosen inhumanen Herdentier, dessen niedrigste Instinkte durch das Eintauchen ins Kollektiv freigesetzt werden. Dieser Umwertung tragen die Bearbeitungen der Jahre 1931 und – vor allem – 1936 Rechnung. Es ist charakteristisch für Brechts experimentelles Theater, daß es prinzipiell unabgeschlossen ist und auf Veränderungen innerhalb der Versuchsanordnung auf der Bühne zu reagieren vermag.

Alle Bearbeitungen gehen übereinstimmend von der am *Baal* gewonnenen Einsicht aus, daß der Mensch an sich, ohne soziale und ökonomische Bezüge, nichts ist (»Einer ist keiner«), sondern erst durch die Beziehungen etwas wird, in die er eintritt; sie weisen diese Beziehungen nicht als primär humane, sondern als Warenbeziehungen aus. Diese Sachbeziehungen lassen, wie experimentell zu ermitteln, auch den Menschen zu einer Sache werden, die je nach Kontext positiv oder negativ eingesetzt werden kann. Jeder Wechsel der Beziehung führt, wie sich zeigt, zu einer Veränderung der Person (als Sache). Der Mensch ist also prinzipiell veränderbar. – Quod erat demonstrandum. – Der Dramatiker tritt selbst als Veranstalter dieses gesellschaftlichen Experiments hervor und betont ausdrücklich seinen beweisenden, demonstrierenden Charakter, der dem Publikum Einfühlung verbietet und es zu reflektierender, wenn auch fröhlicher Distanz anhält. Der »neue Typus« wird also nicht auf der Bühne als ein Ideal (oder auch nur als abschreckendes Exempel) dargestellt, dem der Zuschauer durch Identifikation nacheifern sollte, es wird vielmehr ein »Vorfahr« dieses neuen Typus konstruiert und vorgeführt, den kritisch zu verändern und zu komplettieren dem Zuschauer überlassen bleibt bzw. als spezifische Rezeptionsleistung aufgegeben ist.

Wie aus Aufführungsberichten zu den Aufführungen in Darmstadt und Düsseldorf 1926, in Berlin 1928 (mit Heinrich George als Galy Gay) und 1931 (mit Peter Lorre als Galy Gay) beide Male in der Einrichtung von Engel, Neher, Brecht hervorgeht, war das Publikum jedoch außerstande, diesen an es gestellten Anspruch zu verstehen, geschweige denn, ihm nachzukommen und gerecht zu werden.

Das Verhältnis zwischen dem einzelnen und dem Kollektiv, zwischen »Individuum und Masse« (GW 20, 60) bleibt auch (und gerade) nach Brechts Beschäftigung mit dem Marxismus im Zentrum seines Interesses.

> In den wachsenden Kollektiven erfolgt die Zertrümmerung der Person. Die Mutmaßungen der alten Philosophen von der Gespaltenheit des Menschen realisieren sich: In Form einer ungeheuren Krankheit spiegelt sich Denken und Sein in der Person.
> Sie fällt in Teile, sie verliert ihren Atem. Sie geht über in anderes, sie ist namenlos, sie hat kein Antlitz mehr, sie flieht aus ihrer Ausdehnung in ihre kleinste Größe – aus ihrer Entbehrlichkeit in das Nichts –; aber in ihrer kleinsten Größe erkennt sie tiefatmend übergegangen ihre neue und eigentliche Unentbehrlichkeit im Ganzen. (GW 20, 61)

Dies komplexe und komplizierte Verhältnis bestimmt Brechts Lehrstücke, die im wesentlichen zwischen 1928 und 1931 entstanden sind. In ihrem Zentrum steht die Kategorie des »Einverständnisses«, das der einzelne zu seiner Auslöschung im Kollektiv oder um des Kollektivs willen abgibt oder verweigert.

Die Lehrstücke stellen eine besondere Art des theatralischen Experiments dar. Sie sind nicht für die bestehenden professionellen Theater geschrieben, sondern für Laien – z.T. für Schulaufführungen – und schließen eine für das Theater, auch und gerade für das bisherige Brecht-Theater, wesentliche Konstituente aus: den Zuschauer.

> Das Lehrstück lehrt dadurch, daß es gespielt, nicht dadurch, daß es gesehen wird. Prinzipiell ist für das Lehrstück kein Zuschauer nötig, jedoch kann er natürlich verwertet werden. Es liegt dem Lehrstück die Erwartung zugrunde, daß der Spielende durch die Durchführung bestimmter Handlungsweisen, Einnahme bestimmter Haltungen, Wiedergabe bestimmter Reden und so weiter gesellschaftlich beeinflußt werden kann.

Die Nachahmung hochqualifizierter Muster spielt dabei eine große Rolle, ebenso die Kritik, die an solchen Mustern durch ein überlegtes Andersspielen ausgeübt wird.

[...] auch von der (möglichst großartigen) Wiedergabe asozialer Handlungen und Haltungen kann erzieherische Wirkung erwartet werden.

[...] Besonders eigenzügige, einmalige Charaktere fallen aus, es sei denn, die Eigenzügigkeit und Einmaligkeit wäre das Lehrproblem.

(GW 17, 1024)

Brecht entwickelt die Form der Lehrstücke als Antwort auf ein ganz spezifisches Problem, das sich seinem Theater im Laufe der zwanziger Jahre immer wieder gestellt hat. Es betrifft einerseits den »neuen Menschen«, andererseits die Haltung des bürgerlichen Publikums.

Brecht geht davon aus, daß es Individualität im »alten« bürgerlichen Sinn nicht geben kann, über den »neuen« transindividuellen Menschen sich jedoch noch keine definitiven Aussagen machen lassen, da er erst als Resultat eines länger dauernden Entwicklungsprozesses entstehen wird. In dieser Auffassung fühlt sich Brecht durch Marx bestärkt, der den Menschen als ein veränderliches und veränderndes Wesen bestimmt, dessen Bewußtsein durch sein gesellschaftliches Sein bedingt ist. Der »neue« Mensch, der sich als Produkt nicht-bürgerlicher Verhältnisse in der klassenlosen Gesellschaft herausbilden wird, läßt sich daher nicht im voraus definieren und festlegen. Folglich kann ihn die Bühne auch nicht als das neue Ideal darstellen, dem der Zuschauer durch Identifikation nacheifern kann.

Noch vor jeder detaillierten Ausarbeitung seiner Theorie eines epischen Theaters hat Brecht daher »instinktiv« die Zuschauer auf Distanz zu bringen versucht, um ihnen die Möglichkeit zu eröffnen, aus den auf der Bühne vorgeführten Handlungen und Verhaltensweisen aktiv den »neuen« Menschen weiterzuentwickeln. Das Publikum reagierte jedoch auf die Inszenierungen der Brecht-Stücke mit Ablehnung (*Im Dickicht der Städte*), Unverständnis (*Baal, Mann ist Mann*) oder identifikatorischer Zustimmung (*Trommeln in der Nacht*), ja Begeisterung (*Dreigroschenoper*). Es nahm in keinem Fall eine im Brechtschen Sinne produktive Rezeptionshaltung ein, so daß die Inszenierungen in Brechts Augen gesellschaftlich folgenlos blieben.

Die Lehrstücke scheinen einen Ausweg aus diesem Dilemma zu weisen. Sie schließen den Zuschauer aus und konzentrieren ihre

Anstrengungen auf die Veränderung der Spielenden: diese lernen, indem sie spielend unterschiedliche Haltungen einnehmen, verschiedene Verhaltensweisen realisieren und sich durch ihr Spiel kritisch zu ihnen äußern.

Zwar ist zu Recht darauf hingewiesen worden, daß Brechts Lehrstücke in einem Zusammenhang mit der Schulmusikbewegung stehen, worauf nicht nur die Gattungsbezeichnung »Schulopern« für den *Jasager* und den *Neinsager* hindeutet. So wurden bei den Festspielen »Neue Musik Berlin 1930« neben Brecht/Weills *Jasager* vier andere Schulopern aufgeführt: Hindemith/Seitz *Wir bauen eine Stadt*, Höffer/Seitz *Das schwarze Schaf*, Toch/Döblin *Das Wasser* und Dessau/Seitz *Das Eisenbahnspiel*. Aber gerade der Vergleich zwischen Brechts Lehrstücken und den anderen Musikstücken für Kinder läßt den grundlegenden Unterschied unübersehbar hervortreten. Während die übrigen genannten Schulopern und Kinderkantaten die Kinder entweder in bestimmte bürgerliche Urteils- und Verhaltensweisen einüben oder direkt weltanschaulich-philosophisch beeinflussen wollen, das gewünschte Ergebnis also in jedem Fall im vorhinein feststeht, sollen Brechts Lehrstücke den Spielenden ermöglichen, sich kritisch zu den spielend eingenommenen Haltungen zu verhalten.

Auch im Lehrstück gibt es keinen »positiven Helden«, kein Ideal, das der Spielende durch Einfühlung und Identifikation übernehmen soll: weder das Einverständnis – das Jasagen – noch seine Verweigerung – das Neinsagen – werden als per se ideale oder verwerfliche Verhaltensmuster eingeführt, in die das Spielen einüben oder gegen die es resistent machen soll. Indem der Spielende probeweise und kritisch diese Haltungen im Spiel übernimmt, öffnet sich ihm vielmehr die Möglichkeit, entweder unter den vom Stück gesetzten Bedingungen neue Haltungen und Verhaltensweisen zu entwickeln oder auch die Bedingungen – also die gegebene Versuchsanordnung – zu verändern. Das Ergebnis des Experiments steht in keinem Fall vorher fest. Wenn das Lehrstück nach Brecht die Aufgabe hat, »den die Menschen unserer Zeit mit ganz anderer Gewalt auseinanderzerrenden Kollektivbildungen auf breitester und vitalster Basis auch nur für Minuten ein Gegengewicht zu schaffen« (GW 17, 1028), kann die »Liquidierung von Individualität« durch das Kollektiv allerdings kaum als gewünschtes Resultat angenommen werden. Auch ein entsprechendes neues Verhältnis zwischen dem einzelnen und dem Kollektiv wird sich erst noch herausbilden müssen. Der Ausgang der Versuchsreihe ist prinzipiell offen.

Mit den Lehrstücken verschiebt sich der Schwerpunkt von den dargestellten Vorgängen und der Reaktion der Zuschauer auf sie auf die Seite der Spielenden. Das Experiment wird an ihnen und mit ihnen durchgeführt und hat ihre Veränderung zum Ziel: als Teil eines umfassenden gesellschaftlichen Prozesses soll der Akt des Spielens dem Spieler die Möglichkeit eröffnen, in sich bzw. an sich den »neuen Menschen« zu entwickeln.

Umstritten ist allerdings, ob Brecht die Lehrstücke als Kampfmittel gegen die bürgerliche Gesellschaft konzipiert hat oder als utopische Vorwegnahme sozialistisch/kommunistischer Gesellschaftsverhältnisse. Aus dem Jahre 1929 stammt folgende auf die Lehrstücke bezogene Notiz:

> unsere haltung kommt von unseren handlungen, unsere handlungen kommen von der not.
> wenn die not geordnet ist, woher kommen dann unsere handlungen?
> wenn die not geordnet ist kommen unsere handlungen von unserer haltung.[9]

Die von den Lehrstücken angestrebte Veränderung der Spielenden durch die spielerische Einnahme von Haltungen kann insofern nur in einer Gesellschaft möglich sein, in der die Not bereits »geordnet ist«.

Festzuhalten bleibt immerhin, daß Brecht sich um eine sofortige Aufführung seiner Lehrstücke bemühte. Der *Jasager* und der *Neinsager* wurden zwischen 1930 und 1932 (danach verboten) 48mal aufgeführt und zwar tatsächlich überwiegend von Schulen und Laientheatern. Der *Ozeanflug* und *Das Badener Lehrstück vom Einverständnis* wurden beide im Rahmen der Musikfestwochen in Baden-Baden (27. und 28. Juli 1929) uraufgeführt. Brecht versuchte hier, das Publikum wenigstens als Menge einzubeziehen und mit- bzw. nachsingen zu lassen – was von der Kritik als »Gemeinschaftsmusik« bezeichnet wurde und auf Unverständnis stieß:

> Wenn Herr Brecht meint, mit dem Publikum Schindluder treiben zu können, so hat dasselbe das Recht, sich dagegen aufzulehnen, und wir freuen uns, daß es von diesem Recht der Selbsthilfe durch Pfeifen und Toben Gebrauch machte, [...] weil mit einer Brutalität auf die Nerven der

---

9 Zitiert nach: Reiner Steinweg (Hg.), *Brechts Modell der Lehrstücke*. Zeug-

Leute, die ohnehin schon überreizt waren, herumgetrampelt wurde, die
etwas geradezu Sadistisches hatte.
(Elsa Bauer, Badische Volkszeitung, Baden-Baden, vom 30. Juli 1929)

Eine Aufführung der *Maßnahme* wurde von der künstlerischen Leitung der Neuen Musik Berlin 1930 abgelehnt; sie wurde dann »von
denen gemacht, für die sie bestimmt [ist] [...] und die allein eine
Verwendung dafür haben: von Arbeiterchören, Laienspielgruppen,
Schülerchören und Schülerorchestern« (GW 17, 1030). Die nun als
Veranstaltung der Internationalen Tribüne (13. Dezember 1930) rea-
lisierte Aufführung wurde ein sensationeller Erfolg. Weitere Aufführungen folgten 1931 und 1932 in Berlin und Wien, jedoch an
professionellen Theatern.

Betrachtet man die Aufführungsgeschichte der Lehrstücke, läßt
sich sehr schwer einschätzen, ob die Aufführungen tatsächlich als
»Übungsstücke« zur Veränderung der Spielenden fungieren sollten
oder eher als Provokation für die bürgerliche Institution des professionellen Theaters und sein Publikum geplant waren.

Am 28. Februar 1933, einen Tag nach dem Reichstagsbrand, verließ
Brecht mit seiner Familie Deutschland und ging ins Exil, das vierzehn Jahre dauern sollte. In dieser Zeit entstanden seine »großen«
epischen Stücke wie der *Galilei* (1938/39), *Mutter Courage* (1939),
Der gute Mensch von Sezuan (1939–41) und *Puntila* (1940) sowie die
bedeutenden Schriften zur Theorie des epischen Theaters, darunter
der prächtige *Messingkauf* (1937–1943/1951). Abgeschnitten von jeder Möglichkeit zu realer Theaterarbeit, worunter Brecht sehr litt
(»es ist unmöglich, ohne die bühne ein stück fertig zu machen. the
proof of the pudding ... [...] nur die Bühne entscheidet über die
möglichen varianten«, Eintragung ins Arbeitsjournal vom 30. Juni
1940), entwickelte er jetzt sein Theater des wissenschaftlichen Zeitalters kompromißlos als Theater der Zukunft. »Für die Schublade
braucht man keine Konzessionen«. (Eintragung ins Arbeitsjournal
vom 15. März 1939).

Wie Brecht bereits in den Anmerkungen zur Oper *Aufstieg und
Fall der Stadt Mahagonny* (1930) notiert hat, ist im epischen Theater
»Gegenstand der Untersuchung« »der Mensch«, der als »veränder-
lich und verändernd« (GW 17, 1009f.) vorausgesetzt wird. Da der
Mensch, wie Brechts bisherige Stücke nachgewiesen haben, sich erst
durch die Beziehungen, in die er eintritt, als Mensch konstituiert,

muß das Theater vordringlich zur Klärung der Frage beitragen, welche Art von Beziehungen welchen Typus von Mensch bedingt und hervorbringt. Untersuchungsgegenstand des epischen Theaters sind daher, genauer gesagt, die Beziehungen zwischen den Menschen.

Bei ihrer Analyse geht Brecht jeweils von einer These aus, die im Verlauf der europäischen Kultur- bzw. Theatergeschichte formuliert wurde und von der bürgerlichen Gesellschaft des 20. Jahrhunderts noch als gültig anerkannt wird. Zur Überprüfung dieser These entwirft Brecht dann eine ganz spezifische, auf sie zugeschnittene Versuchsanordnung.

Das Parabelstück *Der gute Mensch von Sezuan* zum Beispiel – mit dem Brecht »endlich wieder auf den Standard kommen« wollte (Eintragung ins Arbeitsjournal vom 15. März 1939) – soll den Satz überprüfen, daß ein guter Mensch immer und unter allen Umständen gut sein und gut handeln kann, da dies allein von seinem freien Willen abhängt. Calderón hatte diese These in seinem 'auto sacramental' *Das große Welttheater* exemplifiziert (vgl. 2.2.1), in dem das Gesetz der Gnade jedem einzelnen souffliert: »Sollst, wie Dich, den Nächsten lieben, / Tue recht, Gott über euch«. Goethe griff diese These im *Faust* auf. Im »Prolog im Himmel« läßt er den Herrn sagen: »Ein guter Mensch in seinem dunklen Drange / Ist sich des rechten Weges wohl bewußt« (V. 328/9). In diesen beiden Dramen ist es Gott, der das Schauspiel des menschlichen Lebens als Regisseur in Szene setzt und am Ende des Spiels sein Urteil über die Akteure fällt.

Bei der Konstruktion seiner Versuchsanordnung im *Guten Menschen von Sezuan* sorgt Brecht zunächst für vergleichbare Ausgangs- und Rahmenbedingungen: (1) Es gibt ein Vorspiel, in dem drei Götter auftreten; (2) die Götter sind für das »Schauspiel« der Dramenhandlung zumindest insofern verantwortlich, als sie Shen Te, dem guten Menschen von Sezuan, ein Geldgeschenk von tausend Silberdollars machen, von dem alles weitere seinen Ausgang nimmt; (3) am Ende halten sie über Shen Te Gericht. Es gibt allerdings eine signifikante Abweichung: während Calderóns Meister und Goethes Herr im Himmel bleiben, sind Brechts Götter auf die Erde niedergestiegen; während bei Calderón und Goethe Gott *weiß*, daß der Mensch auf dieser Welt gut sein kann, müssen Brechts Götter hierfür erst selbst den Nachweis erbringen.

In dem Beschluß hieß es: die Welt kann bleiben, wie sie ist, wenn genü-
gend gute Menschen gefunden werden, die ein menschenwürdiges Dasein
leben können. [...] Seit zweitausend Jahren geht dieses Geschrei, es gehe
nicht weiter mit der Welt, so wie sie ist. Niemand auf ihr könne gut
bleiben. Wir müssen jetzt endlich Leute namhaft machen, die in der Lage
sind, unsere Gebote zu halten. (Vorspiel, GW 4, 1492)

Durch diese Änderung in den Ausgangsbedingungen wird eine
entscheidende Änderung in der Funktion des nachfolgenden Spiels
bewirkt: Es wird als ein Experiment ausgewiesen, das weniger den
Menschen, den »guten Menschen von Sezuan«, auf die Probe stellt
als vielmehr die göttlichen Gebote und die Einrichtung der Welt.
Fällt das Experiment negativ aus, muß die Welt verändert werden.

Andererseits hat Brecht alles getan, um die Güte der Shen Te
jedem Zweifel zu entziehen: sie »kann« nicht nur »nicht nein sagen«
(1494), sondern es ist geradezu ihre »Natur«, gut zu sein:

Den Mitmenschen zu treten
Ist es nicht anstrengend? Die Stirnader
Schwillt ihnen an, vor Mühe, gierig zu sein.
Natürlich ausgestreckt
Gibt eine Hand und empfängt mit gleicher Leichtigkeit. Nur
Gierig zupackend muß sie sich anstrengen. Ach
Welche Verführung, zu schenken! Wie angenehm
Ist es doch, freundlich zu sein! Ein gutes Wort
Entschlüpft wie ein wohliger Seufzer.   (1570)

Das Experiment kann also keineswegs wegen mangelnder Güte
Shen Tes mißlingen. Damit sind für den Nachweis der These, daß
es dem Menschen möglich ist, gut zu sein, wenn er nur will, opti-
male Ausgangsbedingungen hergestellt: mit Shen Te ist eine Heldin
gefunden, die von Natur aus gut ist, und die Götter geben ihr ein
respektables Geldgeschenk, das ihr erlaubt, einen kleinen Tabakla-
den zu kaufen: »ich hoffe, jetzt viel Gutes tun zu können« (1499).

Dennoch schlägt das Experiment fehl. Shen Te wird von so vielen
Hilfe Suchenden bestürmt, daß ihrem Laden bereits am ersten Abend
der Ruin droht:

Mein schöner Laden! O Hoffnung! Kaum eröffnet, ist er schon kein
Laden mehr!
Zum Publikum: Der Rettung kleiner Nachen
Wird sofort in die Tiefe gezogen:
Zu viele Versinkende
Greifen gierig nach ihm.

(1508f.)

Shen Te vermag den Laden, die Basis für ihre guten Taten, nur zu
erhalten, wenn sie der ihr soufflierten Idee folgt, einen Vetter zu
erfinden, der sich um das »Geschäftliche« kümmert. Um zugleich
gut sein und menschenwürdig leben zu können, spaltet sie sich in
Shen Te, den »Engel der Vorstädte«, und in den Vetter Shui Ta,
der als ausbeuterischer Tabakkönig zur »Geißel der Vorstädte« wird:

> Euer einstiger Befehl
> Gut zu sein und doch zu leben
> Zerriß mich wie ein Blitz in zwei Hälften.
>
> (1603)

Shen Te, die Gutes tun will, braucht dazu den »bösen« Vetter Shui
Ta: nicht weil in ihrer Brust »zwei Seelen« wohnten (*Faust I*), sondern
weil die Umstände ihr keine andere Wahl lassen, obwohl sie gut
ist und nichts als gut sein will. Damit ist die Ausgangsthese wi-
derlegt: Der Mensch kann nicht unter allen Umständen gut sein,
wenn er nur will, sondern er vermag nur unter der Bedingung gut
zu sein, daß er zugleich auch böse ist.

Brecht hat die Versuchsanordnung des *Guten Menschen von Sezuan*
so konstruiert, daß der Gang der Handlung den Grund für diese
Bedingung – und damit für die Spaltung des guten Menschen in
Shen Te und Shui Ta – offenlegt: es ist die Art der Beziehungen,
die zwischen den Menschen von Sezuan herrschen.

Diese Beziehungen sind durchweg Objekt- und Warenbeziehungen: der eine ist für den anderen lediglich ein Mittel, die eigene
Not zu lindern, eine Stellung zu finden, gesellschaftlich aufzusteigen und Profit zu machen.

Die ehemalige Ladenbesitzerin Frau Shin, die Shen Te bereits
beim Verkauf des Ladens kräftig hereingelegt hat, und Shen Tes
ehemalige Wirtsleute, die sie seinerzeit erbarmungslos auf die Straße
gesetzt haben, als sie nicht mehr zahlen konnte, pressen aus Shen
Te den letzten Pfennig heraus, um selbst überleben zu können.

Der Flieger Sun, in den Shen Te sich verliebt hat, will ihren Laden
verkaufen, obwohl er weiß, daß er damit sie und andere ruiniert,
weil er das Geld braucht, um sich durch Bestechung eine Stelle als
Flieger zu verschaffen.

Der Barbier Shu Fu will sich Shen Tes Liebe durch einen Blankoscheck erkaufen bzw. dadurch, daß er ihr Baracken für ihre
Schützlinge zur Verfügung stellt, die so feucht sind, daß seine Sei-
fenvorräte darin schimmeln.

Die Hausbesitzerin Frau Mi Tzü ist bereit, Herrn Shui Ta für die Vergrößerung seiner Fabrik die notwendigen Räumlichkeiten zur Verfügung zu stellen, wenn er ihr dafür seinen Prokuristen Sun überläßt, damit »er ihr die Knie tätschle« (1600).

Immer wenn Shen Te versucht, humane zwischenmenschliche Beziehungen herzustellen, ist sie anschließend gezwungen, sich in Shui Ta zu verwandeln, der diese Beziehungen in Objekt- und Warenbeziehungen pervertiert: Als Shen Tes Freigebigkeit den Laden zu ruinieren droht, gibt Shui Ta eine Heiratsannonce auf, um Shen Te an einen reichen Mann zu verkaufen.

Als Shen Te sich in Sun verliebt und für ihre Liebe den Laden aufzugeben bereit ist –

> Ich will mit dem gehen, den ich liebe.
> Ich will nicht ausrechnen, was es kostet.
> Ich will nicht nachdenken, ob es gut ist.
> Ich will nicht wissen, ob er mich liebt.
> Ich will mit ihm gehen, den ich liebe.
>   (1552) –

versucht Shui Ta, sie mit dem Barbier Shu Fu zu verkuppeln. Als Shen Te bemerkt, daß sie schwanger ist, und aus Mutterliebe ihrem Sohn gute Lebensbedingungen sichern will –

>   Sohn, zu dir
> Will ich gut sein und Tiger und wildes Tier
> Zu allen andern, wenn's sein muß. Und
> Es muß sein.
>   (1573) –

füllt Shui Ta Herrn Shu Fus Blankoscheck aus und gründet eine Tabaksfabrik, in der er Shen Tes Schützlinge rücksichtslos als Arbeitskräfte ausbeutet und Sun, den er erpresserisch zur Arbeit gezwungen hat, zum gnadenlosen Antreiber über die anderen setzt.

Shen Te kann nicht gut sein, auch wenn sie es will, weil jeder Versuch, humane zwischenmenschliche Beziehungen herzustellen, notwendigerweise in die Pervertierung dieser Beziehungen in Objektbeziehungen umschlägt. Die Spaltung des guten Menschen in Shen Te und Shui Ta erscheint so als theatralisches Modell für die Spaltung des Menschen in der bürgerlichen Gesellschaft in eine private und eine geschäftliche Hälfte. Die geschäftliche garantiert durch »Böse-Sein« überhaupt erst die Möglichkeit für die private, gut zu sein. Die Pervertierung der zwischenmenschlichen Bezie-

hungen ist dergestalt gesellschaftlich bedingt: die »Welt« – als bür-
gerlich-kapitalistische – ist schlecht, sie muß folglich geändert werden. Das Gericht, das die Götter in der letzten Szene über Shen
Te/Shui Ta abhalten, wird damit zum Gericht über sie selbst und
ihre Welt: »Für eure großen Pläne, ihr Götter / War ich armer
Mensch zu klein« (1604). Aber die Götter versuchen, dies Resultat
des Experiments zu manipulieren. Als sie in Shui Ta Shen Te wie-
dergefunden haben, erklären sie ihre Suche nach einem guten Menschen für beendet und die Bedingungen für den unveränderten
Weiterbestand der Welt als erfüllt: »es ist alles in Ordnung« (1605).
Vor der ratlosen, um Hilfe flehenden Shen Te, die nicht weiß, wie
sie weiterleben soll, ziehen sie sich auf einer rosa Wolke in den
Himmel zurück:

> Leider können wir nicht bleiben
> Mehr als eine flüchtige Stund:
> Lang besehn, ihn zu beschreiben
> Schwände hin der schöne Fund.
>
> (1606)

Wohl ist für die Götter damit das Experiment beendet, nicht jedoch
für den Konstrukteur der Versuchsanordnung und für den Zuschauer. Für sie steht lediglich fest, daß die Ausgangsthese wider-
legt ist; aber welche Folgerungen sind aus diesem Resultat zu
ziehen?

> Verehrtes Publikum, jetzt kein Verdruß:
> Wir wissen wohl, das ist kein rechter Schluß.
> [...]
> Wir stehen selbst enttäuscht und sehn betroffen
> Den Vorhang zu und alle Fragen offen.
> [...] Was könnt die Lösung sein?
> [...]
> Soll es ein andrer Mensch sein? Oder eine andre Welt?
> Vielleicht nur andere Götter? Oder keine?
> Wir sind zerschmettert und nicht nur zum Scheine!
> Der einzige Ausweg wär aus diesem Ungemach:
> Sie selber dächten auf der Stelle nach,
> Auf welche Weis' dem guten Menschen man
> Zu einem guten Ende helfen kann.
> Verehrtes Publikum, los, such dir selbst den Schluß!
> Es muß ein guter da sein, muß, muß, muß!
>
> (1607)

Der »offene Schluß« des Stücks verlagert den Schwerpunkt von den
auf der Bühne dargestellten Vorgängen auf den Zuschauer, vom
Konstrukteur der Versuchsanordnung auf den Beobachter des Experiments, der anders als die Götter – »Wir sind nur Betrachten-
de« (1565) – »den schönen Fund« scharf und »lang besehn« soll,
um daraus Schlüsse ziehen zu können. Diese Wendung kommt nicht
überraschend. Vielmehr stellt der Wechsel in der Fokussierung zwischen Bühnenvorgängen und Zuschauern konstitutives Struktur-
prinzip des Parabelstücks dar. Er wird im Verlauf des Stücks immer
wieder durch Verfremdung erzielt, durch den sogenannten V-Effekt.

> Es handelt sich hierbei, kurz gesagt, um eine Technik, mit der darzustel-
> lenden Vorgängen zwischen Menschen der Stempel des Auffallenden,
> des der Erklärung Bedürftigen, nicht Selbstverständlichen, nicht einfach
> Natürlichen verliehen werden kann. Der Zweck des Effekts ist es, dem
> Zuschauer eine fruchtbare Kritik vom gesellschaftlichen Standpunkt zu
> ermöglichen.   (*Die Straßenszene*, GW 16, 553)

Der Autor hat also die Versuchsanordnung so konstruiert, daß dem
Zuschauer die dargestellten Vorgänge – auch die bekanntesten –
fremd erscheinen, er sich nicht in die dargestellten Personen einfühlt – wenn auch mit ihnen mitfühlt –, sondern an ihnen und
ihrem Verhalten Kritik zu üben vermag. Der Verfremdungseffekt
läßt den Zuschauer »jenen fremden Blick entwickeln, mit dem der
große Galilei einen ins Pendeln gekommenen Kronleuchter betrach-
tete. Den verwunderten diese Schwingungen, als hätte er sie so
nicht erwartet und verstünde es nicht von ihnen, wodurch er dann
auf die Gesetzmäßigkeiten kam.« (*Kleines Organon für das Theater*,
§ 44, GW 16, 681f.) Der Verfremdungseffekt ist es, der das Theater
zu einer »wissenschaftlichen Anstalt« macht.

Im *Guten Menschen von Sezuan* wird er durch eine Reihe von Verfahren hervorgerufen: durch die Wendung der Personen ans Pu-
blikum (vor allem Shen Tes, aber auch Suns, Shu Fus, Wangs und
Frau Yangs), durch Selbsteinführung der Personen (»*Wang*: Ich bin
Wasserverkäufer hier in der Hauptstadt von Sezuan. Mein Geschäft
ist mühselig ...«, GW 4, 1489), durch Rückblenden wie in der 8.
Szene, in der Frau Yang den Bericht über den in den letzten drei
Monaten erfolgten Aufstieg ihres Sohnes in Shui Tas Tabaksfabrik
kommentierend in Szene setzt (»Ich muß Ihnen berichten, wie mein
Sohn Sun durch die Weisheit und Strenge des allgemein geachte-
ten Herrn Shui Ta aus einem verkommenen Menschen in einen

nützlichen verwandelt wurde«, 1578), durch die Pantomime, mit der Shen Te in der 7. Szene ihren ungeborenen Sohn an die Hand nimmt und ihn lehrt, Kirschen zu stehlen, aber den Diebstahl zu verbergen (»Komm, Sohn, betrachte dir die Welt ...«, 1568), und durch die Songs, die das Stück gliedern: »Das Lied vom Rauch« (1507f.), das als Gleichnis für das Schicksal der achtköpfigen Familie eingesetzt ist; »Das Lied des Wasserverkäufers im Regen« (1526f.), das als Parabel für die ökonomischen Abläufe des Stücks fungiert; »Das Lied von der Wehrlosigkeit der Götter und der Guten« (»Warum sagen die Götter nicht laut in den obern Regionen / Daß sie den Guten nun einmal die gute Welt schulden? / Warum stehn sie den Guten nicht bei mit Tanks und Kanonen / Und befehlen: Gebt Feuer! und dulden kein Dulden?«, 1540), das in der Klage an die Götter dialektisch die Menschen auf sich selber verweist – Shen Te singt es, während sie sich in Shui Ta verkleidet; »Das Lied vom Sankt Nimmerleinstag« (1562f.), das auf das ausbleibende Jüngste Gericht anspielt, bei dem die Letzten die Ersten sein werden, und »Das Lied vom achten Elefanten« (1582f.), das ein Modell der hierarchischen Ausbeutungssituation liefert.

Diese verfremdenden Mittel einer »nichtaristotelischen Dramaturgie« sorgen für die Verschiebung des Fokus von der Bühne hin zum Zuschauer. Sie werden in dieser Funktion durch die Verfremdungstechniken des epischen Theaters unterstützt und verstärkt. Dies gilt vor allem für die »neue Technik der Schauspielkunst«. »Um V-Effekte hervorzubringen, mußte der Schauspieler alles unterlassen, was er gelernt hatte, um die Einfühlung des Publikums in seine Gestaltungen herbeiführen zu können. Nicht beabsichtigend, sein Publikum in Trance zu versetzen, darf er sich selber nicht in Trance versetzen«. Der Schauspieler darf es daher »in keinem Augenblick [...] zur restlosen Verwandlung in die Figur kommen« lassen (GW 16, 683). Er muß sich statt dessen spalten und in »zweifacher Gestalt auf der Bühne« (684) stehen: als der Schauspieler X, der zeigt, wie er sich die Figur A denkt und was er über sie denkt, und als diese Figur A. Brecht schlägt ihm im wesentlichen drei Mittel vor, die

bei einer Spielweise mit nicht restloser Verwandlung zu einer Verfremdung der Äußerungen und Handlungen der darzustellenden Personen dienen [können]:
1. *Die Überführung in die dritte Person.*

2. *Die Überführung in die Vergangenheit.*
3. *Das Mitsprechen von Spielanweisungen und Kommentaren.*

(GW 15, 344)

Die wohlkalkuliert in die Versuchsanordnung des *Guten Menschen von Sezuan* – und seiner Inszenierung – eingebauten Verfremdungseffekte fordern vom Zuschauer eine ganz neue Haltung des Zuschauens. Statt sich zur einfühlenden Identifikation mit den dargestellten Figuren verführen zu lassen, erhält er Gelegenheit, immer wieder zu ihnen auf Distanz zu gehen und sowohl ihr Verhalten als auch die von der Versuchsanordnung gesetzten Bedingungen kritisch zu beurteilen. Die Verfremdungseffekte während der Aufführung und der offene Schluß eröffnen dem Zuschauer die Möglichkeit zu permanentem eingreifenden Denken. »Das eingreifende Denken. Die Dialektik als jene Einteilung, Anordnung, Betrachtungsweise der Welt, die durch Aufzeigung ihrer umwälzenden Widersprüche das Eingreifen ermöglicht« (GW 20, 170f.).

Der Zuschauer wird so vom Theater an die Wirklichkeit verwiesen, in der er das Experiment fortsetzen soll. Er hat im Theater gelernt, daß »keinen verderben zu lassen, auch nicht sich selber / Jeden mit Glück zu erfüllen, auch sich« (GW 4, 1553), auch für den Guten unmöglich ist, weil er sich selbst zum Objekt machen muß, wenn er andere, und andere zum Objekt machen muß, wenn er sich selbst »mit Glück erfüllen« will. Er hat weiterhin gelernt, daß die Objektbeziehungen zwischen den Menschen von den herrschenden Verhältnissen der bürgerlichen Gesellschaft bedingt sind, und kommt daher zu dem Schluß, daß die Objektbeziehungen nur dann in humane, in authentische zwischenmenschliche Beziehungen überführt werden können, wenn diese Verhältnisse geändert werden. Wie sich der Mensch nach einer solchen Veränderung der gesellschaftlichen Verhältnisse de facto verhalten wird, kann der Zuschauer allerdings nicht wissen: dies wird experimentell erst in der Zukunft zu ermitteln sein.

Das epische Theater Brechts bestimmt dergestalt die Beziehung zwischen Theater und Wirklichkeit als eine dialektische Beziehung. Der »These« der bestehenden Verhältnisse setzt das Theater die »Antithese« seiner Modellbildungen entgegen; aus beiden muß der Zuschauer durch konkrete Veränderung eine Synthese herstellen, auf die sich das Theater wiederum mit einer Antithese beziehen kann usf. ad infinitum.

Auch das epische Theater, das Brecht in seinen letzten Lebensjahren bevorzugt als dialektisches Theater bezeichnete, führt also nicht den »neuen Menschen« als Ideal auf der Bühne vor. Der neue Mensch bleibt weiterhin – wie in Brechts frühem Theater und in seinen Lehrstücken – unbekannt und verborgen, ist jedoch in keinem Fall mit dem positiven Helden des sozialistischen Realismus identisch.

Brechts Theater geht von den Menschen in den bestehenden bürgerlichen Verhältnissen aus und fordert den Zuschauer auf, durch dialektische Vermittlungsprozesse, die er selbst zwischen Wirklichkeit und Bühnenvorgängen, zwischen Bühnenvorgängen und Wirklichkeit aktiv vollziehen muß, die »Welt« zu verändern: d.h. die gesellschaftlichen Bedingungen dafür herzustellen, daß der Mensch aufhören kann, dem Menschen ein Wolf zu sein, und in humane, in authentische zwischenmenschliche Beziehungen eintreten kann – die Bedingungen für die Entstehung des neuen Menschen.

Brechts episch-dialektisches Theater für das wissenschaftliche Zeitalter ist – und das ist so unerhört neu an ihm – im radikalen Sinne ein Theater des Zuschauers. Zwar hat bereits Meyerhold den Zuschauer als »Schöpfer eines neuen Sinns« konzipiert, aber er hat diesen »neuen Typus« als real existierend zugleich auf der Bühne dargestellt. Zwar konzentriert auch Artaud alle seine Anstrengungen auf den Zuschauer; er will ihn jedoch wie in einem *rite de passage* selbst in einen neuen Menschen verwandeln. Bei Brecht dagegen hängt die »Ankunft« des neuen Menschen allein vom Zuschauer ab: erst sein von der Versuchsanordnung auf der Bühne ausgelöstes eingreifendes Denken und seine daraus abgeleiteten, die gesellschaftliche Wirklichkeit real verändernden Aktionen vermögen die Bedingungen herzustellen, unter denen – in the long run – als Produkt solcher dialektischer Prozesse der neue Mensch erscheinen kann. Während im Lehrstück-Theater der neue Mensch durch den Akt des Spielens sich im Spieler herausbilden sollte, ist im dialektischen Theater der Ort seiner Entstehung weder auf der Bühne noch im Spieler, sondern allein in der gesellschaftlichen Wirklichkeit aufzusuchen: der neue Mensch ist strictu sensu als Resultat der produktiven Rezeptionshaltung des Zuschauers zu denken.

Solange allerdings dieser Zuschauer selbst noch nicht existiert – und zumindest gegenwärtig scheint er zu einer weitgehend unbekannten Spezies zu gehören –, solange wird das Theater des wissenschaftlichen Zeitalters ein Theater der Zukunft bleiben.

5.3 Zerstückelung und Wiedergeburt

5.3.1 End(zeit)spiele

Am Ende der griechischen Polis und der griechischen Tragödie stehen Euripides' *Bakchen*. Der zerstückelte Leichnam des Pentheus, der am Schluß auf der Bühne zurückbleibt, symbolisiert den von Gewalt zerrissenen »Körper« der menschlichen Gemeinschaft, aus der die Polis und die Tragödie hervorgegangen sind. Eine Wiedergeburt ist ausgeschlossen.

In einer anderen Übergangszeit, zu Beginn der Neuzeit, hat Shakespeare den *King Lear* als Tragödie vom Ende der Welt verfaßt. Die auf das natürliche »bond« gegründete Ordnung von Familie, Gesellschaft und Staat ist zerstört, ohne daß Aussicht auf eine neue, in und durch Mitmenschlichkeit begründete Ordnung bestünde. An ihre Stelle tritt das Chaos, geschaffen und hervorgerufen durch das sich selbst und seine Begierden absolut setzende Individuum. Die von den Bildern und Metaphern der Tragödie immer wieder beschworene Vorstellung eines »human body in anguished movement, tugged, wrenched, beaten, pierced, stung, scourged, dislocated, flayed, gashed, scalded, tortured and finally broken on the rack« weist dies apokalyptische Weltende als Folge hemmungsloser, bestialischer Gewalt aus, die Menschen gegen Menschen verüben.

Strindbergs *Totentanz I*, am Ende des bürgerlichen Zeitalters geschrieben, bestimmt und beschreibt die Familie als ein biologisch bzw. mythisch begründetes Gewaltverhältnis. Das bedeutet das Ende der bürgerlichen Familie, der »Keimzelle« der bürgerlichen Gesellschaft. Aus dem »ewigen Werk der Natur«, in dem sie »den Samen der Humanität dem Menschengeschlecht einpflanzt und selbst erzieht«, ist eine »Hölle« geworden, die alle Familienmitglieder, vor allem aber Mann (Vater) und Frau (Mutter) total entmenschlicht. Für die »ewigen Qualen«, welche die beiden im ständig sich wiederholenden Kampf einander zufügen müssen, gibt es kein Ende – zumindest vor dem Tod.

An die Reihe dieser »Endzeitdramen« schließt sich Becketts *Fin de partie* (*Endspiel*, 1954–56) an.

Samuel Beckett hat Ende der zwanziger Jahre begonnen zu schreiben: Gedichte, Essays, Poeme, Erzählungen, Romane, die der Ire in seiner Muttersprache Englisch verfaßt hat. Erst nach dem Zweiten Weltkrieg fing er an, für das Theater und auf französisch zu schreiben. Für den Wechsel zur französischen Sprache hat Beckett verschiedene Begründungen geliefert: »Um *mich* bemerkbar zu machen« (1948), »Ich hatte einfach Lust dazu ... Es war für mich anregender« (1956), »Um ohne Stil zu schreiben« (1956), »Um mich noch ärmer zu machen. Das war der wahre Beweggrund« (1968). Den Wechsel zum Theater begründete er folgendermaßen: »Theater ist für mich zunächst eine Erholung von der Arbeit am Roman. Man hat es mit einem bestimmten Raum zu tun und mit Menschen in diesem Raum. Das ist erholsam« (1967).

Nach seinen beiden »großen« (d.h. abendfüllenden oder doch fast abendfüllenden) Dramen *En attendant Godot* (*Warten auf Godot*, 1948) – das trotz vielfältiger Bemühungen Becketts und Roger Blins erst 1953 von Blin im Théâtre du Babylone in Paris uraufgeführt werden konnte und Beckett quasi über Nacht weltberühmt machte –, und *Fin de partie* hat er für das Theater noch die beiden Pantomimen *Actes sans paroles I* und *II* (deren erste bei der Uraufführung von *Fin de partie* am 3. April 1957 in London anschließend gespielt wurde) sowie die kurzen *Fragments de théâtre I* und *II* (1960) in französisch verfaßt. Seit *Krapp's Last Tape* (1958) schrieb Beckett seine Theaterstücke überwiegend auf englisch.

Fin de partie steht in gewisser Weise am Ende des neuzeitlichen Dramas und am Ende der abendländischen Kultur. In einer Fülle von parodierenden Anspielungen und Zitaten wird beständig auf das Korpus ihrer bedeutendsten Texte Bezug genommen.

Das Stück spielt nach einer nicht näher erläuterten weltvernichtenden Katastrophe, vor deren Folgen die anscheinend letzten Menschen, der frühere Herrscher Hamm, seine Eltern Nagg und Nell sowie sein Diener Clov in einem 'refuge' Unterschlupf gesucht haben. Aus den beiden auf das Meer und die Erde hinausgehenden Fenstern mit einem Fernglas blickend, liefert Clov einen Lagebericht als eine Art Teichoskopie (Mauerschau).

Clov: *Il monte sur l'escabeau, braque la lunette sur le dehors.* Voyons voir
... *Il regarde, en promenant la lunette.* Zéro ... il regarde ... zéro ... il

regarde ... et zéro Il baisse la lunette, se tourne vers Hamm. Alors? Rassuré?

Hamm: Rien ne bouge. Tout es ...

Clov: Zér –

Hamm: *avec violence:* Je ne te parle pas. *Voix normale:* Tout est ... tout est ... tout est quoi? *Avec violence:* Tout est quoi?

Clov: Ce que tout est? En un mot? C'est ça que tu veux savoir? Une seconde. *Il braque la lunette sur le dehors, regarde, baisse la lunette, se tourne vers Hamm.* Mortibus *Un temps.* Alors? Content?

Hamm: Regarde la mer.

Clov: C'est pareil.

Hamm: Regarde l'Océan!

Clov descend de l'escabeau, l'installe sous la fenêtre à gauche, monte dessus, braque la lunette sur le dehors, regarde longuement. Il sursaute, baisse la lunette, l'examine, la braque de nouveau.

[...]

Hamm: Et l'horizon? Rien à l'horizon?

Clov: *baissant la lunette, se tournant vers Hamm, exaspéré:* Mais que veux-tu qu'il y ait à l'horizon? *Un temps*

Hamm: Les flots, comment sont les flots?

Clov: Les flots? *Il braque la lunette.* Du plomb.

Hamm: Et le soleil?

Clov: *regardant toujours:* Néant.

Hamm: Il devrait être en train de se coucher pourtant. Cherche bien.

Clov: *ayant cherché:* Je t'en fous.

Hamm: Il fait donc nuit déjà?

Clov: *regardant toujours:* Non.

Hamm: Alors quoi?

Clov: *de même:* Il fait gris. *Baissant la lunette et se tournant vers Hamm, plus fort:* Gris! *Un temps. Encore plus fort:* Grris! *Il descend de l'escabeau, s'approche de Hamm par derrière et lui parle à l'oreille.*

Hamm: *sursautant:* Gris! Tu as dit gris?

Clov: Noir clair. Dans tout l'univers.

Hamm: Tu vas fort.

(dreisprachige Fassung, Frankfurt a.M. 1974, S. 44–48)

Der Zustand der Welt außerhalb des Unterschlupfes, wie Clov ihn beschreibt, ist durch das Fehlen der Sonne gekennzeichnet, durch die Unmöglichkeit, zwischen Tag und Nacht zu unterscheiden. Alles ist grau. In der Schöpfungsgeschichte heißt es:

Und die Erde war wüst und leer und es war finster auf der Tiefe und der Geist Gottes schwebte über dem Wasser. Und Gott sprach: Es werde Licht! Und es ward Licht. Und Gott sah, daß das Licht gut war. Da schied Gott das Licht von der Finsternis und nannte das Licht Tag und die Finsternis Nacht. Da ward aus Abend und Morgen der erste Tag. (Moses 1, 2–5)

Im *Endspiel* gibt es »keine Natur mehr« (20/21) und nichts keimt mehr:

Hamm: Tes graines ont levé?
Clov: Non.
Hamm: Tu as gratté un peu voir si elles ont germé?
Clov: Elles n'ont pas germé.
Hamm: C'est peut-être encore trop tôt.
Clov: Si elles devaient germer elles auraient germé. Elles ne germeront jamais. (24)

In der *Genesis* heißt es: »Und Gott sprach: Es lasse die Erde aufgehen Gras und Kraut, das Samen bringe, und fruchtbare Bäume auf Erden, die ein jeder nach seiner Art Früchte tragen, in denen ihr Samen ist. Und es geschah so.« (Moses 1, 11)

Die Anspielungen auf die Schöpfungsgeschichte, den »ersten« Text unserer Kultur, sind unüberhörbar und unüberhörbar destruktiv: die Schöpfung ist rückgängig gemacht und annulliert. Der »letzte« Text, das *Endspiel*, zitiert den »ersten« nur, um ihn zu dementieren und zu destruieren.

In ähnlicher Weise werden andere Textstellen aufgerufen: aus der Bibel das »Mene, Mene«: »Mene, das ist, Gott hat dein Königreich gezählt und beendet.« (Dan. 5,26; S. 22); die Sintflut (89, 102) und die Arche Noahs (50, 96, 110) sowie das Gebot »Liebe deinen Nächsten wie dich selbst« (Math. 19,19; in der englischen Fassung: »Lick your neighbour as yourself«, 96). Dreimal wird auf die Paradoxa des Vorsokratikers Zenon angespielt (10, 98, 116). Shakespeare wird mit *Richard III*, V,iv, 7 (»Mon royaume pour un boueux«, 36) und dem *Tempest* IV,i, 148 (»Finie la rigolade«; in der englischen Fassung wörtlich »Our revels now are ended«, 80) zitiert. Auf Descartes' *Discours sur la méthode* spielen verschiedene Stellen zum Sein (»Il pleure.« – »Donc il vit.«, 88) und zur Logik (69, 93) an, auf Pascals *Pensées* »l'infini du vide« (54). Schopenhauer wird durch den Witz vom Schneider und seiner Hose (34/36) und durch den »Pudel« (59) der deutschen Fassung ins Spiel gebracht, der sich allerdings auch auf Goethes *Faust* beziehen kann. Nietzsches »Gott ist tot« hallt in Hamms Ausruf nach dem Vaterunser: »Le salaud! Il n'existe pas!« (80) nach. Baudelaire wird wörtlich in Hamms letztem Monolog zitiert (»Tu réclamais le soir; il descend: le voici«;

116); und immer wieder wird auf Strindbergs *Totentanz* Bezug genommen: so erscheinen der gegen den Floh eingesetzte »Insekten-
tod« (51) und der Befehl Hamms, die Ratte »auszurotten« (»Et tu
ne l'as pas exterminé?«; 78) wie ein Echo von Alices Satz: »Zuerst
hat er alle meine Geschwister aus dem Haus ausgerottet – er selbst
nannte es ausrotten ...«; in Clovs Ablehnung, Hamm zu berühren
(»Je ne veux pas te toucher«, 94), tönt Alices Weigerung nach: »Nein,
ich will ihn nicht anfassen«. Hamm und Clov wiederholen stets die
gleichen Fragen und Antworten:

> Hamm: Tu te souviens de ton père?
> Clov: *avec lassitude:* Même réplique. *Un temps.* Tu m'as posé ces
> questions des millions de fois.
> Hamm: J'aime les vieilles questions. *Avec élan:* Ah, les vieilles questions,
> les vieilles réponses, il n'y a que ça! (56)

wie vor ihnen Edgar und Alice: »Merkst Du nicht, daß wir alle
Tage dieselben Dinge sagen? Wie du eben deine alte gute Replik
sagtest [...], da hätte ich mit meiner alten antworten sollen [...] Aber
da ich das schon fünfhundert Male geantwortet habe, so habe ich
statt dessen gegähnt.« Edgar und Alice haben »ein Menschenalter
in diesem Turm gesessen«, sich »als Verlobte zweimal getrennt und
seither [...] jeden Tag, der kam, zu trennen versucht«: »[...] aber wir
sind zusammengeschmiedet und können nicht loskommen von einander [...]« Bei Hamm und Clov klingt das so:

> Clov: Pourquoi me garde-tu?
> Hamm: Il n'y a personne d'autre.
> Clov: Il n'y a pas d'autre place. *Un temps*
> Hamm: Tu me quittes quand même.
> Clov: J'essaie. (14/16)
> Hamm: Bon, va-t'en. *Il renverse la tête contre le dossier du fauteuil, reste im-*
> *mobile. Clov ne bouge pas* [...] Je croyais que je t'avais dit de t'en
> aller.
> Clov: J'essaie. *Il va à la porte, s'arrête.* Depuis ma naissance. (24)
> Clov: Vous voulez donc tous que je vous quitte?
> Hamm: Bien sûr.
> Clov: Alors je vous quitterai.
> Hamm: Tu ne peux pas nous quitter.
> Clov: Alors je ne vous quitterai pas. (54)

Während Alice den Turm die »kleine Hölle« und ihr Verhältnis zu
Edgar die »Hölle« nennt, bemerkt Hamm: »Au-delà c'est ... l'autre
enfer«. (40)

Die Anspielungen auf ganz unterschiedliche Texte der abendländischen Literatur und Philosophie, die in der Regel alle mit hohem Wahrheitsanspruch auftraten und lange Zeit eine große Wirkung ausgeübt haben, erscheinen im *Endspiel* wie ferne Echos, in denen die einst bedeutungsvollen Worte, Sätze, Theoreme und Verse nur noch hohl und leer widerhallen. Als Bruchstücke vermögen sie lediglich auf ihre Herkunft aus einem bestimmten Text zu verweisen, ohne durch diesen Verweis selbst Bedeutung zu erhalten oder sinnstiftende Bezüge zu anderen Bruchstücken oder zu ihrem neuen Kontext, dem *Endspiel*, herstellen zu können. Sie sind zu sinn- und funktionslosem »Kulturmüll«[1] verkommen. Das Korpus der im *Endspiel* zitierten bzw. aufgerufenen Texte der abendländischen Kultur ist daher auch ganz und gar unfähig, ein Sinn-Ganzes zu konstituieren; es liegt vielmehr im Text des Dramas nur mehr als irreparabel zerstückelt vor – wie der Leichnam des Pentheus am Ende der *Bakchen*: eine Wiedergeburt ist ausgeschlossen.

Die Personen des Dramas sind ihrerseits Bruchstücke bzw. aus Bruchstücken zusammengesetzt. Über ihre Namen ist viel gerätselt und spekuliert worden. »Hamm« ist als Abkürzung von »Hamlet« oder dem deutschen Wort »Hammer« gedeutet, als Name von Ham, dem Sohn Abrahams und Hagars, der Magd, der das Geschlecht der Schwarzen begründete, als Schmierenkomödiant (ham-actor) oder als Anspielung auf den im Rollstuhl sitzenden blinden Direktor Hummel aus Strindbergs *Gespenstersonate*; Clov ist als »Nagel« (frz. clou) erklärt worden und als Verstümmelung des Wortes »Clown«. Nagg soll von »nagen« oder von »Nagel« herkommen, Nell vom englischen Wort »nail«. Einigkeit besteht immerhin darin, daß es sich bei diesen *four-letter-words* um Abkürzungen von Namen handelt, um Verstümmelungen.

Den Verstümmelungen des Namens, des einen klassischen Identitätsfaktors, entsprechen Verstümmelungen des Körpers, des anderen klassischen Identitätsfaktors. Hamm sitzt im Rollstuhl, weil er gelähmt und blind ist; Clov geht wie ein Automat und kann sich nicht setzen; Nagg und Nell haben bei einem Tandemunfall in den Ardennen bei Sedan ihre Beine verloren und stecken in Mülltonnen. Der körperliche Verfall scheint ständig weiter fortzuschreiten.

---

[1] Theodor W. Adorno, *Versuch, das Endspiel zu verstehen*, Frankfurt am Main 1972, S. 167.

Nagg klagt über einen ausgefallenen Zahn und die Verschlechterung seiner und Nells Sehkraft (26), Hamm prophezeit Clov: »Un jour tu seras aveugle. Comme moi. Tu seras assis quelque part, petit plein perdu dans le vide, pour toujours, dans le noir. Comme moi.« (52). Wir haben es mit Rudimenten von Körpern und Rudimenten von Namen zu tun, die nur eine rudimentäre Identität hervorzubringen vermögen.

Auch die typischen dramatischen Mittel, Personen eine Identität zu verleihen: Sprechen und Handeln, sind in dieser Hinsicht funktionslos geworden. Sprachliche Kommunikation ist zum Austausch von Stereotypen verkümmert; es werden immer wieder dieselben Fragen gestellt, dieselben Antworten gegeben und dieselben Geschichten erzählt. Der Dialog dient lediglich dazu, den Dialog in Gang zu halten. Deswegen sind die immer wiederholten Repliken auch zwischen den Personen austauschbar. So wird: »Pourquoi cette comédie, tous les jours?« einmal von Nell (26) und ein andermal von Clov (48) geäußert; »Mais pousse plus loin, bon sang, pousse plus loin!« von Hamm (84) und von Clov (86). Die Sprache ist völlig außerstande, Ausdruck oder Darstellung einer Person zu leisten. Die Sätze sind austauschbar, hohle, leere Echos von Sätzen, die vielleicht einmal einen Sinn hatten, tatsächlich etwas gemeint, jetzt aber bedeutungslos geworden sind:

> Hamm: Hier! Qu'est-ce que ça veut dire. Hier!
> Clov: *avec violence:* Ça veut dire il y a un foutu bout de misère. J'emploie les mots que tu m'as appris. S'ils ne veulent plus rien dire apprends m'en d'autres. Ou laisse-moi me taire. (62)

Ebenso stellen die Handlungen ständige Wiederholungen von Stereotypen dar. Sie sind zum einen auf den Erhalt der lädierten Physis, aufs Überleben gerichtet wie Schlafen, Aufwachen, Brei, Zwieback, Praline essen, Pipi machen, sich Schlafen legen; zum anderen dienen sie der Aufrechterhaltung längst etablierter Beziehungen, wie der Versuch, sich zu küssen oder zu kratzen, bei Nell und Nagg und die verschiedenen Befehle und ihre Ausführungen bei Hamm und Clov: auf die Leiter zu steigen, das Fernrohr zu holen, den Hund zu bringen, den Rollstuhl durch den Raum zu schieben usf.

Die stereotypen Handlungen und Dialoge reichen allemal aus, diese Beziehungen als bloße, bruchstückhafte Abzüge von in der Dramengeschichte längst verbrauchten Schablonen auszuweisen: als Familien- und Herr-Diener-Verhältnisse.

Nicht nur ihre Beziehungen, die sie jeweils paarweise (Nagg/Nell; Hamm/Clov) unauflöslich aneinanderketten – »nec tecum nec sine te«, wie Beckett zu sagen pflegte –, sind von der Dramengeschichte vorgegeben und festgelegt, sondern auch alle einzelnen Züge und Merkmale, die jeweils einer der dramatis personae zu eigen sind.

Hamm ist aus Fragmenten tragischer Helden zusammengesetzt: »Peut-il y a ... *bâillements* ... y avoir misère plus ... plus haute que la mienne?« (10). Seine Blindheit verweist auf König Ödipus, auf Lear und Gloster; mit seinem Namen ist er auf Hamlet bezogen; die Zitate aus *Richard III* und *The Tempest* stellen partielle Identifikationen mit Richard und Prospero her. Hamm zitiert die Figur des titanischen Sturm-und-Drang-Helden, der sich als Sohn gegen den Vater (»Salopard! Pourquoi m-as tu fait?«, 70) und als Mensch gegen Gott auflehnt (»Le salaud! Il n'existe pas!«, 80). Wie der romantische Held setzt er sich einerseits mit Gott gleich – wenn er Clov prophezeit: »Oui, un jour tu sauras ce que c'est, tu seras comme moi« (54) – und stilisiert sich andererseits zum negativen Heiland, zum Satan: »Tous ceux que j'aurais pu aider. *Un temps.* Aider! *Un temps.* Sauver! *Un temps.* Sauver! *Un temps.* Ils sortaient de tous les coins. *Un temps. Avec violence:* Mais réfléchissez, réfléchissez, vous êtes sur terre, c'est sans remède. *Un temps:* Allez-vous-en et aimez-vous! Léchez-vous les uns les autres!« (96). Wie der romantische Held ist Hamm ein Künstler: ein Dichter, der eine Geschichte erzählt wie der blinde Rhapsode Homer: »C'est l'heure de mon histoire« (68) und ein Schauspieler, der Rollen spielt: »A ... *bâillements* ... à moi. *Un temps.* De jouer.« (10). Und wie alle diese Helden besteht Hamm darauf, der Mittelpunkt der Welt zu sein, um den sich alles dreht:

Hamm:	Fais-moi faire un petit tour. *Clov se met derrière le fauteuil et le fait avancer.* Pas trop vite! *Clov fait avancer le fauteuil.* Fait-moi faire le tour du monde! *Clov fait avancer le fauteuil.* Rase les murs. Puis ramène-moi au centre. *Clov fait avancer le fauteuil.* J'étais bien au centre, n'est-ce pas?
Clov:	Oui.
	[...]
Hamm:	Ramène-moi à ma place. *Clov ramène le fauteuil à sa place, l'arrête.* C'est là ma place?
Clov:	Oui, ta place est là.
Hamm:	Je suis bien au centre?

Clov: Je vais mesurer.
Hamm: A peu près! A peu près!
Clov: Là.
Hamm: Je suis à peu près au centre?
Clov: Il me semble.
Hamm: Il te semble! Mets-moi bien au centre!
Clov: Je vais chercher la chaîne.
Hamm: A vue de nez! A vue de nez! *Clov déplace insensiblement le fauteuil.* Bien au centre!

(38–42)

Hamm wird als dramatische Figur dergestalt durch die Zerstückelung des tragischen Helden der abendländischen Dramengeschichte konstituiert. Seine Bruchstücke – der verschiedenen Könige, autonomen Individuen und großen Persönlichkeiten – ergeben Hamm in ähnlich paradoxer Weise wie die Körner des Zenon (k)einen Haufen. Er ist, was von ihnen übriggeblieben ist – ihr schaler Rest, ihre Parodie.

Clov andererseits ist aus Fragmenten zusammengeflickt, die auf verschiedene Dienerfiguren des komischen Theaters verweisen: auf die Diener des Plautus und Terenz, auf Arlecchino und Brighella aus der Commedia dell'arte sowie auf den *gracioso* des spanischen Theaters, auf die Narren Shakespeares und die Diener Molières, auf Hanswurst und seine Nachfolger im Wiener Volkstheater, auf die Clowns aus dem Zirkus, auf Charlie Chaplin und Buster Keaton.

So wie der Text des *Endspiels* am Ende einer langen Reihe von Texten der abendländischen Kultur steht, die er nur mehr bruchstückhaft und parodierend aufruft, bringen die Figuren des Stücks bestimmte Traditionen einerseits des neuzeitlichen Dramas, andererseits neuzeitlicher Individualität zu Ende, indem sie auf Fragmente und Rudimente verweisen, die sie parodieren.

Dies implizit postulierte Ende wird auf verschiedenen Ebenen des Stücks explizit gemacht. Bereits der Titel *Fin de partie* weist auf das Ende einer Schachpartie – also eines nach Regeln gespielten Spiels – durch falsche Züge mit König (Hamm) und Springer (Clov) hin. Das Stück spielt nach einer vage angedeuteten Katastrophe, die das Ende der Welt und allen Lebens zu bedeuten scheint. Die dramatis personae sehen sich als die letzten Menschen. Auf der Bühne werden also das »promised end« (Lear, V,iii, 263) bzw. die »letzten Tage der Menschheit« (Karl Kraus) zur Aufführung gebracht.

Das Drama beginnt mit Clovs Worten: »Fini, c'est fini, ça va finir, ça va peut-être finir« (10). Hamm greift in seinem ersten Monolog diese Worte auf, scheint jedoch das Ende von seiner eigenen Entscheidung abhängig zu machen: »Assez, il est temps que cela finisse, dans le refuge aussi. *Un temps*. Et cependant j'hésite, j'hésite à ... à finir. Oui, c'est bien ça, il est temps que cela finisse et cependant j'hésite encore à ... *bâillements* ... à finir« (12). Kurz vor Schluß des Stückes bestimmt Hamm: »Alors que ça finisse!« (108) und versichert Clov gegenüber: »C'est fini, Clov, nous avons fini« (110). Das immer wieder beschworene Ende, das willentlich herbeiführen zu können Hamm immer noch die Illusion hat, tritt jedoch nicht ein. Am Schluß des Stücks steht Clov zwar in Reisekleidung in der Nähe der Tür, als wolle er Hamm verlassen, ihn dem Hungertod überantworten und selbst in der Wüste sterben, aber er bleibt »regungslos und teilnahmslos mit auf Hamm gerichtetem Blick bis zum Ende« (115) stehen. Hamm bedeckt zwar »sein Gesicht mit dem Taschentuch, läßt die Arme auf die Armlehnen sinken und bewegt sich nicht mehr« (119), nimmt damit jedoch nur die Position ein, die er bereits zu Beginn des Dramas innehatte. Das Stück kann praktisch wieder von vorne beginnen und sich wiederholen ad infinitum. Ein tatsächliches, sozusagen endgültiges, irreversibles, unaufhebbares Ende scheint nicht möglich zu sein.

Damit unterscheidet sich die Endzeit des *Endspiels* grundlegend von derjenigen der anderen »Endzeitdramen«. Mit und in den *Bakchen* sind tatsächlich Theben und die griechische Polis zu Ende gegangen. Im *Lear* wird das endgültige Ende einer Epoche vorgeführt, die für immer vorbei ist. Und selbst in *Totentanz* besteht noch Hoffnung, daß der Tod das erwünschte und herbeigesehnte Ende zu bringen vermag. Im *Endspiel* dagegen scheint das Ende in der ewigen Wiederholung des immer gleichen Spiels zu bestehen. Die Zeit hat jegliche Finalität verloren.

Auf Hamms Frage: »Quelle heure est-il?« antwortet Clov: »La même que d'habitude« (12); etwas später führen die beiden folgenden Dialog:

Hamm: Tu ne penses pas que ça a assez duré?
Clov: Si! *Un temps*. Quoi?
Hamm: Ce ... cette ... chose.
Clov: Je l'ai toujours pensé. *Un temps*. Pas toi?
Hamm: *morne*: Alors c'est une journée comme les autres.

Clov:　　Tant qu'elle dure. *Un temps.* Toute la vie les mêmes inepties.

(64)

Zwar ist diese Zeit auch Verfallszeit. So schreitet einerseits der körperliche Verfall der Personen immer weiter fort, und andererseits reduzieren sich die Objekte, die zu ihrer Fortbewegung, dem Erhalt ihrer Physis oder wenigstens zu ihrer Beerdigung notwendig sind, ständig (wie Fahrräder, Brei, Pralinen, Beruhigungspillen, Särge). Aber diese Reduktionen führen nicht zu einem tatsächlichen Ende: es wird immer weniger, aber hört nie auf.

Die Zeit im *Endspiel* ist weder die finale, eschatologische Zeit der jüdisch-christlichen Kultur und des neuzeitlichen Dramas noch die mythische Zeit der zyklischen Wiederkehr, noch der erfüllte Augenblick Fausts, sondern die leere Gegenwart, die Zeitlosigkeit eines ewigen »Jetzt«. Dem »Jetzt« der dramatischen Zeit entspricht das absolute »Hier« des dramatischen Raumes: »*Intérieur sans meubles. Lumière grisâtre. Aux murs de droite et de gauche, vers le fond, deux petites fenêtres haut perchées, rideaux fermés*« (8). Draußen ist »der Tod« (19) oder »die andere Hölle« (41). Alles, was es an Welt gibt, umschließt dieser Innenraum, der Unterschlupf: die Runde um die Wände des Raumes ist eine Runde um die Welt (39). Aus guten Gründen kehrt das *Endspiel* zu den alten dramatischen Einheiten von Zeit und Raum zurück, die für die griechische Tragödie wie für das tragische Theater Racines charakteristisch und konstitutiv waren. Hier allerdings verweisen sie auf eine Situation, in der das Subjekt der Figuren, vor allem Hamms, vollkommen auf sich selbst zurückgeworfen ist und jeden Bezug zur Welt außerhalb seiner selbst verloren hat: »Je n'ai jamais été là. [...] Je n'ai jamais été là. [...] Absent, toujours. Tout s'est fait sans moi. Je ne sais pas ce qui s'est passé.« (104). Entsprechend haben viele Interpreten den Innenraum mit den beiden hochgelegenen Fenstern (Augen) als Bild vom Inneren eines Schädels gedeutet.

Es bleibt offen, ob diese Situation Folge der Katastrophe ist oder ob nicht umgekehrt der Solipsismus des Subjekts die Katastrophe verursacht hat; immerhin scheint Hamm an ihr in irgendeiner Weise schuld zu sein. Wie auch immer, er reagiert jedenfalls auf sie mit einem weiteren Rückzug auf die eigene Subjektivität: seine Wirklichkeit ist die seiner »Geschichte« (»histoire«, »story«) geworden, die er immer wieder erzählt (72ff., 84ff., 116ff.). Diese Geschichte, die Hamm in der französischen Fassung als »roman« und in der englischen als »chronicle« (84) bezeichnet, läßt sich zweifellos als seine Lebensgeschichte identifizieren.

Die Geschichte tritt für Hamm an die Stelle der Wirklichkeit. Indem er sie als Fiktion erzählt, macht er sich zum Schöpfer der Welt: des Geschehens, der handelnden Personen und zu seinem eigenen Schöpfer. Sie vermittelt ihm die Illusion, mit ihr zugleich die Welt und das Leben beenden zu könne: »Instants nuls, toujours nuls, mais qui font le compte, que le compte y est, et l'histoire close« (116). Wenn Hamm aufhört, die Geschichte weiterzuerzählen, ist das Drama zu Ende. Die Wirklichkeit, das Stück und Hamms Geschichte sind letztlich eins. Es gibt nur noch Hamms Geschichte, die allein seine Existenz und die der Welt zu verbürgen vermag.

Dies Moment scheint in besonderer Weise für Becketts Drama konstitutiv zu sein. Seine späteren Stücke konzentrieren und beschränken sich darauf, es in immer stärkeren Reduktionen durchzuspielen. In *Krapp's Last Tape* (1958) hört sich der alte hinfällige Krapp (»*White face. Purple nose. Disordered grey hair. Unshaven. Very near-sighted (but unspectacled). Hard of hearing. Cracked voice.*«)[2] Bänder an, die er in früheren Jahren mit Geschichten seines Lebens selbst besprochen hat. In *Play* (1962/63) stecken die drei Protagonisten W_1, W_2 und M in drei grauen Urnen, aus denen nur die Köpfe herausragen. »*Faces so lost to age and aspect as to seem almost part of urns. But no masks*« (147).

Wenn der Scheinwerfer sie anstrahlt, erzählen sie immer wieder dieselbe Geschichte, die banale Geschichte ihres Dreiecksverhältnisses, ohne je zu Ende zu kommen. In *Not I* (1972) ist nur ein Mund auf der Bühne zu sehen, »*upstage audience right, about 8 feet above stage level, faintly lit from close-up and below, rest of face in shadow*« (216), der mit weiblicher Stimme Bruchstücke aus der Lebensgeschichte einer Frau in der dritten Person erzählt. In *That Time* (1974/75) sieht man »Listener's Face« auf der Bühne, »*about 10 feet above stage level midstage off centre. Old white face, long flaring white hair as if seen from above outspread. Voices A B C are his own coming to him from both sides and above*« (228). Diese drei Stimmen wiederholen beständig Bruchstücke aus drei verschiedenen Lebensperioden in der zweiten Person.

---

2 Samuel Beckett, *Collected Shorter Plays*, London 1984, S. 55.

Die völlige Zentrierung des Subjekts auf sich selbst, auf seine eigene Lebensgeschichte bewirkt von Drama zu Drama seine fortschreitende Dezentrierung. Seine Einheit löst sich auf in der Aufhebung der Körpergrenzen – der Körper wird zerstückelt und besteht nur noch aus einzelnen Teilen wie dem Kopf oder gar dem Mund –, in der Trennung von Stimme und Körper (bzw. verbliebenem Körperteil), in der Unmöglichkeit, die erste Person zu gebrauchen und »ich« zu sagen.

Paradoxerweise, wie es scheinen mag, ist die Existenz des total auf sich selbst zurückgeworfenen, solipsistischen Subjekts, das seine Geschichte an die Stelle von Welt zu setzen vermeint, von einem anderen abhängig: die Geschichte muß von einem anderen gehört, das Subjekt von einem anderen wahrgenommen werden. Im *Endspiel* besticht Hamm seinen Vater mit dem falschen Versprechen einer Praline, damit er sich seine Geschichte anhört (70/72), und inszeniert Clovs interessierte Nachfragen, um sie ihm ein zweites Mal erzählen zu können (84). In *Play* vergewissert sich M angesichts des ihn anstrahlenden Scheinwerfers: »And now, that you are ... mere eye. Just looking. At my face. On and off [...] Looking for something. In my face. Some truth. In my eyes. Not even. [...] Mere eye. No mind. Opening and shutting on me. Am I as much – [...] Am I as much as ... being seen?« (157). In *Not I* ist die Person des 'Auditor' eingeführt: »*downstage audience left, tall standing figure, sex undeterminable, enveloped from head to foot in loose black djellaba, with hood, fully faintly lit, standing on invisible podium about 4 feet high shown by attitude alone to be facing diagonally across stage intent on MOUTH, dead still throughout but for four brief movements where indicated*« (216). Wenn kein anderer da ist, muß sich die Figur selbst aufspalten in die Stimme, welche die eigene Geschichte erzählt und in »Listener's Face«, das ihr zuhört, wie in *That Time*. Die Dezentrierung des Subjekts geschieht insofern als Konsequenz seiner Bemühungen, auch in Abwesenheit anderer wahrgenommen zu werden. Denn »esse est percipi« (Sein ist Wahrgenommen-Werden), wie der irische Empirist George Berkeley (1685–1733) konstatiert hat, den Beckett mit Vorliebe zitierte.

Der Blick des anderen stellt für Becketts Theater also ebenso wie für Pirandello – und wie im 17. Jahrhundert für Racine – eine konstitutive Kategorie dar. Während bei Pirandello allerdings der Blick des anderen das Subjekt verdinglicht, weil er die Vielfalt seiner

Seinsmöglichkeiten (Rollen) auf eine einzige einzuschränken und festzulegen versucht, fungiert er bei Beckett – wie bei Racine – als Bedingung der Möglichkeit für seine Existenz. Damit erhält auch die Theatermetapher eine grundsätzlich andere Bedeutung.

Im *Endspiel* wird immer wieder ausdrücklich darauf hingewiesen, daß es sich um Spiel, um Theater handelt. Hamm eröffnet seinen ersten, vorletzten und letzten Monolog mit den Worten: »A moi. *Un temps*. De jouer.« (10, 96, 114) Auf Clovs Frage: »A quoi est-ce que je sers?« (82) antwortet er: »A me donner la réplique.« (84). Hamm spielt im Bewußtsein der zugrundeliegenden theatralischen Konventionen und Spielregeln: »Puisque ça se joue comme ça ... [...] ... jouons ça comme ça« (118). Er belehrt Clov über sie: »Un aparté! Con! C'est la première fois que tu entends un aparté? *Un temps*. J'amorce mon dernier soliloque« (108). Er beginnt und beendet das Spiel im Einklang mit ihnen: am Anfang läßt er den Vorhang hochgehen (»*Il ôte le mouchoir de son visage*«, 10) und am Schluß läßt er ihn wieder fallen (»*Il se couvre le visage avec le mouchoir*«, 118).

Hamm ist ein Schauspieler, der mit seinen Rollen identisch ist – darin Pirandellos »Heinrich IV.« vergleichbar. Er führt Regie, diktiert den anderen ihre Rollen und inszeniert die Erzählung seiner Lebensgeschichte. Ebenso wie als Erzähler wähnt er sich als Schauspieler und Regisseur als Schöpfer des Geschehens und seinen Mittelpunkt. So wie er sich allerdings täuscht, wenn er meint, seine Geschichte das letzte Mal ohne Zuhörer zu erzählen – Clov ist unterdessen hereingekommen und still in der Nähe der Tür stehengeblieben –, so täuscht er sich auch, wenn er meint, das Spiel beenden zu können, indem er sein Gesicht mit dem Taschentuch bedeckt: nicht nur für Clov, sondern auch für den Zuschauer bleibt er anwesend. Solange der Zuschauer ihn wahrnimmt, kann er nicht enden. Der Blick des anderen ist insofern doppeldeutig. Er garantiert nicht nur die Existenz des Subjekts – auch noch des solipsistisch völlig auf sich selbst zurückgeworfenen Subjekts; er verhindert auch sein Ende. Für Becketts Theaterfiguren kann es daher niemals das Erlebnis geben, das seine Romangestalt Murphy kurz vor ihrem Tod hat, gerade nach Beendigung einer Partie Schach:

> ... und Murphy begann, nichts zu sehen, diese Farblosigkeit, die man nach der Geburt so selten genießt und die weniger [...] die Abwesenheit [...] von *percipere* als von *percipi* ist. Seine anderen Sinne waren ebenfalls

in Frieden, ein unvermutetes Vergnügen. Es war nicht der starre Frieden ihrer eigenen Aufhebung, sondern der positive Frieden, der einzieht, wenn die 'Etwas' vor dem Nichts weichen, oder sich einfach dazu summieren.[3]

Fin de partie deutet den alten Topos vom *theatrum mundi* auf diese Weise um: so wenig der Schauspieler auf der Bühne sich dem Blick des Zuschauers entziehen kann, vermag auch das Subjekt – selbst das sich noch so solipsistisch gebärdende Subjekt –, dem Blick des anderen zu entrinnen. Dieser andere muß keineswegs ein »vernunftbegabtes Wesen« sein, wie Hamm es sich vorstellt: »Une intelligence, revenue sur terre, ne serait-elle pas tentée de se faire des idées, à force de nous observer? *Prenant la voix de l'intelligence:* Ah, bon, je vois ce que c'est, oui, je vois ce qu'ils font« (48). Er braucht nur dazusein und wahrzunehmen.

Nicht umsonst hat Beckett bei seiner eigenen Inszenierung des *Endspiels* im Berliner Schillertheater (1967) alle aufs Publikum Bezug nehmenden Repliken gestrichen und dies mit dem Prinzip des naturalistischen Theaters erläutert: »das Stück ist so zu spielen, als gäbe es eine vierte Wand anstelle der Rampe«[4]. Damit ist die Rolle des Zuschauers klar definiert: von ihm wird lediglich erwartet, wahrzunehmen (percipere) und den Schauspielern durch seine bloße Anwesenheit die Gewißheit zu geben, wahrgenommen zu werden (percipi): »Am I as much as being seen?«

Nur in diesem Sinn ist Becketts Theater – im radikalen Unterschied zum Brechtschen – publikumsbezogen. Es spielt immer nach der Katastrophe: nach der phylogenetisch-historischen des Zweiten Weltkriegs, des Holocaust, der Bombe von Hiroshima und nach der ontogenetisch-biographischen der Geburt. Auf der Bühne werden Verstümmelung, Reduktion und Zerstückelung des Text-Korpus der abendländischen Kultur vor- und durchgeführt, des Text-Körpers des Dramas, der verschiedenen dramatischen Helden des neuzeitlichen Theaters und nicht zuletzt der *dramatis personae*, die sich von Drama zu Drama immer stärker auf sich selbst zurückziehen und in sich zentrieren. Der Zuschauer soll diese Vorgänge lediglich wahrnehmen. Ob diese im Theater sich perpetuierende Endzeit vom Zuschauer als Übergang in eine neue Zeit erlebt

---

3 Samuel Beckett, *Murphy*, Reinbek bei Hamburg 1959, S. 141.
4 *Materialien zu Becketts 'Endspiel'*, hg. von Michael Härdter, Frankfurt am Main 1968, S. 38.

wird, ob die auf der Bühne zerstückelten Körper im Kopf des Zuschauers wiedergeboren werden, ist eine Frage, die jenseits des Bekkettschen Theaters liegt. Sein zeitlicher Modus ist die Endzeit, sein *modus vivendi* die fortschreitende Verstümmelung, Reduktion, Zerstückelung ohne Möglichkeit eines Endes – der Vorbedingung für eine Wiedergeburt. Der Modus seiner Wahrnehmung und Rezeption allerdings ist damit weder vorgeschrieben noch festgelegt; er bleibt vielmehr jedem Zuschauer selbst überlassen.

5.3.2 Wiedergeburt der menschlichen Natur: der erlösende und erlöste Körper

Becketts *Endspiel* ist in mancher Hinsicht als Endzeitdrama zu lesen: es spielt nach einer welt- und menschenvernichtenden Katastrophe; es ruft die »großen« Texte der abendländischen Kultur bruchstückhaft und parodierend auf; die dramatischen Figuren bringen jahrhundertealte Traditionen sowohl des neuzeitlichen Dramas als auch neuzeitlicher Individualität zu Ende, indem sie auf deren Fragmente und Rudimente verweisen. Andererseits scheint in ihm die Utopie eines neuen, transindividuellen Menschen an ihr Ende gelangt zu sein, die das Theater seit Beginn unseres Jahrhunderts in den verschiedensten Spielarten entworfen hat: der zerstückelte Korpus von Texten der abendländischen Kultur kann ebenso wenig wie der zerstückelte individuelle dramatische Held »wiedergeboren« werden.

Die Blütenträume vom neuen transindividuellen Menschen, welche die tiefgreifende Krise der bürgerlichen Kultur gezeitigt hatte, waren endgültig ausgeträumt. Nachdem Faschismus und Stalinismus zunächst die Individualität menschlichen Lebens durch totale Kollektivierung, Ideologisierung und Vermassung ausgelöscht hatten, war im Zweiten Weltkrieg, in Auschwitz und in Hiroshima der individuelle menschliche Tod liquidiert worden. Das Individuum hatte aufgehört zu existieren.

Die Dramatiker der Nachkriegszeit und der fünfziger Jahre gingen von dieser Erfahrung aus. In immer neuen Variationen und Bewertungen führten sie – wie Genet und Ionesco in Frankreich, T. Williams und A. Miller in den USA, Frisch und Dürrenmatt in der Schweiz – das Spiel von der Unmöglichkeit des Individuums auf. Die einen sahen sie in historisch-gesellschaftlichen Bedingungen begründet, die anderen in existentiell-anthropologischen; die einen beschränkten sich darauf, sie lediglich zu konstatieren, die anderen beklagten sie heftig und brachten ihre Sehnsucht nach der Wiederkehr des Individuums zum Ausdruck. Während die einen an die Dramatiker des nichtindividuellen Menschen wie Pirandello, O'Neill, Brecht anknüpften, bezogen sich die anderen auf die großen Dramatiker des ausgehenden bürgerlichen Zeitalters Ibsen, Strindberg und Čechov. Als Übel der Zeit diagnostizierten sie übereinstimmend einen Weltzustand, in dem das Individuum nicht existieren kann – aus welchen Gründen auch immer. Eine »Heilung« der abendländischen Kultur schien ausgeschlossen, zumindest fraglich. Beckett radikalisierte diese düsteren Zustandsbeschreibungen, indem er sie sub speciem apokalypsis stellte: die Auflösung und Zerstückelung des Individuums ist nicht nur als Ende der abendländischen Kultur zu begreifen, sondern zugleich als ihre Stillstellung, als Perpetuierung dieses Endzustandes. Leere Zeit hat die Stelle der Zukunft usurpiert. »Erlösung« – die für Beckett weniger die Abwesenheit von percipere als von percipi bedeuten würde – kann nicht eintreten.

Auf diese Erlösung jedoch zielte der junge polnische Regisseur Jerzy Grotowski. Bereits Ende der fünfziger Jahre fing er an, ein neues Theater zu konzipieren, das imstande sein sollte, als Heilmittel gegen das Übel der Zeit zu fungieren: »Theater – durch die Technik des Schauspielers, seine Kunst, in der der lebende Organismus nach höheren Zielen strebt – liefert eine Gelegenheit für etwas, das man Integration nennen könnte, das Ablegen von Masken, das Offenbaren der wirklichen Substanz: eine Totalität der physischen und geistigen Reaktionen«.[5]

Grotowski schließt damit bewußt an eine spezifisch polnische Tradition an, die in der Romantik ihren Ursprung findet. Die beiden bedeutenden romantischen Dichter Adam Mickiewicz und Juliusz Słowacki hatten messianistische Ideen von der schicksalhaften Bestimmung der polnischen Nation entwickelt. In seinen *Dziady III* (*Totenfeier*, 1832), die Grotowski 1961 mit seiner Truppe des »Theaters der 13 Reihen« in Opole inszenierte, entfaltet Mickiewicz den aus dem Messianismus erwachsenen Gedanken von der Auferstehung des polnischen Volkes analog zur Leidensgeschichte Christi. Wie Christus auferstanden ist, wird auch Polen auferstehen. Die

---

5 Jerzy Grotowski, *Für ein armes Theater*, Zürich 1986, S. 205.

Leiden der polnischen Jugend in den Jahren nach dem Novemberaufstand (1830) erhalten von daher ihren Sinn. Słowacki bringt einen eher säkularisierten Messianismus zum Ausdruck. In seinem *Kordian* (1833), den Grotowski anschließend an Mickiewicz' *Dziady* herausbrachte, wird Polen als »Winkelried der Völker« bezeichnet. In seinem letzten Drama *Samuel Zborowski* (1844, publiziert 1901), das Grotowski seiner letzten Theaterproduktion *Apocalypsis cum figuris* (1968) zugrunde legte, formulierte Słowacki die Idee einer »Revolution aus dem Geist heraus«. Grotowski schließt sich an diese Tradition ausdrücklich nicht durch Identifikation, sondern durch Konfrontation an.

Für seine Vorstellung vom Theater als »Stätte der Erlösung« oder, etwas prosaischer, als therapeutische Anstalt, sind im wesentlichen zwei Konzepte grundlegend geworden: das Konzept vom armen Theater und das Konzept von der Aufführung als einem Akt der Grenzüberschreitung. Grotowski entwickelte sein »armes Theater«, indem er auf experimentellem Wege alles eliminierte, was überflüssig zu sein schien. Er fand dabei heraus, daß Theater »ohne Schminke, ohne eigenständige Kostüme und Bühnenbild, ohne abgetrennten Aufführungsbereich (Bühne), ohne Beleuchtungs- und Toneffekte usw. existieren kann. Es kann nicht existieren ohne die Schauspieler-Zuschauer-Beziehung: eine perzeptuelle, direkte, 'lebendige' Gemeinschaft« (15). Als unverzichtbare Konstituentien des Theaters waren damit Schauspieler und Zuschauer ermittelt: »Deshalb können wir Theater definieren als das, 'was zwischen Zuschauer und Schauspieler stattfindet'« (25). Dieser Einsicht entsprechend reduzierte Grotowski sein Theaterlaboratorium von einem Theater, das reich an Mitteln war und bildende Künste, Beleuchtung und Musik stets für seine Zwecke genutzt hatte, auf ein armes, auf ein asketisches Theater, »in dem die Schauspieler und das Publikum das einzige sind, was übriggeblieben ist. Alle anderen visuellen Elemente – zum Beispiel plastische Gegenstände usw. – werden mit dem Körper des Schauspielers aufgebaut, die akustischen und musikalischen Effekte mit seiner Stimme« (25).

Die »erlösende« Wirkung, die das Theater haben soll, beruht ausschließlich auf der Beziehung zwischen Schauspieler und Zuschauer. »Deshalb muß die Distanz zwischen dem Schauspieler und dem Publikum abgeschafft werden, indem die Bühne eliminiert wird, alle Grenzschranken abgebaut werden« (32). Daraus folgt allerdings

nicht, daß der Zuschauer – wie später in der amerikanischen Avantgarde – sich selbst beteiligen soll. Der Schauspieler darf andererseits auch »nicht *für* das Publikum« spielen, »er muß in Konfrontation mit den Zuschauern, in ihrer Gegenwart spielen. Noch besser,
er muß seinen authentischen Akt anstelle des Zuschauers vollziehen« (179). Der Schauspieler agiert als Stellvertreter des Zuschauers – wie Christus als Stellvertreter für die sündige Menschheit.
Und wie Christus den Menschen zur Nachfolge aufruft, so der
Schauspieler den Zuschauer: »Dies ist nicht nur für den Schauspieler, sondern auch für das Publikum ein Exzeß. Der Zuschauer versteht, bewußt oder unbewußt, daß ein solcher Akt ihn dazu auf-
fordert, das gleiche zu tun« (28). Zuschauerpartizipation bedeutet
also bei Grotowski die Fähigkeit und Möglichkeit des Zuschauers
zur »Nachfolge«.

Um sie sichern zu können, sind zwei Bedingungen zu erfüllen:
1) die räumliche Anordnung muß eine direkte Konfrontation zu-
lassen; 2) das Spiel der Schauspieler muß als »totaler Akt« vollzogen werden.

Grotowski schuf für jede Inszenierung eine neue räumliche Anordnung. In der frühen Inszenierung des *Kordian* beispielsweise
verlegte er die Handlung in eine psychiatrische Klinik – bereits
einige Jahre also, bevor Peter Weiss *Die Verfolgung und Ermordung
Jean Paul Marats dargestellt durch die Schauspielgruppe des Hospizes zu
Charenton unter Anleitung des Herrn de Sade* (1964) geschrieben hatte.
Das gesamte Theater war der Handlungsort. Die Zuschauer saßen
auf eisernen Etagenbetten, die an drei verschiedenen Stellen im Saal
aufgestellt waren, und wurden als Patienten der Klinik behandelt.
Zugleich dienten die Krankenbetten als Podien, auf denen sich die
wichtigsten Szenen der Handlung abspielten.

Die Inszenierung von Wyspiańskis *Akropolis* (1962) war, wie der
Dramaturg Ludwig Flaszen berichtet,

> als poetische Paraphrase eines Vernichtungslagers angelegt. [...] Es ist im
> Theaterlaboratorium die Regel, daß die Handlung [...] unter die Zuschau-
> er getragen wird. Diese sollen jedoch nicht an der Handlung teilnehmen.
> Für *Akropolis* wurde beschlossen, daß es keinen direkten Kontakt zwi-
> schen Schauspielern und Zuschauern geben sollte: die Schauspieler stellen
> diejenigen dar, die in die letzte, äußerste Erfahrung eingeweiht sind, sie
> sind die Toten; die Zuschauer stellen jene dar, die außerhalb des Zirkels
> der Eingeweihten stehen, sie bleiben im Fluß des Alltagslebens, sie sind
> die Lebenden. Diese Trennung, verbunden mit der Nähe der Zuschauer,

trägt zum Eindruck bei, daß die Toten aus einem Traum der Lebenden geboren sind. Die Häftlinge gehören zu einem Alptraum und scheinen von allen Seiten auf die schlafenden Zuschauer einzustürmen. (47)

Bei der Inszenierung des *Standhaften Prinzen* (1965) wurde eine rigorose Trennung zwischen Zuschauern und Schauspielern vorgenommen. Das Theater war wie eine Arena oder auch wie ein Operationssaal eingerichtet (wie auf Rembrandts »Anatomie des Dr. Tulp«), so daß man das, was unten zu sehen war, als »eine Art grausamen Sport in einer alten römischen Arena oder als eine chirurgische Operation« (77) betrachten konnte. Die Zuschauer wurden auf diese Weise in die Rolle von Voyeuren gedrängt.

Die direkte Konfrontation, bei der der Zuschauer nur »auf Armeslänge vom Schauspieler entfernt ist, seinen Atem spüren kann, seinen Schweiß riecht ...« (32), läßt größere Mengen von Zuschauern nicht zu. Während beim *Kordian* noch jeweils 65 Zuschauer Platz fanden, hatte sich ihre Anzahl beim *Standhaften Prinzen* auf 30–40 reduziert. Bei *Apocalypsis cum figuris* waren pro Aufführung nur noch 25 Zuschauer zugelassen. Grotowskis Theater ist insofern als ein Theater für eine Elite zu verstehen, allerdings »nicht für eine Elite, die durch den sozialen Hintergrund oder die finanziellen Situationen des Zuschauers bestimmt ist, nicht mal durch seine Erziehung. Der Arbeiter, der niemals über die Grundschule hinausgekommen ist, kann diesen kreativen Prozeß der Suche nach sich selbst sehr wohl aufnehmen, während der Universitätsprofessor abgestorben sein kann, für immer verformt, grauenhaft starr wie ein Leichnam« (31).

Auch der Zuschauer muß also gewisse Bedingungen erfüllen, wenn das Theater seine therapeutische Funktion wahrnehmen soll. Er muß ein »echtes geistiges Bedürfnis« nach einer »Wiedergeburt zu sich selbst« verspüren. Denn ein Zuschauer, der »kämpft, um seine Lügenmaske um jeden Preis intakt zu erhalten« (35), wird außerstande sein, die Aufforderung des Schauspielers anzunehmen und seinem Beispiel zu folgen.

Die wichtigste Bedingung wird allerdings vom Schauspieler erfüllt und seinem »totalen Akt«. Grotowski entwickelt eine völlig neue Konzeption vom »heiligen Schauspieler«, die zugleich einen utopischen Entwurf vom »neuen Menschen« beinhaltet. Der heilige Schauspieler ist sozusagen die Inkarnation des neuen Menschen. Er ist »nicht nur als Schauspieler, sondern auch als Mensch« (20) wiedergeboren.

Wie die Dramatiker der fünziger Jahre geht Grotowski von der Unmöglichkeit des Individuums in der gegenwärtigen Welt aus. Er findet sie einerseits in der Reihe von Rollen und Masken manifestiert, die der einzelne im Alltagsleben annehmen muß, zum anderen im Auseinanderfallen von Intellekt und Instinkt, Denken und Fühlen. Aufgabe des Schauspielers soll es nun sein, zum Ablegen seiner Masken fähig zu werden, zu seiner »wirklichen Substanz« vorzudringen und so physische und geistige Reaktionen ineinander zu integrieren.

Grotowski erklärt »die Suche nach dem Ich« zum vornehmsten »Recht unseres Berufs«, zu »unserer ersten Pflicht« (197). Damit stellt sich jedoch für den Schauspieler ein gravierendes Problem:

> Entweder (1) er spielt für das Publikum – was völlig natürlich ist, wenn man an die Funktion des Theaters denkt –, und das führt ihn zu einer Art Flirt; das heißt, er spielt eigentlich für sich selbst, für die Befriedigung, akzeptiert, geliebt, bestätigt zu werden – und das Ergebnis ist Narzißmus; oder (2) er arbeitet unmittelbar für sich selbst. Das heißt, er beobachtet seine Empfindungen, sucht nach dem Reichtum seiner psychischen Zustände – und dies ist der schnellste Weg zu Heuchelei und Hysterie. (198)

Die »Suche nach dem Ich« hat mit Narzißmus, mit der Beschäftigung mit den eigenen privaten Problemen und Gefühlen nichts zu tun. Einen solchen Schauspieler nennt Grotowski den »Huren«-Schauspieler, weil er sich in seiner Privatheit exhibitionistisch zur Schau stellt und prostituiert.

Ihm stellt er den »heiligen« Schauspieler gegenüber, der »sich bloßlegt, sich in einer äußersten, feierlichen Geste öffnet und hingibt und sich von keinem durch Sitten und Gebräuche errichteten Hindernis aufhalten läßt« (101). »Es ist ein ernsthafter und feierlicher Akt der Offenbarung. Der Schauspieler muß zu vollkommener Aufrichtigkeit bereit sein. Es ist wie ein Schritt auf den Höhepunkt des Organismus des Schauspielers zu, in dem Bewußtsein und Instinkt vereinigt sind« (177). Grotowski nennt diesen durch das Theater vollzogenen Akt »total«, wenn er »in einem lebenden Organismus geformt wird, in Impulsen, einer Art zu atmen, einem Rhythmus der Gedanken und im Blutkreislauf, wenn er geordnet und zum Bewußtsein gebracht wird, sich nicht in Chaos und formale Anarchie auflöst« (101).

Dieser totale Akt der Selbstfindung und Selbstoffenbarung kann vom Schauspieler weder in Einsamkeit noch auch als Selbstbefriedigung vollzogen werden. Für seine Authentizität ist in jedem Fall der »andere« notwendig.

Das Konzept des anderen ist für Grotowskis Vorstellung vom »heiligen« Schauspieler und seinem totalen Akt grundlegend. Die »völlige Enthüllung seines Wesens« muß der Schauspieler vor einem anderen und für einen anderen vollziehen, damit er »zum Geschenk des Ichs, das an Grenzüberschreitung, an Liebe grenzt« (105), werden kann. Der Schauspieler vermag nur unter der Bedingung durch den Akt der Selbstoffenbarung mit sich selbst Kontakt aufzunehmen, daß er ihn in Anwesenheit eines anderen vollzieht: eines anderen Schauspielers, des Regisseurs, des Zuschauers – eines anderen Menschen.

Grotowskis Konzeption stellt also keine Rückkehr zum bürgerlichen Individuum dar, das, klar von allen anderen abgegrenzt, für sich allein zu existieren vermag. Dies ist für Grotowski nichts als Narzißmus. Selbstfindung ist für ihn nur unter Einbeziehung des anderen möglich und kann daher nur als Überschreitung des Ich, Hinausgehen über das eigene Selbst geleistet werden.

In diesem Zusammenhang entwirft Grotowski auch ein völlig neues Konzept von der Rolle. Der Schauspieler kann nach seinem Verständnis nicht dazu da sein, eine Rollenfigur zu verkörpern bzw. darzustellen.

> Es geht weder darum, ein Porträt der eigenen Person unter bestimmten Umständen zu liefern, oder eine Rolle zu 'leben'; noch ist die abgehobene Art des Schauspiels gemeint, die im epischen Theater üblich ist und auf kaltem Kalkül beruht. Das Wichtige dabei ist, die Rolle als ein Sprungbrett zu benutzen, ein Instrument, mit dem sich studieren läßt, was hinter unserer Alltagsmaske verborgen ist – der allerinnerste Kern unserer Persönlichkeit –, um es zu opfern, bloßzulegen. (28)

Der Text des Autors ist insofern »eine Art Skalpell, das es uns ermöglicht, uns selbst offenzulegen, über uns hinauszugehen [...], den Akt der Begegnung mit anderen zu vollziehen; mit anderen Worten, unsere Einsamkeit zu überwinden« (42f.). Die Rolle ist nicht länger Ziel und Zweck der Tätigkeit des Schauspielers, sondern lediglich ein Mittel zur Erreichung eines anderen Ziels. Denn der Schauspieler verwandelt sich durch seinen totalen Akt nicht in eine Rollenfigur, sondern in einen neuen Menschen.

Dieser neue Mensch ließe sich als »integral« bezeichnen, insofern
er die Dualismen von Instinkt und Intellekt, Denken und Fühlen,
geistigen und physiologischen Reaktionen durch Integration aufgehoben hat; als »ganz«, insofern er keine Komponente seiner menschlichen Natur unterdrückt, sondern alle in gleicher Weise auslebt;
als »ich-frei«, insofern er weder auf der Einzigartigkeit seines Ich
beharrt, wie das »ichhafte« neuzeitlich-bürgerliche Individuum,
noch sein Ich in der Regression auf einen mythischen, »ichlosen«
Zustand aufgibt, sondern die Grenzen seines Ich bewußt überschreitet.

Eine grundlegende Funktion kommt bei der Verwandlung des
Schauspielers in den neuen Menschen seinem Körper zu. Bei Stanislavskij, mit dem Grotowski sich in der Überzeugung von der
psychophysischen Einheit des Menschen einig weiß, diente der Körper des Schauspielers dazu, die verschiedensten Seelenzustände der
Rollenfigur auszudrücken. Für die historischen Avantgardebewegungen stellte der Körper des Schauspielers ein Material dar, aus
dem beliebige Zeichen geformt werden können – bis hin zu Artauds
Alphabet hieroglyphischer Zeichen. Die körperliche Ausbildung des
Schauspielers erfolgte jeweils unter diesen Gesichtspunkten. Grotowskis Theater dagegen zielt auf eine Technik »der Einbeziehung
aller psychischen und körperlichen Kräfte des Schauspielers, die
aus den intimsten Schichten seines Seins und seiner Instinkte hervorgehen und in einer Art 'Durchstrahlen' hervorsprudeln« (13).
Deswegen wird bei der Ausbildung des Schauspielers darauf verzichtet,

> ihn irgendetwas zu lehren; wir arbeiten darauf hin, die Widerstände
> seines Organismus gegen diesen psychischen Vorgang zu eliminieren.
> Das Ergebnis ist ein Befreitsein vom Zeitsprung zwischen innerem Impuls
> und äußerer Reaktion, so, daß der Impuls schon eine äußere Reaktion
> ist. Impuls und Aktion fallen zusammen: der Körper verschwindet, ver-
> brennt, und der Zuschauer sieht nur eine Reihe sichtbarer Impulse. Unser
> Weg ist mithin eine *via negativa* – keine Ansammlung von Fertigkeit,
> sondern die Zerstörung von Blockierungen. (13)

Alle Übungen, die Grotowski entwickelt hat, dienen diesem Ziel:
die Blockierungen abzubauen. Das Training verlangt daher eine
fast unerträgliche Anstrengung, die den Schauspieler immer wieder
bis an den Rand der Erschöpfung führt. Denn

> es gibt gewisse Punkte der Erschöpfung, die die Kontrolle des Geistes
> brechen, eine Kontrolle, die uns blockiert. Wenn wir den Mut finden,

Dinge zu tun, die unmöglich sind, machen wir die Entdeckung, daß uns unser Körper nicht blockiert. Wir tun das Unmögliche, und die Spaltung in uns zwischen Konzept und Fähigkeiten des Körpers verschwindet.
(200)

Der Körper des Schauspielers ist für Grotowski kein Instrument; er ist weder ein Ausdrucksmittel noch Material für Zeichenbildung, noch auch ein Mittel zur Verwandlung. Er ist vielmehr der Ort, an dem die Verwandlung des Schauspielers in den neuen – integralen, ganzen und ich-freien – Menschen sich konkret und gegenwärtig vollzieht: seine Materie wird im Prozeß der Selbstoffenbarung in Energie verwandelt. Es ist der Körper des Schauspielers, der ihn so zu seiner »Wiedergeburt« »erlöst«.

Grotowskis Vorstellung vom »heiligen« Schauspieler ist wohl Ryszard Cieślak im *Standhaften Prinzen* (in der Übersetzung von Słowacki) am nächsten gekommen. Über ihn schreibt der Kritiker Józef Kelera (in ODRA XI, 1965):

Das Wesentliche [...] liegt in Wahrheit weder in der Tatsache, daß der Schauspieler seine Stimme auf erstaunliche Weise gebraucht, noch darin, daß er seinen fast nackten Körper einsetzt, um bewegliche Formen zu skulpturieren, die in ihrer Expressivität tief beeindruckend sind; noch liegt es in der Art und Weise, wie die Technik von Körper und Stimme während der langen, erschöpfenden Monologe, die stimmlich und physisch ans Akrobatische grenzen, eine Einheit bilden. Es handelt sich dabei um etwas ganz anderes. [...] Bis heute akzeptierte ich mit Vorbehalten Begriffe wie 'säkularisierte Heiligkeit', 'Akt der Demut', 'Reinigung', die Grotowski benutzt. Heute gebe ich zu, daß sie sich perfekt auf die Figur des Standhaften Prinzen anwenden lassen. Eine Art psychischer Erleuchtung geht von dem Schauspieler aus. Ich kann keine andere Definition finden. In den Höhepunkten der Rolle ist alles Technische wie von innen heraus erleuchtet, leuchtend, buchstäblich schwerelos. Jeden Moment wird der Schauspieler zu schweben beginnen ... Er ist in einem Zustand der Gnade. Und dieses 'grausame Theater' um ihn herum, mit seinen Blasphemien und Exzessen, verwandelt sich in ein Theater im Zustand der Gnade. (87)

Der neue Mensch, wie ihn der Schauspieler Ryszard Cieślak im *Standhaften Prinzen* verkörpert, trägt unverkennbar messianische Züge. Grotowskis Theater zieht hier eine historische Linie aus, die zu den geistlichen Spielen des Mittelalters zurückführt.

In den großen mehrtägigen Passionsspielen des 15. und 16. Jahrhunderts wurde ein Sündenbock-Ritual *vollzogen*: Jesus, der Gottes- und Menschensohn nimmt in seiner Passion stellvertretend die

Gewalt auf sich, der ausgesetzt zu werden die Zuschauer fürchten. Je grausamer am göttlichen Sündenbock die Folterungen vollzogen werden, um so größer ist der Schutz, der dem Körper des Zuschauers auf magische Weise zuteil wird. Das Ritual ist ausschließlich auf die Körper – den des »Sündenbocks« Jesu und den der Zuschauer – gerichtet. Nach der Entstehung des neuzeitlichen Individuums gilt das menschliche Ich als grundsätzlich so stark, daß es die Nachfolge Christi im Leiden freiwillig auf sich zu nehmen vermag. Im Barocktheater entwickelt sich die Form der Märtyrertragödie: der christliche Fürst erscheint wie kein zweiter geeignet, als Märtyrer für diese Stärke des menschlichen Ich quasi stellvertretend – für alle anderen Menschen – Zeugnis abzulegen. Im Barocktheater wird sein Martyrium durch einen Schauspieler *dargestellt* und so der Zuschauer zur Nachfolge aufgefordert.

Im Theater Grotowskis *vollzieht* der Schauspieler stellvertretend für den Zuschauer mit seinem Körper die Verwandlung in den neuen Menschen und fordert so den Zuschauer zur Nachfolge auf. Grotowski schließt sich bewußt an diese Tradition an. Er geht davon aus, daß ein Theater 'national' sein muß, wenn es wirken soll; denn es muß das angreifen, »was man die Kollektivkomplexe der Gesellschaft nennen könnte, den Kern des kollektiven Unbewußten oder vielleicht Überbewußten [...], die Mythen, die keine Erfindung des Geistes sind, sondern sozusagen mit dem Blut, der Religion, der Kultur, dem Klima zusammen ererbt sind« (32). Das sind in Polen in erster Linie bestimmte christliche und auf ihnen aufbauend nationale Mythen. Grotowski greift auf die großen romantischen Dichter Polens oder auch auf Calderón zurück, weil diese Texte »für mich wie die Stimmen meiner Vorfahren [sind], jene, die von den Ursprüngen unserer europäischen Kultur her zu uns dringen« (43). Sie eröffnen daher die »Möglichkeit einer aufrichtigen Konfrontation«. Das in ihnen lebendige christlich-messianische Erbe wirkt auch bei Grotowski weiter.

Indem Grotowski sein armes Theater schuf und seine Vorstellung vom heiligen Schauspieler konzipierte, entwarf er zugleich eine Utopie des Menschen. Ihre Verwirklichung sollte von Anfang an nicht auf das Theater beschränkt bleiben: der Schauspieler verwandelte sich stellvertretend für den Zuschauer in den neuen Menschen, forderte damit aber zugleich den Zuschauer zur Nachfolge auf. Insofern mag Grotowskis Erkenntnis (aus dem Jahre 1970), daß die »ganze gewöhnliche Welt Theater ist«[6], nicht zu überraschen. 1975 ging seine Truppe vom Theater ab und widmete sich nur noch sogenannten Special Projects. Sie sollten jeweils einer größeren Gruppe »ganz gewöhnlicher Menschen« – allerdings »mit echten geistigen Bedürfnissen« – die Möglichkeit eröffnen, in Konfrontation mit anderen sie selbst zu werden.

Das theatralische Erbe Grotowskis wurde von der amerikanischen Avantgarde begierig aufgegriffen. In den Vereinigten Staaten hatten in den sechziger Jahren im Zuge der Bürgerrechts- und Anti-Vietnam-Bewegung tiefgreifende kulturelle Veränderungen stattgefunden, die Herbert Marcuse unter dem Begriff der »Kulturrevolution« zusammenfaßt:

> Bei diesem Ausdruck denkt man im Westen zunächst an ideologische Entwicklungen, die der Entwicklung der gesellschaftlichen *Basis* vorauseilen. Kulturrevolution – aber (noch) *keine* politische und ökonomische Revolution. Während in der Kunst, Literatur und Musik, in den Kommunikationsformen, in den Sitten und Bräuchen Veränderungen eingetreten sind, in denen sich eine neue Erfahrung abzeichnet, eine radikale Umwertung der Werte, scheinen die gesellschaftliche Struktur und ihre politischen Ausdrucksformen sich im wesentlichen nicht zu wandeln, zumindest aber hinter den kulturellen Veränderungen zurückzubleiben. 'Kulturrevolution' besagt zugleich, daß die radikale Opposition sich heute in einem neuen Sinn auf den Gesamtbereich jenseits der materiellen Bedürfnisse erstreckt und auf eine völlige Umgestaltung der traditionellen Kultur überhaupt zielt.[7]

Als Teil und Träger dieser Kulturrevolution verstanden sich die Theateravantgarde-Bewegungen wie das Bread and Puppet Theatre, das La Mama Theatre, die Performing Group, das Living Theatre usw.

Im November 1967 führten Grotowski und Cieślak an der New York University – School of the Arts einen vierwöchigen Methodikkurs durch. Im September 1968 erschien die erste Ausgabe des Buches *Towards a Poor Theatre*. 1968 wurde im Studio Twickenham in London mit Grotowskis Truppe der Fernsehfilm *Akropolis* gedreht, der am 12. Januar 1969 vom New York-Fernsehen gezeigt wurde.

---

6 Tadeusz Burzyński/Zbigniew Osiński, *Das Theater Laboratorium Grotowskis*, Warszawa 1979, S. 114.

7 Herbert Marcuse, Kunst und Revolution, in: ders., *Konterrevolution und Revolte*, Frankfurt am Main 1973, S. 95–148, S. 95.

Im selben Jahr unternahm die Truppe ihre erste USA-Tournee, die bereits für 1968 geplant war, jedoch nicht realisiert werden konnte, weil die amerikanischen Behörden das Einreisevisum verweigerten. Während der Tournee fanden in der Brooklyner Musikakademie vier Treffen mit Grotowski statt. Die Aufführungen der Truppe und Grotowskis Vorträge riefen ein ungewöhnliches Echo hervor: »Sicher ist, daß seit jener Zeit, da Stanislawski 1923 mit seinem Moskauer Künstlertheater in den Vereinigten Staaten gastierte, kein anderes ausländisches Theater hier einen solchen Eindruck gemacht hat« (Stuart W. Little, Saturday Review 7.2.1970). Grotowskis Theorie und Praxis wurden vom amerikanischen Avantgarde-Theater begeistert aufgenommen, ungeachtet der Warnung Robert Brusteins, daß »den amerikanischen Schauspielern [...] eine solche Selbstverleugnungskraft, wie sie die Technik Grotowskis verlangt«, fehlt.

Nun sind in der Tat zumindest einige frappierende Übereinstimmungen in bestimmten Voraussetzungen zu konstatieren. Wie Grotowski gehen die Avantgardisten davon aus, daß den Menschen der Industriegesellschaften wesentliche Dimensionen des Menschseins fehlen: »Wholeness, process/ organic growth, concreteness, religious, transcendental experience«.[8] Richard Schechner, Gründer der Performance Group und Vertreter eines Environmental Theaters zieht daraus den Schluß:

> Links must be discovered or forged betweeen industrial societies and nonindustrial ones, between individualistic and communal cultures. And a vast reform in the direction of communality – or at least a revision of individualism – is necessary. This reform and revision will leave no aspect of modern society untouched; not economics, government, social life, personal life, aesthetics, or anything else. Theater takes a pivotal position in these movements because the movements are histrionic; a way of focusing attention and demanding change. The marches, demonstrations, street and guerilla theaters, arrests of well-known and unknown people were for show: symbolic gestures.   (197f.)

Die ersten Veränderungen hoffte Schechner durch Wiederbelebung bzw. Einführung eines rituellen Theaters initiieren zu können.

In der ersten Produktion der Performance Group *Dionysus in 69* (nach Euripides' *Bakchen*), die vom 6. Juni 1968 bis 27. Juli 1969 lief,

---

[8]   Richard Schechner, *Environmental Theatre*, New York 1973, S. 196f.

versuchte Schechner seine Vorstellung vom rituellen Theater unter Rekurs auf Grotowskis Theorie und Praxis zu verwirklichen.

Wie Grotowski hebt Schechner die Trennung zwischen Bühne und Zuschauerraum auf: das gesamte Theater wurde zum »environment«. Der Zuschauer sollte seinen Platz frei wählen und im Laufe der Aufführung beliebig oft wechseln können:

> The spectator can change his perspective (high, low, near, far); his relationship to the performance (on top of it, in it, a middle distance from it, far away from it); his relationship to other spectators (alone, with a few others, with a bunch of others); whether to be in an open space or in an enclosed space.   (6f.)

Während bei Grotowski die räumliche Anordnung der Konfrontation von Schauspielern und Zuschauern diente, sollte sie bei der Performance Group dem einzelnen Zuschauer eine freie Entscheidung über Perspektivenwechsel und den Grad seines »involvement« ermöglichen.

Eine entsprechende Akzentverlagerung findet sich auch auf Seiten der Schauspieler, die in der Performance Group – wie nahezu allgemein in der amerikanischen Avantgarde – Performer heißen. Unter Berufung auf Grotowski lehnt Schechner die Vorstellung ab, daß der Performer eine Rolle darzustellen oder zu verkörpern habe. »Rather, there is the role and the person of the performer; both role and performer are plainly perceivable by the spectator. *The feelings are those of the performer as stimulated by the actions of the role at the moment of performance*« (166). In *Dionysus in 69* führte diese Konzeption dazu, daß die Performer die Rolle benutzten, um ihre ganz privaten Probleme und Gefühle auszuagieren. Jeder Schauspieler schrieb seine Rolle selbst um und arbeitete seine persönlichen Erfahrungen und privaten Biographien hinein. Ein »Darsteller« des Dionysos drückte das so aus:

> I am not interested in acting. I am involved in the life process of becoming whole. I do many technical exercises which organically suit that process. They act as a catalyst for my ability to let essence flow, to let my soul speak through my mind and body. [...] I am acting out my disease, the disease that plagues my inner being, that stops the flow [...] Dionysus is not a play to me. I do not act in Dionysus. Dionysus is my ritual.[9]

---

[9] *Dionysus in 69*, New York 1970, o.S.

Aus der Selbstoffenbarung des Schauspielers in Konfrontation mit dem anderen wurde in *Dionysus* eine selbstbespiegelnde Zurschaustellung privater Probleme und Neurosen in der Gruppe und vor den Zuschauern.

Grotowskis Konzept vom anderen war grundlegend verändert worden. Als konstitutive Elemente des rituellen Theaters und als therapeutische Maßnahmen par excellence galten nun die Gruppe und die Zuschauerpartizipation. »I think that fundamentally the formation of a group is an attempt to create a family, but a family structured from the assumption that the dominance of the parents can be eliminated and that repression can be reduced if not eradicated« (*Environmental Theatre*, 255). Mit der Gruppe sollte eine Gemeinschaft geschaffen werden, die einerseits dem Egoismus und der Einsamkeit des einzelnen und andererseits seiner Anonymität und Konformität, seinem Untergehen in der Masse entgegenwirkt. Sie war konzipiert als »a viable dialectic between solitude and being-with-others.« Diese Gemeinschaft der Performer sollte in der Aufführung durch Zuschauerpartizipation auf die Zuschauer ausgedehnt werden: »Participation is a way of trying to humanize relationships between performers and spectators« (60).

Die Zuschauerpartizipation in *Dionysus* war an zwei Bedingungen geknüpft:

> First, participation occured at those points where the play stopped being a play and became a social event – when spectators felt that they were free to enter the performance as equals [...] The second point is that most of the participation in *Dionysus* was according to the democratic model: letting people into the play to do as the performers were doing, to 'join the story'. (44)

Dieser Typus der Teilnahme begann bereits mit den Einlaß des Publikums, für den eine spezielle »opening ceremony« entworfen war, die Schechner aus Van Genneps Schilderungen von Initiationsriten in *Rites de passage* übernommen hatte. Die Zuschauer konnten zu Beginn der Aufführung am Geburtsritual (des Dionysos) und später am Todesritual (des Pentheus) teilnehmen sowie am anschließenden bacchanalischen Tanz: »Together we can make a community. We can celebrate together. Be joyous together. So join us in what we do next. It's a circle dance around the sacred spot of my birth« (*Dionysus*).

Das Geburts- und Todesritual, welches die Dominante der Aufführung bildete, hatte Schechner einem Adoptionsritual der Asmat in Neu-Guinea nachgebildet. Es wurde in der ersten Aufführung noch mit leichter Kleidung, später nur noch nackt ausgeführt. Zu ihm waren auch die Zuschauer nur nackt zugelassen: Auf dem Boden lagen Seite an Seite die Männer der Gruppe, während die Frauen mit gespreizten Beinen und leicht vorwärtsgebeugtem Oberkörper über ihnen standen, so daß ein Tunnel geformt wurde, der den Geburtskanal darstellen sollte. Am Anfang der Aufführung wurde der Darsteller des Dionysos als Gott wiedergeboren – er wurde mit rhythmischen Hüftbewegungen durch den »Geburtskanal« gestoßen. Beim Tod des Pentheus wurde diese Bewegung in umgekehrter Richtung wiederholt: anstatt in Stücke zerrissen zu werden, wurde Pentheus symbolisch von der Gemeinschaft verschlungen, die er als Individuum zu beherrschen versucht hatte.

Zweifellos hat Schechner mit dem Geburts- und Todesritual ein wirkungsmächtiges theatralisches Symbol für die Wiedergeburt des Menschen aus dem Körper der Gemeinschaft oder auch für die dionysische Einheit von Geburt und Tod geschaffen. Aber mit diesem Symbol wird etwas *dargestellt*, nicht *vollzogen*: eine »Transformation« der Teilnehmer – Performer oder Zuschauer – findet nicht statt. Sie kann auch nicht stattfinden. Die Vertreter eines neuen »rituellen Theaters« haben offenbar nicht berücksichtigt, daß Rituale sich nicht – wie Konsumartikel – beliebig verpflanzen lassen, daß sie nur in einer Gemeinschaft zu wirken vermögen, in der die sie begründenden Mythen noch lebendiger Teil des Gemeinschaftslebens sind. Das Adoptionsritual der Asmat, ausgeführt von jungen amerikanischen Schauspielern in New York, wird keinen Amerikaner in ein »Gemeinschaftswesen« verwandeln können.

In Grotowskis armen Theater hat der Körper des Schauspielers transformierende Kraft, weil der Schauspieler »ihn annulliert, verzehrt, [...] opfert« (*Für ein armes Theater*, 26). In *Dionysus in 69* dagegen – wie in anderen Produktionen anderer Avantgardegruppen – wurde der nackte Körper der Performer, ebenso wie seine privaten Neurosen, lediglich zur Schau gestellt. Was hier zum Ausdruck kommt, war »a delight in showing off, in displaying the body. Coupled with exhibitionism is a certain amount of voyeurism. The one who wants to be looked at is complemented by the one who wants to look. There was understandably a lot of this in

Dionysus in 69, a play largely based on the relationship between exhibitionists and voyeurs« (*Environmental Theatre*, 114f.).

Der nackte Körper spielte im amerikanischen Avantgardetheater der ausgehenden sechziger, frühen siebziger Jahre in der Tat eine prominente Rolle – wenn auch nicht als transformierende Kraft, so doch als »kulturrevolutionäres« Protestpotential. »Going naked« war »a rejection of the system« und zugleich »an affirmation of the body« (114). Die Tradition der Triebunterdrückung, wie sie von der protestantischen Ethik verlangt und seit der Aufklärung in der westlichen Welt allgemein propagiert wurde, war im puritanischen Amerika der sechziger Jahre nicht nur lebendig, sondern dominant. Der vitale und lustbesetzte Körper war aus der öffentlichen Kultur ausgeschlossen. Dagegen richtete sich die Nacktheit der Avantgarde. Den nackten Körper im Theater, also in der Öffentlichkeit zur Schau zu stellen, hieß gegen die Unterdrückung der menschlichen Triebnatur zu protestieren, die Anerkennung dieser Natur zu verlangen. »In the sixties what we tried to liberate was the actor's body«.[10] Diese »Befreiung des Körpers« markiert einen grundlegenden kulturellen Wandel in der westlichen Welt. Erst auf ihrer Basis wird den Mitgliedern der westlichen Kultur die Ausbildung einer neuen Identität möglich werden. Denn der Körper, insbesondere

> the living and lived body, is an element constitutive of the self. Even if (*per impossibile*, I believe) there should be some way of conceiving of the self as existing independently of its body, yet if we do conceive of it having a body we must conceive of it having it essentially. That is, unlike any other of its actual possessions (eg. its house), there is no way of conceiving of the self independently of conceiving of its body, if we once conceive of its having a body at all. We can conceive of a person without conceiving of his house, but if we try to conceive of him without his body we can no longer do so [...] My body is mine *and* me; it is primordially mine; and it is so just insofar as it is not thematized, not identified *as* mine. It does not presuppose the independent identifiability of the self which owns it because it is not a simple owned object. As body-subject it is an element constitutive of the self, the subject.[11]

Die »Befreiung des Körpers« der amerikanischen Avantgarde hat in gewisser Weise an Büchners konkrete Utopie der physischen

10 Herbert Blau, *Blooded Thought*, New York 1982, S. 29.
11 Bruce Wilshire, *Role Playing and Identity*. The Limits of the Theatre as Metaphor, Bloomington 1982, S. 158.

Natur angeknüpft. Damit wurde die Voraussetzung geschaffen für eine »Wiedergeburt« des Menschen »aus dem Körper«, der von der westlichen Kultur jahrhundertelang unterdrückt und aus dem öffentlichen Diskurs ausgeschlossen war.

5.3.3 »Menschen aus neuem Fleisch«

Die totale Zerreißprobe, der die menschlichen Kollektive in unserm vielleicht (wenn der Widerstand leerläuft und seinen Platz zwischen den Polen verfehlt) letzten Jahrhundert ausgesetzt sind, wird die Menschheit nur als Kollektiv überdauern. Der kommunistische Grundsatz KEINER ODER ALLE erfährt auf dem Hintergrund des möglichen Selbstmords der Gattung seinen endgültigen Sinn. Aber der erste Schritt zur Aufhebung des Individuums in diesem Kollektiv ist seine Zerreißung, Tod oder Kaiserschnitt die Alternative des NEUEN MENSCHEN. Das Theater simuliert den Schritt, Lusthaus und Schreckenskammer der Verwandlung.[12]

Mit diesen Sätzen aus dem Jahre 1983 schließt Heiner Müller sein eigenes Theater ausdrücklich an so divergierende Traditionsstränge an, wie sie von Nietzsche und Artaud, von Brecht und Beckett oder auch vom rituellen Theater der amerikanischen Avantgarde ausgehen.

Heiner Müller schreibt bereits seit den fünfziger Jahren für das Theater. In den sogenannten »Stücken aus der Produktion« – wie *Der Lohndrücker* (1956), *Die Korrektur* (1957), *Die Bauern* (1956), *Der Bau* (1964) – beschäftigte er sich zunächst mit Problemen des sozialistischen Aufbaus in der DDR. Daneben setzte allerdings schon bald die Auseinandersetzung mit der Frage nach den historischen Bedingungen für das Gelingen (oder Mißlingen) von Revolution ein. Müller führte sie einerseits unter Rekurs auf antike und klassische Stoffe – wie in *Philoktet* (1958–64), *Herakles* (1964), *Ödipus Tyrann* (1965), *Der Horatier* (1968), *Macbeth* (1972) –, andererseits als Reflexion auf die »deutsche Misere« wie in *Die Schlacht* (1951 geschrieben, 1974 bearbeitet und veröffentlicht), *Germania Tod in Berlin* (1951/1971) und zuletzt noch in *Leben Gundlings Friedrich von Preußen Lessings Schlaf Traum Schrei* (1976).

Während die »Produktionsstücke« im wesentlichen dramaturgische Lösungsvorschläge Brechts weiterführten und auch die Stücke

---

12 Heiner Müller, *Herzstück*, Berlin 1983, S. 103.

der Antikenrezeption insofern noch durchaus auf Brechts Lehrstücke bezogen waren, als der neue Typus Brechts Lehrstücktheo-
rie und -praxis voraussetzte und kritisierte, brach Heiner Müller
Mitte der siebziger Jahre endgültig mit dieser Dramaturgie:

> Ich denke, daß wir uns vom LEHRSTÜCK bis zum nächsten Erdbeben
> verabschieden müssen. Die christliche Endzeit der MASSNAHME ist ab-
> gelaufen, die Geschichte hat den Prozeß auf die Straße vertagt, auch die
> gelernten Chöre singen nicht mehr, der Humanismus kommt nur noch
> als Terrorismus vor, der Molotowcocktail ist das letzte bürgerliche Bil-
> dungserlebnis. Was bleibt: einsame Texte, die auf Geschichte warten.
>
> (Brief an Reiner Steinweg vom 4. Januar 1977)

In *Germania Tod in Berlin* hatte Müller bereits ausgiebig mit Selbst-
zitaten aus früheren Werken und mit Montage von Fragmenten experimentiert. Seit Mitte der siebziger Jahre erhob er diese Arbeits-
weise ausdrücklich zum Programm:

> Keine dramatische Literatur ist an Fragmenten so reich wie die deutsche.
> Das hat mit dem Fragmentcharakter unserer (Theater-)Geschichte zu tun,
> mit der immer wieder abgerissenen Verbindung Literatur-Theater-Publi-
> kum (Gesellschaft), die daraus resultiert. [...] Die Not von gestern ist die
> Tugend von heute: die Fragmentarisierung eines Vorgangs betont seinen
> Prozeßcharakter, hindert das Verschwinden der Produktion im Produkt,
> die Vermarktung, macht das Abbild zum Versuchsfeld, auf dem Publi-
> kum koproduzieren kann. Ich glaube nicht, daß eine Geschichte, die
> 'Hand und Fuß hat' (die Fabel im klassischen Sinn), der Wirklichkeit
> noch beikommt.   (Brief an Linzer, 1975)

Müllers neue Dramaturgie ist insofern auf Brechts episches Theater
bezogen, als sie das Werk zum »Versuchsfeld« erklärt und dem Rezipienten – dem Leser und/oder dem Zuschauer – die aktive Rolle
des Koproduzenten überträgt, der das Experiment auf seine Weise
durchführen oder fortsetzen soll. Andererseits rückt sie Müller in
unübersehbare Nähe zu Beckett, indem sie die zusammenhängen-
de Fabel zurückweist und das Bruchstückhafte, Zerstückelte zum
Fundament seines dramatischen Schaffens erhebt. Während bei
Beckett jedoch das Fragment als Produkt von Reduktion und Ver-
fallsgeschichte in das Werk eingeht, so daß der Text wie ein zer-
stückelter Körper vor den Augen des Rezipienten liegt, für den eine
Wiedergeburt ausgeschlossen zu sein scheint – auf diese Weise den
zerstückelten Leichnam des Pentheus am Ende der *Bakchen* zitie-
rend –, eignet Müllers Fragmenten – wie Walter Benjamins Bruchstücken, die »aus dem homogenen Verlauf der Geschichte heraus-

gesprengt« sind (*Geschichtsphilosophische Thesen*, XVIII) – ein geradezu subversiver Zukunftsbezug:

> Der Riß zwischen Text und Autor, Situation und Figur, provoziert / zeigt an die Sprengung der Kontinuität. Wenn das Kino dem Tod bei der Arbeit zusieht (Godard), handelt Theater von den Schrecken / Freuden der Verwandlung in der Einheit von Geburt und Tod.
>
> (Brief an Linzer, 1975)

In diesem Sinne ist Müllers neue Dramaturgie des Fragments auf Nietzsche und Artaud, aber auch auf den »heiligen« Schauspieler Grotowskis und das rituelle Theater der amerikanischen Avantgarde bezogen.

Müller entwickelte diese bereits in *Germania* ansatzweise erprobte Dramaturgie seit Mitte der siebziger Jahre vor allem im *Leben Gundlings*, in der *Hamletmaschine* (1977), in *Verkommenes Ufer Medeamaterial Landschaft mit Argonauten* (1982) und in *Bildbeschreibung* (1985). Das exzessiv angewendete Verfahren des – zum Teil modifizierenden – Selbstzitats läßt die einzelnen Stücke weniger als abgegrenzte Werke denn als verschiedene Etappen eines beständig sich selbst korrigierenden und erweiternden *work in progress* erscheinen. Es wäre allerdings verfehlt, aus diesem Befund eine gewisse Beliebigkeit oder gar Aleatorik als ästhetisches Prinzip bei Müller ableiten zu wollen. Die einzelnen Stücke weisen vielmehr ein hohes Maß an Strukturiertheit auf, auch wenn sie bei der ersten Lektüre eher den Eindruck von Entropie vermitteln mögen.

Die *Hamletmaschine* zum Beispiel folgt strengen Kompositionsprinzipien. Der kurze, knapp neunseitige Text ist in fünf Szenen gegliedert, die den fünf Akten des Shakespeareschen – und auch des klassischen – Dramas entsprechen. Die erste und vierte Szene sind Hamlet gewidmet, die zweite und fünfte Ophelia. Die Hamlet- und Ophelia-Szenen sind durch eine Fülle von Anspielungen, Querverweisen, Zitaten, Wiederholungen etc. eng aufeinander bezogen. Die dritte, mittlere Szene führt Hamlet und Ophelia zusammen. Während in den übrigen Szenen nur monologisiert wird, findet sich hier ein »Dialog«:

OPHELIA: Willst du mein Herz essen, Hamlet. *Lacht.*
HAMLET: *Hände vorm Gesicht:* Ich will eine Frau sein.

Als Protagonisten des Stücks treten Hamlet und Ophelia auf – Zitate also von Figuren, deren Drama bereits stattgefunden hat. Ihre Rolle ist in Shakespeares Text ein für allemal festgeschrieben. Damit ist das Problem benannt, dem sich die beiden zitierten dramatischen Figuren bei Müller von Anfang an konfrontiert sehen: sollen sie den Rollen folgen, die anderswo für sie entworfen und niedergelegt sind, oder sollen sie mit den überlieferten Rollenentwürfen brechen?

Hamlet scheint sich bei seinem ersten Auftreten bereits klar von seiner Rolle distanziert zu haben:»Ich war Hamlet. Ich stand an der Küste und redete mit der Brandung BLABLA, im Rücken die Ruinen von Europa.« Er fährt fort, im Vergangenheitstempus die Geschichte von Hamlet zu erzählen, der beim Staatsbegräbnis seines Vaters den Leichenzug »stoppte«, den Sarg öffnete, »den toten Erzeuger« mit dem Messer zerkleinerte und an die umstehenden hungernden »Elendsgestalten« verteilte. Diese Geschichte hat sich in der Vergangenheit zugetragen und ging bereits damals Hamlet nichts an:»Ich legte mich auf den Boden und hörte die Welt ihre Runden drehn im Gleichschritt der Verwesung«.

Die erste Szene läßt sich in fünf Abschnitte aufgliedern. Der ersten distanziert narrativen Passage (im Imperfekt) folgt eine Montage von Zitaten bzw. Anspielungen, die auf *Hamlet*, *Richard III*, T.S. Eliots *Ash-Wednesday* und Heiner Müllers *Der Bau* verweisen:

I'M GOOD HAMLET GI'ME A CAUSE FOR GRIEF
AH THE WHOLE GLOBE FOR A REAL SORROW
RICHARD THE THIRD I THE PRINCEKILLING KING
OH MY PEOPLE WHAT HAVE I DONE UNTO THEE
WIE EINEN BUCKEL SCHLEPP ICH MEIN SCHWERES GEHIRN
ZWEITER CLOWN IM KOMMUNISTISCHEN FRÜHLING
SOMETHING IS ROTTEN IN THIS AGE OF HOPE
LETS DELVE IN EARTH AND BLOW HER AT THE MOON

Diese Montage fungiert als eine Art »Monolog«, in dem Hamlet sich aus vorgefertigten Redeteilen Gründe für ein Betroffensein und eine Handlung zusammenstoppelt. Diese Gründe vermögen ihn jedoch nicht zu überzeugen, wie der nächste Abschnitt zeigt. Hamlet wechselt vom Präteritum ins Präsens und sagt sich von jeglicher historischer Kontinuität los:

Hier kommt das Gespenst das mich gemacht hat, das Beil noch im Schädel. Du kannst deinen Hut aufbehalten, ich weiß, daß du ein Loch zu viel hast. Ich wollte, meine Mutter hätte eines zu wenig gehabt, als du im Fleisch warst: ich wäre mir erspart geblieben. Man sollte die Weiber

zunähn, eine Welt ohne Mütter. Wir könnten einander in Ruhe abschlach-
ten, und mit einiger Zuversicht, wenn uns das Leben zu lang wird oder
der Hals zu eng für unsre Schreie.

Das Ende der Geschichte, von der Hamlet träumt, scheint nur durch
das Ende der Menschheit herbeigeführt werden zu können: nur
wenn die Frauen – gewaltsam – daran gehindert werden, Kinder
zu gebären, wird irgendwann einmal die endlose Kette von Gewalt
und Gegengewalt, von Erschlagen und Erschlagenwerden, unterbrochen sein. Die Geschichte wird aufhören – allerdings um den
Preis des menschlichen Lebens: »Der Morgen findet nicht mehr
statt«.

Im vierten Abschnitt reflektiert Hamlet eine weitere Möglichkeit,
Geschichte zum Stillstand zu bringen und die Gewalt zu beenden;
die Möglichkeit, den mörderischen Brauch abzulehnen und die Tra-
ditionskette der Gewalt durch Verweigerung der nächsten Gewalttat bewußt zu durchbrechen:

SOLL ICH
WEILS BRAUCH IST EIN STÜCK EISEN STECKEN IN
DAS NÄCHSTE FLEISCH ODER INS ÜBERNÄCHSTE
MICH DRAN ZU HALTEN WEIL DIE WELT SICH DREHT
HERR BRICH MIR DAS GENICK IM STURZ VON EINER BIERBANK

Dennoch tritt Hamlet im fünften Abschnitt wieder »in sein Trauerspiel« ein. Er akzeptiert seine Rolle: »ich bin Hamlet«, tötet Po-
lonius und vergewaltigt seine Mutter in der dramatischen Gegenwart, der »Jetztzeit«:

DER MUTTERSCHOSS IST KEINE EINBAHNSTRASSE. Jetzt binde ich
dir die Hände auf den Rücken, weil mich ekelt vor deiner Umarmung,
mit deinem Brautschleier. Jetzt zerreiße ich das Brautkleid. Jetzt mußt du
schreien. Jetzt beschmiere ich die Fetzen deines Brautkleids mit der Erde,
die mein Vater geworden ist, mit den Fetzen dein Gesicht deinen Bauch
deine Brüste. Jetzt nehme ich dich, meine Mutter, in seiner, meines Vaters,
unsichtbaren Spur.

Hamlet vollzieht, was seine Rolle im Trauerspiel (Shakespeares und
der Geschichte) ihm vorschreibt und was das Gespenst seines Vaters
– die abendländische Tradition – von ihm verlangt. Mit der Gewalttat gegen seine Mutter hat sich Hamlet endgültig mit seinem
Vater (seinen »Vätern« bis zurück zu Ödipus) identifiziert und tritt
in dessen »Spur«: die Geschichte kann weitergehen.

Weder Hamlets narrative Distanz als Erzähler noch sein Verfügen über Literatur, weder seine Einsicht in das Wesen der Geschichte und die Notwendigkeit ihres Stillstands noch die Reflexion einer möglichen Verweigerung der von ihm verlangten Gewalttat haben Hamlet letztlich an der Übernahme der vorgezeichneten Rolle, an der Identifikation mit dem Vater hindern können. Der Intellektuelle hat sich als unfähig erwiesen, die endlose Kette von Gewalt zu durchbrechen: mit der Vergewaltigung seiner Mutter schließt er sich an sie an und garantiert ihre Kontinuität. Im Unterschied zur *Orestie* hat der Logos hier nicht mehr die Kraft, eine neue Ordnung zu stiften. Die überlieferte väterliche Ordnung, die wie bei Shelley und O'Neill als tödliche Ordnung entlarvt ist, hat ihn gründlich korrumpiert; so mag zwar der Intellektuelle Hamlet sie theoretisch in Zweifel zu ziehen, letztendlich aber wird sie durch seine eigene Gewalttat praktisch bestätigt. DAS FAMILIENALBUM – so der Titel der ersten Szene – kann fortgeführt werden.

Die vierte Szene mit dem Titel PEST IN BUDA SCHLACHT UM GRÖNLAND versetzt Hamlet in die Zeit des Ungarnaufstands: »Der Ofen blakt im friedlosen Oktober / A BAD COLD HE HAD OF IT JUST THE WORST TIME / JUST THE WORST TIME OF THE YEAR FOR A REVOLUTION«. In dieser historischen Situation, in der das »Denkmal« Stalins am Boden liegt, »geschleift drei Jahre nach dem Staatsbegräbnis des Gehaßten und Verehrten von seinen Nachfolgern in der Macht«, steigt Hamlet, der Intellektuelle, aus der Geschichte aus und gibt seine Rolle zurück: »*legt Maske und Kostüm ab.* HAMLETDARSTELLER Ich bin nicht Hamlet. Ich spiele keine Rolle mehr. [...] Mein Drama findet nicht mehr statt. [...] Mich interessiert es [...] nicht mehr. Ich spiele nicht mehr mit.« Der Intellektuelle gibt seine Hamletrolle allerdings nicht auf, um die Geschichte zum Stillstand zu bringen, sondern weil er im Aufstand nicht eindeutig Partei zu ergreifen vermag: »Mein Platz, wenn mein Drama noch stattfinden würde, wäre auf beiden Seiten der Front, zwischen den Fronten, darüber«. Er gerät in einen Rollenkonflikt, identifiziert sich sowohl mit der »Menge«, die Steine auf »Soldaten Panzer Panzerglas« wirft, als auch mit den »Soldaten im Panzerturm«; »Ich hänge mein uniformiertes Fleisch an den Füßen auf«. Der Intellektuelle reagiert auf diese Situation mit Rückzug auf seine Subjektivität; »Ich gehe nach Hause und schlage die Zeit tot, einig / Mit meinem ungeteilten Selbst«. Er bezahlt die Vermeidung des Zwiespalts, die Einigkeit mit sich selbst mit dem Verlust seiner öffentlichen Rolle.

Als Privatmann kann er nun ungehindert sein »Privileg« genießen, sich zu ekeln: vor dem Fernsehen, dem »präparierten Geschwätz«, dem »verordneten Frohsinn«, vor dem »Kampf um die Posten Stimmen Bankkonten«, vor der »Konsumschlacht«, vor dem ganzen widerlichen kapitalistischen Alltag; er kann sich den Luxus subversiver, anarchischer Träume leisten: »Ein Königreich / Für einen Mörder«, bei denen bezeichnenderweise Macbeth und Raskolnikoff Pate stehen, die aus ganz subjektiven Gründen gemordet haben: der eine, um sich die Macht zu verschaffen, der andere, um seine Theorie des auserwählten Menschen zu beweisen. Der Ekel vor der Welt des Kapitalismus geht in die Negation jeglicher Lebensäußerung über: »Ich will nicht mehr essen trinken atmen eine Frau lieben einen Mann ein Kind ein Tier. Ich will nicht mehr sterben. Ich will nicht mehr töten«. Die Schlußfolgerung »Ich will eine Maschine sein« ist nicht mehr fern.

Vor den lebensnegierenden Sätzen erscheint die »*Fotografie des Autors*«, nach ihnen findet sich die Szenenanweisung: »*Zerreißung der Fotografie des Autors*« – möglicherweise ein Hinweis, daß der Autor sich in die bisherige Beschreibung des Intellektuellen durchaus einbezieht, mit der Zerreißung der Fotografie sich nun jedoch selbst zum Verschwinden bringen und damit das Stück, den Leser und sich selbst von jeder Einengung auf biographische Bezüge emanzipieren will.

Anschließend zieht sich der Hamletdarsteller in einen geradezu totalen Solipsismus zurück: »Ich breche mein versiegeltes Fleisch auf. Ich will in meinen Adern wohnen, im Mark meiner Knochen, im Labyrinth meines Schädels. Ich ziehe mich zurück in meine Eingeweide. Ich nehme Platz in meiner Scheiße, meinem Blut«. Während Becketts nur noch als einzelne Körperteile – Kopf, Mund – existierende Figuren sich in die Rudimente ihrer Lebensgeschichte zurückziehen, nimmt Müllers Hamletdarsteller zum Inneren seines Körpers Zuflucht, zu den Adern, dem Knochenmark, den Eingeweiden, dem Blut. In beiden Fällen führt der totale Solipsismus zu einer Dezentrierung des Ich.

Einerseits läßt der Rückzug in das Selbst noch Raum für die Einsicht, daß der eigene Solipsismus mit der Gewalt gegen andere erkauft ist: »Irgendwo werden Leiber zerbrochen, damit ich wohnen kann in meiner Scheiße. Irgendwo werden Leiber geöffnet, damit ich allein sein kann in meinem Blut.« Andererseits aber folgt nichts aus dieser Erkenntnis; sie befördert lediglich den Wunsch, sich den reibungslos funktionierenden Apparaturen der technologisch aufgerüsteten Industriegesellschaft gleichzustellen: »Ich will eine Maschine sein. Arme zu greifen Beine zu gehn kein Schmerz kein Gedanke«. An diesem Punkt legt der Hamletdarsteller »*Kostüm und Maske an*«. Hamlet verrät – wie in der ersten Szene – seine bessere Einsicht, »*tritt in die Rüstung*« seines Vaters und »*spaltet mit dem Beil die Köpfe von Marx Lenin Mao*«, die als nackte Frauen erscheinen und alle gleichzeitig jeder in seiner Sprache, den Text sprechen »ES GILT ALLE VERHÄLTNISSE UMZUWERFEN, IN DENEN DER MENSCH ... « unterdrückt wird.

> HAMLET DER DÄNE PRINZ UND WURMFRASS STOLPERND
> VON LOCH ZU LOCH AUFS LETZTE LOCH ZU LUSTLOS
> IM RÜCKEN DAS GESPENST DAS IHN GEMACHT HAT
> GRÜN WIE OPHELIAS FLEISCH IM WOCHENBETT
> UND KNAPP VORM DRITTEN HAHNENSCHREI ZERREISST
> EIN NARR DAS SCHELLENKLEID DES PHILOSOPHEN
> KRIECHT EIN BELEIBTER BLUTHUND IN DEN PANZER

Mit seinem Akt der Gewalt – wiederum gegen Frauen – ist Hamlet, der Intellektuelle, zum Verräter an der Revolution und an der Menschheit geworden: »Schnee. Eiszeit«. Die Dominanz des männlichen – logo- und phallozentrischen, sich mit dem Vater identifizierenden, gewalttätigen – Ich in der Geschichte hat die Menschheit in die Katastrophe geführt. Auf eine Zukunft ist nicht zu hoffen.

Diesem Hamlet wird Ophelia gegenübergestellt. Seinen drei- bis vierseitigen Szenen folgt jeweils eine kurze, halbseitige Ophelia-Szene. Hamlets distanziertem »Ich war Hamlet« setzt Ophelia ihr entschiedenes »Ich bin Ophelia« entgegen. Die erste Ophelia-Szene trägt den Titel DAS EUROPA DER FRAU. Ort der Handlung: »*Enormous room*«, der das französische Gefangenenlager im Ersten Weltkrieg aus dem gleichnamigen Roman von E.E. Cummings aufruft. Ophelia unternimmt den Ausbruch aus ihrem Gefängnis, aus ihrer jahrtausendealten Rolle der von Männern zerstörten und an ihrer Zerstörung selbst mitarbeitenden Frau, mit der sie sich am Anfang vollkommen identifiziert: »Ich bin Ophelia. Die der Fluß nicht behalten hat. Die Frau am Strick Die Frau mit den aufgeschnittenen

Pulsadern Die Frau mit der Überdosis AUF DEN LIPPEN SCHNEE Die Frau mit dem Kopf im Gasherd.«

Als Ophelia erkennt, daß ihr Körper ihr gehört, als sie sich weigert, weiter an ihrer Selbstzerstörung mitzuarbeiten, beginnt ihre Selbstbefreiung: »Gestern habe ich aufgehört mich zu töten. Ich bin allein mit meinen Brüsten meinen Schenkeln meinem Schoß.« Sie vermag jetzt ihr Gefängnis zu zerschlagen: »Ich zerstöre das Schlachtfeld das mein Heim war« und sich von jeglicher Fremdbestimmung zu befreien: »Ich grabe die Uhr aus meiner Brust die mein Herz war. Ich gehe auf die Straße, gekleidet in mein Blut.«

Das Bild der Uhr ist von besonderem Symbolgehalt. Zum einen zeigt es den Grad der Fremdbestimmung an, unter der Ophelia zu leiden hatte: sie hat das Instrument der mechanischen Zeitmessung, auf der die moderne Zivilisation der Industriegesellschaften aufbaut, so vollkommen internalisiert, daß es – als ihr Herz – ihren Lebensrhythmus bestimmt. Indem Ophelia die Uhr aus ihrer Brust gräbt, befreit sie ihren Organismus vom Diktat der Maschine. Hamlet dagegen wünscht sich: »Ich will eine Maschine sein«. Zum anderen spielt dieser Befreiungsakt auf Benjamins *Geschichtsphilosophische Thesen* an:

Das Bewußtsein, das Kontinuum der Geschichte aufzusprengen, ist den revolutionären Klassen im Augenblick ihrer Aktion eigentümlich. Die große Revolution führte einen neuen Kalender ein. Der Tag, mit dem ein Kalender einsetzt, fungiert als ein historischer Zeitraffer. Und es ist im Grunde genommen derselbe Tag, der in Gestalt der Feiertage, die Tage des Eingedenkens sind, immer wiederkehrt. Die Kalender zählen die Zeit also nicht wie die Uhren. Sie sind Monumente eines Geschichtsbewußtseins, von dem es in Europa seit hundert Jahren nicht mehr die leisesten Spuren zu geben scheint. (XV)

Der Zusammenhang mit den *Geschichtsphilosophischen Thesen* erweist Ophelias Selbstbefreiung als einen revolutionären Akt, der das Kontinuum der Geschichte aufsprengt. Mit ihm beginnt eine neue Zeitrechnung. Indem Ophelia sich von ihrer Rolle als von Männern unterdrückte, mißbrauchte und zerstörte Frau lossagt, von der Rolle des Opfers, verweigert sie sich der »väterlichen« Geschichte, die auf der Kontinuität von Tätern und Opfern beruht. Ihre Selbstbefreiung führt sie daher »auf die Straße« – hin zu den revolutionären Massen. Hamlet dagegen wird in der vierten Szene die aufständischen Massen auf der Straße zurücklassen und beschließen: »Ich gehe nach Hause«. Während Hamlet in der Identifikation mit seinem Vater wider besseres Wissen die Gewalttaten der Vergangenheit wiederholt, welche die Kontinuität der Geschichte garantieren, sprengt Ophelia sie auf und entfacht so den Funken der Hoffnung.

Hamlet und Ophelia repräsentieren dergestalt eine Reihe von Oppositionen wie: männlich – weiblich; Täter – Opfer; Logos (der Intellektuelle) – Physis (der mißbrauchte, gefolterte Körper); konterrevolutionär – revolutionär; vergangenheitsbezogen – zukunftsbezogen.

In der dritten, SCHERZO betitelten Szene wird eine Vertauschung der Kategorien angedeutet: Die toten Frauen aus dem »Ballett« der toten Frauen wie »*Die Frau am Strick Die Frau mit den aufgeschnittenen Pulsadern usw.*« reißen Hamlet die Kleider vom Leib – wie Orsina aus *Emilia Galotti* es erträumt hatte:

> welch eine himmlische Phantasie! Wann wir einmal alle – wir, das ganze Heer der Verlassenen – wir alle in Bacchantinnen, in Furien verwandelt, wenn wir alle ihn unter uns hätten, ihn unter uns zerrissen, zerfleischten, sein Eingeweide durchwühlten – um das Herz zu finden, das der Verräter einer jeden versprach, und keiner gab! Ha! das sollte ein Tanz werden! das sollte!   (IV,7)

– Hamlet »will eine Frau sein«, »*zieht Ophelias Kleider an*« und »*Ophelia schminkt ihm eine Hurenmaske*«.

Eine solche Umkehrung der Kategorien hatte in *Leben Gundlings* eine geradezu dionysische, welterneuernde Kraft entbunden: Emilia Galotti und Nathan der Weise rezitieren Schlüsselstellen aus ihren Rollen (»Gewalt! Gewalt! Wer kann der Gewalt nicht trotzen?« usw. bzw. den Schluß der Ringparabel).

> Polizeisirene. Emilia und Nathan vertauschen ihre Köpfe, entkleiden umarmen töten einander. Weißes Licht. Tod der Maschine auf dem Elektrischen Stuhl. Bühne wird schwarz.
> Stimme (+ Projektion): STUNDE DER WEISSGLUT TOTE BÜFFEL AUS DEN CANYONS GESCHWADER VON HAIEN ZÄHNE AUS SCHWARZEM LICHT DIE ALLIGATOREN MEINE FREUNDE GRAMMATIK DER ERDBEBEN HOCHZEIT VON FEUER UND WASSER MENSCHEN AUS NEUEM FLEISCH LAUTREAMONTMALDOROR FÜRST VON ATLANTIS SOHN DER TOTEN   (*Herzstück*, 36)

Geschlechtertausch, Paarung und Tötung Emilias/Nathans wird von den Bildern der Projektion als kosmische Hochzeit (»Hochzeit von Feuer und Wasser«) ausgewiesen, welche »Menschen aus neuem Fleisch« hervorbringen wird. Vollzogen in der »Stunde der Weißglut« und nach der »Grammatik der Erdbeben« – den traditionellen Symbolen der Göttererscheinung – eignet dem Akt eine utopische Dimension, die durch den »Fürsten von Atlantis« noch zusätzliche Beglaubigung erfährt. Diese Utopie bezieht sich zum einen auf den apokalyptischen Untergang der alten Welt im »Tod der Maschine«, andererseits im Aufgang einer neuen, heraufgeführt vom »Menschen aus neuem Fleisch«. Die Umkehrung der oppositiven Kategorien durch Emilias/Nathans Geschlechtertausch (Zerreißung), Paarung, Tod setzt ein ungeheures utopisches Potential frei.

In der *Hamletmaschine* dagegen findet keine tatsächliche Umkehrung/Verwandlung statt. Reduziert auf einen bloßen Kleider- und Rollentausch, erscheint sie als ein »scherzhaftes« Intermezzo zwischen Hamlets Gewalttat an seiner Mutter und seinem Verrat an der Revolution. Das Licht der Theophanie am Ende der Szene geht von der Madonna mit dem Brustkrebs aus: »*Brustkrebs strahlt wie eine Sonne.*«

Die letzte Szene, nach der »Eiszeit«, trägt als Titel ein Hölderlin-Fragment aus seinem Spätwerk: »WILDHARREND / IN DER FURCHTBAREN RÜSTUNG / JAHRTAUSENDE«. Sie spielt in der »*Tiefsee [...] Fische Trümmer Leichen und Leichenteile treiben vorbei*«. Raum- und Zeitangaben sind änigmatisch: Meinen »Jahrtausende« und »Tiefsee« eine Rückkehr zu mythischen Zeiten und Räumen? Das Aufgehen von Geschichte in Natur? Oder sind sie eine Projektion der vierdimensionalen »Raumzeit«, wie die moderne Physik sie beschreibt: die absolute, meßbare, für alle gleich gültige Zeit ist aufgehoben, und »jedes Individuum [hat] sein eigenes Zeitmaß, das davon abhängt, wo es sich befindet und wie es sich bewegt«?[13] Ist mit »Tiefsee« das untergegangene Atlantis zu assoziieren oder eher das Wasser als Symbol der Seele und des Unterbewußten, des vorgeburtlichen Zustandes und des Weiblichen?

In dieser polyvalenten Szenerie verkündet Ophelia ihre revolutionäre Botschaft, den geschundenen Körper ihrer geschichtlichen Existenz unbeweglich im Rollstuhl, damit Hamm aus Becketts *Endspiel* aufrufend, »*während zwei Männer in Arztkitteln sie und den Rollstuhl von unten nach oben in Mullbinden schnüren*«:

---

13 Stephen W. Hawking, *Eine kurze Geschichte der Zeit*, Reinbek bei Hamburg 1988, S. 51.

Hier spricht Elektra. Im Herzen der Finsternis. Unter der Sonne der Folter.
An die Metropolen der Welt. Im Namen der Opfer. Ich stoße allen Samen
aus, den ich empfangen habe. Ich verwandle die Milch meiner Brüste in
tödliches Gift. Ich nehme die Welt zurück, die ich geboren habe. Ich er-
sticke die Welt, die ich geboren habe, zwischen meinen Schenkeln. Ich
begrabe sie in meiner Scham. Nieder mit dem Glück der Unterwerfung.
Es lebe der Haß, die Verachtung, der Aufstand, der Tod. Wenn sie mit
Fleischermessern durch eure Schlafzimmer geht, werdet ihr die Wahrheit wissen.

Ophelia hat sich in Elektra verwandelt. Die lebengebenden und
-erhaltenden Organe ihres Körpers, mit denen sie in Szene 2 zum
ersten Mal »allein« war, nachdem die Männer sie immer wieder
mißbraucht hatten – Brüste, Schenkel, Schoß –, sind zu Instrumen-
ten der Vernichtung geworden. Wie Medea aus *Medeamaterial* nimmt
Ophelia/Elektra »die Welt zurück«, die sie »geboren hat«. Der Weg
des menschlichen Lebens im Tod wiederholt den der Geburt (ähnlich
wie in Schechners Geburts- und Todesritual in *Dionysus in 69*).
Ophelia vollzieht die radikale Umkehrung, zu der Hamlet in
SCHERZO nicht fähig war. Sie verkündet den totalen Bruch mit
der Vergangenheit, die absolute Diskontinuität. Ihre Botschaft richtet
sich an die »Metropolen der Welt«, an die Industriegesellschaften.
Sie spricht im Namen der Opfer – der Frauen, der ausgebeuteten
Massen, der unterdrückten Völker der Dritten Welt. Und sie spricht
in die Zukunft hinein: »[...] werdet ihr die Wahrheit wissen«. Damit
erhebt sich unabweisbar die Frage, ob bzw. wie weit die Verkün-
digung ihrer »guten Botschaft« der Diskontinuität imstande ist, utopisches Potential freizusetzen.

Die *Hamletmaschine* ist verschiedentlich als »Heiner Müllers Endspiel« bezeichnet worden: Ophelia bleibt am Schluß allein auf der
Bühne, stumm und »*reglos in der weißen Verpackung*«. Ihr revolutio-
närer Impuls wird von Männern, die den mit der Zwangsjacke han-
tierenden Irrenärzten aus *Leben Gundlings* ähneln, erstickt und zum
Schweigen gebracht. Am Ende steht das Mißlingen.

Diese Interpretation übersieht grundlegende Differenzen. Wohl
rechnen das *Endspiel* und die *Hamletmaschine* mit der abendländischen Geschichte bis hin zur letzten Katastrophe ab. Aber während
im *Endspiel* die Zeit leerläuft, eignet ihr in der *Hamletmaschine* eine
nicht zu unterdrückende futurische Dimension. In diesem Sinne
könnte die Einschnürung am Schluß auch als Verlarvung bzw. Ver-
puppung gelesen werden und damit als ein Versprechen auf die

Zukunft. Andererseits verwirklicht Ophelias Botschaft selbst bereits eine Utopie: Während in Hamlets Reden die vielen Zitate und Anspielungen aus/auf andere(n) Texte(n) deutlich markiert sind und die Einheit seiner Rede nur unter Rekurs auf das sprechende Subjekt – seine Situation, Intention, Reflexion – hergestellt werden kann, gehen in Ophelias Rede die verschiedenen Zitate mit ihren »eigenen« Worten eine bruchlose Einheit ein: »Im Herzen der Finsternis« zitiert Joseph Conrads Novelle *Heart of Darkness*, die von der Fahrt des jungen Kapitäns Marlow ins Innere Zentralafrikas handelt und die Fahrt ins »Herz« des »dunklen« Kontinents als Entdeckungsreise ins Halb- und Unterbewußte darstellt; »Unter der Sonne der Folter« zitiert aus Sartres Vorwort zu Franz Fanons *Die Verdammten dieser Erde*; »Wenn sie mit Fleischermessern durch eure Schlafzimmer geht, werdet ihr die Wahrheit wissen« ist dem Zeugenbericht der Anarchistin Susan Atkins entnommen, die ein Mitglied der Manson-»Familie« war; zugleich weist dies Zitat Anklänge an Rosa Luxemburgs »Ich war, ich bin, ich werde« auf, mit dem sie einen 1919 in der »Roten Fahne« publizierten Aufsatz abschloß. Auf Rosa Luxemburg, ihre Ermordung und Ertränkung im Landwehrkanal kann »Tiefsee« natürlich auch anspielen.

Ophelias Rede präsentiert sich als ein polyphoner Text, in dem die Autoren verschwunden sind. »Arbeit am Verschwinden des Autors ist Widerstand gegen das Verschwinden des Menschen.« Ophelias Rede realisiert dergestalt die Utopie vom »universalen Diskurs, der nichts ausläßt und niemanden ausschließt« (1979)[14]. Sie ist selbst Vor-Schein einer besseren Zukunft – ebenso wie ihr nachfolgendes Schweigen.

Nicht zuletzt endlich ist der Schluß – wie der gesamte Text – zum Leser/Zuschauer hin offen und vermag daher in ihm sein utopisches Potential zu entfalten. Denn das »Drama entsteht ja nicht auf der Bühne, findet nicht auf der Bühne statt, sondern zwischen Bühne und Zuschauerraum.« Das Theater »lebt aus der Spannung zwischen Bühne und Zuschauerraum, von der Provokation der Texte« (*Rotwelsch*, 110/92).

Seit der Uraufführung der *Hamletmaschine* durch Jean Jourdheuil (am 30. Januar 1979 im Théâtre Gérard Phillipe, Saint-Denis) haben sich die Bühnen schwergetan mit dem Stück. Immer wieder haben

---

14 Heiner Müller, *Rotwelsch*, Berlin 1982, S. 98.

sie versucht, den Text szenisch zu illustrieren – vergebens, wie sich denken läßt. Erst Robert Wilson hat mit derartigen unangemessenen Bebilderungsversuchen Schluß gemacht. In seiner New Yorker und Hamburger Inszenierung der *Hamletmaschine* mit Studenten bzw. Schauspielschülern (im Juni und November 1986) hat er in Übereinstimmung mit seinen ästhetischen Prinzipien den Text von den Figuren abgekoppelt.

> Indem er den Text nicht szenisch illustriert, sondern ihm seine sehr amerikanische Figuren-(Unter-)-Welt entgegenstellt, bringt [er] das Gesagte zu Gehör und Gehirn. Der Text ereignet sich in einem Klangraum, von dem meistens nicht genau auszumachen ist, ob er direkt oder über Mikroport und Lautsprecher erzeugt ist. Er wird nur ausnahmsweise von einer Figur direkt, ohne elektroakustischen Umweg ausgesprochen. Er ereignet sich nicht visuell, sondern akustisch. Darin mit großer Klarheit und Plastizität. Alle kursiven Wendungen des Textes, die von anderen Inszenatoren (mit unzulänglichem Resultat) für szenische Anweisungen gehalten wurden, werden nur gesprochen, z.B.: »Hamlet zieht Ophelias Kleid an, Ophelia schminkt ihre eine Hurenmaske [...].« Nur ein einziger dieser kursiven Sätze bleibt unausgesprochen, non-verbal. Er wird szenisch vollzogen: ein Figurant hält das einviertelquadratmeter-große Foto des Autors Heiner Müller vor sich hin, zerreißt es exakt in der Mitte, von oben nach unten [...] Der Text wird akustisch inszeniert: durch Wiederholungen, Übereinanderschieben. Es nehmen im schrecklichen Verlauf die Ton-Verzerrungen zu. Das Fingerkratzen der drei Beauties auf dem Metalltisch dringt so in den Text ein: »Mit meinen blutenden Händen zerreiße ich die Fotografien der Männer, die ich geliebt habe und die mich gebraucht haben auf dem Bett auf dem Tisch auf dem Stuhl auf dem Boden« (Ophelia, Szene 2).
> An solchen Stellen korrespondieren die amerikanische Nacht der Wilson-Bilder und der bitter-deutsche Text Müllers; in der Hauptsache aber erhellt sich die düster-dunkle *Hamletmaschine* nicht durch die Figuren und ihre exerzierten Bewegungen, sondern durch den langsamen, klaren, häufig Sätze wiederholenden, sie plastisch machenden Textvortrag.[15]

Robert Wilson, der von sich behauptet: »Ich verstehe den Text von Heiner Müller nicht«, stimmt offenbar in wesentlichen Momenten mit Heiner Müller überein, der gesteht: »Die Sachen, die ich sage, will und kann ich nicht mehr an Figuren festmachen [...] Es wird immer beliebiger, wer was sagt oder spielt.« (*Rotwelsch*, 185)

Heiner Müller und Robert Wilson haben zum ersten Mal 1984 bei Wilsons Kölner Produktion seines Mammutvorhabens the CIVIL

---

15 Henning Rischbieter, Deutschland, Ein Wilsonmärchen, in: *Theater heute* 12, 1986, S. 5/6.

warS zusammengearbeitet. Für Akt IV, Szene A stellte Heiner Müller das Textmaterial zusammen, das nahezu ausschließlich aus Zitaten bestand: aus einem Brief Friedrich Wilhelms I. von Preußen an seinen Sohn (den späteren Friedrich den Großen), aus *Hamlet*, aus Kafkas *Brief an den Vater*, aus *Timon von Athen*, aus *Phädra*, dem *Erlkönig*, dem *Empedokles*, aus Texten Wilsons, Naita di Niscemis und immer wieder aus seinen eigenen Texten – dem *Vater* (1958), dem *Leben Gundlings*, aus *Mauser* (1970) und dem *Auftrag* (1979). Nur im achten Bild, der Sterbeszene (Tod Friedrichs des Großen) wurde von diesem Prinzip abgewichen: hier wurden die Namen von Schlachtfeldern, Bombenzielen, Konzentrationslagern und Gefängnissen aufgezählt, die in der deutschen Geschichte eine traurige Berühmtheit erlangt haben. Das Textmaterial war so ausgewählt und zusammengestellt, daß es in immer neuen Facetten die »väterliche Gewalt« und die Identifikation des Sohnes mit dem gewalttätigen Vater als verhängnisvolle Wirkungsfaktoren in der Geschichte, speziell in der deutschen Geschichte beleuchtete. Diese Texte wurden von Wilson mit den unterschiedlichsten Bildern konfrontiert: einer Riesenschildkröte im Wasser, einer arktischen Landschaft und einem Raumschiff, Vulkanen und tanzenden Bären, einer Reihe von Gesichtern, Friedrich dem Großen unter einem Stuhl, einem Mann und einer Frau an einer Bar, einem fliegenden Adler, zusammenstürzenden Häusern und lächelnden Männern, einem Boot, einer Folge von Zahlen. Zwischen dem Text und den Bildern ließ sich ein Zusammenhang nicht herstellen.

Die wichtigsten ästhetischen Prinzipien Wilsons seit seinen frühesten Arbeiten Ende der sechziger, Anfang der siebziger Jahre bestehen in der Abkoppelung der gesprochenen Texte sowohl von den gleichzeitig ablaufenden szenischen Vorgängen als auch von den Körpern der Schauspieler (die gesprochenen Texte werden meist vom Band gespielt oder zumindest elektronisch verstärkt); in einer enormen Verlangsamung der Bewegungen der Schauspieler bis hin zur prononcierten Form einer *slow motion* sowie in einer »Gleichstellung« der Körper der Schauspieler mit den übrigen auf der Bühne präsentierten Objekten. Die Schauspieler stellen keine Figuren dar und spielen keine Rollen mehr. Der Körper des Schauspielers wird Teil eines traumhaft vorbeiziehenden Bildes, das keine semantische Einheit ergibt.

Damit wird dem Zuschauer die Möglichkeit eröffnet, die Büh-
nenvorgänge – ähnlich wie seine eigenen Traumbilder – als eine
eigenartige, zunächst fremde Welt staunend wahrzunehmen, deren
Elemente wohl vertraut erscheinen, ohne sich jedoch miteinander
zu einer übergeordneten Sinneinheit verbinden zu lassen. Wenn
der Zuschauer sich auf die konkreten Gegebenheiten dieser Welt
ohne Hast und ohne den Drang, allem sofort eine Bedeutung bei-
legen zu müssen, einläßt, können assoziative Verknüpfungen in
ihm neue Erfahrungen auslösen und bisher unbekannte Sinnpoten-
tiale aufschließen.

Heiner Müller hat offensichtlich in Wilsons Arbeiten grundlegende Prinzipien seiner eigenen Ästhetik wiedererkannt. In einer Notiz
über Wilsons Theater schreibt er:

> Robert Wilson kommt aus dem Raum, in dem Ambrose Bierce verschwun-
> den ist, nachdem er die Schrecken des Bürgerkriegs gesehen hatte. Der
> Wiedergänger hat den Schrecken unter der Haut. Sein Theater ist die
> Auferstehung. Die Befreiung der Toten findet in Zeitlupe statt. Mit der
> Weisheit der Märchen, daß die Geschichte der Menschheit von der Ge-
> schichte der Tiere, Pflanzen, Steine, Maschinen nicht mehr getrennt wer-
> den kann außer um den Preis des Untergangs, formuliert CIVIL warS
> das Thema der Epoche: Krieg der Klassen und Rassen, Arten und Ge-
> schlechter, Bürgerkrieg in jedem Sinn. Auf dieser Bühne hat Kleists Ma-
> rionettentheater einen Spielraum, Brechts episches Theater einen Tanz-
> platz. Eine Kunst ohne Anstrengung, der Schritt pflanzt den Weg. Der
> tanzende Gott ist die Marionette, sein/ihr Tanz entwirft den Menschen
> aus neuem Fleisch, der aus der Hochzeit von Feuer und Wasser geboren
> wird, von der Rimbaud geträumt hat. Wie der Apfel vom Baum der Er-
> kenntnis noch einmal gegessen werden muß, damit der Mensch den
> Stand der Unschuld wiederfindet, muß der babylonische Turm neu gebaut
> werden, damit die Verwirrung der Sprachen ein Ende hat. A TREE IS
> BEST MEASURED WHEN IT IS DOWN. Aber die abgehauenen Wälder
> wachsen unter der Erde fort. Der Lärm der Börse wird das Schweigen
> der Bühne nicht überdauern, das der Grund ihrer Sprache ist. Wenn die
> Panther zwischen den Schaltern der Weltbank spazierengehen und die
> Adler im Gleitflug die Banner der Trennung zerreißen, wird das Theater
> der Auferstehung seine Bühne gefunden haben. A TREE IS BEST MEAS-
> URED WHEN IT IS DOWN.

Die Zusammenarbeit mit Robert Wilson an den *CIVIL warS* hat im
nachfolgenden Werk Heiner Müllers deutliche Spuren hinterlassen
– seine theatralische Praxis hat sich weiter radikalisiert. In *Bildbeschreibung* (1985) werden in der Tat »die Sachen, die ich da sage,
[...] nicht mehr an Figuren« festgemacht. Der ausdrücklich für das

Theater bestimmte Text präsentiert sich als ein zusammenhängender Prosatext ohne Abschnitte und Punkte, lediglich durch Kommata und Doppelpunkte gegliedert. Ihm sind weder Personen- noch Ortsangaben beigefügt.

Der Text geht von einer kolorierten Zeichnung aus, die eine bulgarische Bühnenbildstudentin angefertigt hat – insofern ist er tatsächlich dem Genre »Bildbeschreibung« zuzuordnen –, und zitiert ausgiebig Bildwerke der surrealistischen Tradition, so u.a. René Magrittes »Decalcomania«, »Domäne von Arnheim«, »Plaisir«. Dem Text nachgestellt findet sich die Notiz: »BILDBESCHREIBUNG kann als eine Übermalung der ALKESTIS gelesen werden, die das Nospiel KUMASAKA, den 11. Gesang der ODYSSEE, Hitchcocks VÖGEL und Shakespeares STURM zitiert«.[16]

Indem *Bildbeschreibung* exzessiv fremde Bilder und Texte aufruft, ohne die »Zitate« im Text jeweils zu markieren, erscheint sie einerseits selbst als Verwirklichung jenes »universalen Diskurses, der nichts ausläßt und niemanden ausschließt«, eines Diskurses, der mit einer Stimme spricht und so die einzelnen »Autoren« zum Verschwinden bringt. Ein neuer Textkörper ist aus den Bruchstücken fremder Texte – aus dem zerstückelten Textcorpus der abendländischen Kultur – wiedergeboren.

Andererseits ist das Textmaterial so organisiert, daß *Bildbeschreibung* sich als Reflexion auf die das Theater konstituierende Beziehung »zwischen Bühne und Zuschauerraum« lesen läßt. Indem der Text sich als Beschreibung eines Bildes deklariert, definiert er den Rezeptionsprozeß als einen Produktionsprozeß: das Rezipieren des Bildes vollzieht sich als Produktion eines Textes, in der die Simultaneität des Bildes in sprachliche Sukzession umgesetzt, der Bildraum verzeitlicht wird. Die Einheit von Rezeption und Produktion schafft dergestalt die Einheit von Raum und Zeit, die Raumzeit.

Das Theater, das in dieser Raumzeit spielt, führt – frei von jeglicher Chronologie – die ewige Wiederkehr der Toten vor, den »vielleicht täglichen Mord« des Mannes »an der vielleicht täglich auferstehenden Frau« (11); »das Bild einer Versuchsanordnung, die Roheit des Entwurfs ein Ausdruck der Verachtung für die Versuchstiere Mann, Vogel, Frau, die Blutpumpe des täglichen Mords,

---

16 Heiner Müller, *Bildbeschreibung,* in: derselbe, *Shakespeare Factory* 1, Berlin 1985, S. 7–14, S. 14.

Mann gegen Vogel und Frau, Frau gegen Vogel und Mann, Vogel gegen Frau und Mann, versorgt den Planeten mit Treibstoff, Blut die Tinte, die sein papiernes Leben mit Farben beschreibt, auch sein Himmel von Bleichsucht bedroht durch die Auferstehung des Fleisches« (13). Das Theater perpetuiert für alle Zeit die Vergangenheit durch die ewige Wiederholung der immer gleichen Gewalttat. Erlösung kann nur durch Unterbrechung der Kontinuität eintreten: »gesucht: die Lücke im Ablauf, das Andre in der Wiederkehr des Gleichen, das Stottern im sprachlosen Text, das Loch in der Ewigkeit, der vielleicht erlösende FEHLER« (13). Ein solcher Fehler könnte durch einen »zerstreuten Blick des Mörders« verursacht werden, »wenn er den Hals des Opfers auf dem Stuhl mit den Händen, mit der Schneide des Messers prüft«, oder durch ein »Lachen der Frau, das einen Blick lang den Würgegriff lockert, die Hand mit dem Messer zittern macht«; dann geschähe vielleicht der »Sturzflug des Vogels, vom Blinken der Schneide angelockt, Landung auf dem Schädeldach des Mannes, zwei Schnabelhiebe rechts und links, Taumel und Gebrüll des Blinden, Blut sprühend im Wirbel des Sturms, der die Frau sucht« (13f.). Dieser Fehler, der abrupt die Kontinuität der ewigen Wiederholung unterbräche, würde dem Zuschauer seine Chance eröffnen: »Angst, daß der Fehler während des Blinzelns passiert, der Sehschlitz in die Zeit sich auftut zwischen Blick und Blick, [...] blitzhafte Verunsicherung in der Gewißheit des Schrecklichen: der MORD ist ein Geschlechtertausch, FREMD IM EIGNEN KÖRPER, das Messer ist die Wunde, der Nacken das Beil« (14). Die produktive Umkehrung, die in der *Hamletmaschine* Ophelia und im *Leben Gundlings* Emilia und Nathan vollziehen, ist hier Leistung des Rezipienten. »Die erste Erscheinung des Neuen [ist] der Schrecken« (*Rotwelsch*, 98). Und indem der Rezipient sich die Frage stellt: »wer ODER WAS fragt nach dem Bild«, wird er fähig, sich selbst in die zukunftsentbindende Umkehrung einzubeziehen: »IM SPIEGEL WOHNEN, ist der Mann mit dem Tanzschritt ICH, mein Grab sein Gesicht, ICH die Frau mit der Wunde am Hals, rechts und links in Händen den geteilten Vogel, Blut am Mund, ICH der Vogel, der mit der Schrift seines Schnabels dem Mörder den Weg in die Nacht zeigt, ICH der gefrorene Sturm« (14). Die dionysisch-verwandelnde »Zerreißung des Individuums« wird im Akt der Rezeption vollzogen; er löst die Einheit des Ich – des Rezipienten – auf und setzt es mit dem Mann, der Frau, dem Vogel, dem Sturm in eins. Der Rezipient wird Teil des Rezipierten, dem er sich – zerstückelt – integriert, in dem er verschwindet. Auf diese Weise bereitet der Rezeptionsakt die »Hochzeit von Feuer und Wasser« vor, die den »Menschen aus neuem Fleisch« hervorbringen wird.

»Ich schreibe in einer anderen Zeit als der, in der ich lebe« (*Rotwelsch*, 79). Deshalb – oder dennoch – hat Heiner Müller es sich versagt, den »neuen Menschen« als zum jetzigen Zeitpunkt bereits mögliche Realität zu entwerfen, wie es Grotowski und das rituelle Theater der amerikanischen Avantgarde mit der Aufführung als *rite de passage* versucht haben. Die Geburt des »neuen Menschen«, von dem das Theater seit Beginn des Jahrhunderts kündet, kann auch gegenwärtig nur als ästhetischer Vor-Schein im Prozeß des Rezipierens-Produzierens vorweggenommen werden. »Theater ist eine Projektion in die Utopie oder es ist nicht besonders« (*Rotwelsch*, 92).

Literaturverzeichnis

4. Kapitel

Affron, Ch., A Stage for Poets. Studies in the theatre of Hugo and Musset, Princeton 1971

Anton, H., Büchners Dramen. Topographien der Freiheit, Paderborn 1975

Arnold, H.L. (Hrsg.), Georg Büchner, 2 Bde. (Sonderband Text und Kritik), München 1979

Barricelli, J.-P. (Hrsg.), Chekhov's Great Plays. A Critical Anthology, New York 1981

Bauer, R., La réalité, royaume de Dieu. Etudes sur l'originalité du théâtre viennois dans la première moitié du 19ième siècle, München 1965

Bayerdörfer, H.-P., Strindberg auf der deutschen Bühne: eine exemplarische Rezeptionsgeschichte der Moderne in Dokumenten (1890–1925), Neumünster 1983

Behrmann, A.; Wohlleben, J., Büchner: Dantons Tod. Eine Dramenanalyse, Stuttgart 1980

Benedetti, J., Stanislavski: An Introduction, New York 1982

Berendsohn, W.A., Strindberg, Amsterdam 1974

Blackstone, B., Byron: A Survey, London 1975

Blöcker, G., Heinrich von Kleist oder das absolute Ich, 2. Aufl. Berlin 1960

Boerge, V., Strindberg. Prometheus des Theaters, Wien/München 1974

Brinckmann, Ch., Drama und Öffentlichkeit in der englischen Romantik, Frankfurt a.M. 1977

Bruford, W.H., Anton Chekhov, New Haven 1957

Bryan, G.B., An Ibsen Companion. A Dictionary-Guide to the Life, Works and Critical Reception of Ibsen, Westport, Conn./Greenwood 1984

Buss, R., Vigny's »Chatterton«, London 1984

Carlson, H.G., Strindberg and the Poetry of Myth, Berkeley/Los Angeles/New York 1982

Carlsson, A., Ibsen, Strindberg, Hamsun. Essays zur skandinavischen Literatur, Kronberg/Ts. 1978

Castex, P.G., Etudes sur le théâtre de Musset, Paris 1979

Chahine, S., La Dramaturgie de Victor Hugo, Paris 1981

Chamberlain, J., Ibsen: the Open Vision, London 1982

Clarke, C.M., Byron's Plays, Diss. Univ. of Toronto 1979

Curran, S., Shelley's »Cenci«. Scorpions Ringed with Fire, Princeton 1970

Denkler, H., Restauration und Revolution. Politische Tendenzen im deutschen Drama zwischen Wiener Kongreß und Märzrevolution, München 1973

Dlugosch, I., Anton Pavlovič Čechov und das Theater des Absurden, München 1977

Durbach, E., Ibsen and the Theatre. The Dramatist in Production, New York/London 1980

Egan, M. (Hrsg.), H. Ibsen. The critical heritage, London 1972

Ehrstine, J.W., The Metaphysics of Byron: a reading of the plays, The Hague 1976

Eichler, R., Poetic Drama. Die Entdeckung des Dialogs bei Byron, Shelley, Swinburne und Tennyson, Heidelberg 1977

Ellis, J.M., Heinrich von Kleist. Studies in the Character and Meaning of His Writing, Chapel Hill 1979

Fletcher, R.M., English Romantic Drama 1795–1843. A Critical History, New York 1966

Fricke, G., Gefühl und Schicksal bei Heinrich von Kleist. Studien über den inneren Vorgang im Leben und Schaffen des Dichters, 2. Aufl. New York 1971

Friese, W. (Hrsg.), Ibsen auf der deutschen Bühne. Texte zur Rezeption, Tübingen 1976

Gans, E.L., Musset et le »drame tragique«. Essai d'analyse paradoxale, Paris 1974

Gochberg, H.S., Stage of Dreams. The Dramatic Art of A. de Musset, Genf 1967

Goltschnigg, D. (Hrsg.), Materialien zur Rezeptions- und Wirkungsgeschichte Georg Büchners, Kronberg/Ts. 1974

Graham, I., Heinrich von Kleist. Word into Flesh: A Poet's Quest for the Symbol, Berlin/New York 1977

Hahn, B., Chekhov. A Study of the Major Stories and Plays, London/New York/Melbourne 1977

Hannemann, B., Nestroy. Nihilistisches Welttheater und verflixter Kerl. Zum Ende der Wiener Komödie, Bonn 1977

Harding, L.V., The dramatic art of Raimund and Nestroy. A critical study, The Hague/Paris 1974

Hein, J., Ferdinand Raimund, Stuttgart 1970

–, Das Wiener Volkstheater. Raimund und Nestroy, Darmstadt 1978

Hermand, J.; Windfuhr, M. (Hrsg.), Zur Literatur der Restaurationsepoche 1815–1848, Stuttgart 1970

Hinderer, W., Büchner-Kommentar zum dichterischen Werk, München 1977

– (Hrsg.), Kleists Dramen. Neue Interpretationen, Stuttgart 1981

Holz, H.H., Macht und Ohnmacht der Sprache. Untersuchungen zum Sprachverständnis und Stil Heinrich von Kleists, Frankfurt a.M. 1962

Hornby, R., Patterns in Ibsen's Middle Plays, Lewisburg 1981

Hoverland, L., Heinrich von Kleist und das Prinzip der Gestaltung, Königstein/Ts. 1978

Hristić, J., Le Théâtre de Tchékhov, Lausanne 1982

Hübner, F., Die Personendarstellung in den Dramen Anton P. Čechovs, Amsterdam 1971

Jacobsen, S.A., Shelley's Idea of Tragedy and the Structure of »The Cenci«, Diss. Purdue Univ. 1977

Jancke, G., Georg Büchner: Genese und Aktualität seines Werks. Einführung in das Gesamtwerk, Kronberg/Ts. 1975

Kirk, I., Anton Chekhov, Boston 1981

Klotz, V., Bürgerliches Lachtheater, München 1980

Knapp, G., Georg Büchner, 2., neu bearb. Aufl. Stuttgart 1984

Kommerell, M., Geist und Buchstabe, 4. Aufl. Frankfurt a.M. 1956

Kroeber, K.; Walling, W. (Hrsg.), Images of Romanticism: Verbal and Visual Affinities, New Haven/London 1978

Laffitte, S., Tchékhov par lui-même, Paris 1955

Lagercrantz, O., Strindberg, Frankfurt a.M. 1984

Lawson, T.J., Structural Patterns in the Plays of Musset, Diss. Cambridge/Mass. 1972/73

Lefebvre, H., Alfred de Musset dramaturge, Paris 1955

Lessenich, R.P., Lord Byron and the Nature of Man, Köln/Wien 1978

Lindenberger, H., Historical Drama. The Relation of Literature and Reality, Chicago/London 1975

Lucas, F.L., The Drama of Ibsen and Strindberg, London 1962

Lunin, H., Strindbergs Dramen, Emsdetten 1962

Magarshak, D., Chekhov the Dramatist, London 1980

Martin, Ph.W., Byron: A Poet Before His Public, Cambridge 1982

Masson, B., Musset et le théâtre intérieur, Paris 1974

Mautner, F.H., Nestroy, Heidelberg 1974

Mayer, H., Georg Büchner und seine Zeit, Wiesbaden 1946 (Nachdruck Frankfurt a.M. 1972)

Moore, D.L., The Late Lord Byron. Posthumous Plays, New York 1976

Müller-Seidel, W., Versehen und Erkennen. Eine Studie über Heinrich von Kleist, Köln/Graz 1961

Northam, J., Ibsen. A Critical Study, Cambridge 1973

Odoul, P., Le drame infini de Musset, Paris 1976

Orr, J., Tragic Drama and Modern Society. Studies in the Social and Literary Theory of Drama from 1870 to the Present, London 1985

Paul, F., H. Ibsen, Darmstadt 1977

Poliakova, E., Stanislavsky, Moscow 1982

Pouillard, R. (Hrsg.), Théâtre de Victor Hugo, Paris 1979

Reinert, O., Strindberg. A Collection of Critical Essays, Englewood Cliffs/N.J. 1971

Rellstab, F., Stanislawski Buch, Wädenswil 1980

Richard, J.-P., Etudes sur le Romantisme, Paris 1970

Robinson, Ch.E., Shelley and Byron: the Snake and the Eagle Wrathed in Fight, Baltimore/London 1976

Rokem, F., Theatrical Space in Ibsen, Chekhov and Strindberg, Ann Arbor 1986

Roubine, J.J., »Lorenzacchio« de Musset, Paris 1981

Schlagdenhauffen, A., L'univers existentiel de Kleist dans le Prince de Hombourg, Paris 1953

Schmid, H., Strukturalistische Dramentheorie, Kronberg/Ts. 1973

Senelick, L, Anton Chekhov, London 1985

Sengle, F., Das historische Drama in Deutschland. Geschichte eines literarischen Mythos, Stuttgart 1974 (1. Aufl. 1952)

–, Biedermeierzeit, Bd. 1–3, Stuttgart 1971–80.

Sices, D., Theater of Solitude. The Drama of Musset, Hanover (N.H.) 1974

Silz, W., Heinrich von Kleist. Studies in His Works and Literary Character, Philadelphia 1961

Sprinchorn, E., Strindberg as Dramatist, New Haven/London 1983

Steene, B.A., Strindberg: An Introduction to His Major Works, Stockholm 1982

Streller, S., Das dramatische Werk Heinrich von Kleists, Berlin (DDR) 1966

Thorslev, P.L., The Byronic Hero. Types and Prototypes, Minneapolis 1962

Törnquist, E., Strindbergian Drama: Themes and Structures, Stockholm 1982

Troyat, H., Tchékhov, Paris 1984

Tullock, J.C., Chekhov: A Structuralist Study, London 1980

Ubersfeld, A., Le roi et le buffon. Etude sur le théâtre de Hugo, de 1830–1839, Paris 1974

Valency, M., The Breaking String: The Plays of Anton Chekhov, New York 1966

Volz, R., Strindbergs Wanderungsdramen: Studien zur Episierung des Dramas, München 1982

Wellek, R.; Nonna, D., Chekhov. New Perspectives, Englewood Cliffs 1984

Wentzlaff-Eggebert, H., Zwischen kosmischer Offenbarung und Wortoper. Das romantische Drama Hugos, Erlangen 1984

Whitmore, A.P., The Major Characters of Lord Byron's Dramas, Salzburg 1974

Wren, K.H., Hugo, »Hernani« and »Ruy Blas«, London 1982

5. Kapitel

Ahrends, G., Traumwelt und Wirklichkeit im Spätwerk E. O'Neills, Heidelberg 1978

Arnold, H.L. (Hrsg), Heiner Müller. Text und Kritik, H. 73, 1982

Bablet, D., Edward Gordon Craig, Köln/Berlin 1962

– (Hrsg.), Les voies de la création théâtrale. Mises en scène années 20 et 30, Paris 1979

Baldwin, H.L., Beckett's Real Science, Pennsylvania 1981

Barba, E., Le Théâtre Laboratoire 13 Rzędów ou le théâtre comme auto-pénétration collective, Kraków 1964

Basnett-McGuire, S., Luigi Pirandello, London 1983

Berlin, N., E. O'Neill, London 1982

Bishop, T.; Federman, R. (Hrsg.), Samuel Beckett, Paris 1976

Blüher, K.A. (Hrsg.), Modernes französisches Theater, Darmstadt 1982

Bogard, T., Contour in Time: the Plays of E. O'Neill, Oxford 1972

Braun, E., The Theatre of Meyerhold: Revolution on the Modern Stage, London 1979

Brauneck, M., Theater im 20. Jahrhundert. Programmschriften, Stilperioden, Reformmodelle. Aktualisierte Neuausgabe Reinbek 1986

Brecht, S., The Theatre of Visions: Robert Wilson, Frankfurt a.M. 1979

Breuer, R., Die Kunst der Paradoxie. Sinnsuche und Scheitern bei S. Beckett, München 1976

Burzyński, T.; Osiński, Z., Das Theaterlaboratorium Grotowskis, Warschau 1979

Butler, L.St.J., Beckett and the Meaning of Being. A Study in Ontological Parable, London 1984

Carpenter, F., E. O'Neill, Berkeley 1979

Chothia, J., Forging a Language. A Study of the Plays of O'Neill, Cambridge 1979

Cohn, R., Just Play: Beckett's Theater, Princeton 1980

Costa, S., Luigi Pirandello, Firenze 1978

Costich, J.F., Antonin Artaud, Boston 1978

Credico, D.J., Towards a Theatre of Cruelty. Artaud, Peter Brook, The Living Theatre, Happenings, Jerzy Grotowski, Diss. Univ. of Alberta 1973

Eaton, K.B., The Theatre of Meyerhold and Brecht, London 1985

Ebert, H., Samuel Becketts Dramaturgie der Ungewißheit, Wien/Stuttgart 1974

Eckardt, J., Das epische Theater, Darmstadt 1983

Esslin, M., Das Theater des Absurden, Reinbek 1965

–, Artaud, London 1976

Eynat-Confino, I., Beyond the Mask. Gordon Craig, Movement and the Actor, Carbondale, Illinois 1987

Falk, D., O'Neill and the Tragic Tension: an Interpretative Study of the Plays, New Brunswick, N.J. 1969

Fiebach, J., Von Craig bis Brecht. Studien zu Künstlertheorien in der 1. Hälfte des 20. Jahrhunderts, Berlin (DDR) 1975

Fletcher, B.S. and J., A Student's Guide to the Plays of Samuel Beckett, London/Boston 1978

Floyd, V., The Plays of Eugene O'Neill. A New Assessment, New York 1985

Garelli, J., Artaud et la question du lieu. Essai sur le théâtre et la poésie d'Artaud, Paris 1982

Girshausen, Th. (Hrsg.), Die Hamletmaschine. Heiner Müllers Endspiel, Köln 1978

–, Realismus und Utopie: Die frühen Stücke Heiner Müllers, Köln 1981

Gouhier, H., A. Artaud et l'essence du théâtre, Paris 1974

Grimm, J., Das avantgardistische Theater Frankreichs 1895–1930, München 1982

Grimm, R. (Hrsg.), Episches Theater, Köln/Berlin 1961

–, Bertolt Brecht, 3. Aufl. Stuttgart 1971

Hecht, W. (Hrsg.), Materialien zu Brechts »Der gute Mensch von Sezuan«, Frankfurt a.M. 1974

Hermand, J.; Trommler, F., Die Kultur der Weimarer Republik, München 1978

Hinck, W., Die Dramaturgie des späten Brecht, Göttingen 1959 (6. Aufl. 1977)

Hinderer, W. (Hrsg.), Brechts Dramen. Neue Interpretationen, Stuttgart 1984

Hoover, M.L., Meyerhold: The Art of Conscious Theatre, Amherst 1974

Hoßner, U., Erschaffen und Sichtbarmachen. Das theatralische Wissen der historischen Avantgarde von Jarry bis Artaud, Bern/Frankfurt/New York 1983

Innes, Ch., Holy Theater, Cambridge 1981

–, E.G. Craig, Cambridge 1983

Janvier, L., Beckett, Paris 1979

Kapralik, E., Antonin Artaud. Leben und Werk des Schauspielers, Dichters und Regisseurs, München 1977

Kaschel, G., Text, Körper und Choreographie. Die ausdrückliche Zergliederung des A. Artaud, Frankfurt a.M. 1981

Kenner, H., A Reader's Guide to Samuel Beckett, New York 1979

Kiebuzińska, Ch., Revolutionaries in the Theatre. Meyerhold, Brecht and Witkiewicz, Ann Arbor/London 1988

Klotz, V., Bertolt Brecht. Versuch über das Werk, Darmstadt 1957 (5. Aufl. Frankfurt a.M. 1980)

Knopf, J., Bertolt Brecht. Ein kritischer Forschungsbericht, Frankfurt 1974

–, Brecht-Handbuch, 2 Bde, Stuttgart 1980

Kreidt, D., Kunsttheorie der Inszenierung. Zur Kritik der ästhetischen Konzeptionen Adolphe Appias und Edward Gordon Craigs, Phil. Diss. FU Berlin 1968

Laas, H., Samuel Beckett: dramatische Form als Medium der Reflexion, Bonn 1979

Lüdke, W.M., Anmerkungen zu einer »Logik des Zerfalls«: Adorno–Beckett, Frankfut a.M. 1981

Mailand-Hansen, Ch., Mejerchol'ds Theaterästhetik in den 1920er Jahren: ihr theaterpolitischer und kulturideologischer Kontext, Kopenhagen 1980

Manheim, M., O'Neill's New Language of Kinship, Syracuse N.Y. 1982

Marotti, F., E.G. Craig, Bologna 1961

Martini, J., Das Problem der Entfremdung in den Dramen Samuel Bekketts, Köln 1979

Materialien zu Becketts »Endspiel«, Frankfurt a.M. 1968

May, R., A Companion to the Theatre. The Anglo-American Stage from 1920–1970, Guildford 1973

Mayer, H.; Johnson, U. (Hrsg.), Das Werk von Samuel Beckett. Berliner Colloquium, Frankfurt a.M. 1975

Meier, U., Becketts Endspiel Avantgarde, Basel/Frankfurt 1983

Mennemeier, F.-N. (Hrsg.), Der Dramatiker Pirandello, Köln 1965

Mercier, V., Beckett, Beckett, Oxford 1979

Moestrup, J., The Structural Patterns of Pirandello's Work, Odense 1972

Müller, K.-D. (Hrsg.), Bertolt Brecht. Epoche – Werk – Wirkung, München 1985

Newman, L.M., Gordon Craig Archives, International Survey, London 1976

Ranald, M., The O'Neill Companion, Westport, Conn. 1984

Rössner, M., Pirandello Mythenstürzer, Wien 1980

Rood, A., Gordon Craig on Movement and Dance, London 1977

Rose, E., Gordon Craig and the theatre. A record and interpretation, London 1931

Roubine, J.-J., Théâtre et mise en scène 1880–1980, Paris 1980

Rudnicky, K., Meyerhold the Director, Ann Arbor 1981

–, Russian and Soviet Theatre. Tradition and the Avant-Garde, London 1988

Rühle, G., Theater für die Republik. 1917–1933 im Spiegel der Kritik, Frankfurt a.M. 1967 (2. Aufl. 1988)

Rühlicke-Weiler, K., Die Dramaturgie Brechts, Berlin (DDR) 1968

Scheid, J. (Hrsg.), Zum Drama in der DDR: Heiner Müller und Peter Hacks, Stuttgart 1981

Schenk, I., Luigi Pirandello – Versuch einer Neuinterpretation, Frankfurt 1983

Schivelbusch, W., Sozialistisches Drama nach Brecht. Drei Modelle: Peter Hacks – Heiner Müller – Hartmut Lange, Darmstadt/Neuwied 1974

Schmeling, M., Metathéâtre et intertexte. Aspects du théâtre dans le théâtre, Paris 1982

Schulz, G., Heiner Müller, Stuttgart 1980

Schumacher, E., Die dramatischen Versuche Bertolt Brechts 1918–1933, Berlin (DDR) 1955

Schwab, G., Samuel Becketts Endspiel mit der Subjektivität: Entwurf einer Psychoästhetik des modernen Theaters, Stuttgart 1981

Sontag, S., A la rencontre d'Artaud, Paris 1976

Steiner, G., Der Tod der Tragödie. Ein kritischer Essay, Frankfurt a.M. 1981

Steinweg, R., Das Lehrstück. Brechts Theorie einer politisch-ästhetischen Erziehung, Stuttgart 1972

Temkine, R., Grotowski, New York 1972

Teraoka, A.A., The Silence of Entropy or Universal Discourse. The Postmodernist Poetics of Heiner Müller, New York 1985

Virmaux, O., Le théâtre et son double. Antonin Artaud. Analyse critique, Paris 1975

Völker, K., Brecht-Kommentar zum dramatischen Werk, München 1983

Voigts, M., Brechts Theaterkonzeption. Entstehung und Entwicklung bis 1931, München 1977

– (Hrsg.), Hundert Texte zu Brecht. Materialien aus der Weimarer Republik, München 1980

Wieghaus, G., Heiner Müller, München 1981

–, Zwischen Auftrag und Verrat. Werk und Ästhetik Heiner Müllers, Frankfurt a.M. 1984

Wilson, R., The Theatre of Images. Introduction by John Rockwell, New York 1984

Winkens, M., Das Zeitproblem in Samuel Becketts Dramen, Frankfurt a.M. 1975

Namenverzeichnis

Werkverzeichnis

Inhaltsübersicht:
Geschichte des Dramas, Band 1

Bürgerliches Illusionstheater

Von Erika Fischer-Lichte ist weiterhin erschienen:

Semiotik des Theaters

Band 1: Das System der theatralischen Zeichen

2., durchges. Auflage, 1988, 266 Seiten, DM 29,80
ISBN 3-87808-176-6

Band 2: Vom "künstlichen" zum "natürlichen" Zeichen – Theater des Barock und der Aufklärung

2., durchges. Auflage, 1989, 211 Seiten, DM 26,80
ISBN 3-87808-177-4

Band 3: Die Aufführung als Text

2., durchges. Auflage, 1988, 219 Seiten, 20 Abbildungen, DM 26,80
ISBN 3-87808-178-2

"Der Ansatz zu einer analytischen Theaterwissenschaft statt einer vorwiegend historischen scheint mit der von Erika Fischer-Lichte vorgelegten Methode endlich möglich." *Neue Zürcher Zeitung*

"Fischer-Lichte's *Semiotik des Theaters* is … the most adequate account of this object available today. It deserves widespread attention." *Modern Languages Notes*

"Avec l'imposant travail de Erika Fischer-Lichte, … nous avons une proposition globale, cohérente, et le plus souvent convaincante, dans le domaine de la sémiologie du théâtre." *Semiotica*

 Gunter Narr Verlag Tübingen

Mainzer Forschungen zu Drama und Theater

Herausgegeben von Wilfried Floeck, Winfried Herget und Dieter Kafitz

Band 1:
Günter Holtus (Hrsg.), **Theaterwesen und dramatische Literatur.
Beiträge zur Geschichte des Theaters**
ISBN 3-7720-1800-9 (geb.)

Band 2:
Wilfried Floeck (Hrsg.), **Tendenzen des Gegenwartstheaters**
ISBN 3-7720-1830-0 (kt.)   ISBN 3-7720-1801-7 (geb.)

Band 3:
Wilfried Floeck (Hrsg.), **Zeitgenössisches Theater in Deutschland
und Frankreich/Théâtre contemporain en Allemagne et en
France**
ISBN 3-7720-1831-9 (kt.)   ISBN 3-7720-1802-5 (geb.)

Band 4:
Jürgen Blänsdorf (Hrsg.), **Theater und Gesellschaft im Imperium
Romanum / Théâtre et société dans l'empire romain**
ISBN 3-7720-1832-7 (kt.)

Band 5:
Dieter Kafitz (Hrsg.), **Drama und Theater der Jahrhundertwende**
ISBN 3-7720-1833-5 (kt.)   ISBN 3-7720-1803-3 (geb.)

Band 6:
Wilfried Floeck (Hrsg.), **Spanisches Theater im 20. Jahrhundert.
Gestalten und Tendenzen**
ISBN 3-7720-1834-3 (kt.)

"Die Bände … stellen für den Leser ein der Vielfältigkeit der
zeitgenössischen Theaterlandschaft mit deutlicher Tendenz zur Inter-
nationalität angemessenes Instrumentarium dar, um zu einem verbes-
serten Einblick und zu vertiefter Erkenntnis zu gelangen."
Germanisch-Romanische Monatsschrift

Francke

Ehrhard Bahr (Hrsg.)
Geschichte der deutschen Literatur
Kontinuität und Veränderung
Vom Mittelalter bis zur
Gegenwart

Band 1: Vom Mittelalter bis zum Barock
UTB 1463, 1987, DM 34,80

Band 2: Von der Aufklärung bis zum Vormärz
UTB 1464, 1988, DM 34,80

Band 3: Vom Realismus bis zur Gegenwartsliteratur
UTB 1465, 1988, DM 34,80

Horst S. und
Ingrid Daemmrich
Themen und Motive in der Literatur
Ein Handbuch

UTB Große Reihe, 1987,
geb. DM 48,–

Rainer Hess / Gustav Siebenmann / Mireille Frauenrath /
Tilbert Stegmann
Literaturwissenschaftliches Wörterbuch für Romanisten
UTB 1373, 1989, 3., völlig neu
bearb. u. erw. Aufl., DM 39,80

Johannes Holthusen
Russische Literatur im 20. Jahrhundert
UTB 695, 1978, DM 22,80

Rüdiger Imhof /
Annegret Maack (Hrsg.)
Der englische Roman der Gegenwart
UTB 1467, 1987, DM 27,80

Max Lüthi
Das europäische Volksmärchen
Form und Wesen
UTB 312, 8., durchges. Aufl., 1985,
DM 12,80

Manon Maren-Grisebach
Methoden der Literaturwissenschaft
UTB 121, 9. Aufl., 1985, DM 12,80

Joseph P. Strelka
Einführung in die literarische Textanalyse
UTB 1508, 1989, DM 19,80

Pavlos Tzermias
Die neugriechische Literatur
Eine Orientierung
UTB 1456, 1987, DM 29,80

UTB   Francke